JN172037

INTERNATIONAL COMPARATIVE STUDY
OF INCLUSIVE LESSONS

インクルーシブ授業の国際比較研究

湯浅恭正・新井英靖

［編著］

福村出版

JCOPY 〈出版者著作権管理機構　委託出版物〉
本書の無断複写は著作権法上での例外を除き禁じられています。複写される場合は、そのつど事前に、出版者著作権管理機構（電話 03-3513-6969、FAX 03-3513-6979、e-mail: info@jcopy.or.jp）の許諾を得てください。

はじめに

　本書は，日本と英国・ドイツにおけるインクルーシブ授業方法の比較研究を通して，21世紀に期待されているインクルーシブ授業（教育）のあり方を展望しようとした共同研究の成果である。本共同研究は科学研究費補助金（基盤研究（B）インクルーシブ授業方法の国際比較研究，平成25-27年度・研究代表者：湯浅恭正）によって実施されたものである。

　周知のように，20世紀の末ごろから特に提唱されだしたインクルーシブ教育の国際的な流れは，学校教育の質を転換させる重要な契機を含んでいた。こうした国際的な動向から，日本においても，インテグレーション教育（統合教育）からインクルーシブ教育への転換が推奨されてきた。とりわけ特別支援教育制度が開始された2007年以降，発達障害への対応を中心にした通常学校・学級における指導のあり方が盛んに議論されるようになり，21世紀の前半の今，インクルーシブ教育への関心はますます高まってきている。特に学校教育の中心的な課題である子どもたちの学びの場の形成をインクルーシブ授業としてどう構想するかが問われ，この間，多様な理論的・実践的な潮流が登場してきている。

　こうした背景をふまえて本書では，今求められているインクルーシブ授業方法の理論的・実践的枠組みの基本を示そうとした。授業の方法・技術といった側面はもとより，学力論・カリキュラム論等，授業を規定している議論にも踏み込んで探究しようとした。また学級集団論・教師論等，授業づくりに不可欠な要因にも目を向けてインクルーシブ授業に問われる論点を浮き彫りにしようと心がけた。先に触れたように，インクルーシブ授業をめぐっては現在多様な潮流が登場してきているにもかかわらず，日本の教育方法学・教科教育学・授業研究が蓄積してきた成果とはほど遠い議論が少なからず見られる。本書がインクルーシブ授業の枠組みを再考する視点として，教育方法学（授業論・生活指導論を中心にした）・教科教育学的アプローチによる授業づくりの成果をでき

るかぎりふまえようとしたのはそのためである。

　しかし，インクルーシブ授業論は，これまでの蓄積の上にただ寄りかかるのではなく，学ぶ当事者である子どもたちの差異を徹底して浮き彫りにするとともに，共同論を軸とした学びの場をつくるうえでどのような新たな枠組みが求められるかの探究を要請している。この探究が，単に特別なニーズに対応するという次元を超えて，これまでの授業論の枠組みを現代的に脱構築することにもつながるのではないかという問題意識のもとに共同の研究は進められた。そこには授業づくりの背景にある社会論・学校文化論・教師論等の知見が求められ，本書ではその方面からの議論を盛り込むことができたと考えている。21世紀の中盤を見通して，特別なニーズのある子どもとともにつくる授業のあり方・枠組みをより深く探究しようとしておられる多くの方々の参考になれば幸いである。

　共同研究は日本の授業を再考するために英国とドイツに注目して文献調査と実地調査を実施した。国際比較ということで教育実践の背景は異なりつつも，インクルーシブ授業に求められる発達観・指導観・カリキュラム観・集団観に通底する枠組を可能なかぎりすくい取り，これからの通常学校・学級における授業の改革に共通して資する論点を提起しようとした。たとえば移民等の子どもたちで多く構成されているドイツの学校での授業では，そもそもインクルーシブな授業などと称する必要さえないのだが，その現実をふまえて授業の場をインクルーシブな学びの場につくり替える試み的な探究が盛んになされていた。多様な生活背景をもち，それだけに多様な生き方を探究する子どもたちが学校という共同の場でどう交流し，学びを深めていくのかが国の内外を問わず求められる授業づくりの現代的な課題だと考える。その重要な切り口としてインクルーシブ授業論がある。なお，国際比較とはいえ，本書では比較対象を2ヶ国に限定し，また調査も両国のすべての理論や実践を網羅しているわけではなく，特ално的な展開になっていることは否めない。しかし，両国それぞれの理論や実践が構想しようとしているインクルーシブ授業と教育の思考形式は，その理念型として示唆に富み，それだけに日本の実践に資するものだと考えている。本書の成果が両国のさらなる調査およびその他の国々の調査研究の基盤づくりの一助になることを期待したい。

本書はこの分野の教育に関心を寄せる全国各地の教育者・研究者とともに研究を続けてきた「インクルーシブ授業研究会」での探究をもとにしている。年に数回程度の会合ではあったが，これからの時代に求められる授業のあり方を粘り強く議論してきた。組織原則もないボランタリーな研究会で，世代を超えて自然に探究の輪が広がり，密度の濃い研究を進めることができたのは，この分野の授業改革に期待を寄せる方々の熱い息吹があったからである。

　むろん，インクルーシブ授業は，通常の学校・学級だけを対象にしているのではない。特別支援学校・学級での授業をインクルーシブな視点から再構築することも必要である。そのためには，さらに多くの方々の参加によって，特別なニーズのある子どもたちの幸福追求のための授業づくりをめぐるトータルな探究の場をつくることが求められている。今日の特別支援教育の実践と研究の動向は，「授業研究栄えて，授業滅ぶ」といえるような些末な議論も少なくないように思われる。それだけに本書を手にされた方々からの忌憚のないご意見・批判をいただければ幸いである。執筆者一同，それらをふまえてインクルーシブ授業の知を鍛える努力をいっそう続けたいと思う。

　本書は内外の多くの研究者・実践家の方々のご協力によって刊行することができた。あらためてお礼を申し上げる。なお，本書は独立行政法人日本学術振興会平成 29 年度科学研究費補助金「研究成果公開促進費」の助成を受けて刊行したものである。福村出版の宮下基幸社長には本書の刊行を快くお引き受けいただき，また多面にわたり貴重なご教示をいただいた。記して感謝したい。

2017 年 12 月

著者を代表して　湯浅恭正

第Ⅱ部
英国におけるインクルーシブ授業の原理と方法

序　章

インクルーシブ授業の国際比較研究の目的と方法

1. 日本のインクルーシブ授業をめぐる検討課題

　21 世紀に入って急速に進められた日本の特別支援教育は，2006 年 12 月に国連において障害者権利条約が採択されたことで新たな展開を迎えることになった。国連の障害者権利条約では，「障害を理由として通常の教育システム（general education system）から排除されない」（第 24 条第 2 項）と明記され，世界的にインクルーシブ教育を推進する流れが明確になった。日本は 2007（平成 19）年にこの条約に署名し，2011（平成 23）年に障害者基本法が改正され，2013（平成 25）年に障害者差別解消法が成立するなど関連する法令等の整備が進められた。

　この間，文部科学省はインクルーシブ教育システム構築モデルスクールやモデル地域（スクールクラスター）を指定し，実践研究を進めてきた。この事業は，「インクルーシブ教育システム構築のための特別支援教育を着実に推進していくため，各学校の設置者及び学校が，障害のある子供に対して，その状況に応じて提供する『合理的配慮』の実践事例を収集するとともに，交流及び共同学習の実施や，域内の教育資源の組合せ（スクールクラスター）を活用した取組の実践研究を行い，その成果を普及する」ことを目的に行われた。具体的には，LD，ADHD，自閉症等の発達障害児に対して，「個別指導のためのコンピュータ，デジタル教材，小部屋等の確保」「クールダウンするための小部屋等の確保」「口頭による指導だけでなく，板書，メモ等による情報掲示」などを用意するというように，障害特性をふまえた指導や支援を通常の学級の中で行う必要があるなど，合理的配慮の例が挙げられている[1]。

　また，合理的配慮を提供するための取り組みの一つとして，ユニバーサルデザインを意識した授業に関する研究も進められている。これは，「学習の流れや学習内容の理解に重点を置き，1 時間の授業の流れに見通しをもたせることや，学習の仕方を個別に働きかけること，小グループによる活動の設定を多くする」ことなど，すべての子どもに「わかる」授業を提供することがインクルーシブ教育を実現する実践展開であると考える[2]。ただし，ユニバーサルデザインの授業づくりをはじめとする日本のインクルーシブ教育実践の展開につ

いては批判的にとらえる研究者も多くいる。たとえば，窪島はユニバーサルデザインの授業づくりに対して，「一人ひとりの子どもの違い，多様さに応じた学習の指導をその場の子どもとの関係の中で様々な形に作り上げていくという発想」がまったくない「指導の平準化，画一化である」と指摘している（窪島，2014, 86）。

　日本のユニバーサルデザインの授業づくりに対して，以上のように批判されている理由の一つに，多様な子どもたちをインクルーシブ授業ではどのように包摂しようとするのかといった原理的検討が希薄であるということが挙げられる。この点に関して，湯浅は「包摂（インクルージョン）という用語から，インクルーシブ授業を『通常の学級の学習集団に特別なニーズのある子どもを包み込み，巻き込む授業だ』とする考え方は根強い」が，「このような『巻き込み』型の考え方や特別な支援を授業の一般的な対応に解消する考え方は，いずれも，特別なニーズ教育を求めている当事者の権利論からではなく，通常の学習集団への同化論が軸になっている」と批判している。そして，湯浅はそうした同化論ではなく，「多様性・差異のある子どもたちが共同して学びに値する集団を当事者の目線からつくること」が必要であると指摘している（湯浅，2015, 5）。

　以上のように，日本では世界の潮流をふまえ，インクルーシブ教育実践を推進するために合理的配慮を提供し，すべての子どもが学習成果を上げられるようにするための方策が検討されてきた。しかし，単に，学習上の困難を取り除く方法を考え，通常の学級で提供できるようにすればインクルーシブ教育が実践できるというものではなく，教育原理を含めて通常の学級における教育方法を根本から検討することが求められている。

2.「共同的な学び」に関する議論と研究課題

　それでは，通常の学級で展開される授業について，原理的側面も含めてどのように改革すればインクルーシブ教育が目指す「共同的な学び」を創出することができるのだろうか。

　21 世紀に入り，日本の小・中学校では PISA 型学力に注目が集まったことも
あり，相互作用や関係性という視点から学力をとらえ直す動きが顕著となっ
た。こうした側面を重視する学力を「キー・コンピテンシー」と呼び，この
力を育成することが全世界的に課題とされているが，それには「相互作用的に
道具を用いること」「異質な集団で交流すること」「自律的に活動すること」な
ど，困難な状況を乗り越えていくことが重要であると考えられている（Rychen,
D. S. and Salganik, L. H., 2003＝2006, 202）。日本においても，1990 年代から佐藤は
「伝統的な学校教育」のもとで自明視されていた「学び」を再定義し，「学びの
共同体」を形成する教育実践開発を提唱してきた（佐藤, 1999, 92）[3]。

　具体的には，佐藤が提唱する「学びの共同体」では，「聴き合う関係を基盤
とする対話的コミュニケーション」をもとにした授業を展開することが提案
されてきた（佐藤, 2014）。秋田は，こうした学力を育てるためには「共同体」
や「コミュニティ」が重要な役割を果たすと指摘している（秋田, 2010）。これ
は 20 世紀までの教育実践の価値や考えを原理的側面も含めて転換することを
迫るものであり，多様な子どもが相互に認め合いながら学ぶことを目指して
いるという点でインクルーシブ授業に通じる内容であると考える。しかし，
佐藤や秋田らが論じている日本の「学びの共同体」には，学習上の困難のあ
る子どもたちが話し合いにどのように参加しているのかという点や，どの
ように教科学習の内容を理解しているのかという点がほとんど示されてこな
かった。

　一方で，「学びの共同体」論に対して，単なる話し合い活動を展開するだけ
では学びは深まらないとする批判も多い。たとえば久田は，学びとは話し合い
活動が与えられて成立するものではなく，当事者である子どもたちが「問い
ただしていく」授業を展開することが必要であると指摘する（久田, 2014）。ま
た，柴田は「学びの共同体」による学習方法ついて，討論のない「聴き合う関
係」では子どもは育たないと述べ，「批判的思考を育てる学習集団」が重要で
あると指摘している（柴田, 2010）。

　こうした指摘は，拡張的学習論を提唱しているエンゲストローム（Engeström,
Y.）でも同様に行われている。すなわち，エンゲストロームは，学習が社会へ
と広がっていくためには，単に話し合ったり活動していればよいのではなく，

「矛盾」＝「歴史的に蓄積されてきた構造上の緊張状態」の中で学習することが重要であると指摘している（Engestom, Y., 2008＝2013, 330）。庄井はエンゲストロームの拡張的学習論について，「ある人格が具体的な困難を，多声的に語り合い，そこから新たな人間どうしの絆，新たな共同活動のシステムを構築する」ものであり，「自己物語として絶えずつむぎ直される」ものであると指摘している（庄井, 2013, 162）。湯浅も，「差異」とは「とらえ方の多元的・多面的な違いを意味し，教材に対して多様な解釈を交わし合うための媒介になるもの」であり，「発達障害のある子にとどまらず，こうした差異の表出が保障される学習の場をつくる」ことが教師に求められていると指摘する（湯浅, 2014a, 168）。そのため，湯浅は「教育実践を探求する共同体そのもののあり方をも問い直すことが課題となる」と述べている（湯浅, 2014b, 19）。

　以上のように，多様な子どもが共同的に学ぶ授業を展開するためには，話し合い活動を展開すれば「共同体」が創出されると考えるのではなく，意外性のある意見を述べる発達障害児等の子どもを含めて差異のある人たちで矛盾を創出したり，意味を見出したりする過程が重要であると考えることが必要である。そのため，「共同体」とは何かを常に問い直し，子どもや授業が変われば「共同体」は常に変化し，その中で子どもの学習参加や理解も変化するという立場をとることが求められるのではないだろうか。こうした視点から日本のインクルーシブ授業を再検討するのであれば，学校文化やカリキュラムを含めた通常教育全体の改革をデザインしなければならないと考える。

3.　インクルーシブ授業に関する国際比較研究の必要性

　以上のような指摘は，インクルーシブ教育を早い段階から提唱してきた英国でも同様に議論されてきた。たとえば，キャリントン（Carrington, S.）は，「インクルーシブ教育実践の導入に影響を与える要因として，学校文化がある」として，学校全体の雰囲気を改革していく必要性があることを指摘した。特に，インクルーシブ教育の推進には「スタッフと子どもの関係性」が重要であり，その関係性の基底にある教師や学校の信念・価値・習慣といった「指導

の文化」を学校全体で見直すことが必要であると指摘した（Carrington, S., 1999, 261）。同様に，ダイソン（Dyson, A.）は，インクルーシブ教育の推進によって「個人主義的な側面（individualization）を軽減していかなければならない」と指摘し，学校改善（school development）の重要性を強調してきた（Dyson, A., 2001）。

　ただし，コーベット（Corbett, J.）らは，「困難を伴う少数の人たちのニーズを満たすのは，差異化されたカリキュラム（differentiated curriculum）と教育学的な実践である」と指摘し，「個別に抽出指導をしたり，授業時間外に少人数指導を受けること」も含めて多様なアプローチが必要であることを指摘している（Corbett, J. and Norwich, B., 2005, 23）。このように，インクルーシブ教育においては，一方で学校全体を改革し，すべての子どもを同じ場で教育することに価値を置きながら，他方では抽出指導などの個別的支援を含めて，特別な支援を提供する必要性のあることが指摘されている。

　すなわち，インクルーシブ教育は，個人主義的側面の軽減と個別化されたカリキュラムの創出といった相反する2側面を一体的にとらえることが求められるものであり，時に「ディレンマに陥ることがある」と指摘されている（Norwich, B., 2008, 1-2）。インクルーシブ授業では，こうしたディレンマを乗り越える方法を検討する必要があるのだが，上述した先行研究の指摘をふまえると，単に特別なニーズのある子どもに対してどのように「特別な支援を提供するか」という視点で考えるのではなく，さらに，ユニバーサルデザインの授業づくりに代表されるような「多様性」を「統一（universe）」しようとする授業方法とは異なる教育方法を提起することが求められるだろう[4]。

　そこで本書では，インクルーシブ教育実践を，学校文化や学校カリキュラムという点を含めて見つめ直し，そうした視点から実際の授業実践を取り上げ，インクルーシブ授業の方法論を検討したいと考えた。このとき，インクルーシブ教育を学校文化や学校カリキュラムの問題と結びつけて検討してきた欧州（特に英国とドイツ）の教育実践と比較しながら，日本のインクルーシブ授業の特質を解明し，今後の実践課題を析出することを目的とした。

4. インクルーシブ授業研究の視点と方法

(1) インクルーシブ授業研究の視点

　以上の点を検討するために，本書では日本・英国・ドイツの3ヶ国における
インクルーシブ授業を「（法的枠組みを含めた）実践原理」「（特別なニーズのある
子どもを含めた）カリキュラム開発」「（学校づくり・学級づくりを含めた）実際の
授業実践」の3つの側面からとらえ直したいと考える。もちろん，これらの3
側面は別々のものではなく，相互に関連し合っていると考えるべきである。そ
のため，大まかな論述内容を上記の3側面に分類して構成したが，各章・各節
の原稿の中で，これらの各側面を必要に応じて有機的に結びつけ，考察を行っ
た（図序-1）。

　本書では，第Ⅰ部を日本編，第Ⅱ部を英国編，第Ⅲ部をドイツ編として3ヶ
国のインクルーシブ教育の到達点を示した。各章のタイトルはそれぞれの国の
インクルーシブ授業の特徴を表す用語で示されているが，その内容は基本的に
上記の3つの視点（「実践原理」「カリキュラム開発」「実際の授業実践」）から明ら
かにし，可能なかぎり共通した視点で比較検討できるように論述した。

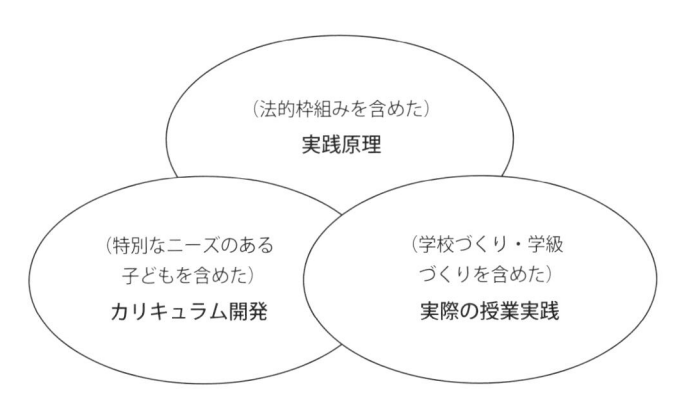

図序-1　インクルーシブ授業研究の3つの視点

（2）インクルーシブ授業を国際比較する方法

　上記の点を明らかにするために，本書では，日本・英国・ドイツの学校を訪問し，授業づくりの実際について検討するとともに，関連する文献（論文や政府資料等）を収集した。具体的には，各国の「実践原理」および「カリキュラム開発」について論じる場合には，主として教育学および関連する分野（哲学・社会学など）の文献を収集し，インクルーシブ教育実践の原理を解明するとともに，日本のインクルーシブ授業の特徴や課題について言及した。ただし，「カリキュラム開発」については，一部，実際の学校を訪問して学習困難児のカリキュラム調整の具体的方法を論じた箇所がある。

　一方，「授業実践」については，日・独・英の各国の研究協力校を訪問し，そこで参観した授業や配付された資料等を整理・検討し，特別なニーズのある児童生徒が実際にどのように配慮され，授業に参加しているのかを明らかにした。なお，海外の「授業実践」に関しては，英国・ドイツの中でインクルーシブ学校の学力の実態や授業過程の一部が資料として公開されているものもあり，その資料を用いてインクルーシブ授業の方法を論じた箇所がある。

　以上のように，本書においては，文献研究と参与観察等による実践研究の方法を併用し，日本・英国・ドイツの3ヶ国のインクルーシブ授業を国際比較研究した。そして，こうした点を明らかにしたうえで，日本のインクルーシブ授業の特質および今後の課題と方向性について検討した。

［注］

（1）文部科学省のインクルーシブ教育システム構築モデル事情の成果報告の詳細については，http://www.mext.go.jp/a_menu/shotou/tokubetu/main/006/h25/1339782.htm を参照した。

　　また，「合理的配慮」の定義および具体例については，2010（平成22）年9月6日に開催された特別支援教育の在り方に関する特別委員会（第3回）配付資料に掲載されている。以下を参照した。http://www.mext.go.jp/b_menu/shingi/chukyo/chukyo3/044/attach/1297380.htm （2016年5月9日最終閲覧）。

（2）こうした合理的配慮の実践事例については，国立特別支援教育総合研究所がデータベースを構築している。詳しくは以下を参照した。http://inclusive.nise.go.jp/?page_id=15 （2016年5月9日最終閲覧）。

(3) 多様な文脈の中で相互作用的あるいは能動的に学習することで認知発達が促進されるという知見は，1990 年代以降，学習科学の分野で紹介されてきた（Brasford, J.D., Brown, A. L. et al., 2000＝2002, 245-249 など）。日本においても佐伯が 1990 年代に関係性を重視した「協同的学習」の必要性を提起している（佐伯，1995, 146-147）。

(4) ユニバーサルデザインの授業づくりを超えた教育実践を展開する方法については，新井 (2016) の中で詳しく論じている。

［文献］

秋田喜代美（2010）「学習の理論と知識社会の学校教育」．秋田喜代美・藤江康彦編著『授業研究と学習過程』．放送大学教育振興会．10-28.

新井英靖（2016）『アクション・リサーチでつくるインクルーシブ授業』．ミネルヴァ書房.

Brasford, J. D., Brown, A. L. and Cooking, R. R., 2000, *How People Learn: Brain, Mind, Experience and School*. National Academy Press.（邦訳：森敏昭・秋田喜代美監訳（2002）『授業を考える――認知心理学のさらなる挑戦』．北大路書房.）

Carrington, S., 1999, Inclusion Needs a Different School Culture. *International Journal of Inclusive Education*, 3(3), 257-268.

Corbett, J. and Norwich, B., 2005, Common or Specialized Pedagogy? In Nind, M., Rix, J., Sheehy, K. and Simmons, K.(Eds.), *Curriculum and Pedagogy in Inclusive Education; Values into Practice*. *RoutlegdeFalmaer*, Oxford, 13-30.

Dyson, A., 2001, Special Needs Education as the Way to Equity: An Alternative Approach? *Support for learning*, 16(3), 99-104.

Engeström, Y., 2008, *From Teams to Knots: Activity-theoretical Studies of Collaboration and Learning at Work*. Cambridge University Press.（邦訳：山住勝広・山住勝利・蓮見二郎（2013）『ノットワークする活動理論――チームから結び目へ』．新曜社.）

久田敏彦（2014）「学習集団論からみた『学びの共同体』論の課題」．日本教育方法学会編『授業研究と校内研修――教師の成長と学校づくりのために』（教育方法 43）．図書文化社．62-76.

窪島務（2014）「特別ニーズ教育の今日的課題と『インクルーシブ』教育論の方法論的検討」．日本特別ニーズ教育学会編『SNE ジャーナル』第 20 巻．75-88.

Norwich, B., 2002, Education, Inclusion and Individual Differences: Recognizing and Resolving Dilemmas. *British Journal of Educational Studies*, 50(4), 482-502.

Norwich, B., 2008, *Dilemmas of Difference, Inclusion and Diversity*. Routlegde, London.

Rychen, D. S. and Salganik, L. H., 2003, *Key Competencies for a Successful Life and a Well-Functioning Society*. Hogrefe Publishing.（邦訳：立田慶裕訳（2006）『キー・コンピテンシー

　　──国際標準の学力をめざして』．明石書店．）

佐伯胖（1995）『「学ぶ」ということの意味』．岩波書店．

佐藤学（1999）『学びの快楽──ダイアローグへ』．世織書房．

佐藤学（2014）「学びの共同体の学校改革──ヴィジョンと哲学と活動システム」．日本教育
　　方法学会編『授業研究と校内研修──教師の成長と学校づくりのために』（教育方法 43）．
　　図書文化社．50-61.

柴田義松（2010）『学習集団論』（柴田義松教育著作集 8）．学文社．

庄井良信（2013）『ヴィゴツキーの情動理論の教育学的展開に関する研究』．風間書房．

湯浅恭正（2014a）「特別支援教育における教師の専門性」．小柳和喜雄・久田敏彦・湯浅恭
　　正編著『新教師論──学校の現代的課題に挑む教師力とは何か』．ミネルヴァ書房．153-
　　173.

湯浅恭正（2014b）「教育実践の研究方法をめぐる論点」．日本特別ニーズ教育学会編『SNE
　　ジャーナル』第 20 巻．7-22.

湯浅恭正（2015）「インクルーシブ授業の理論で問われるもの」．インクルーシブ授業研究会
　　編『インクルーシブ授業をつくる──すべての子どもが豊かに学ぶ授業の方法』．ミネル
　　ヴァ書房．3-14.

第Ⅰ部

日本におけるインクルーシブ授業の原理と方法

　第Ⅰ部では，日本における近年のインクルーシブ教育の研究動向を整理して，そこから示唆される理論的・実践的な課題を抽出する。そのうえで，インクルーシブ授業方法を支える理論的な枠組みを設定して，これからの授業実践の課題を提起する。そこでは授業づくりに関して，参加と共同論のとらえ方や具体的な授業実践の論点とともに，障害児を含めた発達に課題のある子どもたちを排除しない学校文化・地域とは何かといったインクルーシブ教育の原理的な課題をも視野に入れて，これからの学校教育の行方を展望する。

　また，カリキュラム論や学力論といった学校教育の基本的な論点にインクルーシブ授業はどう関与するのかも視野に入れた議論を展開する。授業に参加する子どもたちの基盤である学級とそこでの生活，そして子どもへのケア論など，インクルーシブ授業を支える教育的指導論の根幹の課題も取り上げて論究する。こうした作業を通して，単に障害児の教育に特化したとらえ方を超えて，日本の特別支援教育で，どの子どもたちにも「開かれた」学校と授業をどう構想するかを解明する。以上の論考は，第Ⅱ部以降に展開した国際比較研究のための枠組みでもある。

第 1 章

インクルーシブ教育実践に関する理論的検討

日本におけるインクルーシブ教育をめぐる研究動向と論点

1. 日本におけるインクルーシブ教育の立ち位置

　日本では 2007 年の特別支援教育制度の開始から始まり，2012 年には「共生社会の形成に向けたインクルーシブ教育システム構築のための特別支援教育の推進（報告）—中央教育審議会初等中等教育分科会」の提起など，インクルーシブ教育が学校教育の重要な課題として取り上げられてきている。特別支援教育を推進することが共生社会に向けたインクルーシブ教育システムの構築に不可欠だとするのがその基調にある。このシステムの構築のためには，教育内容の改善として，障害者理解を進めるための交流・共同学習の充実，通常学級で学ぶ障害児に応じた指導と評価のあり方の検討，教育方法の改善としては，障害の有無にかかわらず効果的な指導のあり方の検討を提起している。また，「合理的配慮」論を指摘して，インクルーシブ教育を進める方向を示してきた。
　こうした政策は，インクルーシブ教育論としてどのような立ち位置にあるのか。
　第一に，日本の特別支援教育は障害に特化したものであり，その枠内での議論にとどまっている。これは，「特別ニーズ教育」を提起した国際的動向とは明らかに異なっている。「特殊教育—障害児教育を超えた特別支援教育の制度を」といいつつ，相変わらず障害に特化した特殊な教育の域を出ていない。通常学校・学級に在籍する障害児のみならず，発達の基盤に課題をもつ子どもを含めた教育全般の改革には目が向きにくい論調になっている。これでは，特別支援教育を推進することが，インクルーシブ教育の推進に不可欠だという論理にはならない。
　第二には，日本にはこれまでにもインクルーシブ教育を展開しているという認識が根強くあるということである。確かに，通常の学校・学級において課題

を抱えた子ども——いわゆる問題児——を中心に据えた教育実践の蓄積は多い。「問題児は学級の宝だ」という言い方で，ある意味ではどの子も排除しない包摂の立場からの教育を展開してきたともいえる。しかし，そこでは，通常学級に包摂するという名のもとに，課題を抱える子どもを同化する論理による支配がどうしても起きしやすい。特別なケアへの権利にいっそう注目し，当事者の視点から通常学級の改革をどう進めていくかの議論が展開されにくい傾向にある。同化主義を超えて，「Commonality」といわれる共世界＝「つながり」の世界（木村，2003）をどう構築するかが問われている。交流・共同学習論をこの視点から問い直すことが求められている。

　第三には，障害に特化したといいつ，その対象となる教育の場である特別支援学校・学級の貧困な教育条件にはほとんど目が向けられてはいない。特別支援学校・学級を希望する子どもの数の増加に対応できない現状への対策が緊急の課題となっている。一方，「合理的配慮」論についても，それを地方教育行政や学校裁量に依存する議論に終始し，インクルーシブ教育を公教育として推進する枠組みの探究は見られない。

　第四に，教育方法の改善を提起してはいるが，障害についての専門家が担当するのが特別支援教育であるという意識は残り続けている。多職種の協働といいつつ，そこでは専門家に依存する傾向が強い。また，特別支援教育をインクルーシブ教育の論理に乗せていく学校づくりを担うリーダーとは誰かなど，内在的な教育実践の展開を見通した議論はなされていない。

2. インクルーシブ教育実践を問うための論点

　インクルーシブ教育は今日の世界的な動向であり，日本では2007年の特別支援教育制度の開始から盛んに議論されるようになった。しかし，特殊教育・障害児教育からの転換を意図したのが特別支援教育だといわれるものの，先に指摘したように，その対象は相変わらず障害のある子どもに限定されている。一般にはインクルーシブ教育は，いじめ・不登校や学習・生活上の困難さを抱える子どもたち等を包摂する公教育だとされ（清水，2011，4），幅広い内容をも

つ概念である。

　そうだとすると，インクルーシブ教育は，教育の営み全般に関わる課題を含むものであり，なにも「インクルーシブ」と称さなくてもいいのだが，なぜインクルーシブ教育実践を探究しようとするのか。それは，「特別なニーズ」と「通常のニーズ」との境界線を引き直しながら，通常学校・学級のあり方を問い直そうとするからである。また，インクルーシブ教育実践が，今日の学校教育，とりわけ通常の学校・学級を改革するための論点を突き出そうとしているからである。そして，この論点の中には，特別ニーズとは何かをも問い直し，障害に特化した特別支援教育の枠組みを再考する手かがりがあるのだと考える。こうした論点は多数あると予想されるが，さしあたりここでは以下の2点を検討する。

　第一は，教育実践における同化と排除論である。統合教育（インテグレーション）が「多数」・「通常」の側に特別なニーズのある子どもを巻き込む論理であり，それに対してインクルーシブ教育は，すべての子どもに開かれた参加を保障するものだといえる。しかし，通常の学級に開かれ，そこに参加を保障するといいつつ，相変わらず形式的な参加にとどまり，同化論とその裏側にある排除論の域を出ない実践は少なくない。他方，通常の学級から離れた特別な教育の場が，排除の空間ではなく，特別なニーズのある子どもにとって参加に値する場になるかどうかも問われている。

　なぜ「同化」の論理が進むのか，その論理に支配された生活を意識化し，また，特別支援学級や特別学校等が「排除」の場のように見えても，そこが「通常」の場につながるとは何かについて，教師はもとより，子どもたちもともどもに探り，包摂＝開かれた社会を制作する力を育てる，そこにインクルーシブ教育の論理があると考える。それは定型化したモデルのない社会制作の探究であり，生活を通して学びが展開するプロセスである。

　第二は，教育実践におけるエンパワメント論である。「同化と排除」の世界からモデルなき社会制作を模索する試みに立ちはだかるのが自己責任を軸とする今日の自立論である。「自己を統治することに適応したものは社会で生きさせ，適応しえないものは社会の外に打ち棄てる，それは教育を通じて子どもたちの中に同化と排除の切断線を埋め込むことでもって，子どもたちを『自己自

身のための自己自身の経営者』に教育することを企てるもの」（全国生活指導研究協議会, 2014, 14）という指摘に見るように，「同化と排除」の世界を問い直すことなく，それを絶対化する教育の流れは今後ますます強くなろう。

この流れは，特別なニーズのある子どもだけではなく，「通常」といわれる子どもたちをも，自己への信頼と存在を確かめることなく，自己責任に追い込まれるかもしれない不安に駆り立て，最終的にはパワーレス状態に追い込むことになる。インクルーシブ教育は，こうした状態への対抗として，子どもたちをエンパワーしていくものでなければならない。

バーンスティンは，学校に「自己成長」「包含」「参加」の権利を保障することが民主主義と教育の権利にとって重要であると指摘し，「自己確信」「コミュニタス（交わり）」「市民的言説」が，権利保障の条件だとする（バーンスティン, B., 2000, 20-24）。すべての子どもを参加に開き，他者との言説が自由に交わされる活動を通して，子どもたちが自己への確信（信頼）を獲得することを権利として保障すること，そこにインクルーシブ教育の理念がある。特別なニーズのある子どもが他者とともに言説を自由に交わすことのできる空間に参加するための権利教育の具体化が，インクルーシブ教育実践の柱だと考える。

第三には，教育実践における「居場所づくり」の論理である。学校における居場所づくりの課題は，主に学級づくり・生活指導実践の視点から問いかけられてきた。数多くの知見が提起されてきたが，およそ，○教師が特別なニーズのある子どもにとっての「共感的他者」として位置づけられる意味，○特別なニーズのある子どもを学級集団につないでいく指導・リーダーシップのあり方，○子どもが相互に思いを共有する空間（朝の会等）の意味と共有する活動（学級内クラブ等）の意義が確かめられてきた（湯浅, 2008）。

また，発達障害のある子どもへの理解が単に障害理解にとどまらず，能力主義の世界に囚われてきた子どもが，特別なニーズのある子どもとの関係性を問い直しつつ，共同の関係をつくり出し，自分にとっての自立の課題（生き方）の模索に踏み出す実践は，相互自立を促す取り組みであり，インクルーシブ教育の核心の1つはそこにある。

今日，障害者権利条約を契機にして「合理的配慮」論が盛んに論じられている。それは学校にインクルーシブな世界を築くための教育条件の整備を課題

とするものだが，日常の生活において先に挙げた生活指導実践が展開されるための配慮を目指すものである。つまり，「合理的配慮」が必要なのは特別なニーズのある子どもだけではないし，「通常」の子どもたちにとっても，特別なニーズのある子どもとの生活を通して自立の課題に向き合うことのできる時間と空間を保障する必要がある。

　今，「自立の課題に向き合う」と述べたが，特別なニーズのある子どもは，他の子どもとの差異を常に意識し，自分と向き合う生活の中にいる。授業中に感覚訓練のために出ていく場面，通級教室に移動する場面，支援学級に移動する場面等で，「通常」の子どもにはない空間・時間の変化の中にいる自分と向き合う生活が連続する，それが日常になっている。

　生活指導実践では主に学級を基礎集団として形成するための課題を追究し，特別なニーズのある子どもの「居場所づくり」をテーマにしてきたが，今指摘した生活の中にいる子どもへの支援をどう学級・学校の実践課題として押さえるかがインクルーシブ教育には問われている。そのためには，通常の学級への適応という枠組みを超えて，居場所探しを支援する視点が必要である。

　たとえば，幼児期に被虐待の生活を過ごして入学した小学生が，通常学級になじめず，特別支援学級→保健室→通常学級と次々に居場所を探し，いったん通常学級に適応できたとしても，また特別支援学級や保健室を往復するというジグザグの過程をたどりながら，卒業時になってようやく通常学級に居場所を見つけた事例（湯浅・越野・大阪教育文化センター，2011）が示すように，特別なニーズのある子どもは常に自分と向き合う生活の中で過ごし，居場所を探し続けている。それは学校の中の多様な教師集団の連携に支えられながら，自分を発見していく自立の過程である。こうした取り組み＝ホール・スクール・アプローチがなければ，居場所づくりの実践は成立しない（湯浅，2013）。なお，念のためにいえば，インクルーシブ教育がその根底に「同化」論からの脱却の論理をもつのだとすれば，特別支援学校・学級が，特別なニーズに応えるための重要な居場所であることが見逃されてはならない。インクルーシブ教育の時代にこそ，特別支援学校・学級の役割はますます重要になる。

　さらに，居場所論を子どもの生活全体を視野に入れて考えるとき，放課後の学童保育の場においても，特別なニーズのある子どもは，通常の子どもとの生

活の中で，自分と向き合う場面が多い。そこでの居場所論も問われている。そして，近年の生活指導研究は，矯正教育分野を視野に入れたインクルーシブ教育にも広がり，発達障害のある子どもの自立支援論が盛んに議論されている（日本生活指導学会，2014）。家族・学校・地域・自立支援施設等の場を移動し，自分と向き合う生活の中にいる子どもに必要な支援論の探究がこれからの課題となる。

　以上，インクルーシブ教育実践を問うための論点を析出したが，総じて教育実践に福祉の論理をどう位置づけるかが課題であるといえる。それは，多様な困難さをもつ子どものみならず，子どもたちすべてにとって，今日の学校教育の実践が，存在要求が満たされ，発達と自立に必要な場として機能するかどうかを問いかけることである。

3. インクルーシブ授業をめぐる動向と論点

　第1項と第2項の検討をふまえて，以下では本書のテーマであるインクルーシブ授業について，その研究動向をフォローしながら，問われるべき論点を考察する。

(1) インクルーシブ授業のとらえ方

　冒頭で指摘したように，日本の特別支援教育はその開始以降，障害に特化したとはいえ，通常学級での支援のあり方を重要な課題として取り上げてきた。それだけに通常学級における授業過程のあり方が盛んに議論されるようになってきた。この点はインクルーシブ教育のポイントの一つである。この間の教育実践と研究の蓄積は，学級を基盤にした「特別なニーズのある子どもの参加」を問いかけてきた（湯浅，2009）。また教授学の視点から，一斉指導の再評価（吉田，2009）も行われ，教材や指導方法の創造的開発（長江・細渕，2005）も提起されてきた。

　こうしたインクルーシブ授業の基盤にあるのが授業論一般の動向であり，たとえば，「学びの共同体」論（佐藤，2012）や習熟度別学習をめぐる評価（河野，2007）を見ても，発達障害などの特別なニーズのある子に立ち入った議論には必ずしもなっていない。他方，体育（安井・山崎，2008）や国語（原田，2010）の教科指導からインクルーシブ授業の枠組みを提起する研究も進められてきている。

　これからのインクルーシブ授業論を展望するとき，教育方法学の授業論を基盤としつつ，一斉・グループ・個別といった学習形態の議論にとどまりがちな授業論を，教科教育・カリキュラム論と結合した授業づくり論へと展開することが求められている。

(2)　ユニバーサルデザインの授業づくり

　今日盛んに主張されている「ユニバーサルデザイン（以下，UD）論」を軸にした授業づくり論もインクルーシブ授業研究と実践の特徴である。これを提起する著作等はすでに数多くあり，UD論の提起する「可視化・共有化・焦点化」を教科教育と結合した議論（桂，2012）や学習の過程をモデル化する議論（海津，2012）等，積極的に授業論を創造するのが特徴となっている。また，「バリアフリー」などUDが何をテーマにするかを指摘した議論も出されている（廣瀬，2011）。さらに，UD論を学級経営の視点から探究する動向（花熊，2008）も見逃すことはできない。

　以上，簡略にUD論の動向を述べたが，インクルーシブ授業論は「学習への参加」論を課題にしてきた。UD論は，特別なニーズのある子どもの支援がどの子どもにとっても有効性をもつという論理が基本になっているが，そこではあたかも特別＝差異が解消されるかのような錯覚に陥りやすい。この論理が陥りやすいのが本章の冒頭で指摘した「同化」論である。ユニバーサルな世界には，ユニ＝単一世界に追い込む視点が濃厚である。これに対して，トランスベルサルと呼ばれるような世界（堀尾・服部，2009）をどう構築するのか，それが「同化」論に対抗する論理になると考える。

　差異は解消される対象ではない。むしろ，特別なニーズのある子どもが自ら

の学びの困難さを理解し，差異に応じた学びへの要求を出す論理が見逃されてはならない。そのための多様な学習環境をどのように保障するのか，そして，その環境が排除の場ではなく，共同の論理に支えられたものになる過程をどうつくり出すのか，そこにインクルーシブな授業づくりの課題がある。それは学習の場を差異に応じて分化する場合もあるが，前提としてその必要性を納得し合う議論の場づくりがなければならない。その意味でも，インクルーシブな授業づくりには，学級づくりを基盤にした生活指導の論理が位置づけられていなければならない。

　UD の授業が差異と共同を取り上げるのだとすれば，それをめぐる子どもたちの議論の過程が詳細に分析される必要がある。初等教育と中等教育ではそのありようは異なるはずであり，また子ども集団に対して，こうした差異と共同を問いかける教師の指導の力量も問われている。

(3) 障害特性と授業

　インクルーシブ授業論は，発達障害等の特性を視野に入れた議論を必要としている。全体の研究の傾向としては認知特性に沿った学習スタイル論が特徴である。学習障害への対応（園田・前山, 2009），アスペルガー障害への対応（伊藤・都築, 2009：明田・田中, 2011），ADHD 児への対応（長尾, 2003）等，多くの検討がされている。いずれも障害特性に対応した個別の支援論が基軸になっている。

　こうした傾向にあって，クラスワイドな指導への言及（関戸・田中, 2010）がなされ，また広汎性発達障害の子どもの学習困難と授業に触れた議論（別府・清水・谷野, 2004）では，学習の構えを形成し，対人関係を築くことが教科内容――国語の学習内容を検討する際にも有効であることを指摘している。障害特性に対応しつつ，クラスワイドという学級論や教科教育の内容論と結びつける議論も展開されていることが注目される。また，養護教諭という，障害特性に視点を置きつつ子どもの人格発達を視野に入れた対応が求められる立場からの指摘（斉藤ほか, 2008）も，通常学級における授業論に身体・健康・障害の専門的見地からアプローチする議論として注目される。

　インクルーシブ授業は，単に学級担任の技量に任されるのではなく，養護教諭等の多職種との協働によって展開されるべきものである。そこでは，発達や障害の特性論を，学級集団に生活している子どもの立場を視野に入れた授業論としてどう構築するのかが問われる。こうした授業づくりの視点からの多職種の協働論がこれからますます問われることになろう。

4. インクルーシブ授業が今日の学校に提起するもの

　以上，この間の特徴的な研究動向を整理したが，それをふまえて，インクルーシブ授業の探究が今日の学校教育に何を提起しているのかをあらためて問い直すことが必要である。

(1) 学習の当事者性への注目

　第一は，インクルーシブ授業が，学習への自己理解・学習の当事者性を問い直す契機を提起していることである。特に発達障害児の学習の場・授業展開における困難さは実に多岐にわたる。発達や年齢に応じてではあるが，当事者である子どもが自己の学習についてどう理解し，取り組む課題をリアルに意識化するのか，そのための個人指導がどうあるべきかが問われている。「自己形成視の力」として指摘されてきた発達課題を念頭に置いて，困難さを引き受けつつ，子どもの自己の学習への見通しを形成する指導が求められる。その際，たとえば自閉症スペクトラム一般に関して，自己感の弱さとそれを克服する方法としての「自伝―書くこと」の意味が指摘されているが（別府，2014），学齢期の子どもたちにとって，周囲との差異を受け止め，学習に取り組む際の自己感を丁寧に育てるためには，自己の世界を綴る指導が学習・授業論の課題として重視されなくてはならない。障害特性に注目することと，自己を綴るという生活指導の論理とを結びつける視点が必要である。

　授業中に見せる逸脱的な行動＝わがままな行動は，こうした子どもたちが自分の存在を承認してほしいという願いの表出である。なぜこうした行動に走る

のかが自分でも明確に理解できないまま過ごす生活から，次第に自己を意識し，授業の中で「自分の軸」を立てていくプロセスをどのようにつくり出すかが問われている。この点では，発達障害の当事者の声，つまり多様な支援を通して次第に自分の存在＝自己の軸を発見することが，自立に向かうポイントであるとの指摘（綾屋，2011）に注目したい。

（2）インクルーシブ授業と学習内容の探究

　第二は，インクルーシブ授業が，特別なニーズのある子どもの声から学習内容を省察する契機を提起していることである。たとえば，音楽が好きだが，大人数でリコーダーを吹くことに困難さのある発達障害児からの「リコーダーは1人か2人で」という声は，感覚刺激への対応を求めているだけではなく，静かな場所でじっくりと吹くリコーダーの文化性を教師が省察する契機になっている（村瀬・篠崎，2009，135-136）。

　こうした論点は，すでに日本の戦後の授業研究において「つまずきを生かす授業論」として展開されてきた。ともすればそれは学習内容を確かに習得するための「手段的」な次元にとどまる傾向にあったが，基本的にはインクルーシブ教育が提起する方向と共通し，「当たり前」に受け入れられてきた学習内容を問い直す視点を提供してきた。

　それを引き継ぐ視点は，今日では，たとえば国語教育の分野では，「インクルーシブなことばの授業では，特別な支援を必要とする学習者を包摂することだけを目的にするのではなく，常に他の学習者を再包摂しているか」（原田，2014，9）も問われるべきと指摘され，リ・インクルージョン論が提起されている。先の音楽の事例も含めて，こうしたリ・インクルージョンの論理は，これまで当たり前に構成されてきた各教科の学習内容を省察する可能性を秘めている。

（3）就学前から学校卒業後を見通した学校教育のあり方

　第三に，学校の授業づくりを広い視野から議論する必要性である。これまで

論じてきたインクルーシブ教育実践の論理は，単に学校教育の課題に視点を置くだけではなく，子どもたちのライフストーリーの中で広く把握されるべきものである。障害児保育の実践は，障害・発達・生活を視野に入れて，クラス保育と小集団保育との関連を追究してきた。またクラス内保育という呼び方で，障害のある子どもの居場所づくりが議論されてきた（湯浅・大阪保育研究所，2014）。それは保育実践におけるインクルーシブな世界の探究だといえる。第1項で取り上げた学校教育での「居場所づくり」の探究が，こうした保育実践の論理に学ぶことによってあらためていうまでもなく，授業づくりの基盤に学級を中心にした居場所の論理を据えなくてはならないからである。

　発達障害を中心にして，学齢期を終えた段階で学びの場を保障する取り組みが近年盛んに進められている。「余暇・コミュニケーション・自己探求」といった領域で障害のある青年の自分づくりの課題に迫る実践が展開されている（谷口，2014）。当然，こうした学びの場の後に待ち受けている労働・社会への移行と，そのための準備という課題を重視しつつ，こうした青年の生活を支えるための自分づくりとその形成に不可欠な集団の意義に着目した指導が展開されている。そこでは，自分たちにとって必要な学習内容・カリキュラムを共同で構想するという参加論を軸にした学びの場づくりが目指されている。

　保育実践と同様に，こうした卒業後の学びの場づくりの取り組みから学校教育のカリキュラムを問い直す，そこにインクルーシブ授業実践の課題がある。このように，インクルーシブ授業は，教育（保育）の場全体を貫いて，授業実践の質を問い直すための「開かれた視点をもつこと」を要請している。その意味で，これからの学校教育を改革する手がかりとなる概念こそ，インクルーシブ授業だと考える。

　「学力テスト体制」とも称される今日の学力向上をめぐる議論は，日本のみならず海外でも，スタンダード化に走る教育動向への批判として広く取り上げられてきている（Stinkes, U., 2008）。この議論については，後の章で検討するが，そこには発達障害をはじめとした特別なニーズのある子どもの存在が否定され排除される世界を超えて，生活・学習をめぐる共同を探究する授業実践の課題が示唆されている。こうした視野からの教育方法学的探究にいっそう期待したい。そのためにも，教育方法学と教科教育学とを架橋して取り組んだ本書

の枠組みをさらに広げて，日々営まれている授業をインクルーシブ授業という視点から問い直すミクロレベルの視点と，地域・社会を視野に入れたマクロレベルでの共同の探究が期待されている。

[文献]

明田聡子・田中道治 (2011)「教授—学習過程におけるアスペルガー症候群児の活動の切り替え」．京都教育大学附属教育実践センター機構特別支援教育臨床実践センター『特別支援教育臨床実践センター年報』(1)．39-50.

綾屋紗月 (2011)「『自己』の育ち——当事者の立場からの研究」．『教育』790号．国土社．64.

バーンスティン，B. 著，久富善之ほか訳 (2000)『〈教育〉の社会学理論』．法政大学出版局．

別府悦子・清水章子・谷野佳代子 (2004)「通常学級に在籍する広汎性発達障害児の学習困難とその対応」．全国障害者問題研究会『障害者問題研究』32(2)．119-130.

別府哲 (2014)「自閉症スペクトラムの機能連関，発達連関による理解と支援」．全国障害者問題研究会『障害者問題研究』42(2)．11-19.

花熊曉 (2008)「まとめと提言 (1) ユニバーサルデザインの学級経営と授業を目指して（通常学級における特別支援——『あると便利』ユニバーサルデザイン)」．『特別支援教育研究』(607)．日本文化科学社．36-39.

原田大介 (2010)「インクルーシブな国語科授業の構築——特別な支援を要する学習者とのかかわりを通して」．学思会『国語科授業論叢』(2)．98-108.

原田大介 (2014)「学習のコミュニケーションの実態とことばの授業の可能性——伝え合う力をより深く育むために」．浜本純逸監修『特別支援教育と国語教育をつなぐことばの授業づくりハンドブック』．渓水社．4-10.

廣瀬由美子 (2011)「通常の学級における教科教育と特別支援教育の融合——『授業のユニバーサルデザイン研究会』での実践（特別支援教育——平等で公平な教育から個に応じた支援へ) ——（通常の場での特別支援教育)」．『現代のエスプリ』(529)．ぎょうせい．56-64.

堀尾輝久・服部英二 (2009)「文化の多様性と平和」．『人間と教育』No. 63．旬報社．4-17.

伊藤友美・都築繁幸 (2009)「通常の学級と通級指導教室におけるアスペルガー症候群の学習行動の事例的分析 (2)」．愛知教育大学教育実践総合センター『愛知教育大学教育実践総合センター紀要』(12)．243-252.

海津亜希子 (2012)「すべての子どもの学びを保障するために（第20回大会特集 あらためて問う発達障害児の学習支援：知能・学力・生きる力) ——（大会企画シンポジウム 授業の

ユニバーサルデザイン化への挑戦）」．日本 LD 学会『LD 研究』21(1)．52-55.

桂聖（2012）「教科教育と特別支援教育の融合が目指すもの——授業のユニバーサルデザイン研究の原点から考える（特集 日本 LD 学会設立 20 周年記念特集）」．日本 LD 学会『LD 研究』21(4)．445-447.

河野順子（2007）「『子どもの側に立つ』学びの実現を（特集 習熟度別指導の拡充で何が問われるか）——（提言 習熟度別指導の問題点——『ゆとり』から『学力向上』へ）」．『現代教育科学』50(7)．明治図書．17-19.

木村浩則（2003）『つながりの教育』．三省堂．

村瀬ゆい・篠崎純子（2009）『ねえ！聞かせて，パニックのわけを』．高文研．

長江清和・細渕富夫（2005）「小学校における授業のユニバーサルデザインの構想——知的障害児の発達を促すインクルーシブ教育の実現に向けて（西村章次教授 退職記念特集）」．『埼玉大学紀要　教育学部』第 54 巻第 1 号．155-165.

長尾秀夫（2003）「注意欠陥 / 多動性障害（ADHD）児の教育支援——一斉授業における補助教員のあり方」．日本発達障害学会『発達障害研究』第 25 巻第 2 号．99-109.

日本生活指導学会（2014）「第 32 回大会課題研究・困難な課題を抱える少年の自立支援にかかる少年鑑別所と児童自立支援施設との連携のあり方について」．

斉藤ふくみ・井上理恵・坂田真衣・西原絵里子・村田茉知（2008）「軽度発達障害児が在籍する通常学級における授業研究——養護教諭の視点から」．熊本大学『熊本大学教育実践研究』25．105-111.

佐藤学（2012）「世界に広がる注目の教育実践『学びの共同体』とは何か？——『学びの共同体』が目指す学校改革のビジョン（特集 徹底研究！ 世界に広がる注目の教育実践のすべて——学びの共同体式『どの子も伸ばす授業』のつくり方）」．『総合教育技術』67(9)．小学館．14-17.

関戸英紀・田中基（2010）「通常学級に在籍する問題行動を示す児童に対する PBS（積極的行動支援）に基づいた支援——クラスワイドな支援から個別支援へ」．日本特殊教育学会『特殊教育学研究』48(2)．135-146.

清水貞夫（2011）「特別支援教育制度からインクルーシブ教育へ」．全国障害者問題研究会『障害者問題研究』Vol. 39. No. 1．2-11.

園田貴章・前山資子（2009）「学習障害と授業改善——『個別の評価表』の開発の試み」．佐賀大学文化教育学部附属教育実践総合センター『佐賀大学教育実践研究』(26)．85-92.

谷口充（2014）「専攻科から見た高等部カリキュラムの課題」．日本特別ニーズ教育学会第 20 回大会報告．

Ursula Stinkes, >Gute Bildung< in >guten Schulen<? Kritische Reflexionen zu >Standards der sonderpädagogischen Förderung<. In "Sonderpädagogische Förderung heute". 03/2008.

安井友康・山崎昌廣（2008）「小中学校における障害のある児童生徒の体育授業——インクルーシブな授業に向けた工夫に関する記述の分析から」．北海道教育大学『北海道教育大学紀要．教育科学編』58(2)．117-132.

吉田茂孝（2009）「特別支援教育における授業論の研究課題——通常学級における授業を中心として」．『高松大学紀要』第51巻．117-128.

湯浅恭正編（2008）『困っている子と集団づくり』．クリエイツかもがわ.

湯浅恭正編（2009）『特別支援教育を変える授業づくり・学級づくり』全3巻．明治図書.

湯浅恭正（2013）「発達障害と通常学級教育」．『SNEジャーナル』No. 19，文理閣．37-52.

湯浅恭正・越野和之・大阪教育文化センター編（2011）『子どものすがたとねがいをみんなで——排除しない学校づくり』．クリエイツかもがわ.

湯浅恭正・大阪保育研究所編（2014）『障害児保育は「子ども理解」の場づくり』．かもがわ出版.

全国生活指導研究協議会編（2014）『全生研第56回大会紀要』．私家版.

第2節

特別支援教育とインクルーシブ教育の関係性に関する検討

1. はじめに

　2006年に学校教育法が一部改正され，特殊教育から特別支援教育への転換が図られて，10年が経過した。日本は2014年1月に障害者権利条約の批准に至り，インクルーシブ教育の推進がますます重要な課題となっている。たとえば，中央教育審議会（以下，中教審）による「共生社会の形成に向けたインクルーシブ教育システム構築のための特別支援教育の推進（報告）」（2012年）では，特別支援教育を推進することが共生社会の実現に向けたインクルーシブ教育の構築に不可欠だと述べられている。しかしながら，特別支援教育とインクルーシブ教育の関係性については，まだ議論が十分に尽くされていないように思われる。そこで本節では，国際的な動向をふまえながら，インクルーシブ教育の視点から日本の特別支援教育がどのように評価できるかを検討し，今後の見通しについて考察してみたい。

2. 国際的動向の概観

　国際的なインクルーシブ教育推進の潮流は，1994年のサラマンカ声明とその行動大綱に端を発する。同声明において，これまでのインテグレーションやメインストリーミングに代わってインクルージョンやインクルーシブ教育という用語が提唱されたことが，世界的に大きな影響を与えた。その後，2006年には国連で障害者権利条約が採択され（2008年発効），2016年時点で，160の国と地域が署名し，174の国と地域が締結している。

(1) サラマンカ声明（ユネスコ，1994年）

1994年にスペインで開かれたユネスコとスペイン政府の共催による「特別なニーズ教育に関する世界会議」の最終日に採択されたのが，サラマンカ声明である。この世界会議は，「万人のための教育（Education for All）」の実現を目標として掲げた国際的な取り組みの一環であり，障害児教育の文脈に限定されたものではない。したがって，「特別な教育的ニーズ」をもつ子どもは障害児だけでなく，優秀児，ストリート・チルドレン，辺境地域の子どもや遊牧民の子ども，言語的・民族的・文化的マイノリティの子どもなど，幅広く想定されている。ユネスコが2005年に発行したガイドラインでは，インクルージョンの対象として，さらに被虐待児や労働に従事している子ども，移民や難民，困窮児，戦闘地域の子ども，兵役に就いている子ども，孤児なども含むことが指摘されている。つまり，包摂・包含（include）する対象として，医学的・心理学的診断に基づく「障害」があるとは認められていなくても，学習困難や学習不振の状態に陥っている子どもや，経済的・民族的・文化的諸条件により学校教育へのアクセスが断たれている子どもなど，さまざまな理由で学校教育から排除（exclude）されている子どもたちを広く含むのが最大の特徴である。

またサラマンカ声明は，インクルーシブな学校という概念を提唱したことでも注目される。インクルーシブな学校とは，身体的，知的，社会的，情緒的，言語的，あるいはその他の条件にかかわらず，すべての子どもを受け入れることを大前提とする学校のあり方を指す。そして，「可能なところではどこでも，子どもがもっている困難や差異にかかわらず，すべての子どもが一緒に学ばなければならない」という基本原則のもと，「適切なカリキュラム，組織的整備，教育方略，資源の活用と地域社会との連携を通じて，学習の諸スタイルと速度を調整しつつ，また質の高い教育を実現しながら，児童生徒の多様なニーズを認識し，それに応える」ことが求められる。その一方で同声明は，特別な学校（special school）がインクルーシブな学校の発展のために価値ある資源であることや，特別な学校および学級が，通常学級の中で適切なサービスを提供できないような障害を有する子どもにとって最適な教育の場であり続ける可能性にも言及している点を見落としてはならない。

(2) 障害者権利条約 (国連, 2006年)

　ノーマライゼーションの提唱などを背景とした国連による本格的な障害者の人権問題への取り組みは，障害者権利宣言 (1975年) をはじめとして，国際障害者年 (1981年)，障害者に関する世界行動計画 (1982年)，障害者の10年 (1983〜1992年) と段階的に進められてきた。2001年の国連総会によって提唱され，翌2002年から審議が重ねられてきた障害者権利条約は，2006年12月13日に国連総会において採択され，2008年5月3日に発効した。障害者の人権および基本的自由の享有を確保し，障害者の固有の尊厳の尊重を促進することを目的として，障害者の権利の実現のための措置等について定めるものである。日本は，2007年に署名し，2014年1月に批准した。

　教育に関する障害者の権利については，第24条に掲げられている。第1項では，教育についての障害者の権利を認めたうえで，この教育権を差別なく平等に保障するために，自由と多様性の尊重，諸能力や人格の最大限の発達，社会参加を目指した教育制度の確保が規定されている。第2項では，その具体的な内容として，以下の5点が挙げられている。

　⒜障害者が障害に基づいて一般的な教育制度から排除されないこと及び障害のある児童が障害に基づいて無償のかつ義務的な初等教育から又は中等教育から排除されないこと。
　⒝障害者が，他の者との平等を基礎として，自己の生活する地域社会において，障害者を包容し，質が高く，かつ，無償の初等教育を享受することができること及び中等教育を享受することができること。
　⒞個人に必要とされる合理的配慮が提供されること。
　⒟障害者が，その効果的な教育を容易にするために必要な支援を一般的な教育制度の下で受けること。
　⒠学問的及び社会的な発達を最大にする環境において，完全な包容という目標に合致する効果的で個別化された支援措置がとられること。

　この第2項からは，障害者権利条約がインクルーシブ教育の原則を強調して

いることが読み取れる。しかしながら条約の中で，特別な学校や学級の存在を
どのように位置づけるかについて，明確な言及はなされていない。「学問的及
び社会的な発達を最大にする環境」「完全な包容という目標に合致する効果的
で個別化された支援措置」の中身については，それが障害者権利条約第5条第
4項の定める「障害者の事実上の平等を促進し，又は達成するために必要な特
別の措置は，この条約に規定する差別と解してはならない」という規定に反し
ないものであるか否かの判断が各国に任されているといえるだろう。

3. 特殊教育から特別支援教育への転換

　次に，日本における特殊教育から特別支援教育への転換の経緯を見ていくこ
とにする。従来，障害児を "特殊" な存在として通常の子どもたちの教育から
切り離し，盲・聾・養護学校および特殊学級という "分離" された "特別な
場" で指導を行うことが当然視され，"特殊教育" と呼ばれてきた。2006年の
学校教育法改正でこの特殊教育は特別支援教育へと名称を変え，大きな転換を
迎える。

(1) 転換への3つのステップ

　特殊教育から特別支援教育への転換に至った背景には，大きく3つのステッ
プがある。

① 「21世紀の特殊教育の在り方について――一人一人のニーズに応じた特別
な支援の在り方について（最終報告）」（2001年）

　この答申の中で，これまでの特殊教育について「障害の種類，程度に応じて
特別の配慮の下に手厚くきめ細かな教育を行うため，盲・聾・養護学校や特殊
学級などの整備充実に努めてきた」との総括が行われた。そのうえで，「ノー
マライゼーションの進展や障害の重度・重複化や多様化，教育の地方分権など
特殊教育をめぐる状況の変化が生じており（中略）これからの特殊教育は，障

害のある児童生徒等の視点に立って一人一人のニーズを把握し，必要な支援を行うという考えに基づいて対応を図る必要がある」と提起された。

②「今後の特別支援教育の在り方について（最終報告）」（2003 年）

　2 年後の特別支援教育の在り方に関する調査研究協力者会議による最終報告では，障害のある児童生徒の教育をめぐる諸情勢の変化として，2002 年に文部科学省が実施した「通常の学級に在籍する特別な教育的支援を必要とする児童生徒に関する全国実態調査」の結果をもとに，LD，ADHD，高機能自閉症により学習や生活の面で特別な教育的支援を必要とする児童生徒について，ただちに「障害」と判断することはできないものの，約 6％程度の割合で通常の学級に在籍している可能性に触れ，従来の特殊教育は必ずしもこうした子どもたちに十分に対応できていない状況にあることに言及した。

　そして，特別支援教育とは「これまでの特殊教育の対象の障害だけでなく，その対象でなかった LD，ADHD，高機能自閉症も含めて」とその対象の拡大が明示され，「障害のある児童生徒に対してその一人一人の教育的ニーズを把握し，当該児童生徒の持てる力を高め，生活や学習上の困難を改善又は克服するために，適切な教育を通じて必要な支援を行うもの」という方向性が示された。

③「特別支援教育を推進するための制度の在り方について（答申）」（2005 年）

　特別支援教育に関する具体的な制度について提起したのが，2005 年の中教審による「特別支援教育を推進するための制度の在り方について（答申）」である。この中であらためて，障害のある幼児・児童・生徒の教育の基本的な考え方について，特別な場で教育を行う従来の「特殊教育」から，一人ひとりのニーズに応じた適切な指導および必要な支援を行う「特別支援教育」に転換を図ることが明記された。また，その推進のために，盲・聾・養護学校制度の見直しや小・中学校における制度の見直しなどの条件整備の必要性が提言された。

（2）特別支援教育への転換とインクルージョンの関係

　こうした段階を経て，2006 年の学校教育法改正に則り，2007 年 4 月より特

別支援教育が開始された。その理念は，同年 4 月 1 日に出された「特別支援教育の推進について（通知）」において，次のように述べられている。

　　　特別支援教育は，障害のある幼児児童生徒の自立や社会参加に向けた主体的な取組を支援するという視点に立ち（中略），これまでの特殊教育の対象の障害だけでなく，知的な遅れのない発達障害も含めて，特別な支援を必要とする幼児児童生徒が在籍する全ての学校において実施されるものである。さらに，特別支援教育は，障害のある幼児児童生徒への教育にとどまらず，障害の有無やその他の個々の違いを認識しつつ様々な人々が生き生きと活躍できる共生社会の形成の基礎となるものであり，我が国の現在及び将来の社会にとって重要な意味を持っている。

　ここまでの政策文書の中では，特別支援教育の推進が共生社会の形成に寄与するものであるという文脈でのノーマライゼーションやサラマンカ声明への言及は見られるものの，「インクルージョン」「インクルーシブ教育」という文言は見られない。日本の特別支援教育推進とインクルージョンの関係が表立って議論されるようになったのは，2006 年に国連で障害者権利条約が採択されたことによる影響が大きいと思われる。国内でその中心的な役割を果たしたものに，障がい者制度改革推進会議（2009 年）と，中教審に設置された特別支援教育の在り方に関する特別委員会（2010 年）が挙げられる。次に，その動向について概観する。

4．日本におけるインクルージョンの議論

　国連で障害者権利条約が採択された翌 2007 年，日本も同条約に署名し，批准に向けた検討が本格的に進められることとなった。批准検討のプロセスでは，大きく次の 3 つが柱となっている。

(1) 障がい者制度改革推進会議

　2009年に閣議決定により発足した障がい者制度改革推進会議は，2010年6月に第一次意見，12月に第二次意見を公表している。第一次意見では，あらゆる教育段階において，障害者にとってインクルーシブな教育制度を確保することを求める障害者権利条約に照らして，「人間の多様性を尊重しつつ，精神的・身体的な能力を可能な最大限度まで発達させ，自由な社会に効果的に参加するとの目的の下，障害者が差別を受けることなく，障害のない人と共に生活し，共に学ぶ教育」としてインクルーシブ教育を定義した。また第二次意見では障害者基本法改正の趣旨と目的が示され，その結果，教育に関しては「可能な限り障害者である児童及び生徒が障害者でない児童及び生徒と共に教育を受けられるよう配慮しつつ」という文言が付け加えられた（第16条第1項）。こうして，障害者権利条約の批准に向けて，日本におけるインクルーシブ教育の解釈と準備が進められていった。

(2)「共生社会の形成に向けたインクルーシブ教育システムの構築のための特別支援教育の推進（報告）」（中教審，2012）

　共生社会の形成に向けて，障害者権利条約に基づくインクルーシブ教育システムの理念の重要性を指摘し，その構築のために特別支援教育を着実に進めていく必要があると提起したのが，特別支援教育の在り方に関する特別委員会による「共生社会の形成に向けたインクルーシブ教育システムの構築のための特別支援教育の推進（報告）」である。同報告は，基本的な方向性としては，障害のある子どもと障害のない子どもができるだけ同じ場でともに学ぶことを目指すべきであるとしながら，「インクルーシブ教育システムにおいては，同じ場で共に学ぶことを追求するとともに，個別の教育的ニーズのある幼児児童生徒に対して，自立と社会参加を見据えて，その時点で教育的ニーズに最も的確に応える指導を提供できる，多様で柔軟な仕組みを整備することが重要である」と述べている。すわなち，小・中学校における通常の学級，通級による指導，特別支援学級，特別支援学校といった，連続性のある「多様な学びの場」

を用意しておくことが必要であるとの認識に立っている。

(3) 障害者差別解消法

2011 年に障害者基本法が改正され，差別の禁止条項が新設された。その趣旨の具体化を図るべく，2013 年には「障害を理由とする差別の解消の推進に関する法律」（「障害者差別解消法」）が制定され，2016 年 4 月から施行される運びとなった。その中であらためて，合理的配慮の提供が注目されている。

先の「共生社会の形成に向けたインクルーシブ教育システムの構築のための特別支援教育の推進（報告）」によれば，合理的配慮とは「障害のある子どもが，他の子どもと平等に『教育を受ける権利』を享有・行使することを確保するために，学校の設置者及び学校が必要かつ適切な変更・調整を行うことであり，障害のある子どもに対し，その状況に応じて，学校教育を受ける場合に個別に必要なもの」であり，「学校の設置者及び学校に対して，体制面，財政面において，均衡を失した又は過度の負担を課さないもの」と定義されている。障害者権利条約において，合理的配慮の否定は障害を理由とする差別に含まれるとされており，同条約を批准した日本においても同様に解釈される。その理念を具体化した障害者差別解消法が施行された今なお，学校において合理的配慮の提供をいかに実現するかについての模索が続いている。

5.　考察——特別支援教育の限界と今後の展開への見通し

(1) 特別支援教育の限界

以上のように，特殊教育から特別支援教育への転換は，これまで建前上は「存在しない」ことになっていた通常学級内にも障害のある子どもが少なからず学んでいることを認め，特別な教育的対応の必要性に応じて進められたものであった。これは，通常学級も障害児教育の実践の場の 1 つとして位置づけられたことを意味するという点で画期的な方向転換であったといえる。また，

障害者権利条約の批准に向けては，インクルーシブ教育の理念を尊重し，その実現のために特別支援教育の推進が不可欠であるとの認識が示されてきた。その一方で，サラマンカ声明や障害者権利条約におけるインクルーシブ教育の本来の趣旨に照らせば，次のような限界も指摘することができる。

①障害児教育という枠組みを超えていない

　サラマンカ声明が「万人のための教育」の実現を目指すものであるのに対して，日本の特別支援教育の提起は，その前提として特殊教育の総括と反省に依って立つものであり，それゆえに対象となる「障害」の枠組みを拡大することはできても，その枠組みを超えた新しい視座に立った教育構想の展開に至っていないといえる。そのために，通常学級で「特別な教育的支援を必要とする子どもたち」の存在も，あくまで LD，ADHD，高機能自閉症という「障害」を前提としたとらえ方の域を出ないものとなっている。

　さらに，障害者権利条約の批准に向けて特別支援教育の推進に注目が集まる中で，特別支援教育が障害者の種々の権利保障の一環として語られる教育のみを表すものとして矮小化してとらえられてきたとはいえないだろうか。本来，インクルーシブ教育が提起するものは，障害児だけでなく，優秀児，ストリート・チルドレン，辺境地域の子どもや遊牧民の子ども，言語的・民族的・文化的マイノリティの子どもなど幅広いニーズを想定し，こうした多様な教育的ニーズをもつ子どもたちをあまねく受け入れる学校づくりの必要性と重要性であった。しかしながら，障害者権利条約の文脈で語られる教育に着目するあまり，特別支援教育の視野がますます「障害」に特化され，障害児教育の文脈に依存せざるをえない状況をつくり出してきたのではないだろうか。

②「障害」ありきの特別なニーズ教育の展開になっている

　2001 年の「21 世紀の特殊教育の在り方について（最終報告）」以来，「ニーズ」という言葉が頻繁に用いられるようになる。障害児教育の文脈で国際的に初めて「特別な教育的ニーズ」という用語が登場したのは，英国のウォーノック報告（1978 年）である。同報告は従来の障害概念を見直し，医学・心理学的な「障害」に代わる新しい概念として「特別な教育的ニーズ」という概念を提

唱した。これは，単に「障害」を「ニーズ」に読み替えただけではなく，著しい学習上の困難を経験している子どもたちを「特別な教育的ニーズを有する子ども」としてとらえ，その中にいわゆる「障害」のある子どもも含むという構造になっている。ユネスコが提唱するインクルーシブ教育の対象でも，多様な学習者のニーズの中に「障害児」が位置づけられていた。

　翻って，日本の「ニーズ」という言葉の用いられ方を見ると，「教育的ニーズ」という言葉は，一見，国際的な特別なニーズ教育の系譜を継承するものであるように見える。しかしながら実際には，「障害のある児童生徒に対してその一人一人の教育的ニーズを把握し」という表現に象徴的に示されるように，多様な「ニーズ」の中の１つとして「障害」があるのではなく，対象を「障害」児に限定したうえでの「（障害児の）ニーズ」への着目となっている。

③不登校や外国籍などの子どものニーズを受け止める教育になっていない

　2005年の「特別支援教育を推進するための制度の在り方について（答申）」の中では，小・中学校において通常の学級に在籍するLD，ADHD，高機能自閉症等の児童生徒に対する指導および支援が喫緊の課題となっていることに触れ，次のような記載がある。

　　　　また，LD・ADHD・高機能自閉症等の状態を示す幼児児童生徒が，いじめの対象となったり不適応を起こしたりする場合があり，それが不登校につながる場合があるなどとの指摘もあることから，学校全体で特別支援教育を推進することにより，いじめや不登校を未然に防止する効果も期待される。（中略）特別支援教育の理念と基本的考え方が普及・定着することは，現在の学校教育が抱えている様々な課題の解決や改革に大いに資すると考えられることなどから，積極的な意義を有するものである。

　このように，特別支援教育の理念としては，対象となる「LD・ADHD・高機能自閉症等の状態を示す幼児児童生徒」といじめ・不登校の問題をリンクさせながら，「特別支援教育を推進することにより，いじめや不登校を未然に防止する効果も期待される」という安易な帰結を望むだけで，特別支援教育とし

ていじめや不登校の問題にどのようにアプローチするかについてはまったく言及されていない。

同様のことは，外国籍の子どもについてもいえる。国際的には，移民を多く受け入れているなど国によって事情や背景は異なるものの，その国の主要言語以外の言語を母国語とする言語的マイノリティの子どもの学習困難も特別な教育的ニーズの1つとして認められる場合がある。その一方で，日本の場合は，日本語の習得に困難がある児童生徒への対応は，日本語指導を中心として文部科学省の初等中等教育局国際教育課が主導しており，特別支援教育との接点が見出せない状況にある。

④通常教育の改革という視点の弱さ

「共生社会の形成に向けたインクルーシブ教育システムの構築のための特別支援教育の推進（報告）」では，その基本的な方向性として以下のように述べられている。

> 障害のある子どもと障害のない子どもが，できるだけ同じ場で共に学ぶことを目指すべきである。その場合には，それぞれの子どもが，授業内容が分かり学習活動に参加している実感・達成感を持ちながら，充実した時間を過ごしつつ，生きる力を身に付けていけるかどうか，これが最も本質的な視点であり，そのための環境整備が必要である。

しかしながら，「環境整備」の中身としては「教員の適切な配慮，ティーム・ティーチング，個別指導や学習内容の習熟に応じた指導等の工夫」という従来から取り組まれてきたこと以上の具体的な提案は見られない。また同報告では，「合理的配慮」として「教育内容」と「教育方法」をあえて区別し，「学習内容の変更・調整」が柔軟にできるように示しつつ，その具体例を見ると，時間の延長や提示する情報の置き換え，表現手段の代替を認めるといったものが中心であり，通常学校のカリキュラム改革の問題に踏み込んだ言及は見られない。中村満紀男は，「インクルーシブ教育に対して初等中等教育としてどのように取り組むのか否かという政策の明確さに欠けている」と鋭く指摘している

（ダニエルズ，ガーナー，2006, 536）。このように，インクルーシブ教育の真髄である通常教育改革という視点に欠けていることが大きな課題であり，特別支援教育の推進をインクルーシブ教育へのステップとしてとらえたとき，その行く先を阻む大きな壁になると考えられる。

(2) インクルーシブ教育となるための見通し

　それでは，特別支援教育がインクルーシブ教育の実現に真に寄与するものとなるためには，どうしていけばよいだろうか。

　サラマンカ声明の本来の趣旨である多様な学習者のニーズに応える教育としてインクルーシブ教育を追求するならば，日本の特別支援教育が「障害」に特化したものとして展開される以上，それをそのまま進めればインクルーシブ教育に直結するというものではないのは明らかである。インクルージョンと特別な教育的ニーズあるいは特別なニーズ教育は，密接で不可分な関係にあるといえる。したがって，特別支援教育の推進をもってインクルーシブ教育の実現を目指すならば，単に「障害」を「ニーズ」と読み替えて済ませるのではなく，国際的な特別なニーズ教育の動向をふまえて，「ニーズ」と「障害」の関係を丁寧にとらえ直す必要があるだろう。そのうえで，障害児教育から特別なニーズ教育への発展のすじ道，あるいは特別支援教育そのものの対象を「障害」から「多様なニーズ」に拡大させていくような中・長期的な展望を描くことが求められる。

　たとえば，実際の学校教育現場では，障害児教育の視点からいじめ，非行，不登校などの「学校不適応」の問題にアプローチされることが少なくない。特別支援学級が，不登校の子どもたちの学びを保障する場の1つとして，その受け皿になっていることもある。不登校を経験している子どもの中に，LDやADHD，高機能自閉症などの発達障害児が少なからず存在することは，これまでにも指摘されてきた。鈴木は，不登校の子どもたちへの対応を適応指導教室での指導や学校心理士によるカウンセリングだけでよしとするのではなく，障害児教育の専門性をもった対応が求められると指摘している（鈴木，2006）。このように，不登校を経験している子どもが学校で経験している困難さを，「生

活」「学習」に関するものは特別支援教育として，「登校」に関するものは不登校対応として切り離すのではなく，ニーズの本質をとらえた一貫した支援や対応が求められるといえる。

　また，特別支援教育が「障害」に特化した教育でありながら，障害児教育の実践の場としての十分な質と量が保障できていないことも深刻な課題である。サラマンカ声明にあるとおり，インクルーシブ教育の理念は特別な学校や学級の存在を否定するものではなく，特別支援学校における教育の充実はインクルーシブ教育の推進と矛盾するものではない。しかしながら，今日の特別支援学校に通う子どもたちは，「地域（小・中学校）か手厚い支援（特別支援学校）か」という二者択一を迫る貧しい選択肢から選ばざるをえない状況に置かれており，特別支援学校に通うことによって地域における人間関係が断ち切られてしまう場合もある。全国的に特別支援学校の過大・過密化が蔓延している中で，いまだに特別支援学校の設置基準が制定されていないことも大きな問題となっている。特別支援学校に通うことが「社会への完全かつ効果的な参加及びインクルージョン」という障害者権利条約の定める一般原則（第3条）に反するものとならないためには，小規模化，分散化といった適正規模・配置の問題や二重学籍を含めた安心して地域で学ぶ権利が保障できるような特別支援学校のあり方を検討していくことが喫緊の課題といえる。特別支援学級についても，この十数年で在籍児童・生徒数が倍増し，2013年の学校教育法施行令の一部改正で「就学基準に該当する障害のある子どもは特別支援学校に原則就学する」という従来の就学先決定の仕組みが改められ，今後ますます多様なニーズの受け皿となることが予想されることから，適正な教員配置や教員の専門性の向上などの条件整備が急務である。

　そして何より，インクルーシブ教育の実現に向けた取り組みは，通常学級を含めた通常の教育のあり方そのものの刷新を求めるものであるという"核心"を，特別支援教育の充実の中にいかに織り込むかが肝要である。今日，特別支援学校や特別支援学級に在籍する児童・生徒の数は，増加の一途をたどっている。少なくない子どもたちが通常学校・学級から"排除"され，特別支援学校や特別支援学級に居場所を求めている現実がある。だからこそ，特別支援教育の充実が真にインクルーシブ教育の推進に寄与するためには，通常学級におい

て特別な支援を安定的に提供していくための制度的基盤を整備することが求められる。そしてそれは，通級による指導や特別支援教育支援員の配置を増やすといった通常学級における個々の子どものニーズにあくまで個別的に対応するという枠組みだけではなく，カリキュラムや指導方法，学級集団編成の多様化や柔軟化など，通常学校・学級における教育のあり方そのものを抜本的に問い直すという視点で行われる必要がある。

　これらの点について今後検証していくうえで，実践的な問題提起をした映画がある。2015年に公開された『みんなの学校』[1]である。舞台となった大空小学校には，知的障害や発達障害のある子どもをはじめとして，養育環境が円滑な学校生活を阻害している子どもなど，数多くの特別な支援を必要としている子どもたちが通う。なかには，他校で不登校を経験して，転校してきた児童もいる。その中で，大空小学校では「障害」に特化しない形での“特別”支援教育が展開されている[2]。それはたとえば，特別支援学級に在籍する児童に対して，特別支援学級で授業を行わないというスタイルに如実に表れている。

　「すべての子どもの学習権を保障する学校をつくる」ことを理念に2006年に創立された同校では，障害のある子どもの存在を前に「障害があるから，特別支援学級に在籍しているから，別室で授業を受ける」のではなく，「この子と一緒に学べるにはどうしたらいいか」という発想で，その理念を実現する方法を追求し続ける。その過程で，子どもや教職員だけでなく，地域の人々も巻き込んでいく。そこには，「あの子たちを学びの場から排除してはいけない」という徹底した教育観が通底している。また，「学校に合わせて子どもを変える」のではなく，「子どもに合わせて学校が変わる」という姿勢は，まさに通常教育そのものを改革する視点とも重なる。一貫して，“排除”の対極にあろうとし，また既存の教育のあり方そのものを問い直すことを志向しているという意味において，はたしてこれはインクルーシブ教育の理想的な形の1つといえるだろうか。本節では紙幅の都合上，その点において十分に検証することはできないが，大空小学校の実践がインクルーシブ教育のあり方について提起する問題は少なくないと考える。

　そもそも，インクルーシブ教育が目指す通常教育の改革とは，障害児に“特別に”焦点を当てることを否定するものであろうか。また，インクルーシブ教

育の根幹である「ともに学び，ともに育つ」ことを目指すとき，特別支援学級で授業を受けることは，子どもたちが対等に学び合えないことを意味するのだろうか。ここで今一度，障害児教育の専門性と通常教育の関係性を問い直す必要があるだろう。また，「ともに」と語られるその中身について，ダンピングと同義である「同じ教室でなければ」という発想から脱却し，「同じ教室だからこそ」できることと，「同じ教室でなくても」できることを議論していくこと，「同じ学校で」「同じ地域で」という視点も合わせて「学ぶ」「育つ」ことの中身とその意義について考えていくことが求められるのではないだろうか。それはあらためて，発達観や教育観をより研鑽していく契機にもなる。『みんなの学校』から示唆を得た今後の議論に大いに期待したい。

　最後に，特別支援教育について語られる中でたびたび登場する「共生社会」とは，内閣府によれば，「障害の有無にかかわらず，それぞれの個性の差異と多様性が尊重され，それぞれの人格を認め合う」社会である。その意に則れば，障害児者の問題だけに焦点を当てた議論から脱却し，教育全体の問題としてより広い視野で特別支援教育の方向性を探究していくことを何より今後の課題として追求していきたい。

［注］

(1)　大阪市立南住吉大空小学校の取り組みを追ったドキュメント。平成25年度（第68回）文化庁芸術祭大賞受賞。同映画は，文部科学省特別選定を受けている。

(2)　小学校の校長（当時）は，著書の中で特別支援教育について，「支援の必要な子どもはたくさんいるので，支援教育はとても大事です。しかし，『特別』という言葉がつくと，ブレるような気がします。何か特別扱いして切り離さなければならない感覚になる」と述べている（木村，2015, 84）。

［文献］

姉崎弘（2011）『特別支援教育とインクルーシブ教育』．ナカニシヤ出版．

荒川智・越野和之（2013）『インクルーシブ教育の本質を探る』．全障研出版部．

中央教育審議会（2005）「特別支援教育を推進するための制度の在り方について（答申）」．

ダニエルズ，H., ガーナー，P. 編著，中村満紀男・窪田眞二監訳（2006）『世界のインクルーシブ教育——多様性を認め，排除しない教育を』．明石書店．

外務省「障害者の権利に関する条約　締約国一覧」．http://www.mofa.go.jp/mofaj/fp/hr_ha/
　page22_002110.html（2017 年 10 月 6 日最終閲覧）．

木村泰子（2015）『「みんなの学校」が教えてくれたこと』．小学館．

21 世紀の特殊教育の在り方に関する調査研究協力者会議（2001）「21 世紀の特殊教育の在り
　方について——一人一人のニーズに応じた特別な支援の在り方について（最終報告）」．

清水貞夫（2010）『インクルーシブな社会をめざして』．クリエイツかもがわ．

鈴木文治（2006）『インクルージョンをめざす教育』．明石書店．

特別支援教育の在り方に関する調査研究協力者会議（2003）「今後の特別支援教育の在り方
　について（最終報告）」）．

UNESCO, 2005, Guidelines for Inclusion: Ensuring Access to Education for All. UNESCO. http://
　unesdoc.unesco.org/images/0014/001402/140224e.pdf（2017 年 10 月 6 日最終閲覧）．

渡部昭男編著（2012）『日本型インクルーシブ教育システムへの道』．三学出版．

日本におけるインクルーシブ教育の日常化の課題
──〈理想〉と〈現実〉の相克をめぐって──

1. はじめに

　「大学の先生は〈理想〉を語っていればいいので楽ですね，もっと現場の実状を知ってください」。筆者の担当した教員免許状更新講習の感想に記された40代の中学校教員からの耳の痛い一言である。単に講義が退屈だったのかもしれないし，真意は不明である。しかし，ここまで直接的でなくても，インクルーシブ教育に関する研修を担当すると，〈理想〉と〈現実〉のギャップをめぐってストレートな意見が寄せられることはめずらしいことではない。こんなときは，「研究者が〈理想〉を語らないで誰が語りますか」と開き直ったり，「私も教員出身で多少は現場感覚のある人間です」と弁解したくもなる。しかし，こうした現場からの率直な声が，日本におけるインクルーシブ教育の〈現実〉を体現しているとはいえないだろうか。

　インクルーシブ教育（包摂的教育）とは，エクスクルーシブ教育（排除的教育）の対概念で，障害，人種，国籍，言語，宗教，虐待，いじめ，貧困といった多様な理由により社会的に周縁化されやすい子どもとそうでない子どもとが地域の学校で「ともに学ぶ」教育のことである。ユネスコのサラマンカ声明（1994年）や国連の障害者権利条約（2006年）において提起され，いまや先進諸国では教育政策の道筋を規定するメルクマールとなってきている。そもそも，インクルーシブ教育論は，社会のあり方の議論の中で交わされてきたものであり，欧米では新自由主義が生み出した社会的排除の拡大の緩和・解消を目指す社会的包摂論の一環として展開されてきた。したがって，インクルーシブ教育は，「排除社会」の現状の自覚と反省のうえで，近い将来の「包摂社会」の創出を目指そうとするポスト近代の一大プロジェクトであるといえる。

　現職教員をはじめ，日本に生きる現代人の多くは小・中・高校の道徳教育

で「差別はいけない」という規範的メッセージをうんざりするほど耳にしながら育ってきている（好井, 2009, 3）。したがって，大学の講義や研修会等でも，インクルーシブ教育の理念自体に疑義を挟む者は思いのほか少ないように思える。しかし，矛盾するようだが，子どもに対し「差別はいけない」と啓蒙する日本の小・中・高校において，インクルーシブ教育はあくまでも〈現実〉とは一線を画す〈理想〉の次元に留め置かれる傾向にある。その最たる理由は，インクルーシブ教育が，外在する教育の場の改革といった他人事では済まされず，通常学級の抜本的改革を要するからであろう。通常学級の現場の本音は，「現状ですら学級の統制をとるのが難しくなってきているところに，中重度の障害児が参入し，これ以上メンバーが多様化してしまっては収拾がつかなくなってしまう」といったところにあり，行政官や研究者の発する「改革」という言葉に戦々恐々としているようにも感じられる。〈理想〉と〈現実〉の狭間には，単にインクルーシブ教育の理念の道徳的正しさが理解されるだけでは済まない本音の問題が潜んでいる。

　日本では，2014年1月の国連障害者権利条約の批准を経て，2016年4月に障害者差別解消法が施行された。法制度上は，障害児・者のメインストリームへの参加が進展しつつあるといえるのかもしれない。しかし，星加（2015a, 260）が警鐘を鳴らすとおり，「『公』において『政治的に正しい（politically correct）』言説が流布すればするほど，『本音』と『建前』とが分裂し，『本音』の領域における排除が深刻化する」危険性がある。本音の領域，すなわち日常生活のレベルで健常者／障害者の関係改善に向けた努力がなされないかぎりは，法制度の理念は実質的に機能してこない。日本においてインクルーシブ教育の日常化を目指すためには，制度論や規範論の次元にとどまらない，学校の内部過程をふまえた議論が必要不可欠である。

　以上をふまえ，この節では，「どうして日本ではインクルーシブ教育が〈理想〉の次元に留め置かれやすいのか」という問いに正面から向き合うことにしたい。その際，日本の通常学級の質的特徴をつかむために「通常学級文化」という概念を用いる。「通常学級文化」は，1970年ごろを境に教育社会学の分野で解釈的アプローチが台頭してくる中で用いられるようになった「学校文化（School Culture）」概念に着想を得たもので，通常学級が有する「独特の《型》」

と「その《型》へ向けて人びとを形成する日常的な働き」のことを指している（久冨, 1996, 10）。以下では，まずインクルーシブ教育の〈理想〉と日本の通常学級文化の相克の内実について明らかにし，それをふまえて，日本におけるインクルーシブ教育の日常化に向けた通常学級文化の変容の契機について考察することにしたい。

2. インクルーシブ教育の〈理想〉——差異・異質性の尊重

　すでに述べたとおり，インクルーシブ教育とは，未来の「包摂社会」の創出を念頭に置いた共生の教育のことである。一人ひとりの差異や異質性が正当に尊重され，多様な子どもたちが「当たり前」に一緒にいられる地域の学校空間の中で，1人残らず学ぶことができることが目指される。単に一緒の空間に統合されただけで放置され，個々の学びが保障されない状況はインクルーシブ教育とはいえない。当然，個々の教育的ニーズに応じて特別な支援が提供される必要がある。「特別な支援を要すること」が外在する教育の場への一方的な押し出し（排除）と結びつくことは避けられなければならない。

　2012年7月，文部科学省中央教育審議会初等中等教育分科会特別支援教育の在り方に関する特別委員会は「共生社会の形成に向けたインクルーシブ教育システム構築のための特別支援教育の推進（報告）」を発表した。主として障害を有する子どもに特化した内容であるが，この中で，「同じ場で共に学ぶこと」と「連続性のある『多様な学びの場』を用意しておくこと」を両軸に据えながら1つのシステムとしてインクルーシブ教育を展開するという日本の方針が示された。ただし，この構想が「包摂社会」の実際的な創出へとつながっていくためには，前者と後者の重点の置き方をバランスよく行っていくことが要請される。後者に偏ってしまう場合には，これまでの分離体制の踏襲にしかならず，名ばかりの「インクルーシブ教育」に終わってしまう。

　実際には，少子化を積極的にとらえての通常学級の改革が，インクルーシブ教育の成否と関わってくると考えられる。しかしながら，上記の報告では，合理的配慮といったプラスアルファの個別援助や環境整備の必要性は強調されて

いるものの，新しい通常学級像は示されていない。きわめて曖昧なイメージの
ままで，インクルーシブ教育という〈理想〉の実現が，日本の通常学級の現場
に突き付けられているのである。

3.　日本の通常学級文化の全般的特徴——同質化／差異の一元化

　このような改革要請を受ける日本の通常学級とはどのような場であろうか。
これまで日本の通常学級文化の特徴を探究してきた研究者は，主として2つの
方法論を用いてきた。

　1つは，日本と海外の通常学級の比較研究で，代表的なものとして志水
(2002) の研究を挙げることができる。日本の通常学級を異文化から眺めるこ
とでその特徴が見えやすくなるのである。また，カミングス（1981）やローレ
ン (1988) といった外国人による「ニッポンの学校」に関する経験的研究も，
広い意味で比較研究に位置づけることができる。

　もう1つは，ニューカマーの子どもが在籍する日本の通常学級でのエスノグ
ラフィー研究で，代表的なものとして恒吉（1996）や児島（2006）の研究を挙
げることができる。日本の通常学級に参入しようとする異人（マイノリティ）
に着目することで，その場の自明性が可視化され，特徴が見えやすくなるので
ある（恒吉，2008b, 218）。

　あくまで学校段階や各学校現場の間における濃淡の違いと流動性を前提とし
つつ，以下では，日本の通常学級文化の全般的特徴について考察することにし
たい。

(1) 形式的平等主義と強い同調圧力

　日本の通常学級文化の第一の特徴は形式的平等主義である。通常学級の教員
間には，「平等＝横並び，同じに扱う」という平等意識が強く存在し，入学し
た子どもたちもまた次第に「同じに扱われることが当たり前」という感覚を自
分のものにしていく。

　通常学級に通ってくる子どもたちは，生育史や家庭環境などの背景は多様であるが，学校生活の中ではそれらは後景に追いやられる（志水，2010, 45）。もちろん，各担任教員は，程度の違いこそあれ，個々の子どもの生活背景を一通り把握している。近年は，新自由主義による経済格差の拡大で生活保護家庭も多く，ひとり親家庭もめずらしくない。しかし，子どもの生活背景がどうであろうと，教員たちは，形式的平等主義のもと，相互に監視し合いながら，教育活動の中で可能なかぎり「同じ扱い」になるように努める。また保護者たちも，「同じ扱い」になっているかどうかに目を光らせる。こうした職場環境に置かれた教員は，当然のごとく，「同じ扱いをするのが無難だ」という発想にたどり着く。

　この点でいえば，能力差に関しても同様である。そもそも通常学級は，「健常な身体」を暗黙の前提としながら，口語・板書中心の一斉教授という教育方法を洗練させてきた。したがって，「健常な身体」をもつ者として通常学級への入学が許可された子どもは，あたかも個々の能力が均質であるかのような「同じ扱い」を受ける。そして，通常学級において能力差を意識した「特別扱い」は「えこひいき」として忌避される。「平等＝同じに扱う」「特別扱い＝えこひいき（差別）」という発想は根強く，同僚教員や保護者からの監視の目もあり，彼（女）らからの承認を得ずに「特別扱い」を行うことは難しい。すぎむら（2014）は，倉本，星加，土屋とのトークセッションの中で次のように述べている。

　　ひとりの生徒の日常生活に入り込んで一緒に対策をたてることは教員にとって「手間暇」がかかることです。さらに，おおくの担任の先生たちは「クラスの子全員に，同じくらい手をかけてやりたい」と考えています。（中略）発達障害の傾向がある「かもしれない」ぐらいでは，その子だけに時間を割く動機付けにはならないのです。（中略）ゆえに，学校はどうしても「診断書」にこだわりたくなります。「診断書」は，先生たちにとって「特別支援教育」への強制ともなりますが，「特別扱い」をする免罪符でもあるのです。　　　　　　　（すぎむら・倉本・星加ほか，2014, 174）

　「『診断書』という免罪符」の獲得によって初めて，教員は形式的平等主義を公式に打ち破ることができる。ただし，これは「○○さんは障害者だから」という形で対象の子どもを障害者カテゴリーに当てはめる「障害のスポットライト化」の行為であり，「配慮を受ける側にとっても配慮する側にとっても，またその場に居合わせる他の児童・生徒にとっても，『障害者』というカテゴリーが強く意識される」ことになる（星加，2015b, 21）。今日の子どもたちが，周囲の友だちと衝突したり嫌われたりすることを極端に嫌い，いつも空気を読んでいる状況にあって，「『ふつう』のこどもとして，叱責されることと，『異質な存在』として配慮されることの，はたしてどちらが当該児にとって幸せなことなのであろうか」（すぎむら，2010, 97）という省察は重要である。また，診断書の提出を経た場合にとられる対応の多くは，特別支援教育支援員による当該の子どものかたわらでの個別援助か，通級指導教室などの外在する教育の場を利用しての補償教育である。恒吉（1997, 206）が指摘するとおり，「特定のカテゴリーの子どもたちのみが別個に補習的性格の強いものを受けるということは，彼らの異質性と二次的地位を顕在化させる」ことになる。そして，診断書を掲げての「特別扱い」は，あくまでも事例の「特例」化による対応であって，「平等＝同じに扱う」という通常学級文化自体を変容させるものではない。
　形式的平等主義を維持したまま能力差に対応する方法として日本で近年流行しているのが「ユニバーサルデザイン教育」である。「ユニバーサルデザイン教育」とは，工業製品におけるユニバーサルデザインの発想を援用し，通常学級において「場の構造化」「刺激量の調整」「ルールの明確化」「子ども同士の相互理解」を通して，発達障害の有無にかかわらず，学級のすべての子どもにとってわかりやすい対応を工夫しようとするものである（小貫，2014, 22）。「ユニバーサル」とは「普遍的」という意味であり，「横並び」のまま合わせる基準を健常の子どもから発達障害を有する子どもにずらすという発想なので，形式的平等主義に抵触しない。「特別扱い＝えこひいき（差別）」批判を回避しながら，発達障害を有する子どもに対応できるという点で使い勝手がよい。しかし，「ユニバーサル」と銘打ちつつ，視覚優位の発達障害に基準を合わせており，視覚優位ではない不均衡さをもつ発達障害の子どもをはじめ，その他の能力差に対しても，文字どおり「ユニバーサル」に対応できるのかどうかは，は

なはだあやしい部分がある。

　形式的平等主義に加え，日本の通常学級には，みんなが一律に行動すること
を強く求める同調圧力が働いている。たとえば，ニューカマーといったマイノ
リティの子どもは，「自文化」が剥奪され，同化が強いられやすい環境に置か
れる（太田，2000，223-224）。「みんな同じ扱い」という形式的平等主義と「みん
なと同じようにやりなさい」という同調圧力との相乗効果によって，学級集団
は同質化し，差異は一元化されていく。日本の通常学級の同調圧力は他の国々
と比べてもとても高い水準にあると指摘されている（志水，2010，105）。

　恒吉（2008a）は，こうした同調圧力の強さを日本における学級経営の手法と
の関わりの中で説明する。すなわち，日本の学級経営は，教員が背後に退き，
子どもに進行等を任せることをモデルにするような「仲間の対人関係を用いた
"絆"の間接統治が偏在的な集団統制」（恒吉，2008a，112）であり，子どもには，
「心理的な近さ，"絆"によって身近な集団に共感し，対人関係の親密さによっ
て生まれる同調圧力によって，『自発的』に協調することが期待されている」
という（恒吉，2008a，97-98）。そして，学級には「よく言えば集団性に富み，悪
く言えば本来同調するべきでない時も集団と共に生きる方が賢明に見えてしま
う状況が作りだされ」ていく（恒吉，2008a，99-100）。

　担任教員にとって学級の秩序維持はどういう教育実践を展開するか以前の重
大事であり，職場としての学校の日常を生き抜くための大前提である。それゆ
えに，子どもたちの同質化や差異の一元化が進む一因は，教員が担任する学級
の秩序をなんとか維持しようと努力していることにあるとも考えられる。同調
圧力を弱めることには学級の秩序崩壊を招くのではないかという不安が伴うた
め，教員にとって非常に勇気のいる決断である。ちなみに，うまく間接統治が
定着しない場合には，子どもを押さえつけるという直接統治がとられることに
なる。しかし，近年は，叱責や体罰に対する世間の目が厳しくなり，かつ叱ら
れ慣れていない現代の子どもたちに教員の高圧的な態度が積極的な効果をもた
らすことは少なくなっている。さらに，日本の学校には，担任する学級の秩序
維持の具合を教員評価と結びつける文化がある。教員自身，教員間の同調圧力
のもとに置かれており，インフォーマルな交流を通して，学級集団の同質化や
差異の一元化はモデル化されている（恒吉，2008a，137）。

（2）問題の個人化

　同質化や差異の一元化は，そのベクトルから不可避にはみ出してしまう子どもの差異や異質性を際立たせ序列化を進める機能をもつ。日本の通常学級は同質化途上の「面（集団）」の上に，ポツポツと異質な子どもが「点」在するという光景になりやすい。特に，教員は異質な「点」が集結して反乱を起こさないように座席配置を工夫するので，授業中などは学びの輪から異質な「点」が孤立しているように見えやすい。

　こうした孤立状態に対して，教員は決して放っておいてよいと考えているわけではない。しかし，すでに述べたように，形式的平等主義のもとでは簡単には「特別扱い」に踏み切ることができない。また，そもそも教員の対応の発想が，個人・家庭要因の洗い出しや個別的な「特別扱い」の必要性のみにとらわれやすい傾向がある。これが日本の通常学級文化のもう 1 つの大きな特徴である。すなわち，日本の通常学級では，子どもの見せる問題が「個人化」してとらえられ，形式的平等主義の是非などの構造的な問題ではなく，個々の子どもの能力・身体機能や家庭の状況の問題に還元されやすい。さらに，近年は，一昔前であれば「不器用な子」「勉強のできない子」「落ち着きのない子」「わがままな子」「変わった子」などと非医療的にとらえられていた子どもが，「発達障害」として医療的に解釈されるようになってきている（木村，2006, 6）。つまり，日本の通常学級は，学級の基本ラインとして，形式的平等主義と強い同調圧力によって同質化と差異の一元化を進める一方で，そこからはみ出る者に対しては個人・家庭要因でもって問題を解釈し，「特例」化の手続きのうえで，個別的な対処でもって対応をするという傾向にあるといえる。とはいえ，通常学級の中で個別援助を行うのにも限界があるため，通級指導教室，日本語教室，適応指導教室，特別支援学級，特別支援学校といった外在する教育の場にその仕事が外注されやすくなる。形式的平等主義と強い同調圧力といった文化の変容に取り組まないかぎりは，通常学級は，異人を排除する力を強めていくことになる。しかし，恒吉（2008a）はこうも述べる。

　　閉じた集団主義的な共同体として出来上がっていったと思われる日本の

　　全人教育，人格形成教育を支える装置が，社会性の育成を求める今日の時流に合っているとすると皮肉でもある。先進国が共通して直面する対人関係能力の危機状況を考える時，学校には広い射程での人間形成をする役割が期待されている。その際に，日本の教育が築いてきた，社会性・集団性・共同性を育成する意図的な仕組みは，大きな強みとして活用できるものであることを，海外の研究は示唆している。　　　　　（恒吉，2008a, 30）

　日本には，戦後に，戦前の「複線型」を改め，分岐を義務教育後まで先送りし「単線型」の学校系統を形成することによって，親密な対人関係に根差した学級共同体ベースの集団主義的教育を立ち上げたという歴史がある（貴戸，2012, 306）。こうした日本の通常学級文化の強みに目を向けずして，新時代の「インクルーシブ教育」という〈理想〉を盾にこれまでの通常教育を一面的に批判することはできない。むしろ，日本の場合には，これまでの通常学級の強みを放棄することなく活用し，インクルーシブ教育と調和させる方向で方策を練っていく必要がある。

4.　日本の通常学級文化の存続を下支えするシステム

　すでに述べたように，身体的均質性を前提とする日本の通常学級には，差異や異質性を有する子どもを外に押し出す力が働いている。そして，特別支援学級や特別支援学校などの外在する教育の場は，法制度上，特別な指導や支援を提供する場でありながら，押し出される子どもたちを受け止めるアジール（緊急避難の場）の機能を果たし，通常学級からの押し出しを経験した子どもたちに，安心して自己を表現し，かつ自然体でいられる居場所を提供してきた。また，そこでは，通常学級では「差別」としてタブー視される能力差や発達の度合いに応じた「特別扱い」がむしろ積極的に推奨されてきた（澤田，2002，142）。日本においては，通常学級と外在する教育の場は，相対的な関係にありつつも「棲み分け」をしながら，それぞれのテリトリーで専門性を高める努力を重ねてきたといえる。これまで両者の間に目に見えない高い壁ができがちで

あったことは指摘するまでもない。

　しかし，通常学級と外在する教育の場の力関係は対等ではない。特別支援学級を例に出していえば，広瀬（1997, 149）は，行事や式のときに悪気なく特別支援教育の子どもの名前を落とされるというような担任の苦しみを挙げつつ，「通常学級の補助的・補完的意味で，『学級』としての認識が弱く，通常学校の中の一構成部分として忘れさられやすい」立場に置かれていると述べている。つまり，外在する教育の場の教員も子どもも，日本の学校においてはマイノリティであり，良くいえば，相対的に自律が認められる立場で，悪くいえば，孤立状態に追い込まれやすい立場に置かれている。ある意味で，こうした「周辺」の場がシステムの中にほどよく配置されていることによって，集団主義的な日本の通常学級文化が守られてきたといえる。つまり，外在する教育の場が通常学級文化の不変性を維持する役割や通常学級の教員の負担を軽減する役割を果たしてきたのである（太田，2000, 77）。

5.　日本の通常学級文化が変容する契機

　ここまで話を進めてくると，インクルーシブ教育の〈理想〉と日本の通常学級の〈現実〉との間にはずいぶんと隔たりがあるなという印象をもたれることだろう。「差異・異質性の尊重」を基調とするインクルーシブ教育の〈理想〉と，外在する教育の場の下支えのもとで「同質化／差異の一元化」を進める日本の通常学級文化とでは，差異・異質性の取り扱い方の方向性が根本から異なっている。また，多文化色が濃く個人主義の土壌に生きる欧米と，単一文化色が濃く集団主義の土壌に生きる日本とでは，インクルーシブ教育の日常化を考える前提が異なっている。それでは，日本の通常学級文化が「差異・異質性の尊重」の方向へと変容していく契機をどこに見出していけばよいのであろうか。

(1)　学校全体の改革――インクルーシブな学校づくり

　差異や異質性の尊重を基調とするインクルーシブ教育の日常化に向けて通常

学級文化を変容させるためのもっとも手っ取り早い方法は，地域を巻き込みつつ学校全体を改革することである。日本でこうした改革を実行しようとする場合，教育委員会や管理職のイニシアティブが不可欠になる。平成25年度文化庁芸術祭賞大賞など数々の賞を受賞したドキュメンタリー映画『みんなの学校』でも，大阪市立大空小学校の学校全体の改革の様子が描かれ，特に学校長の熱意と奮闘ぶりが印象的であった（木村，2015）。神奈川県の茅ヶ崎市立浜之郷小学校などでの展開で知られる協同的な学びを軸にした「学びの共同体」ムーブメントも同僚性の変革を含む学校全体の改革が基盤にされていた（大瀬・佐藤，2000）。

　一方で，大きな課題となるのは，人事異動など流動性の高い学校組織において，改革を主導した管理職が退いた後の「文化の揺り戻し」である。たとえば，従来の通常学級文化しか経験したことのない教員たちが異動で入ってくることによって改革のモチベーションが薄れ，年々形骸化してくる。通常学級文化を変容させることを念頭に学校全体の改革を実施するためには，「持続可能な改革プラン」の構築が必要であろう。管理職以外の教職員がどれほど改革意図や理念を理解して主体的に取り組んでいるか，また，学校に比べれば流動性の低い地域コミュニティの巻き込みが実質的なものになっているかが問われてくる。

　実際のところ，インクルーシブ教育の日常化に向けて学校全体の改革に取り組もうとしている学校は，数としては多くない。筆者はこうした改革に取り組む学校に定期的に通い参与観察を実施したことがあるが，教育委員会・管理職と現場の教員との足並みが揃っていなかったり（トップダウンの独断的な改革になってしまっていたり），「文化の変容」の視点が薄く，形式的平等主義といった既存の通常学級文化を保持したまま先進校の形態（たとえば，「コの字」型の座席配置）だけを模倣して改革を断行しようとしていたりする場合にはうまくいっていなかった。結局は，学校改革が実質的なものになっているかどうかは，日本の通常学級文化が少しずつでも「差異・異質性の尊重」の方向へと変容できているかによるのであり，現場レベルでの関係性の変革なしには語れない。その点でいうと，学校全体で改革に取り組まないとインクルーシブ教育の展開は難しいのは事実であるが，教育委員会や学校長がイニシアティブをとらない場

合でも，現場レベルで，ボトムアップの改革として，地道に通常学級文化の変容を試みていくことは可能である。

　先行研究において，通常学級文化の変容の契機としてしばしば指摘されるのが，周辺からの「ずらし」である。すなわち，周辺に位置づけられる場や存在が，「『少数派影響源』として，学校のドミナントな文脈を少しずつずらす」という試みである（すぎむら，2014, 275）。たとえば，児島（2006）は，ある小学校における日本語教室の教員の挑戦について次のように述べている。

　　　従来の日本語教室の位置づけは，ニューカマーの子どもたちにおける文化的・民族的背景の表出を，日本人の教師や生徒の目から遠ざけておくための「隔離の場」という性格が強かった。しかし早田講師は，学校文化が日本語教室に押しつけるそのような既存の境界枠に抵抗する。早田講師は，日本語教室にニューカマーの子どもたちだけでなく日本人生徒も自由に出入りすることを奨励し，自らも日本人生徒と積極的にかかわることで，外部から押しつけられた境界枠を取り払い，多様な境界枠が出会い変容しあう「混淆化する場」として日本語教室という場を新たに創出しようと試みている。

　　　　　　　　　　　　　　　　　　　　　　　　　　　　　（児島，2006, 190）

　通常学級の「同質化と差異の一元化」を陰で支えてきた外在する教育の場が，抵抗を表明し，関係改善を求める運動が，通常学級文化の変容の契機となる場合がある。ただし，「文化の変容をもたらす外圧は，葛藤を引き起こす」ため，受け手である通常学級側の葛藤（コンフリクト）への構えが重要になってくる（津田，2012, 205-206）。葛藤は，「相互の否定的刺激が否定し返すことで中和し切れず，信念の構造にまで作用して，それを揺さぶ」り，「それまでの自明化した信念構造や行為形式を変化せしめる力」を秘めている（岡田，2014, 54）。つまり，通常学級文化の変容の1つの契機は，周辺からの抵抗と，それによって引き起こされるさまざまなレベルでの葛藤経験にあるのである。

　周辺からの抵抗以外に，生徒の反乱や暴力といった攪乱的事件も，通常学級文化に葛藤を与えるものとして考えられる（西田，2012, 250）。偶発的に心を揺さぶられることによって，教員や関係者の間に反省の機会がもたらされる。た

だし，攪乱的事件が学校・学級に修復不能な「崩壊」をもたらす可能性も否定できない。

（2）通常学級の改革——インクルーシブな学級づくり

　インクルーシブ教育の日常化に向けて，インクルーシブな（通常）学級づくりを考え実践することは，いわば真っ向勝負である。学級づくりは，通常学級文化の維持・変容に直接的に関わっているからである。先に，外在する教育の場からの抵抗や攪乱的事件によって起こる葛藤から文化変容を促していくプロセスが考えられるということを述べたが，そうした学校全体の試みと連動する形でインクルーシブな学級づくりが模索されていくことができるのであればそれに越したことはない。しかし，この節では，通常学級の教員個人が孤軍奮闘してインクルーシブな学級づくりに取り組むことが難しい文化が日本の学校には存在するのではないかということを述べてきた。この挑戦には，「文化の変容」の視点をもって，忍耐強く取り組み続ける覚悟が求められる。

　実際の改革の方向性としては，日本の通常学級の強みである「社会性・集団性・共同性を育成する意図的な仕組み」を活かしながら，ベースにする共同体の質を変更し，「これまで『異質的なもの』としてしか見られてこなかったような要素を積極的にとり入れ，学校や教室をさまざまな異質性が出会い，ぶつかり合うことによって新しいものを産みだす」（志水，1999，198）ような，多文化主義的な学級を目指していくことになるのだろう。ただし，単一文化色の濃い日本の学校現場においては，多文化主義という集団イメージが上滑りしかねない。まずは，これまでの日本の通常学級において見過ごされたり，個性に矮小化されたりしてきた「文化的差異」を意図的に際立たせていくような多文化教育的実践に取り組んでいくことが必要である。すなわち，教員間や子ども間，保護者間において，身体，ジェンダー，セクシャリティ，エスニシティなどの潜在的多様性への感受性を磨きながら，既存の通常学級文化では後景に追いやられていた「生活現実のコンテクストから必然的に生まれる差異」（平田ほか，2013，57）への想像力を高めていくのである。そして，差異・異質性を尊重しようとすることによって必然的に生まれる葛藤について，教員と子ども，

あるいは保護者が対話することを通して，学級の中で「平等＝同じに扱う」「特別扱い＝えこひいき（差別）」の観念を脱構築することが望まれる。

　なかでも，授業の改革は学級改革の出発点になる。まずは各教科の授業（学習集団）の中で差異・多様性を尊重する色調をつくる必要がある。教員の授業のやり方が，子どもの自主的な学級活動での振る舞いに強い影響をもつことは指摘するまでもない。インクルーシブな授業づくりについては，学級づくりと連動させる形で，「生存と発達の当事者である子ども自身の『声』に耳を傾け，その一人称的な世界にも視野を拡げながら総合的に子ども理解を深め」（森，2014，12），それを基盤にしながら，「知の再定義に向かって子どもの生活現実のコンテクストと学びのコンテクストとを関連づけていくことと，この両コンテクストの関連づけを『差異の承認』のもとに行いうる学習集団を育てていく指導を展開していくこと」（平田ほか，2013，38）が重要になってくる。具体的には，問題解決型の協同的な学びの導入や多様なコミュニケーション方法（言語）を用いての学びへの参加保障がヒントになると考えられる。

6.　おわりに

　この節では，インクルーシブ教育の〈理想〉と日本の通常学級の〈現実〉の間にある相克の中身を明らかにするとともに，日本の通常学級文化の変容の契機について考察を行ってきた。インクルーシブ教育が「学習への参加の保障」と「差異・異質性の尊重」の同時達成を掲げるのに対し，日本の通常学級文化は，形式的平等主義と強い同調圧力によって「同質化」と「差異の一元化」を進めるという特徴をもっていた。つまり，インクルーシブ教育の〈理想〉と日本の通常学級の〈現実〉では，差異・異質性の取り扱いに関して大きな隔たりがあることが明らかになった。そして，日本の通常学級文化の変容の契機に関して，インクルーシブな学校づくりと学級づくりについて考察した。いずれも簡単な道のりではなく，可能なかぎり，両者の試みを連動させる中で，さまざまなレベルでの葛藤経験を大切にしながら，根気強く取り組む姿勢が大切である。

　冒頭で軽く触れたが，筆者は，元学校教員である。数年であれ，学校現場で働き，独特の日本の教員世界に触れ，そこで手にした実践者としての肌感覚は，何ものにも代え難いものとなっている。そして，筆者は，教員出身の研究者として，現職教員からの率直な声に人一倍敏感である。たとえば，養護教員であるすぎむらの次の文章にはハッとさせられる。

　　「構造的差別」がすでにある学校に入学した生徒にとっては，将来の全面的な学校制度の改変よりも，現在学習に参加できる小さな「制度ずらし」のほうがより重要だ。(中略)理想にこだわっていては現実にはたちむかえない。研究者たちの理想的社会にむけての理論構築とはべつに，実践上の知が必要である。

　　　　　　　　　　　　　　　　　　　　　　(すぎむら，2010，118-119)

　各学校・学級の状況によって改革の方途が異なってきて当然で，理屈どおりにいかないのが現場である。筆者のような研究者の立場においては，「包摂社会」を志向するにあたって，「研究者が〈理想〉を語らないで誰が語りますか」という意識をもちながらインクルーシブ教育の日常化を学術的に構想しつつ，通常学級文化の変容に向けて現場の教員と協働しながら具体的な「制度ずらし」を考えていくという姿勢が求められるのかもしれない。

[文献]

平田知美・今井理恵・上森さくら・福田敦志・湯浅恭正 (2013)「文学の読みの指導における学習の共同化」。『人文研究 大阪市立大学大学院文学研究科紀要』第 64 巻。37-59.

広瀬信雄 (1997)「特殊学級の教育指導構造にみる新しい課題——通常の学級と特殊学級との関係論の視点から」。『学校教育研究』第 12 号。148-163.

星加良司 (2015a)「バリアフリー教育を授業に取り入れる」。東京大学教育学部カリキュラム・イノベーション研究会編『カリキュラム・イノベーション——新しい学びの創造へ向けて』。東京大学出版会。249-262.

星加良司 (2015b)「『分ける』契機としての教育」。『支援』第 5 巻。10-25.

カミングス，W. K. 著，友田泰正訳 (1981)『ニッポンの学校——観察してわかったその優秀性』。サイマル出版会。

貫戸理恵 (2012)「教育——子ども・若者と『社会』とのつながりの変容」。小熊英二編『平

成史』．河出ブックス．296-359.

木村素子（2015）『「みんなの学校」が教えてくれたこと――学び合いと育ち合いを見届けた3290日』．小学館．

木村祐子（2006）「医療化現象としての『発達障害』――教育現場における解釈過程を中心に」．『教育社会学研究』第79集．5-24.

児島明（2006）『ニューカマーの子どもと学校文化――日系ブラジル人生徒の教育エスノグラフィー』．勁草書房．

小貫悟（2014）「授業のユニバーサルデザインとは？」．小貫悟・桂聖編『授業のユニバーサルデザイン入門――どの子も楽しく「わかる・できる」授業のつくり方』．東洋館出版社．11-67.

久冨善之（1996）「学校文化の構造と特質――『文化的な場』としての学校を考える」．堀尾輝久・久冨善之編『学校文化という磁場』．柏書房．7-41.

森博俊（2014）『知的障碍教育論序説』．群青社．

西田芳正（2012）『排除する社会，排除に抗する学校』．大阪大学出版会．

岡田敬司（2014）『共生社会への教育学――自律・異文化葛藤・共生』．世織書房．

大瀬敏昭・佐藤学（2000）『学校を創る――茅ヶ崎市浜之郷小学校の誕生と実践』．小学館．

太田晴夫（2000）『ニューカマーの子どもと日本の学校』．国際書院．

ローレン，T. P. 著，友田泰正訳（1988）『日本の高校――成功と代償』．サイマル出版会．

澤田誠二（2002）「養護学校における『能力』と『平等』――教師のストラテジーと，その意図せざる帰結」．『東京大学大学院教育学研究科紀要』第42巻．139-147.

志水宏吉（1999）「21世紀の小学校に向けて」．志水宏吉編『のぞいてみよう！今の小学校――変貌する教室のエスノグラフィー』．有信堂．193-209.

志水宏吉（2002）『学校文化の比較社会学――日本とイギリスの中等教育』．東京大学出版会．

志水宏吉（2010）『学校にできること――一人称の教育社会学』．角川選書．

すぎむらなおみ（2010）「同化と異化の共存という課題」．すぎむらなおみ＋「しーとん」編『発達障害チェックシートできました――がっこうのまいにちをゆらす・ずらす・つくる』．生活書院．88-160.

すぎむらなおみ（2014）『養護教諭の社会学――学校文化・ジェンダー・同化』．名古屋大学出版会．

すぎむらなおみ・倉本智明・星加良司・土屋葉（2014）「教育の中の支援，支援の中の教育」．『支援』第4巻．169-203.

津田英二（2012）『物語としての発達／文化を介した教育――発達障がいの社会モデルのための教育学序説』．生活書院．

恒吉僚子（1996）「多文化共存時代の日本の学校文化」．堀尾輝久・久冨善之編『学校文化と

いう磁場』．柏書房．215-240.

恒吉僚子（1997）「教室の中の社会——日本の教室文化とニューカマーの子どもたち」．佐藤
　学編『教室という場所』．国土社．185-214.

恒吉僚子（2008a）『子どもたちの三つの「危機」——国際比較から見る日本の模索』．勁草
　書房．

恒吉僚子（2008b）「文化の境界線から社会をひもとく——質的社会学からの問題提起」．無
　藤隆・麻生武編『育ちと学びの生成』．東京大学出版会．217-232.

好井裕明（2009）「排除と差別の社会学を考える基本をめぐって」．好井裕明編『排除と差別
　の社会学』．有斐閣選書．3-22.

第 2 章

学習参加論とカリキュラム開発に関する検討

第1節

インクルーシブ授業における子どもの
参加・共同に関する教育方法学的検討

1. 安心して「困っている」ことが表現できる学級に

　今日の授業の場は,「私は今この問題がわからなくて困っている」ということが安心して表明できる空間となっているだろうか。授業における子どもたちの様子を見ていると,間違うことに対して非常に恐れを抱いているように思われる。とりわけ,発達段階が上がるにつれて顕著に表れる傾向にある。さまざまな背景が推測されるが,その要因の1つとして,教育における「正解主義」が挙げられるのではないだろうか。

　正解主義による授業では,知の権威者としての教師が唯一無二の「正解」を握っており,一問一答のやりとりの中で教師があらかじめ想定している「正解」のみが追求されていく。そこでは,子どもの多様なものの見方,考え方,感じ方は軽視され,時には,子どもの「わからない」「できない」が叱責の対象となる。正解主義は,子どもたちの間に「正解」以外は発言できない雰囲気や関係性を生み出す。間違ったことを発言する子どもが嘲笑の的になることで,次第に子どもたちは自由に発言することをやめ,「正解」がわかったとき以外は口を閉ざしていく。

　さらに,発達障害児の中には,みんなと同じということが正解で,みんなと違うということは間違いと感じている子どももいる。それは,「みんなと同じでなければならない」という一種の強迫的な観念を生み出し,みんなと違ってしまうことに対して常に不安や恐怖を抱えることとなる。

　一方で,新自由主義的教育改革や競争原理の中で市場主義的な自己責任イデオロギーを内在化させてきた子どもたちは,「わからない」「できない」「間違う」のは自分自身が悪いのだという。さらに,能力主義的価値観のもとでは,できないことを自分自身で認めた時点で負けたことになる,つまり敗者になっ

てしまうと思っている子どもも少なくない。

　こうして子どもたちは，わからなくて困っていても，できなくて困っていても，その困りごとそのものを他者に表現することができなくなってしまう。困っていることを周囲にうまく表現できずにパニックや他者への暴言，暴力あるいは無気力な状態となって表現されることも少なくない。では，こうした子どもたちの間違うことへの恐れ，困っていることを困っていると表現できない状況に対してどのように応答していくことが求められているのだろうか。

　1つには，自己を語る言葉を取り戻していくことである。近年の社会的問題としての貧困問題は，単純に経済的貧困のことを指すだけではなく，子どもの発達における貧困，すなわち，子どもたちが豊かに発達し，成長していく権利そのものが剥奪されていることがとりわけ指摘されている（全国生活指導研究協議会, 2009）。学校と社会を取り巻く能力主義，競争主義，貧困といった構造的暴力によって自己の思いや願いをありのままに表現する力が奪われているのである。

　だからといって，今日の学校現場で流行しているような，ソーシャルスキルトレーニングによって，言葉の力や他者と関係する力をスキル的に身につけていけばよいということでは決してない。スキル的に身につけさせられる言葉は実感を伴わない空虚なものでしかない。

　そうではなく，ヒト・モノ・コトとの具体的・相互作用的な出会いを通して，確かな実感のある，思わず語りたくなるような体験を学習と生活において積み重ねていくことが重要である。語りたい内容があるからこそ自己と結びついた言葉＝表現が生み出されていく。そして，聴いてほしいと思える相手がいることが大切である。聴き取られ，応答してくれる相手がいることは安心感をつくり出す。安心感のある学級は，お互いの違いも認め合う中で，「困っているから助けて」と表現できる子ども相互の関係性を育てる。

　インクルージョンを志向する学級づくりに共通して見られる「居心地のよさ」「多様性を認め合う」「安心して間違うことができる」「つながりのある関係性」などの特質は，インクルーシブ授業をつくり出していくうえで欠かすことのできない基盤である。以下では，上述した子どもたちの状況に応答するインクルーシブな授業を参加と共同に視点を置きながら検討したい。

2.　支配的な学力観に立つ授業からの解放

　子どもたちが間違うことを恐れず，差異ある一人ひとりの子どもの多様な学びのありようが大切にされ，互いを認め合い，高め合っていくことのできる授業をつくり出すために必要な視点は何か。

　1つには，授業における正解主義を脱していくことである。学校知・制度知に囚われている自己のありようを教師自身が見直していくことである。狭い教材解釈によって認識枠組みを限定化していくのではなく，子どもとともに教材および教科内容の世界に向き合い，対話し，探求していくことを試みることが求められる。その共同的な学びの過程において，「わからない」「できない」「つまずき」を含めた多様な解釈，ものの見方，考え方，感じ方が提出され，交流されることが必要である。

　2つには，正解主義とも関連するが，支配的な学力観から私たち自身が自由になることである。子安（2010）は，学力に囚われない授業として，個人能力達成モデルから課題探求モデルへの授業転換を提起している。子安の整理によると，今日の支配的な学力に囚われた授業として大きく2つの特徴的な授業が挙げられる。その2つの授業について以下のように要約する。

　　　一つ目は，受験・テストに囚われた授業である。この授業の特徴は，①知識は，受験やテストにおいて出題される確率の観点から選択され，社会的意義や学習指導要領上の位置さえ無視されて教えるべき内容となる。②授業における教師の活動は概説であり，テストで正解を記述できるという観点から組織される。③子どもの学習活動は，成果たる知識の効率的な記憶が中心となる。④教師の言葉として「テストに出るので覚えておくように」という強迫のセリフが，親切のすべてである。二つ目は，習得と活用に囚われた授業である。この授業の特徴は，学校教育法30条二項に示された学力観に対応させた授業で，「習得型授業」と「活用型授業」と名づけられている。「習得型授業」は受験にそのままでも対応するが，「活用型授業」では，たとえば，新聞の活用がモデル化されている。情報の選び出

し，判断，小見出しの付け方やレポートの仕方・スキルが身につくという効能が含まれていると宣伝され，この型の授業を行ってさえいればよしとされる学校・実践状況が生まれている。　　　　　　　　　　（子安，2010: 37-39）

「活用型授業」に対して，子安（2010）は，「学ぶ内容がスキルでしかない貧相で空疎な実践状況」と指摘し，「NIE（教育に新聞を）のとりくみが無意味だというのではない」と断ったうえで，「報道の歪みを知り，真実はどこにあるかを内容に即して追求すること」が必要で，「新聞に書かれている内容を問うことのない教育，形式だけを覚えさせ，その形式を反復させる定型化された表現の教育は，『活用型授業』ではあるが，それは活用ではない」と批判する。

　すなわち，学ぶ内容が批判的に問われること，その批判的な学びのプロセスの中で学習内容とスキルとが有機的に結びつけられて活用されていくことが重要である。

　子安（2010）はこれら2つの授業の問題点を指摘したうえで，個人能力達成型授業モデルから共同的な課題探求モデルへと授業を再構築していくことを主張している。教師と子どもによる共同的な課題探求モデルに転換していくために重要なことは，「子どもの生活課題を子どもの視点でとらえること」である。なぜならば，「大人のまなざしでとらえると，教師のものの見方の押しつけになる危険がある」からである（子安，2010）。

　大人と子どもとの関係において，大人とは異なる位置にいる子どもの視点から生活課題をとらえることは，もちろん重要である。一方で，同じ子ども同士においても社会の中で異なる位置にいる。すなわち，特別なニーズのある子どもと通常の子どもはもちろんのこと，通常の子ども同士でも世界の見え方は異なっているし，意味が違って見えていることに留意しなければならない。

　とりわけ，インクルーシブな授業を構想していくうえで，「子どものまなざしに沿って問題を検討」していく際にも，特別なニーズのある子どもの側の視点に立って相互の世界の見え方，意味の違いを交流し，合意点を探っていくことが考慮されなければならない。そうでなければ，子ども相互の関係の中でも多数派の世界の見え方，意味のとらえ方に回収され，特別なニーズのある子どもたちのまなざしは検討されず，同化・適応の論理にすり替わることで容易に

排除されてしまうからである。

3. 学習における参加を支える応答性

　吉本均による学習集団論は，集団性や共同性を授業研究の中核として，学習における他者の存在に早くから着目していた。授業における「全員参加」を目指し，班単位による話し合いを組織し，子どもたちの間に学習における相互責任体制をつくり出したのである。学習における相互責任とは，自己の学習に責任をもつと同時に，他者の学習に対しても責任をもつことを意味した。すなわち，「わからない」子は「わかっている」子に向かって「わからない」と言えることが必要であり，班長や学習リーダーは，「おかしいと思ったこと」や「わからないこと」がある場合にすぐに「ストップ」を教師に要求し，まだ「わからない」子どもと一緒に考えるための話し合いを要求することが求められたのである（吉本, 2006）。

　とりわけ1970年代に論及された学習リーダーの存在は，先に指摘した学習集団論からも明らかなように，学習における他者との共同的な関係性を含んだ組織としてのリーダーであった。つまり，「わからないこと」があったときにすぐに教師に対して「ストップ」をかけ班で話し合う時間を要求することなどに代表されるような，授業における自治を中心とした組織としての学習リーダーの存在である。

　今日，組織として学習リーダーの意義を引き取りつつも，発達障害を含めた特別なニーズのある子どもの学習における困難さが明らかにされつつあるなか，より丁寧な議論が求められる。

　つまり，特別なニーズのある子どもがいつもわからないことを「わからない」と言えるとはかぎらないからである。そうしたときに，特別なニーズのある子どもの学習における困難さに寄り添い，時にはわからなさを代弁しながら，ともに考え合うことのできる応答的なリーダーシップ＝応答性がインクルージョンを志向するうえでは不可欠である。

　教師をはじめとして学級の友だちに学習における困難さが聴き取られ，応答

的な学びが繰り返されていく体験を積み重ねていくことで，「わからない」と言えずにいた特別なニーズのある子どもも安心して自分の意見や考えを表現する力を獲得していくのである。

　さらに，特別なニーズのある子どものわからなさに丁寧に応答していくことは，それによってニーズのある子ども自身が学習に参加し，内容の理解を深められるということにとどまらない。授業の中で当たり前にわかったようなフリをしている子どもや，本当はわからないのにそのことを聞けないでいる，あるいは言えないでいる他の子どもたちにとっても学習理解の助けとなり，学習への参加を保障することにつながるからである。

　特別なニーズのある子どもの学習理解の促進という点のみを重要視するならば，個別指導や取り出し指導において教師のみが個別に応答する学習支援を行うほうが効率的であるかもしれない。しかしながら，特別なニーズをもつ子どもも学級のみんなと一緒に学びたいという要求をもっている。

　だからこそ，個別指導や取り出し指導といった学習の個別化の必要性と意義を認めつつ，集団での学びの中に特別なニーズのある子どもの学びを位置づけ，「なぜ？」「どういう意味？」といったヘルプに応答し，学び合う関係性をつくり出していくことが求められる。学習において他者に応答するプロセスを構築していくことが，特別なニーズのある子どものみならず，一人ひとりの子どもが安心して「わからない」を表明し，わかり合っていく学習に参加していくことにつながるのである。

4．カリキュラムづくりへの権利としての参加

　学習の場への参加としてこれまでも，学習の場に見通しをもって参加することのできる指導のあり方や場づくりの方法などが提起されてきた。たとえば，授業における課題提示の仕方の明確さ，教室環境の工夫，加配教員あるいは支援員による支援のあり方等が吟味されてきたことなどが挙げられる。

　さらに，学習において子どもがどのような苦悩や課題を抱えているのかを丁寧に聴き取り，その子どもに寄り添いながら，授業における暗黙のルールや授

業のあり方そのものを問い直していく視点が求められる。たとえば，それは授業における「特別なルール」を設定する実践として展開されてきた。学びの場のあり方について学級のみんなで問いながら，対話と合意に基づく「特別なルール」を設定し，柔軟な授業参加のあり方を承認していく方法である。

　「特別なルール」の設定などに代表される柔軟な授業参加を認めていく実践は，多様なニーズをもつ子ども，排除されている子どもも含め，一人ひとりの子どもが学習への参加の方法をめぐって互いの意見を表明し，それについてともに吟味していくことで，学びと生活に参加していく権利主体として立ち現れてくることを指導するものである。

　つまり，特別なニーズのある子どもが自分自身に関わるカリキュラムのあり方について自分自身で決められるということ，さらに，決める際には必要な支援を受けながら決められるという権利を有していることがカリキュラムづくりにおいても重要な視点として認識される必要がある。

　荒れているクラスで，ダメだダメだと言われている子どもたちが，「和室で算数をやったら今より授業もできるかもしれない」と考え，和室を授業で使うための「和室憲法」をつくり出す実践が提起されている。教室のカーテンはちぎられ，掃除ロッカーのドアもなくなるほどの荒れを見せている子どもたちが，学習の場として和室を使うためのマナーとルールとしての「憲法」をつくり出し，みんなで決めたことをみんなで守るということを見事にやり遂げている。この実践では，「和室憲法」を認めてくれた校長の存在があり，子どもたちは「大人って，子どもが一生懸命話すと信じてくれるんだ」と校長を媒介にして大人と出会い直している（篠崎・村瀬，2009）。

　つまり，自分たちの呼びかけに対して誠実に応答してくれる他者の存在があるからこそ，その存在を支えにすることで学習の場を組織する力＝カリキュラムづくりに参加する力を形成していくのである。

　特別なニーズのある子どもが教育的サポートの一方的な享受者となることに無自覚でいるのではなく，当事者として発言し，関与しながら，選択，決定のプロセスに参加していくことを可能にする支援のあり方が追求されなければならない。もちろん，当事者として参加していくことは特別なニーズにある子どもに限定されることではなく，通常の子どもに対しても丁寧に声を聴き取りな

がら，参加の回路を保障していく必要がある。

　一方で，特別なニーズのある子どもは自己選択したり，はっきりと意見表明を行い，決定するということができる子どもばかりとはかぎらない。加えて，カリキュラムを改変していくことは，教師の重要課題ではあるが，子どもの学びの状況と切り離された教師側の一方的な視点による改変では意味がない。

　そのため教師は，子どもが学習の場面において示す姿を洞察し，子どもの異議申し立てとしての学習要求と発達要求をつかむことが必要である。子どもの声にならない声の代弁者としてカリキュラムづくりに反映させていく教師の力量が問われている。さらに，特別なニーズのある子どもの困難さを学級の子どもたちとともに読みひらいていくことで，困難さに応答し，一人ひとりの子どもにとって学びがいのあるカリキュラムを子どもとともにつくり出していくのである。

　このように，特別なニーズのある子どもの権利としての参加を問う際には，直接的な参加のあり方の追求と同時に，間接的な参加のあり方も多様に模索されなければならないだろう。

　また，学習内容への参加を問う際には，子どもの発達課題をその子どもの生活現実のコンテクストとのつながりにおいてとらえておくことが求められる。教師には，学習のプロセスの中で変化する子どもの様子を洞察しながら，学習する内容世界と発達課題との関連性を問う視点が不可欠となるし，個々の子どもの差異を前提にしつつ，その差異を学習の場で生かす授業構想が求められる。

　子ども同士がともに学ぶ互いの存在を意識化しながら学習することの意味は，わかり方やでき方をめぐる交流が促されることで，学習課題や学習方法が異なったとしても学級の仲間から排除されるのではなく，ともに学んだことは何なのかを吟味し共有できる学習集団の形成につながることにある。そうすることで，発達障害児と学級の子どもたちとの間に学習内容を媒介とした共同，すなわち，つながりの世界がつくり出されるのである。

5.　授業において特別なニーズのある子とともに学ぶ意味
──変革と再創造

　発達障害の子どもは，授業中に遊んでいるかと思えば，関心のある内容が耳に飛び込んでくると授業の進行に関係なく自分の知っていることを唐突に話しだしたり，パニックになるなどの授業妨害ともとれるような行動を起こすことがある。

　発達障害のみならず，荒れている子などを含んだ特別なニーズのある子どもで，特に授業妨害が激しい子どもの場合，学級からは「あの子がいるから学習できない」という周囲の子どもの声や，「うちの子の学力保障はどうなるの」という保護者の声が出てくることも少なくない。これらの声は，「あの子がいなければいいのに」という発想に容易に結びつくあり方であり，片方が大切にされると，もう一方が大切にされないという敵対的な関係を生じさせてしまう排除的な見方である。こうした見方が生まれる背景には，学びにおける他者の存在が非常に限定的にしかとらえられていないことがあるのではないだろうか。

　学びにおける他者のとらえられ方には大きく3つある。1つには，他者の存在が重要視されていない，つまり，学習において他者の存在を必要としない見地である。2つには，学習の効率性のために他者を必要とする見地である。3つには，学びにおける他者を共同的，応答的存在とみる見地である。

　「あの子がいなければいいのに」と考える背景には，上記で指摘した3つのうち，学習において他者の存在を必要としない見地と学習の効率性のために他者を必要とする見地が混在する。効率性が追求される学習においては，非効率的とも思える特別なニーズのある子どもの存在はあからさまに排除されてしまうため，3つ目の学びにおける共同的・応答的存在として受け止められる余地がない。

　インクルーシブ教育システムの構築が目指される今日だからこそ，あらためて特別なニーズのある子どもとともに学ぶ意味について考え，学びにおける共同的・応答的他者としての位置の確立を追求したい。

　発達障害児などの独特な認知の仕方やこだわりの世界を理解していくことは容易ではない。しかしそうだからといって，そのままわかり合えない関係性を維持しておけばよいということでは決してない。誰もが排除されることないインクルーシブな授業を通してお互いのものの見方，考え方，感じ方が交流され，学習内容と方法をめぐってお互いにわかり合える合意点を探らなければならない。

　そもそも，インクルーシブ教育の理念は，すべての子どもの学習と生活における参加を保障するために，通常教育の改革を終わりなきプロセスとして進めていくことだと理解されているのは周知のとおりである。サラマンカ声明（1994）においても，「インクルーシブ志向をもつ通常の学校こそ，差別的態度と戦い，すべての人を喜んで受け入れる地域社会をつくり上げ，インクルーシブ社会を築き上げ，万人のための教育（Education for All）を達成する最も効果的な手段」であると指摘されている。

　誰もが排除されず，ともに生きる社会を築こうとするとき，より弱い立場や周縁の位置に置かれた人々の側から既存の世界が問い直されなければ，マジョリティ（通常の側）の世界に変革は起こらないだろう。

　つまり，インクルージョンとは，排除されている側からの呼びかけに対して，多数の側がその呼びかけを聴き取ることで自分たちのあり方を問うこと，そのうえで多数の側の変革を伴いながら，ともに生きられる新たな世界を再創造していく営みである。

　それゆえに，インクルーシブな授業において，特別なニーズのある子どもとともに学ぶ意味は，ニーズのある子どもの側からのものの見方，考え方，感じ方が提出されることで，教師や通常の子どもが当たり前にしている認識世界のあり方，さらには自己の生き方までをも鋭く問い直すことである。乖離していたお互いの意味世界がインクルーシブな学びを実現していくことで相互作用的な変革を伴い，共同の意味世界が再創造されていくのである。

　それゆえに，インクルーシブ授業が追求する共同論における他者の存在とは，第一に，知や技をともに発見し生成する他者，第二に，自分と相手が共有する世界をとらえ直すための他者，第三に，既存の価値や世界を変革し，創造をともにする他者として位置づけられるだろう。

[文献]

子安潤（2010）「個人能力達成モデルから課題探求モデルへ」.『教育』No.768. 国土社. 37-40.

篠崎純子・村瀬ゆい（2009）『ねぇ！聞かせて，パニックのわけを　発達障害の子どもがいる教室から』. 高文研. 141-142.

特別なニーズ教育における原則，政策，実践に関するサラマンカ声明（国立特別支援教育総合研究所訳）. http://www.nise.go.jp/blog/2000/05/b1_h060600_01.html#sen1（2016年1月15日最終閲覧）.

吉本均（2006）『学級の教育力を生かす　吉本均著作選集1　授業と学習集団』. 明治図書.

全国生活指導研究協議会編（2009）『生活指導』No.669. 明治図書. 83.

インクルーシブ授業の理論構築に向けて

── 国語科教育を中心に ──

1. 「授業の理論」であるということ

　本節の目的は，インクルーシブ授業の理論を構築するうえで必要な知見を提示することにある。授業は教科や領域によって形づけられるものであるが，ここでは主に国語科教育を想定して論じていくこととする。

　はじめに，本節で対象とする理論が「授業の理論」である意味を確認したい。「理論（theory）」は，辞書的な意味で「個々の事実や認識を統一的に説明し，予測することのできる普遍性をもつ体系的知識」などと説明される（『広辞苑 第六版』岩波書店，2008）。理論として形づけるうえでキーワードとなるのが，「統一的」「普遍性」「体系的知識」などである。

　しかし，教育現場という臨床的な場を研究対象に扱う場合において，数理的な文脈で理論を扱うことには注意が必要である。この理由は，授業を構成する学習者（児童・生徒）や教員は，生きた存在として絶えず変化・生成するからである。

　学習者が教室で見せる変化とは，成長や発達としての変化だけではない。家庭で起きた出来事を体験した者としての変化や，メディアを通して情報を得た者としての変化など，変化の要因は授業内の時間軸や空間軸を超えて多岐にわたる。「0」や「1」などの記号を組み合わせて論理的に展開する数理的な理論と異なり，授業の理論では「生きた人」がすでに授業の一因であることが条件に含まれる。このため，授業の理論は，もとより不安定で，脆いものである。教育現場において，「強固」で「誰にでも通用する」理論が存在することを信じていたい教育関係者は，この事実を受け止める必要がある。

　教員経験年数の多い「ベテラン教員」と呼ばれる教員でさえ，学習者の細やかな変化を見落とすことがあるように，1人の教員が学習者の内面を読み解く

ことには限界がある。授業の理論も同じであり，「統一的に説明」できていると信じていた知識や技能が，同じ学習者を前に通用しなくなることは少なくない。「予測することのできる普遍性」においても，そもそも教育現場では，予測できることよりもできないことのほうが多い。

　以上の内容をふまえると，授業理論とは，ある結果としての枠組みというよりは，理論構築の過程で必要な考え方を絶えず提示し続ける，その行為にあることがわかる。荒川智はインクルーシブ教育について，「『分離か統合か』という枠組みで何か決まった形態を論じるものではなく，特定の個人・集団を排除せず学習活動への参加を平等に保障することをめざす，学校教育全体の改革のプロセス」であると論じている（荒川, 2010, 34）。インクルーシブ授業の理論もまた，過程／プロセスに着目する必要がある。

　一方で，授業は，授業者の意図的な行為のうえに成り立つものである。したがって，授業をデザインする教員の意図やねらいを確認する作業は，授業の過程／プロセスに着目することと同様に，授業理論を考えるうえで欠かせない。このことは，たとえば「ごんぎつね」などの同じ教材を用いたとしても，授業者個々のねらいによって授業が形を変えるものであることを想像すればよいだろう。

　もちろん，授業が授業者の意図を超えた展開になることは起こりうる。藤森裕治はこれを，自己組織性とオートポイエーシスを連結させた授業システム論の立場から「予測不可能事象」と呼ぶ（藤森, 2009）。授業で起こりうることを想定して授業に臨むことは大切なことだが，想定していない出来事を前にしたときの，柔軟な姿勢や考え方をもつことも授業者には求められる。

　学習者もまた，授業者の意図的／非意図的な言動を通して，自覚的，あるいは無自覚にさまざまなことを学んでいる。「隠れたカリキュラム（hidden curriculum）」を可能なかぎり明らかにしていくことも，授業の理論化には必要な作業である。

2. 弱さへのまなざし

　授業理論の枠組みには，固定化し完成したものを目指すのではなく，常に変化したり生成したりすることが可能な「脆さ」や「余白」を残しておかなければならない。加えて，授業理論の枠組みは，いまだ授業者が想定できていない学習者の存在によって劇的に変化する場合もある。このことから，授業理論を形づけている輪郭は，「薄く」「弱く」「柔らかな」ものでなければ，特別な教育的支援を要する学習者を含む，すべての学習者に対応することはできない。

　括弧で示した，脆さ，余白，薄さ，弱さ，柔らかさ等の考え方に通底していることは，いずれも授業理論を扱う者に慎重さ，丁寧さ，細やかな配慮，あるいは誠実さが求められている点である。山元隆春は，文学作品を授業で扱う教員に必要な態度について，「フラジリティ（弱さ）」ということばで説明を試みている（山元，2003）。授業者の態度として「弱さ」の観点が必要なのは文学作品に対してだけではない。山元の考え方を授業理論に援用すれば，教材に対する態度はもちろん，学習者一人ひとりに対する授業者の態度として欠かすことができない。

　以上のことは，すべての学習者をインクルージョン（包摂）することを目指す授業の理論であるからこそ，いっそう強調されなければならない。「弱さ」へまなざしを向ける教員や研究者の態度は，従来の授業からエクスクルージョン（排除）されてきた弱い立場にいる学習者の存在に気づき，向き合う姿勢を生み出すことにつながるからである。

3. 学習者をめぐる権力関係を問うこと

　弱い立場にいる学習者（少数派の学習者）がいるということは，強い立場にいる学習者（多数派の学習者）がいることも表す。通常学校には「できる・わかる」ことを求める文化があり，通常学級に在籍する学習者の多くは定型発達の学習者である。このことから，定型発達の学習者と障害のある学習者との間に

は非対称の力関係が存在する。授業者は，教室内外に存在する学習者をめぐる権力関係に，よりセンシティブ（敏感）でなければならない。

　「弱さ」へまなざしを向けることは，弱い立場にいる学習者と向き合ううえで不可欠である。ただし，弱い立場の学習者を追い込む強い立場の学習者の存在にも向き合わなければならない。授業は学習者─学習者間，学習者─授業者間における関係性／相互作用によって変容するものであり，授業者は学習者をめぐる権力関係を和らげたり，ずらしたり，組み替えたりすることが欠かせない。加えて，学習者自身も生きるための力を取り戻すことができるように，自己や他者をめぐる権力関係を知り，学ぶ必要がある。このことは，力を奪われた状態にある学習者がエンパワメント（回復）することにつながる。

　学習者へのエンパワメントを実現するには，国語科の教科内容にも権力関係をめぐる内容を取り入れることが必要である（原田，2013a）。エンパワメントと授業論とを結びつけた研究は，すでに湯浅恭正，難波博孝，永田麻詠によって展開されているが（湯浅，2005；難波，2008；永田，2011），今後，授業論とエンパワメントとを結びつけた研究は，教室内外にある学習者をめぐる権力関係と結びつけて，さらに詳細に検証していくことが求められる。

　また，インクルーシブ授業では弱い立場にいる学習者を包摂（インクルージョン）するだけでなく，すでに包摂された存在として位置づけられた，強い立場にいる学習者を再包摂（リ・インクルージョン）することを目指さなければならない（原田，2017）。「弱さ」へのまなざしをもちつつ，「強さ」をもつ存在に豊かな「ことばの学び」が生まれるための方法論を，さらに具体化していく必要がある。

4.　参加のあり方を検証する必要性

（1）授業への参加

　以上の内容はいずれも重要なものだが，インクルーシブ授業の理論と従来の授業の理論との間にある差異として，特に参加という観点を挙げたい。インク

ルージョンとは「包摂」や「包容」を意味する。「インクルーシブ」という語が「授業」という語に冠されることには，これらの訳語に通底する参加という意味を意図的に強調する目的がある。

　以下，参加について，「授業への参加」と「関係性への参加」との2つに分けて考えてみたい。この2つは厳密には分けることはできないが，ここでは便宜上分けることで，参加のあり方を多角的にとらえてみたい。

　「授業への参加」とは，「学習者による授業への関心・意欲・態度」を表す。インクルーシブ授業の目的は，エクスクルージョン（排除）されてきた学習者を，授業にインクルージョンする（包摂する／参加させる）ことにある。インクルーシブ授業の理論において問われることは，学習者が授業に参加できているかどうか，という点にある。ここで大切なのは，学習者の授業への参加とは何かについて，その質や内容，あるいは参加の有無を決めるための方法のあり方を，これまで以上につぶさに検証することにある。

　たとえば，1人の学習者が1時間の授業の間，席についていながら，ぼんやりと何か別のことを考え続けていたのであれば，それを授業への参加と呼ぶことは困難である。反対に，4月からずっと教室に入ることが難しかった学習者が，ある授業の時間，廊下から教室の中をのぞき込み，時折友人の発言に聴き入っているような姿が見られたとき，それをその学習者なりの参加が達成できていると考えることは可能である。

　新井英靖は「そっぽを向いて『僕はやらない』と口にし」「目でチラチラと周りの子どもがやっている様子をうかがっていた」小学3年生のY児が，教員の支援のもとで「照れくさそうにしながらも，黒板に自分なりの解答を書いた」という算数の授業のエピソードを紹介し，「Y児は最後までクラスを抜け出すことなく，（周辺ではあるが）授業に『参加』することができた」と，「参加」の観点から学習者を評価している（新井, 2016, 30-31）。

　学習者の実態と，授業や単元をデザインした教員のねらいや評価と合わせて，学習者の参加の質（どうなることによって参加した／していないとするのか）や，参加の質を見極めるために着目した学習者のこれまでの経緯と言動（話しことば，書きことば，身振り手振り，視線や表情など）を検証することを，インクルーシブ授業では大切にしたい。

　また，学習者の授業への参加の要因は，各教科・領域の枠組みによって変わりうる。ここでの枠組みとは，目標，内容，方法，評価などを表す。永田は，PISA調査における読解リテラシーを批判的に検証しつつも，日本の国語科教育にもたらした新しさには「特別な教育的支援を必要とする児童生徒にとって評価できる一面」もあるとして，次のように述べる。

> 　文学教育偏重が指摘されたことや，非連続テキストが「読むこと」の対象となったこと，「テキストの熟考・評価」という読みによってテキストの外部から作品や筆者について考えられるようになったことは，たとえば発達障害のある学習者など，テキスト内部に入り込んで登場人物の心情を想像するのが難しい子，まとまった文章を読むことが難しい子にとっては新たな可能性となるでしょう。加えて批判的思考力についても，テキストを読んで内容を受容することが授業の中心となりがちだった従来と異なり，テキストを読んで，テキストそのものをどのように考えるかというスタンスを授業で取り上げられる点，すなわち，テキストの外部という立ち位置を「読むこと」において保障できる点は，学習者一人ひとりの「読むこと」の授業への参加に，「幅」をもたせることができるかも知れません。
>
> （永田，2015，84-85）

　テキストの外部から発言することを得意とし，テキストの内部における発言に対して困難を感じる学習者にとって，PISAの学力観／目標観は救いの1つとなる。近年の教育現場をめぐる動向には，学習者にとって評価できる面も少なくない。

　反対に，学力テストをめぐる「結果」や「エビデンス」を求める傾向が，教育的な支援を要する学習者の授業への参加を遠ざけている一面があることも事実である。授業者や研究者は，これまで以上に各教科・領域の内実を学習者の「授業への参加」という観点から検証することが必要になる。

(2) 関係性への参加

「関係性への参加」とは，「学習者による関係性への関心・意欲・態度」を表す。学習者が授業に参加することにより，その場には，自己や他者と向き合う機会が生まれる。つまり学習者にとって授業に参加することは，自己／他者をめぐる関係性の場に参加していることを意味する。別の見方をすれば，授業に参加するということは，それまで自己／他者に対して閉じていた身体をひらき，新たな関係性をつくる契機を生み出すことにつながる。

先に述べた「授業への参加」は，同時に「関係性への参加」を実現していることを意味する。インクルーシブ授業の理論において，学習者が授業へ参加していることを高く評価するのは，自己／他者をめぐる関係性の場に身を置こうとする学習者の試みを評価することが背景にあるからでもある。

以上のことから，学習者の「関係性への参加」をより充実したものにするためには，自己理解や他者理解を深め，広げることを目的とした授業設定が必要となる。たとえば授業者が国語科授業をデザインする場合，学習者に自己の内面に切実に迫る物語を読ませたり，その個々の読みを他者と交流させたりすることにより，学習者の自己理解や他者理解を深めたり広げたりすることが期待できる。

(3) 当事者研究の可能性

ここで，自分自身や他者とのつながりを見つめ，その関係のあり方を問い直すことの意義を考えてみたい。人が自己や他者と向き合うことにより，自己観や他者観に変化が生まれ，自己をめぐる世界のあり方に変化が生まれることがある。すでにこれを実践し，当事者研究という研究アプローチを確立したのが「浦河べてるの家」である（浦河べてるの家, 2005）。

当事者研究とは，北海道浦河町で暮らす精神障害のある者たちの日常実践から生まれたプログラムである。生活の中で当事者が直面せざるをえない幻覚や妄想などの症状，感情の爆発や暴力，薬や金銭の自己管理，家族や職場の対人関係の困難などといった状況を，仲間と連携しながら「研究」という視点から

とらえ，生きていくための知識や技術を当事者自身が生み出そうとする取り組みである（向谷地，2009）。当事者研究を検証した石原孝二は，当事者研究の定義を「苦悩を抱える当事者が，苦悩や問題に対して『研究』という態度において向き合うこと」としている（石原，2013，4）。

　障害当事者の語りは，障害当事者の内面世界を知るための手がかりとして注目されてきた分野の1つである。しかし，障害当事者の語りを解釈し理論化するのは主に専門家や研究者と呼ばれる者たちであった。

　当事者研究に取り組むうえで障害当事者の間で大切にされていることは，自分の経験や病気に自分のことばで名前をつけ，その苦しみや改善策を仲間と共有することである。この結果，障害当事者に生まれたことは，自分自身の存在への自信の回復（エンパワメント）であり，自分のことばが生まれる実感（自己をめぐることばの学び）であった。加えて，これまでになかった他者／社会との新たなつながり（自己のことばの深化・拡充）が生まれた。

　このように，学習者の「関係性への参加」をより現実的に実現していくためには，従来の授業のあり方を，自己理解と他者理解を深め広げていくようなものへと変えていかなければならない。当事者研究の可能性は，障害当事者を含むすべての学習者にひらかれている点にある。国語科教育であれば，その枠組みを自己理解と他者理解を学ぶコミュニケーション教育として再編する必要がある（原田，2014a；2014b；2017）。

5.　インクルーシブ授業の理論研究を支える学習者研究

　最後に，現在の国語科教育の理論研究の課題と，これからの学習者研究の方向性について触れておきたい。その理由は，学習者研究がインクルーシブ授業の理論を支える役割を果たすからである。

　国語科教育の理論研究は，授業研究，教材研究，教育史研究，学習者研究，教師研究など，複数の研究領域によって成り立つ。すでに原田大介は，これらの研究領域の意義を認めつつ，国語科教育研究の基盤領域に学習者研究を位置づけ，各研究領域は「今」を生きる学習者に必要な理論や実践を提供していく

必要があると主張している（原田，2007）。また，原田は新たな学習者研究に求められる視点として，「個としての生涯発達への視点」を提示している（原田，2009）。

インクルーシブ授業の目的は，多様な生活背景と多様な身体をもつ学習者をインクルージョン（包摂）することにある。このため，国語科授業という限られた時間軸・空間軸だけで学習者をとらえるのではなく，生活におけることばのやりとりのすべてを含んだ時間軸・空間軸から学習者をとらえることが求められる。

生涯発達の視点から学習者のことばの実態をとらえることの重要性については，すでに牧戸章や難波博孝によって指摘されている（牧戸，2001；難波，2001）。たとえば難波は，「これからの国語教育の実践・研究は，匿名でない学習者の，学校外の生活の場面でを視野に入れ，そこから学校や国語科の授業で何を行うべきか，どうすれば，ことばを使って今生きていく力を身につけていけるかを考えていかなければならない」と述べている（難波，2001，93）。生涯発達を主張するそれぞれの論に共通しているのは，1つの生涯を生きる個としての学習者を，通時的・共時的な視点から理解・把握することにある。新たな学習者研究には生涯を見通した視点が必要なのであり，このことが，教育現場に携わる教員や研究者の学習者理解を深め，広げることにつながる。

しかし，国語科教育における学習者研究の現状において，このような主張は十分に取り入れられているとは言い難い。たとえば藤森裕治は，2002年以降の10年間の学習者研究の動向を検討する立場から，学習者研究の「基本概念」として次のように定義している。

【学習者研究】
　児童・生徒・学生を対象とした分析・検討のうち，以下の目的・対象のそれぞれ少なくとも一つを満たすもの。
目的：学習効果の向上／学習における一般法則の解明／個別若しくは一般的な学習事実の認識と記述等
対象：資質，性格等，学習者の心身の発達特性／学習態度，学習活動，学習成果等，教育実践場面において生み出される学習事実／居住地域，家

　　　庭，人間関係等，学習者を取り巻く諸環境（藤森，2013，521，下線は引用者）

　上記の内容は，国語科教育における学習者研究の外観をつかむうえでは，的確に整理されたものの1つであるといえるだろう。

　ただし，この定義の細部を見ると，学習者研究における学習者の対象を「児童・生徒・学生」としているように，学校教育の文脈を生きる子どもや若者に限定していることがわかる。藤森自身が「『学習者研究』は『授業研究』の定義及び広瀬節夫（1992）「国語科授業過程における学習者研究」（『国語科教育』第39集，全国大学国語教育学会，pp.19-26）をもとに筆者が措定したもの」と説明するように，藤森は学習者研究の枠組みを，授業という時間軸・空間軸の内部のカテゴリーに位置づけている。原田が「生涯発達」の観点から指摘した従来の国語科教育における学習者研究の問題は，まさに学習者研究が授業に限定した時間軸・空間軸の中で語られてきたことである（原田，2009）。

　藤森は「学習者研究の自立」と題した後半の章において，学習者研究が「個別的具体的な学習事実の生態的な記述へと研究の重点が変わりつつある」ことや「『学び』の実相解明に研究課題を見出しつつある」ことにも触れているが，「基本概念」での説明を含めて，論全体にある「授業内の時間軸・空間軸の学習者」という学習者像を覆すまでには至っていない。

　現在のような学習者研究の傾向が続けば，学習者理解も狭く限定したものとなり，多様な学習者理解を基盤とするインクルーシブ授業の実現は，いっそう困難になる。今後も他教科・他領域における学習者研究の動向を注視しつつ，インクルーシブ授業の理論研究を深めていく必要がある。

6.　インクルーシブ授業の理論研究の関係図

　以上の内容をふまえ，授業者の観点からインクルーシブ授業の理論研究の関係図を図式化すると図2-2-1のようになる。

　図2-2-1では，授業者からの視点を細い実線で示し，時間軸を太い実線の矢印で示し，学習者研究と授業づくりとの相互作用を表す線を破線の矢印で

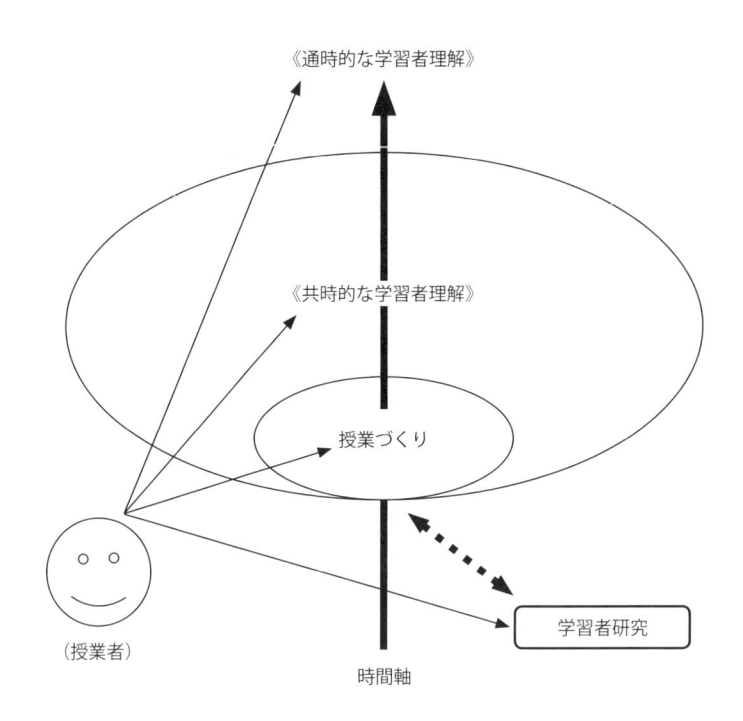

図2－2－1　インクルーシブ授業の理論研究の関係図

示している。

　なお，図2－2－1にある「授業づくり」の詳細な理論と教科の特質として国語科教育の議論を整理したものは原田（2017）で展開した。

　本節では，国語科教育を中心に，インクルーシブ授業の理論を構築するうえで必要な知見について考察した。その結果，理論としてのフラジリティ（弱さ），学習者をめぐる権力関係，参加のあり方，自己理解や他者理解，エンパワメント（回復），当事者研究，個としての生涯発達，通時的・共時的な学習者理解／学習者研究などが重要概念として抽出できた。

　今後，授業者は，これら抽出した概念を手がかりに，国語科を含むさまざまな教科・領域の授業づくりに取り組み，その内実を検証することが望まれる。

［文献］

新井英靖（2016）『アクション・リサーチでつくるインクルーシブ授業──「楽しく・みんなで・学ぶ」ために』．ミネルヴァ書房．

荒川智編（2010）『障害のある子どもの教育改革提言──インクルーシブな学校づくり・地域づくり 増補版』．全国障害者問題研究会出版部．

原田大介（2007）『国語教育における学習者研究の構築と展開』．広島大学大学院教育学研究科平成18年度学位請求論文．

原田大介（2009）「国語教育における新たな学習者研究の構築──個へのまなざしの必要性」．全国大学国語教育学会編『国語科教育』65．11-18．

原田大介（2013a）「国語科教育におけるインクルージョンの観点の導入──コミュニケーション教育の具体化を通して」．全国大学国語教育学会編『国語科教育』74．46-53．

原田大介（2013b）「インクルーシブな国語科授業を考える──自閉症スペクトラム障害の学習者の事例から」．日本教育方法学会編『教育方法42 教師の専門的力量と教育実践の課題』．図書文化社．68-81．

原田大介（2014a）「学習者のコミュニケーションの実態とことばの授業の可能性──『伝え合う力』をより深く獲得していくために」．浜本純逸監修，難波博孝・原田大介編『特別支援教育と国語教育をつなぐ ことばの授業づくりハンドブック』．溪水社．4-10．

原田大介（2014b）「コミュニケーションを学ぶことばの授業づくり──特別支援学級と通常学級との連携を想定して」．浜本純逸監修，難波博孝・原田大介編『特別支援教育と国語教育をつなぐ ことばの授業づくりハンドブック』．溪水社．140-155．

原田大介（2015）「『言語活動の充実』とインクルーシブな国語科授業──小学校5年生のLDの学習者の事例から」．インクルーシブ授業研究会編『インクルーシブ授業をつくる──すべての子どもが豊かに学ぶ授業の方法』．ミネルヴァ書房．72-82．

原田大介（2017）『インクルーシブな国語科授業づくり──発達障害のある子どもたちとつくるアクティブ・ラーニング』．明治図書出版．

藤森裕治（2009）『国語科授業研究の深層──予測不可能事象と授業システム』．東洋館出版．

藤森裕治（2013）「国語科授業研究・学習者研究に関する成果と展望」．全国大学国語教育学会編『国語科教育学研究の成果と展望Ⅱ』．学芸図書．521-528．

石原孝二（2013）「はじめに」．石原孝二編『当事者研究の研究』．医学書院．3-5．

牧戸章（2001）「言語発達」．日本国語教育学会編『国語教育辞典』．朝倉書店．124．

向谷地生良（2009）『統合失調症を持つ人への援助論──人とのつながりを取り戻すために』．金剛出版．

永田麻詠（2011）「エンパワメントとしての読解力に関する考察──キー・キンピテンシーの概念を手がかりに」．全国大学国語教育学会編『国語科教育』70．60-67．

永田麻詠（2015）「インクルーシブな国語学力の構想――『読むこと』の授業づくりをめぐって」．インクルーシブ授業研究会編『インクルーシブ授業をつくる――すべての子どもが豊かに学ぶ授業の方法』．ミネルヴァ書房．83-93.

難波博孝（2001）「生涯発達と国語教育――ことばの学び生態史に向けて」．日本教科教育学会編『新しい教育課程の創造――教科学習と総合的学習の構造化』．教育出版．92-103.

難波博孝（2008）『母語教育という思想――国語科解体／再構築に向けて』．世界思想社．

浦河べてるの家（2005）『べてるの家の「当事者研究」』．医学書院．

山元隆春（2003）「テクストのフラジリティと文学教育の根拠」．日本文学協会編『日本文学』52(3). 26-37.

湯浅恭正（2005）「インクルージョン教育の教育方法学的検討」．日本教育方法学会編『教育方法34　現代の教育課程改革と授業論の探究』．図書文化社．110-124.

湯浅恭正（2015）「インクルーシブ授業の理論で問われるもの」．インクルーシブ授業研究会編『インクルーシブ授業をつくる――すべての子どもが豊かに学ぶ授業の方法』．ミネルヴァ書房．3-14.

第3節
インクルーシブ授業とカリキュラム構想の理論

1. はじめに

　インクルーシブ教育は，「すべての子どものための学校」を志向するものである。裏返せば，これまでの通常の学校や授業は，すべての子どもたちを対象とした教育の場を十分に保障できていなかったことへの反省的見方ともいえる。したがってインクルーシブ教育は，従来の通常教育への単なる「統合（インテグレーション）」では実現できない。学校教育のシステムのみならず，教育の目的・内容・方法を問い直すことが必要となる。とりわけ，子どもたちが学校においてもっとも長い時間を過ごす「授業」で，何のため誰のために（目的），何をどの順序で（内容），どのように誰と（方法）学ぶことができるのかについて再検討する必要がある。なかでも，学習の前提条件が異なる子どもたちがともに学ぶ授業をつくるためには，教授内容や教える順序の吟味が不可欠である。

　したがって本節では，インクルーシブ授業におけるカリキュラム構想のための理論について，戦後日本の教育課程の変遷をふまえたうえで教授学的知見を参照して整理する。

2. インクルーシブ授業に対応するカリキュラム構想の要件

　まず，インクルージョン思想からインクルーシブ授業におけるカリキュラム構想の要件として次の2点について述べる。1つは，「カリキュラムの柔軟さ」とそれを可能にするための教師の専門性についてである。2点目は，社会への参画・形成主体を育てるという教育観の重要性についてである。

（1）カリキュラムの柔軟さと教師の専門性

　インクルーシブ授業のカリキュラム編成においては，「カリキュラムの柔軟さ」が重要とされている。これは，サラマンカ声明（1994年）で述べられた「カリキュラム」に関する下記の説明に由来する（表2-3-1）[1]。

　サラマンカ声明の中で明示された「カリキュラムの柔軟さ」や「通常のカリキュラムの枠内で付加的な指導上の支援を受ける」といった内容は，これまでにも教育学研究の文脈で，インクルーシブ授業のためのカリキュラム編成の要件として取り上げられてきた。

　「カリキュラムの柔軟さ」とは，子どもをカリキュラムに合わせるのではなく，カリキュラムを子どものニーズに合わせるということを意味する。この原理から，インクルーシブ授業におけるカリキュラム編成は，児童中心主義に基づくものと位置づけられている。このようなカリキュラム構成を実現するためには，教師による子ども理解と学習の前提条件に関する実態把握が前提となる。そのために形成的評価を用いることが明示されている。

　さらに，子どもの実態に合わせてカリキュラムを構想することが「通常のカリキュラムの枠内で付加的な支援を受ける」ように目指されるべきものとされている。つまり，「カリキュラムの柔軟さ」を実現することは，教育内容のレベルを下げたり内容を薄めたりすることとイコールではない。「教育内容は高い水準に合わせられるべき」とされているのである。

　子どものニーズに合った高い水準の教育内容をカリキュラムとして構想するためには，徹底した教材研究が必要不可欠である。これについて，清水貞夫（2012）は，「日本においてカリキュラムの柔軟化は，まずもって『教科書で』教える」教師の形成が課題になると述べている。

　「教科書を・で」論争は，通常教育のカリキュラム編成論では長い間行われてきた。清水の見解では，日本の学校の履修主義として年齢主義がとられていることから生ずる教育課程編成上の課題を解決するために学級編成の改革がまずもっての検討課題とされている。そのうえで，教育制度の改革は検討課題としては議論が求められるとしても，現状の教育制度の中で教師が具体的にどのような授業の工夫をすることができるのかという実践レベルでの検討として，

表2－3－1　カリキュラムの柔軟さ（『サラマンカ声明』，1994，下線は引用者による）

> カリキュラムは子どものニーズに適合させられなければならず，その逆であってはならない。そこで学校は，さまざまな能力や関心をもつ子どもたちに適合したカリキュラムでの教育機会を準備しなければならない。
>
> 特別なニーズをもつ子どもたちは，通常のものと異なったカリキュラムによってではなくて，通常のカリキュラムの枠内で付加的な指導上の支援を受けるべきである。その指導原理は，すべての子どもたちに，付加的な援助やそれを必要としている子どもたちに支援を準備しながら，（他の子どもたちと，）同じ教育を提供すべきだということである。
>
> 知識の獲得は，たんに秩序だった指導や理論的指導の問題ではない。教育内容は高い水準に合わせられるべきであり，子どもたちがその開発に十分参加できるようにする観点で，個々人のニーズに合わせられるべきである。その指導は，生徒自身の経験と，彼らをよりよく動機づけるため実際的な関心に関連づけられるべきである。
>
> それぞれの子どもの進歩状況を把握するため，アセスメント手続きが再検討されなければならない。子どもにとっての困難点をはっきりさせ，それらを克服するよう生徒に助力することと同じく，到達できた学習の熟達度を生徒と教師に知らせるよう，形成的評価が通常の教育過程の中に組み込まれるさまざまなパートナーによる支援や役割の適切な調整は，協議や折衝を通じて決定されるべきである。
>
> それぞれの学校は，すべての生徒の成功もしくは失敗に対して共同して責任を負う地域社会であるべきである。個々の教師よりもむしろ教職員チームが，特別なニーズをもつ子どもたちの教育に責任をもつべきである。両親やボランティアは，学校の仕事に積極的役割を果たすよう勧奨されるべきである。しかし教師こそ，教室の内外で利用可能な資源の活用を通して子どもたちに支援する，教育過程の運営者としての重要な役割を演じうるのである。

「教科書で」教える教師が必要であるという主張である。

　一方で，日本の教科書が3つの機能（「情報伝達機能」「構造化機能」「学習指導機能」）を備えており耐教師性が高いとされることや，教師の多忙化によって「もっと授業準備に時間をかけたい」という教師の願いがありながら教材研究のための時間が隅に追いやられてしまっている状況がある。さらに，特定の学習形態や授業展開が推奨され，本来教師が子どもの実態に合わせて選択してきたはずの授業方法に対する「指示」や「管理」が強まりつつある現状は，「カリキュラムの柔軟さ」をカリキュラム構成の要件として掲げるインクルーシブ教育のあり方とは真逆の方向に進みつつあるのではないだろうか。

　通常学校の授業に「カリキュラムの柔軟さ」を組み込むためには，子どもの実態に応じてカリキュラムを構想する教師の高度な専門性とともに，日常の授

業というミクロなレベルでの教師によるカリキュラム構想の権限の保障と，教材研究の時間および研究の機会を十分に保障していく必要がある。

(2) 社会の形成主体として子どもを育てる教育観

　サラマンカ声明では，インクルーシブな学校の効果について次のように述べられている。

　　　このインクルーシブ志向をもつ通常の学校こそ，差別的態度と戦い，すべての人を喜んで受け入れる地域社会をつくり上げ，インクルーシブ社会を築き上げ，万人のための教育を達成する最も効果的な手段であり，さらにそれらは，大多数の子どもたちに効果的な教育を提供し，全教育システムの効率を高め，ついには費用対効果の高いものとする。

（独立行政法人国立特別支援教育総合研究所，2011）

　上記からわかるように，インクルーシブな学校によって「インクルーシブ社会を築き上げ」るという効果を発揮することが期待されている。つまり，インクルーシブ教育は，インクルーシブ社会を実現するための方法なのであり，学校をインクルーシブな場にするだけでなく社会全体の変革へと向かう理念である。したがって，インクルーシブ教育における教育内容と方法も，現在の社会への単なる「適応」を強いるものであってはならない。そうではなくて，子どもたちに社会の矛盾や不合理を問うような能力や異議申し立てができるような力を育てることによって社会の「変革」に資するのではないだろうか。

　「障害者の権利に関する条約」における「合理的配慮」に関しても，「配慮」の要求を障害者自身の意思に基づいて行うことが権利として認められている。これには，現在の社会への配慮なきままでの「適応」ではなく，自らのニーズに合わせて社会の不合理に対する「異議申し立て」を行う力が求められる。学校教育の目的として，子どもたちに社会自体を変革する力を育てていく必要があるといえるのではないだろうか。

　以上とともに戦後日本の教育課程編成の展開をふまえながら，次節ではイン

クルーシブ授業のための教育課程編成の課題を考察する。

3. 1960〜1980年代の障害児教育における教育課程編成論の展開

　戦後日本の教育課程の変遷を「経験主義」と「系統主義」という2つの編成原理を視点として振り返れば，通常教育と障害児教育はそれぞれ異なる道筋をたどってきたといえる。

　たとえば，通常教育の学習指導要領の変遷においては，大きな転換点といわれる3つの局面がある。それは，1947年の「学習指導要領（試案）」で提示された「戦後新教育」，1958年（小・中）・1960年（高）の系統性重視の流れをいっそう強めた1968年（小）・1969年（中）・1970年（高）に示された「教育内容の現代化」，そして落ちこぼし批判の後に出された1977年（小・中）・1978年（高）の「ゆとり教育」である。これらは，カリキュラム改革の「振り子」構造，つまり「戦後新教育」と「ゆとり教育」が児童中心の教育課程編成の原理である「経験主義」を目指すものとして，「教育内容の現代化」が学問中心の教育課程編成の原理である「系統主義」を目指すものとして，2つの編成原理の間で大きく揺れ動いてきたとされている（志水, 2005）。

　一方，障害児教育では，「戦後新教育」として児童中心の教育課程編成が取り入れられた後，「バザー単元」や「生活単元」等のように「経験主義」的な教育課程編成が主として行われてきた。そのような中でも，1960年前後には障害児教育における教科教育実践が広がりを見せ，教育実践記録が出版された。本節では，とりわけ知的障害児教育における教科教育実践の変遷について概観し，通常教育と障害児教育との教育課程編成原理の接点を探りたい。

（1）教科教育への着目

　1960年前後は，知的障害児の教科教育課程編成について，教師や研究者レベルでの自主編成が活発に行われ始めた時期でもある。その背景には，障害をもつ子どもに対する「生活単元学習」や「作業学習」に対する批判的見解が出

されたこととも関係している。すなわち，日常生活や職業への適応を想定して自立・自律のための訓練を主とするような「生活（主義）教育」は，障害をもつ子どもに「社会への従順」を強いるものであり，教科学習によって開かれる世界から子どもたちを遠ざけているというような批判（窪島, 1996）である。それ以前の知的障害児の教育は，次のような見解に基づいて教育課程が編成されていたと指摘されている。

> 　戦後のちえ遅れの子どもたちの教育は，一般の教科書を使いながら，学年を下げるなどして，子どものできそうな教材を任意に選んで教える授業に対する批判から出発しました。教科の「水増し教育」といわれたこのような教育は，教師の善意による場合もありましたが，本来的に「精神薄弱児」の実態にそぐわない教育として否定されたのです。
>
> 　ここには，ちえ遅れをもつ子どもたちの認識の能力，とりわけ抽象的な思考能力の発達可能性に対する消極的な理解がありました。すなわち，「精神薄弱」という障害は，たんに抽象的な概念の操作能力の未発達な状態を示すだけでなく，教育によってこの能力を育てること自体が，意味のないこととされたのです。　　　　（森・障害児の教科教育研究会, 1993, 184-185）

　また，それまで教育不可能とされてきた障害児の教育において，実践的に一定の成果が報告されたことも挙げられる。たとえば，障害児に生活綴方教育指導を行った近藤益雄の教育実践（近藤, 1953）や，数学研究者である遠山啓が共同研究を行った都立八王子養護学校の教育実践（遠山, 1992）[2] 等の研究が行われた。これらの実践的提起は，教育実践記録という形で出版され，それまで「教育不可能」「教科教育は不要」と考えられてきた障害児に対する教育論に大きな影響を与えた。

　都立八王子養護学校の教育実践に注目してみると，それまで数や量に関する抽象的な概念の理解と習得が不可能と考えられ数の学習に反復訓練という方法がとられていた障害児の算数教育に大きなインパクトを与えることとなった。

　八王子養護学校の教育実践では，遠山が提唱した「原教科」[3] という考え方が基盤となっていた。「原教科」とは，「従来の教科に対する固定観念を打ち

破って，根源的なものに深く下降していく」ように構成される。たとえば，モンテッソリ教育の教具である「円盤はめ」によって，円盤と大小の穴を比べてはめ込む作業を通して，「大小という量の概念の出発点」となる「未測量」の概念を学び取るという実践がある。このような実践を通して，概念的理解が不可能と考えられてきた言語能力が未発達の子どもにも量的概念の習得が可能ということを示したのである。

（2）生活主義教育重視への立ち戻り

前節で確認したとおり，障害児の教科教育実践は，1960 年前後から活発に実践・検討され一定の成果を上げてきた。しかし，1970 年代後半以降は低調に転じ始めたとされている[4]。その理由については，先行研究の中でも論者によってさまざまな見解がある。ここでは，当時の教育課程編成の方針もふまえて，以下の 2 点に絞って整理した。

a）1971（昭和 46）年学習指導要領改訂の影響
──「教育内容の現代化」と特殊教育の独自性

1 点目に，通常教育の学習指導要領が「教育内容の現代化」（1968〈昭和 43〉年の小学校学習指導要領改訂，1969〈昭和 44〉年の中学校学習指導要領改訂）を打ち出し，教育内容の高度化が目指された中で，特殊教育は子どもの実態に応じた内容の精選や，通常教育の教育課程とは異なる領域を取り入れる等の独自路線に進んでいったということが挙げられる（一木，2012）。

具体的には，1971（昭和 46）年の学習指導要領改訂で，以下のような方針が示された。

昭和三十八年から同四十年にかけて定められた特殊教育諸学校小学部・中学部の学習指導要領は，同四十三年の小学校学習指導要領の改訂及び同四十四年の中学校学習指導要領の改訂に伴い，更に特殊教育諸学校に在学する児童生徒の多岐にわたる実態に即するために，改訂の必要が生じた。こうして，同四十六年三月（中略）小学部・中学部学習指導要領として，

それぞれ文部省告示により改訂・制定された。

　この改訂の特徴は，小学校及び中学校における教育課程の編成領域である各教科，道徳及び特別活動のほかに，心身の障害に即した特別の指導分野として，「養護・訓練」という新しい領域が設けられたことである。また，重複障害者についての教育課程編成上の特例が大幅に認められた。

（文部省，1978，下線は引用者による）

　この改訂の特徴として上記には主に次の2点が示されている。1つは，領域としての「養護・訓練」の新設であり，もう1つは教育課程編成上の特例が大幅に認められたことである。これによって，特殊教育が固有の領域をもつことになったことに加え，障害をもつ児童生徒の実態に応じた柔軟な教育課程編成（教科・領域を合わせた指導）の方針が明確に示された。教科と領域からなる教育課程で行われている通常教育に準じるとされながらも，障害児教育の教育課程に関する独自路線を強めていったのである。

b）1979（昭和54）年の養護学校義務制度と重度・重複障害児への対応

　1979（昭和54）年の養護学校義務制度の実施によって，それまで就学猶予とされてきた重度・重複障害をもつ児童生徒への教育が特殊教育の大きな課題となった。言葉を発しない子どもや，反応が微弱で読み取りにくい子どもへの教育実践が模索される中で，障害児の教科教育実践にも課題が提起された。

　このことについて，森博俊は次のような課題を指摘している。

　こうした観点（教科学習を通して文化的遺産を継承し社会参加が可能となるという観点——引用者注）が，話しことばが主たるコミュニケーション手段とはなり得ない「重度」といわれる子どもたちの実践の中でどこまで貫けるのか，あるいはどのような形で具体化できるのか，ということになると，いま一つとらえきれないでいたというのが，偽らざるところでした。しかもこれは，「最重度」の子どもも含めて学校教育を保障する今日の日本の障害児教育実践にとっては，避けて通ることのできない重要な問題でもあります。

（森・障害児の教科教育研究会，1993，6）

　上記のとおり，1960 年代前後から模索されてきた障害児の教科教育の実践的研究には，当時，重度・重複障害児の教科教育の方法としてどこまで有効性があるのかについて十分には明らかにされなかったという課題があった。

4.　インクルーシブ授業のための教育課程編成の課題

　前項までの内容をふまえて，インクルーシブ授業のための教育課程編成の課題として，以下の 3 点が挙げられる。

　1 点目は，通常教育における「カリキュラムの柔軟さ」を実現するための具体的なカリキュラムデザインの方法を明らかにすることである。本節では，インクルーシブ授業におけるカリキュラム構想のあり方を検討したが，具体的なカリキュラム構想の方法については十分に検討することができなかった。「カリキュラムの柔軟さ」は，具体的にどのようなカリキュラム編成の原理に基づいて実現可能となるのか，具体的なカリキュラムデザインの方法を明らかにする必要がある。

　2 点目は，インクルーシブ授業では「社会参加」の保障を実現するための教育内容・方法の検討を行う必要があるということである。1960 年代前後に「生活（主義）教育」が障害児者に「社会への適応」を求めるものであるという批判が出されたことはすでに述べた。これをふまえ，インクルーシブ教育の理念に基づいて「社会への参加」を目指す教育のあり方を再度検討する必要がある。具体的には，インクルーシブ概念が「社会参加」の保障を謳うのならば，すべての子どもを異議申し立てや要求の主体，つまり民主主義的な社会の構成者として育てる必要があるということである。

　この視点から，従来のカリキュラム構成の課題について検討すると，たとえばかつての「精薄教科」では，日常の身辺整理，集団生活，社会生活，職業生活を想定してそれぞれの場で必要とされる行動様式をとることを「自分でできる」ようになることが最大の目標に設定されていたことがわかる。森は，次のように指摘している。

　「生活（主義）教育」は，しばしば「生活のための，生活による教育」と説明されてきました。「精神薄弱」という障害をもちながら，将来，社会に適応していくために，生活に必要な態度や行動を具体的な生活経験を通して，行動様式として習得させるという教育の原理です。

（森・障害児の教科教育研究会，1993，185）

　上記のような森の指摘をふまえて考えれば，生活主義教育には適応主義的な側面があることにも留意する必要があるといえる。そして，これは障害児教育に限った問題ではなく，通常教育においても重大な問題である。社会には，さまざまな矛盾や不合理が存在する。このような不完全な社会を生き抜くために，子どもが生活に合致するための教育や将来の生活へ適応することを目指せば目指すほど，矛盾や不合理を受け入れることを子どもに強いてしまうのではないだろうか。目指すべきは，社会に適応した客体ではなく，「民主的な社会」へ改革する主体である。

　また，その教育方法としても，身体で覚えるという「行動的理解」が絶対化されるならば，適応主義といわざるをえないだろう。たとえば，算数では生活の中で数を数える，測定用具を利用する，時刻表を読む等に重点が置かれ，「算数・数学に関する基礎的概念や基本的な内容の理解よりも，生活場面での操作が行動としてできることに重点がおかれている」（森・障害児の教科教育研究会，1993，187）という状況が生み出される。これでは，障害児者が主体的に生きられる社会を目指すインクルーシブ教育の理念とは異なる状況といえる。もちろん，学習の過程の中で「行動的理解」が必要な場面も存在するだろう。しかし，「行動的理解」自体を学習内容として置き換えるのではなく，学習を通して子どもの中にどのような概念理解や思考力が育ったのかという観点から教育実践を振り返る中でカリキュラムを構想することが実践的課題といえる。

　3点目は，障害児教育と通常教育との教科学習では，実施されている内容や方法が異なっている部分があり，それぞれの「教科学習」の内容の固有性を整理する中でカリキュラム構成の方法を検討していく必要があるということである。背景として，障害児にも教科教育を行うという一時代の流れの中で，「教科教育」を広くとらえる風潮，つまり従来から行われてきた障害児教育実践を

「教科学習につながる教育」という意味での「教科教育」ととらえる傾向が見られたことが挙げられる。インクルーシブ授業のための教育課程編成を検討するにあたっては，同じ教科の学習でも実施内容や方法が大きく異なることに留意し，検討していく必要がある。

[注]

(1) 和訳は，独立行政法人国立特別支援教育総合研究所ホームページより。

(2) 初版は，1972 年に出版された。

(3) 遠山は，「原教科」の有効性を示す一方で，それまで有効とされてきた生活単元学習や作業学習の中で算数の指導を行うという方法が，子どもの思考に混乱をきたし算数の習得を難しくしていたと述べている（遠山, 1992, 26-27）。

(4) 一方で，1990 年代には森博俊と障害児の教科教育研究会の『障害児のわかる力と授業づくり』等の実践的研究も行われており，障害児の教科教育実践の研究が完全に停滞したということではない。森は障害児の教科教育の意義について，次のように述べている。

　　「私たちの検討は，障害児学級での教科（とくに国語，算数）の授業を対象に，子どもたちが教材を手がかりに考え，わかるということの意味を深めることから始められました。教科（特定の文化的価値の学習）にこだわる根拠を，具体的な物語教材や数の概念の学習等の授業を手がかりに考えることを通して，障害をもつ子どもたちが文化の中で育つことの意味と可能性を探りたかったのです。個々には，特殊教育が，その特殊な教育の追求により，子どもたちを文化的に隔離しているのではないかということに対する対抗的な問題意識と共に，学習課題の設定に際して，子どもの心理・生理的な発達段階を強調することが，学ぶという行為に含まれる本来的な文化性の意味を，副次的なものにしているのではないかという疑問がありました」（森・障害児の教科教育研究会, 1993, 5）。

[文献]

独立行政法人国立特別支援教育総合研究所（2011）「サラマンカ声明」. 独立行政法人国立特別支援教育総合研究所. http://www.nise.go.jp/blog/2000/05/horeidb.html（2011 年 3 月最終更新，2016 年 1 月 17 日最終閲覧）.

一木薫（2012）「研究時評——重複障害教育におけるカリキュラム研究の到達点と課題」. 『特殊教育学研究』第 50 巻第 1 号. 75-85.

窪島務（1996）『現代学校と人格発達——教育の危機か，教育学の危機か』. 地理社.

文部省（1978）『特殊教育百年小史』.

森博俊・障害児の教科教育研究会（1993）『障害児のわかる力と授業づくり』. ひとなる書房.

志水宏吉（2005）『学力を育てる』. 岩波書店.

清水貞夫（2012）『インクルーシブ教育への提言——特別支援教育の革新』. クリエイツかもがわ.

遠山啓編（1992）『歩きはじめの算数——ちえ遅れの子らの授業から』. 国土社.

［参考］

近藤益雄（1953）『この子らも書く——おくれた子どもと綴方』. 牧書店.

第 3 章

日本におけるインクルーシブ授業の実践と課題

小学校の授業づくりの困難さとその解決の方向性

― 絵本を使った JSL 児童の言葉の学び ―

1. はじめに

　情報化や国際化といった社会の急激な変化は子どもの生活にも影響を及ぼし，学校教育は年々深刻さを増している。内閣府は『平成 26 年版子ども・若者白書』[1] で子どもの相対貧困率[2] が上昇していることを報告し，「2015 年版幸福度調査」[3]（OECD 発表）でも，日本の子どもの貧困率は OECD 平均を上回っていることが明らかにされた。近代以降の社会では，教育のレベルと生涯所得は比例するといわれる。2 つの調査から，格差が子どもの機会を奪っているということが指摘された。貧困による教育格差は大きな社会問題である。この学力格差と言語の関係をめぐる問題について佐藤学（2010）は次のように述べる。

　　　小学校中学年から高学年にかけて学力の格差が拡大し固定してしまう現象は多くの国で見られます。その要因の一つが教室で規範化されている言語と子どもの日常生活の言語との差異にあるのではないかという仮説が多くの研究者によって検討されてきました。その代表的な研究は，イギリスの言語社会学者バーンスティン[4] が行った労働者階級の言語と中産階級の言語と教室の言語との比較です。　　　　　　　　　　（佐藤，2010, 144）

　佐藤は，学力の格差を人種や階級の言語に還元するのは単純であるとしながらも，東アジア出身のマイノリティが学校で成功する秘訣は自らの文化的アイデンティティを放棄して白人文化に自分を同一化している点にあるというオグブの論[5] を紹介している。さらに，JSL 児童生徒（Japanese as a second language：日本語指導が必要な児童生徒）について次のように述べている。

　日本においても，近年，多数のニューカマーの子どもたちが学校に参入することによって，異質な言語や文化に対応しうる教室の創造が求められています。どのような教室のコミュニケーションを創造すれば，マイノリティーに対する差別，排除，同化を克服して文化の多様性を保証しうるのかが厳しく問われています。日本の教室文化の硬さや画一性が問い直される時代が到来したとも言えます。同一性を志向してきた日本の教室において，一人ひとりの差異が尊重され多様な文化が交流されるコミュニケーションを創造することが，これからの授業実践と授業研究の課題の一つになっています。

（佐藤，2010，146）

　一人ひとりの差異を尊重し，多様な文化が交流されるコミュニケーションの創造は授業の根本である。授業づくりの困難さの要因に教室で規範化されている言語と子どもの日常生活の言語との差異があることを受け，言葉の学びの重要性を再認識しなければならない。

2. 言葉の学びについての困難性

　学習に困難性を抱える子どもたちは，読み書きがスムーズにできないことが多い。低学年の子どもたちの学びには，言葉の学びが大きく影響する。就学前のコミュニケーションは話し言葉が中心であったのに，学校文化ではいきなり書き言葉が中心となるからだ。ひらがなの定着前に漢字やカタカナの習得を余儀なくされ，言葉の学びへの抵抗はここから始まると考えられ

資料３－１－１　かな文字と漢字を読むルート
（竹下研三『ことばでつまずく子どもたち』中央法規出版，2011，p.76 より）

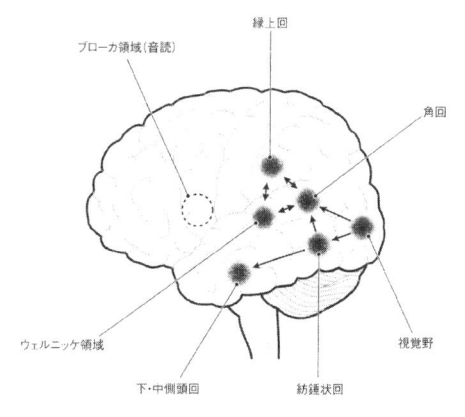

る。特に，言葉の学びに抵抗を示す学習障碍やJSLの子どもたちには大きな課題となるだろう。竹下は，文字の習得の違いについて次のように述べる（資料3−1−1）。

> 　かな文字は，左右の後頭葉の一次視覚野（17野）で感知され，左右の視覚連合野（18，19野）で字形と認知され，その情報は優位半球（多くは左脳）の角回（39野）と縁上回（40野下方）にまとめられ，視覚処理・音韻処理がされ，隣接するウエルニッケ領域とともに意味理解となります。（中略）漢字は，側頭葉後下部の紡錘状回（37野）や中側頭回（21野）を中心に字形認知や意味理解や辞書化が行われています。なお，年少の子どもほど読字では左右両半球が活性化されています。　　　　　（竹下，2011，76）

　かな文字，漢字ともに文字が映像化される一次視覚野から始まり，その情報が二次視覚野に移動して文字形態として知覚される。かな文字は側頭葉から前頭葉のブローカー領域で処理を受けて声が表出され，漢字は視覚野から側頭葉後下方に移動して視覚処理と意味処理を受けて音韻化されるという違いがある。特に，漢字情報は音韻化される前に理解されるという二重の神経回路があるという。これらは近接しており，各領域が未熟な子どもでは五感からの刺激が文字理解の機能を育てていくことが必要とも説明されている。五感からの理解は学習困難な子どもたちにとって大切な指導の手立てである。

　読文の神経機構については，角回・縁上回からブローカー領域に情報が流れていく間接経路と紡錘状回領域からブローカー領域に流れていく直接ルートがあり，小学生は間接ルートが重要だと説明する。日本語は文字の占める比重が大きく，文字と言葉，特に単語の概念をきちんと学習していくことが重要であり，助詞の理解（文法の理解）には音読を取り入れることが効果的だと提言している。音読が脳全体を活性化させ，単語の意味処理，文章の理解，文法理解，言葉の感情表出をより確実にしていくからだと論じている。

　竹下の論から，学習障害をもつ子どもやJSL児童の言葉の学習に2つの手立てが考えられる。まず，五感からの刺激で文字理解の機能を育てていくこと，次に音読により脳全体を活性化させ，理解や感情表出を確実にさせることであ

る。ここでは，視覚認知を大事にした音声化を第一に考えたい。音読に関しては，自分の目で文字を追いにくい子どもがいる。音読を重ねる中で丸暗記や友だちの声に追い読みをしがちなので表面化しにくくなる。先の子どもたちは自分の目で文字を認知し，音声化することに困難を示す状況につながる。月森久江（2005）の提案する音読補

写真3－1－1　音読シートを使って自分で読む

助シートが有効な方法であると考え，取り入れた。視線の移動ができにくい子どものために，2行を視野に入れながら読めるように改良した。低学年の間，自分の目で文字を追えなかった子どもが，補助シートを使うことで徐々に音読を楽しむようになった（写真3－1－1）。この成功感は，それからの学習意欲へとつながっていく。

3．文章理解における困難性

　文字が読めるようになっても，学習に困難を抱える子どもたちは文章理解に抵抗感を示すことが多い。場の状況や登場人物の心情を想像する文学的文章の読みにおいて顕著である。新井英靖は次のように述べる。

　　インクルーシブ授業は，授業の内容が「わからない」でいる子どもに対して，感覚的・身体的な「反応」も含めて参加と捉え，他者の感じ方と接続することにより，「わかる」という実感を広げていく実践といえる。このように考えると，インクルーシブ授業は，学習困難を言語や認知・行動的側面から捉え，「視覚化」や「動作化」を主軸とした授業を推奨しているユニバーサルデザインの改革とは異なる性質の実践であると考える。

　（中略）ただし，話し合い活動を用意すれば学習困難児も授業に参加できるといったユートピア的な実践論の構築ではなく，子どもの「しぐさ」や「つぶやき」といった反応を拾い上げ，他の子どもの学習と「つなぐ」というように，インクルーシブ授業では教師の「指導性」を発揮する授業づくりが不可欠である。

（新井，2015，34）

　「一人ひとりの読み」は大事にされるが，「形式的理解」をしたうえでの読みであることが多い。そこから「読み誤りは正して」という発想が生まれることにつながる。新井も形式的理解を否定はしていないが，それを第一義にはとらえていない。価値観，感情的側面に訴えかける読みの重要性を主張しているのだ。抽象的レベルの理解が苦手な子どもには，動作化（身体や表情を使って）などの手立ての大切さを述べているが，それは教師が正しいと思う理解をさせるためではなく，その子のもった感情に働きかけていく読みを大切にして思考を形成していくことを重視しているのである。

　価値観，感情的側面に働きかける読みの大切さに気づかされた実践がある。『白いぼうし』（あまんきみこ／光村図書小学校国語4年上）の学習におけるLD傾向のあるたくまの発言からの学びだった。ほとんどの子どもが「作品の面白さ・不思議さや主人公の松井さんの優しさ」について感想を書いているのに，たくまは最初から「死」のイメージをもっていた（筆者は最初たくまのその思いをしっかりつかんでいなかった。それをつかむことができていたら，学びはもっと違った展開となったであろう）。

　女の子が消え，小さな野原に白いちょうが飛ぶ最後の場面で，たくまは「かわいそう」とつぶやいたのである。それを聞いたともやが，「なんで」と，厳しい口調で問い返した。たくまを否定するような響きが感じられたので，そのままにはできなかった。資料3－1－2のようなやりとりがあり，教師が予想しなかった学習へと発展する。たくまの発言に，筆者自身も戸惑った。どう展開するのか予測もつかないまま，子どもたちの思いを聞くことにした。そうして，たくまの思いの根拠である『ちいちゃんのかげおくり』（光村図書小学校国語3年）をもう一度読んでみようということになり，比べ読みの学習へと発展したのである。新井のいう「子どもの『しぐさ』や『つぶやき』といった反応

資料3－1－2　たくまの感情的側面から広がった学習

教師	どうしてかわいそうだと思ったの。
たくま	消えて，ちょうになったでしょ。
ともや	もともとちょうだったんだから，もとにもどったんだよ。（強い口調で）
教師	ちょうだったとは，はっきり書いてないよね。もう少し，たくまさんの気持ちを聞いてみようか。たくまさん，どうしてそう思ったの。
たくま	『ちいちゃんのかげおくり』に似てたから。
ようこ	そう言えば，あのお話も最後花畑だったよね。
	※この発言を受け，『ちいちゃんのかげおくり』と比べ読みをすることになったのである。すると，ともやの次の発言につながった。
ともや	「シャボン玉のはじけるような，小さな小さな声」（『白いぼうし』）というのは，なんとなくさびしい感じがする。
	※ともやのこの発言に子どもたちは意外な表情を見せた。このような発言はこれまでなく，ともやがたくまを受け入れた瞬間であったのではないか。

を拾い上げ，他の子どもの学習と『つなぐ』」ことができたのではないかと考える。個人の思いを述べ合う中に正答などない。

　この話し合いの中で，たくまの思いに否定的であったともやが「なんとなくさびしい感じがする」と同調した。否定的だったともやがなぜ，たくまに共感する発言をしたのか。はっきりしたことはわからないが，次のように考えた。

　○反対されるといつもは黙ってしまうのに，自分の思いを最後まで言おうとしたこと。
　○自分が考えもしなかったたくまの思いを，「なるほど，そう思ったのか」と受け止めるチャンネルに切り替わったこと。

　たくまの思いから広がった学習で，全員が自由に考えを述べた。子どもたちと「読みの自由」について話し合い，これからの学習でも一人ひとりの感じ方の違いを認めていくことにした。筆者自身の授業観も変容させられたエピソードである。教師は授業をデザインする。しかし，それに固執してはいけない。自分のレールに無理に乗せようとすると，子どもは必死に教師の求める答えを探す。予測できない「出来事」から目をそらさず，そこから新たなものを生み

写真 3−1−2　2人で絵本の読みあい

出していくことが大切なのだ。たくまの発言をきっかけにしたこの事例は，筆者にそのことを教えてくれた「出来事」である。教師が正しいと思う理解をさせるためではなく，その子のもった感情に働きかけていく読みを大切にし，思考を形成していくことが大事である。

　五感からの刺激については絵本の活用が有効だと考える。石川由美子（2009）は，絵で表現された部分の認知構造から絵本が文章理解に有効であることを，「絵と文からなり，視覚的な表象を想起しやすいという特徴をもつ絵本では，意味理解にかなり情動が関与すると考えられる」と述べる。視覚的な表象が想起されるという点から，絵本が五感に働きかけ刺激をもたらすと考える。

　絵本を使った活動の中で，筆者は村中（2000）の提唱する「読みあい」に取り組んできた（写真3−1−2）。自分の好きな本を持ち寄り，2人で声に出して読みあう。感想を出し合ったり，疑問について話し合ったりする温かい雰囲気の中でコミュニケーションが生まれる。村中も「五感，とりわけ耳を通した感覚」として「自分の声を，自分の発したことばを聞く」という目的で「読みあい」に取り組んでいる。筆者自身も生の声を届け合う「読みあい」が子どもたちの心を拓くことを実感してきた。

4.　研究の実際——「読みあい」を通した JSL 児童の指導

　現在，公立学校に在籍している外国人児童生徒数は 80,119 名（平成 28 年度調査）となっており，そのうち 34,335 名が日本語指導を必要とされている[6]。この子どもたちの言語や文化に対応する教室の創造が求められることとなる。も

ちろん，教科指導のみならず，将来に向けたキャリア教育にも日本語指導が必要となることはいうまでもない。参与観察をしている学校にも JSL 児童が在籍し，学校はその指導に力を入れている。筆者もその指導にできるかぎりの協力を申し出ている。その成果の一端を報告する。

(1) 対象とする学校，子どもについて

①学校について（A 市公立小学校）
- 全校児童 400 名以上，うち JSL 児童 102 名（全校児童に占める割合 25%）
- JSL 児童の国籍：中国，韓国，モンゴル，インド，インドネシア，フィリピン，アメリカ（グアム）

　※認定されていないが，日本生まれの外国人，中国残留孤児の子どもたちも在籍

②指導について
- 日本語指導員による 88 時間の取り出し指導
- 指導員は新規採用の講師（日本語サポートセンターで指導を受ける）

③保護者の意識
- 日本語をしゃべれるようになってほしいと願う
- 取り出し指導は必要がないと考えている

④対象とした子ども
- マリア（仮名），4 年生，女児，インドネシア国籍
- 日本で働く母親が日本人と再婚したため，本児童も遅れて来日
- 日常会話はできるが，理解できにくい日本の生活言語がある
- 理解に時間はかかるが，学習には真面目に取り組む

（2）倫理的配慮について

　学校長，学級担任に本研究の趣旨を説明し，成果の報告については承認を得ている。また，本人が特定されることがないよう配慮した。

（3）指導過程

①『バムとケロのにちようび』の読みあい（島田ゆか（1994）文渓堂：写真3－1－3）

写真3－1－3　島田ゆか『バムとケロのにちようび』（文渓堂，1994）

　第1回は，マリアの生活言語と学力を知るため，日常生活が表れているような絵本を数冊用意し，選択させた。選んだ本は，犬のバムとカエルのケロが掃除やお菓子作りをするという日常生活が描かれている。日本特有の生活用語を含む言葉もあり，語彙を増やすことにも役立つと考えた。2人で読みあいながら，言葉と文章内容の理解を図っていくことをねらう。

　言葉を確認しながら読み進めていった。屋根裏部屋，揚げる，焼く，煮る，鍋などの生活用語は具体的な場面を想像し，言葉のイメージを膨らませていった（資料3－1－3）。「バムとケロ」シリーズではサイドストーリーが展開されているが，マリアはいち早くそれに気づき，いたずらをするケロの行動のほうに目を向けた。視覚認知のほうが優位だということがわかる。ケロの様子に目を向けたことを褒めると，自分の発見を次から次へと話してくれた。このように子どもたちが何に目をつけ，何を感じているのかを受け入れることをまず大切にしなければならない。

資料３−１−３　『バムとケロのにちようび』読みあいの記録（Hは筆者，Mはマリア）

H	鼻に入っちゃったから，そのほこりが鼻に入っちゃったから，お鼻がむずむずして
M	はくしょん。
H	はくしょんが出ちゃったのね。ほこりが鼻の中に入っちゃったのね，2人のね。はい，じゃどうぞ。
M	すると本の表紙からたくさんの字が。
H	これ，ガ。
M	ガがぱたぱた舞い上がった。
H	本の表紙には，ほこりだけじゃなくて何がいたの？
M	ガ？
H	これガね。ガっていうの。ガ。見たことある？　ガって。
M	ううん。
M	先生，これトンボじゃないんですか。
H	うん，飛ぶ飛ぶ。（筆者がマリアの言葉を聞き間違えている）
M	いや，トンボ。
H	トンボじゃないね，これは。
M	ガ。何かちょうちょに見える。
	（図鑑でガを探して確かめる）
H	ちょうちょに似てるよね。ガってね。そうすると，本の上にあったのはほこりと……
M	ガ。表紙が見えなかったのは，ほこりのせいだけじゃなかったみたい。
H	本の表紙が見えないのは，ほこりだけじゃなくて……
M	ガが出てきた。中にあるけど，出てっちゃった。
H	そうそう，中じゃなくてこの表紙の上にいたのね。ほこりとガが一緒にいたみたい。
M	よく見ると，ネズミや虫なんかも……
H	虫なんかも……
M	虫なんかも，うじゃうじゃいる。
H	うじゃうじゃいるって。
M	いっぱい？
H	うん，うじゃうじゃって，いっぱいってことね。ガだけじゃなくって，ガもここにいるけど……
M	いっぱいある。
H	あるじゃなくて，いるね。生き物だから。

②「ごんぎつね」（光村図書国語教科書４年）の取り出し指導

　2学期「ごんぎつね」の学習指導に入った。新美南吉の他の本を読み，紹介ポップを作るという言語活動である。マリアは最初『狐』（新美南吉（1999）偕成社）を手にしており，選んだ理由を聞くと，「同じきつねの話だから」と答えた。ところが，文字の多い絵本で1ページも進まないうちに，「これはだめ

写真3－1－4　新美南吉『うまやのそばのなたね』
（新樹社，2014）

だ」とあきらめてしまった。そこで図書館に行き，絵本を開きながら一緒に選ぶ。手にしたのは『うまやのそばのなたね』（新美南吉（2014）新樹社）であった（写真3－1－4）。選んだ理由は「お母さんが出てくるから」である。母親のことが大好きなマリアの感情的側面に働きかけたと思われる。挿絵が明るく，文章も短いので1人で読めた。わからない言葉を説明し，「さなぎ」について図鑑の調べ方を指導した。驚いたのは，この絵本でもサイドストーリーに目を向け，小さな青虫をずっと追いかけていたことである。

　マリアはあらすじを次のように書いた。

　　なたねのつぼみが外がみたいと言いました。ひばりの声がふってきて，みんなで何かしらと言いました。ふといこえがして，ひばりだとおしえてくれました。でも，つぼみはその声をこわがりました。いちばん上のつぼみが花になりました。そしてどんどんさいていきました。馬が，きれいにさいたねといってくれました。花たちは馬がこわくないと思いました。馬がひらかないつぼみがあると言いました。みんなでおこしたら，ふたつにわれてちょうちょうがでてきました。花がちょうちょうに馬の赤ちゃんを見てきてといいました。赤ちゃんは目をあけていました。

　時系列に出来事をきちんととらえることができていた。担任の力だけではできにくい面も多いが，その子に合わせた読みを展開することで，JSL児童のもつ困難性を排除することができる。マリアは1人で読めたこと，あらすじを書けたことに満足感を得ていた。また，好きなところは最後のページだと言い，「こわいと思っていた馬がほんとはこわくなくて，やさしいお母さんだったか

ら。お母さんが赤ちゃんをかわいがっているから。ちょうちょもいるから」と理由を述べた。マリアの夢は母親とインドネシアに帰ることである。母親のことを慕っていた新美南吉の思いが，マリアの心に通じたのかもしれない。また，文章に触れることなくこの絵本を選んだのは，明らかに挿絵がマリアの感情的側面に働きかけたと考えられる。

③「プラタナスの木」（椎名誠／光村図書小学校国語4年）の取り出し指導

　「プラタナスの木」は，1本のプラタナスのある公園でいつもサッカーをして遊んでいた仲良し4人組の話である。梅雨明けのある日やってきたおじいさんに木の根の存在や役割を教えてもらう。台風で倒木寸前になったプラタナスは切られてしまった。おじいさんが来なくなった公園で4人は切り株に乗り，木の幹や枝になって地下に広がる根を想像する。読解に困難を抱える児童には難しい言葉もあり，場面の状況や登場人物の関わりを1人では読み取りにくい。資料3－1－4は音読をしながら，難しい語彙に慣れ，状況を把握した様子である。難語句の読み方を確認し，音読することから始めていく。JSL児童生徒にとっては，1つの言葉が理解できない状況が，読解に向かえないことにつながってしまう。言葉の学びに丁寧に対応することを怠ってはならない。

　たとえばマリアにとって，幹も枝葉も養分もわからなければ，木を逆立ちさせて見ることの意味をとらえることはできない。木が逆立ちをするという状況さえマリアには難解である。JSL児童に比喩を理解させることは難しい。情景を思い浮かべられないマリアに，地上に出ている幹や枝葉が地下にある根とどのような関係にあるかを考えさせるのは困難なことである。ところが，マリアは自分から「絵にかいていい？」と申し出た。自分の学び方を自分で見つけ出している。『うまやのそばのなたね』の学習においても，なたねと馬の親子の位置関係，最後にちょうちょうが見に行く場面も絵で表した。それが理解を助けていたのである。マリアにどうして絵にするのかを尋ねると，「絵にかいたほうがよくわかる。インドネシアでもしていた」と答えた。学習に困難を抱える子どもにとって，自分がどのような学び方をすれば理解しやすいのかという方略をもたせることは，学習の抵抗感を取り除き，自分の力で学んでいく力をつけていくことにつながる。学級担任だけでそれを見つけていくのには限界も

資料3－1－4　「プラタナスの木」の読解

M	そう，この木がさかもちや。（「逆立ち」を読み誤っている）
H	逆立ち。
M	逆立ちするだろ，すると木の幹やえ……。（「枝葉」が読めない）
H	枝葉。
M	枝葉と同じぐらいの大きさの根が出てくるんだよ。きっと木というのは上に向かって。（中略）
M	養分を，養分を。
H	送って。
M	送っているんだ。ここ，わからなかったの。なんて読むの？
H	養分。
H	それから，枝や葉。根。（一緒に音読）
H	逆立ちってどれ？　どうすること？
M	木が？
H	自分が逆立ちすることを考えてみようか。
M	頭が下にいって，脚が上に。
H	じゃあ，木が逆立ちするってどういうこと？
M	ん？　わからん。どうして，木が逆立ちするの。
H	木ってどんなふうに生えてんのかな。
M	絵にかいてもいいですか？
M	これを反対にしたら，根っこが幹や枝になって，こっちが土の下で根っこで。あれ，葉っぱ？
H	葉っぱは冬になったら？
M	なくなるよ。
H	かれない木もあるけどね。
M	そっか。反対にしたら同じ形になるね。おもしろい。

ある。その子の特性を把握し，何に優位性があるかを判断していく学校内の取り組みも必要である。

5. 個に応じた読みのストラテジーを活用する

　学習に困難性を抱える子どもたちにとっての解決の方向性は，個に応じた指導はもちろん，組織として個に応じた読みのストラテジーを見つけ，活用することが重要だと考える。

　ヘレン・ブロムリー（2002）は「バイリンガル読者の出現」において，絵本

の挿し絵から感情を読み取ることが得意なモマールの実践例を挙げている。バイリンガルのモマールは読み聞かせの場においてルールを守る必要性に気づかず，挿し絵を見て本に対する自分の意見を叫んだ。絵を読んだことを称賛するブロムリーに，「絵は読まないよ。字を読むんだよ」という反論が起き，学級に知的で活発な議論を巻き起こした。モマールと他の子どもたちと絵本との間の相互作用は，学習の土台づくりになったと述べている。マリアの事例は個別の取り出し指導だったので，他の子どもたちとの相互作用を生むことも可能であるだろう。

　読み理解に困難を抱える子どもたちの「読みの環境調整・課題改善」について，コンタンス・マクグラス（2010）は以下のことを提言している。

- ●予備知識やこれまでに得た知識を活用する。
- ●新出単語・語彙を予習する。
- ●以前学習した内容と新しい内容とを関連づける。
- ●内容をまとめるためのストラテジー（誰，何，いつ，どこ，どのように）を教える。
- ●ストーリーマップ（主題，登場人物，場面設定，内容や出来事，問題，結末などを系統立ててまとめた図表）を用いた作文の書き方を教える。
- ●声を出して読む，読み方の手本を見せる，そして内容の関連づけや視覚化，予測，質問，推論などをさせることで，内容の理解につなげる。

　文章理解に取り組みやすい非常に明快な手立てである。マクグラスはこれらを具体的に指導すること，教師の支援を受けながら読むことができるレベルと支援なしに自力で読むことができるレベルの文章で練習することの必要性を述べている。大切な点である。『白いぼうし』の学習で以前の学習の「ちいちゃんのかげおくり」の再読につながったり，マリアが自分の理解に絵で表現することを選んだりしたように，読みのストラテジーを一人ひとりの子どもがもてるようにすることが求められており，それが「学ぶ力」となる。そのためには，学級担任の力に頼るだけでなく，学校としてどのような方策が有効であるかを研究・実践して見つけ出していかねばならない。チームとしての学校の力

を生み出していくことが何よりも大切であると考える。

[注]

(1)　内閣府『平成 26 年版　子ども・若者白書』。www8.cao.go.jp/whitepaper/pdf_indexg（2015 年 12 月最終閲覧）。

(2)　相対貧困率：ある国や地域の大多数よりも貧しい相対的貧困者の全人口に占める比率。OECD では等価可処分所得（世帯の可処分所得を世帯人数の平方根で割って算出）が全人口の中央値の半分未満の世帯員を相対的貧困者としている。

(3)　『より良い暮らし指標（Better Life Index）』。www.oecd.org/statistics/aboutbli（2015 年 12 月最終閲覧）。

(4)　バーンスティン（Basil Bernstein）：英国の社会学者，言語学者。労働者階級の子どもは具体的な事実や単語だけの発話や命令文が多用される「限定コード」を使用し，中産階級の子どもは抽象的な言語が多用されたひとまとまりの文を基本とし，複文は関係代名詞を用いた「精密コード」を使用するとの論。教室の言語は「精密コード」。

(5)　オグブ（John. U. Ogbu）：カリフォルニア大学，人類学者，マイノリティ教育研究家。

(6)　「日本語指導が必要な児童生徒の受入状況等に関する調査（平成 28 年度）の結果について」（平成 29 年 6 月 13 日発表）：文部科学省初等中等教育局国際教育課。

[文献]

新井英靖（2015）「アクション・リサーチによるインクルーシブ授業の創造」. 日本教育方法学会第 51 回大会ラウンドテーブル報告資料.

ブロムリー，H. 著，夏目康子訳（2002）「バイリンガル読者の出現――英語が第二言語の子どもは絵本をどう読むか」. ワトソン，V.，スタイルズ，M. 編，谷本誠剛監訳『子どもはどのように絵本を読むのか』. 柏書房.

稲田八穂（2015）「『情動』に働きかける読み聞かせの実践――『排泄』をテーマにした読み聞かせのケーススタディー」.『読書科学』第 57 巻第 3・4 号合併号. 89-100.

石川由美子（2009）「子どもの認知発達を促す最近接発達領域を生み出す『場』としての絵本についての一考察」.『聖学院大学論叢』22(1). 165-179.

マクグラス，C. 著，川合紀宗訳（2010）『インクルーシブ教育の実践』. 学苑社.

村中李衣（2000）「読書療法の可能性」.『日本文学研究』35. 61-71.

佐藤郡衛（2013）「学校教育における外国人児童生徒教育の現状と課題」内閣府ヒアリング.

佐藤学（2010）『教育の方法』. 左右社. 144, 146.

竹下研三（2011）『ことばでつまずく子どもたち――話す・読む・書くの脳科学』. 中央法規.

月森久江（2005）『教室でできる特別支援教育のアイデア 172　小学校編』. 図書文化.

第2節

中学校の学力形成と授業づくりの困難さ

1. はじめに

　2014年の「共生社会の形成に向けたインクルーシブ教育システム構築のための特別支援教育の推進」が大きな一因となり，今日，学校現場ではインクルーシブ教育への関心が高まってきている。しかし，インクルーシブ教育に関するこれまでの研究成果は小学校を対象にしたものが多く，中学校や高等学校といった，中等教育段階を取り上げたインクルーシブ教育の研究はいまだ不十分な状況にあるといえる。

　たとえば，国立特別支援教育総合研究所の「インクルーシブ教育システム構築支援データベース」では，2015年12月現在，公開されている実践事例133件のうち，中学校での事例は14件，高等学校での事例は5件である[1]。小学校での取り組み83件と比較すると，中等教育段階での実践事例は少ないことがわかる。さらに，本データベースに公開されている中学校の事例14件のうち，通常学級での実践事例は5件にとどまる（その他の内訳は注1を参照）。これは，小学校における通常学級での実践事例10件の半数である。

　本節では，小学校と同じ義務教育段階にある中学校において，インクルーシブ教育の具体化が小学校と同程度に進んでいない原因を探り，中学校におけるインクルーシブな授業づくりに向けた提案を行いたい。その際には，課題である通常学級におけるインクルーシブ教育に焦点化し，通常学級での授業や目指される学力を想定して論を進める。

2.　インクルーシブな授業づくりと中学校の課題

(1)　インクルーシブな授業づくりとは

　ユネスコ（2005）によるとインクルーシブ教育とは，「学習，文化，コミュニティへの参加を促進し，教育における，そして教育からの排除をなくしていくことを通して，すべての学習者のニーズの多様性に着目し対応するプロセス」と説明される。荒川（2013）はこうしたインクルーシブ教育について，「多様性に応えるよりよい方法を見出す終わりのない探求」と説明を加えている。

　注意しておきたいのは，インクルーシブ教育が，単に障害のある子と障害のない子を分けずにともに教育することではなく，「特別なニーズ（障害や学習上の困難など）をもつ特定の対象者に対する特別な支援をすることによって，既存の通常の教育についていけるようにする」取り組みでもないという点である。また，インクルーシブ教育は特別支援教育と同義でもない。荒川（2013）によればインクルーシブ教育とは，「教育システムやその他の学習環境を，学習者の多様性に対応するために，いかに変えるかを追求するアプローチ」であり，「通常教育の在り方が問われるべきもの」なのである。

　一方，原田（2013）は国語科授業の観点から，これまで排除されてきた学習者を包摂するとともに，排除されてこなかった学習者を再包摂する取り組みがインクルーシブな国語科授業であると主張する。すなわち通常教育において，特別支援教育の知見に学びつつ教育的配慮を必要とする子どもを包摂するとともに，ことさら教育的配慮を必要としないとみなされる子どもをも再包摂する教育のあり方がインクルーシブ教育であると考えられる。以上の考え方をふまえ本節では，中学校の通常学級におけるインクルーシブな授業づくりを，「生徒の多様性に対応し，学習者の包摂や再包摂を目指す柔軟な授業づくり」とし，通常教育で当たり前と思われてきた事柄を再構築するプロセスと考える。

（2）先行研究からわかる通常学級の実態

　こうしたインクルーシブな授業づくりを中学校の通常学級で試みるとき，先の「インクルーシブ教育システム構築支援データベース」が示している数字はもとより，中学校を対象としたインクルーシブ教育の先行研究は，小学校に比べ少ないのが現状である。本節ではその理由を探り，中学校でインクルーシブ教育の具体化が不十分である原因を明らかにしたい。

　板倉（2009）は，中学校における特別支援教育充実の課題として，①教科指導，②生徒指導，③思春期への対応，④言語活動，⑤集団，⑥放課後の6点を挙げている。それぞれの内実については，①教科間の連携が不十分であり，行動上問題のある生徒は支援の対象となりやすいが，物言わぬ生徒は対象となりにくい，②集団規律が重んじられ，個は集団に合わせることを求める生徒指導が中心で，予防的な生徒指導が苦手である，③心理的不適応が行動として表出する生徒は支援を受けやすいが，表出しない生徒は受けにくい，④生徒指導や教育相談での支援では抽象的な言葉が中心で，非言語の重要性や構造化による支援，行動支援が浸透していない，⑤集団づくりは充実しているが個への配慮が少ない，⑥部活動が盛んではあるが，会議や研修とのバランスをとりにくい，と説明している。そのうえで，これらの課題には「現在の仕事にどのように影響するのか。また，新しい仕事が増えるのか」「特別支援教育は特別支援教育担当者が行うのでは。私の仕事なのか」という思いが根底にあると指摘する。

　生徒の多様性に対応し，包摂と再包摂を目指すインクルーシブな授業づくりを中学校で行うには，これまで排除されてきた生徒を包摂するための特別支援教育の発想が不可欠である。中学校でインクルーシブ教育の具体化が不十分であるのは，板倉が指摘する課題が原因となっていることがうかがえる。実際，別府（2013）が報告する事例では，特別な教育的配慮を必要とする生徒の保健室登校を提案した養護教諭に対し，「B男を特別扱いすると他の生徒に対し悪影響がある」「教室へ行けないのなら家庭へ帰すべきだ」といった意見があったとされている。こうした声は，「集団規律が重んじられ，個は集団に合わせることを求める生徒指導が中心」などといった先の板倉による指摘と通底して

いる。

　さらに堤（2015）は特別支援学級について，広瀬（1997）の論を引きながら「通常学校の中でマージナル（周縁的）な位置に置かれやすい」と指摘する。「特別支援学級を通常学級の補助・補完としてとらえ，通常学校の中の一構成部分として忘れ去られやすい」という。

　一方，小島ら（2011）が行った，小・中学校の通常学級担任教員615名への質問紙調査によると，「特別支援教育に対する理解と技能」と「特別支援教育に対する積極的な評価・関心と学習・研修の必要性」という観点から小・中学校の教員を比較した結果，小学校教員のほうが中学校教員に比べて得点が有意に高かったとされる。そして小島らは中学校教員に対し，「特別支援教育に対する理解や技能を高めるとともに，特別支援教育への関心を高め，教師自身が肯定的な評価を行えるような取り組みが必要」と指摘している。こうした先行研究から，小学校に比べ中学校でインクルーシブ教育の具体化が不十分であることがあらためて明らかになった。その原因として板倉が指摘した6点が考えられる。

　またその他の重要な要因として，渡部・武田（2008）の指摘にも注目しておきたい。渡部らは公立小・中学校への質問紙調査から，「校内支援体制・雰囲気」「軽度発達障害への関心・研修の必要性」「共に育つための学級経営」のそれぞれの因子において，中学校よりも小学校の因子得点のほうが有意に高く，「専門的指導重視」では中学校の因子得点のほうが有意に高かったと報告している。そして，小学校の学級担任制と中学校の教科担任制という違いが，教員の意識の差につながっていると指摘している。

　　　小学校の場合は，ほとんどの教科を一人の担任で指導し，学級経営も行っていることから，当該児童と教師，当該児童と周囲の児童の関わり方の仕方が具体的な支援のひとつとなり，望ましい学級集団を作り上げることが求められる。（中略）一方，中学校の場合は，教科担任制のため学級担任一人が支援できる時間も限られている。複数の教師が課題を共有し，組織的に対応策を考えることができる反面，役割分担や情報の共有が明確に行われない場合，複数の教師の異なった対応が生徒自身の混乱を招くこ

とにつながる。　　　　　　　　　　　　　　　　（渡部・武田，2008, 91）

　渡部らの指摘は，通常学級におけるインクルーシブな授業づくりを考える本節にとって示唆に富む。中学校では教科担任制が敷かれ，授業づくりの際，他の教科や学習活動と関連させづらいという特徴がある。また学級経営と教科指導が分かれているため，生徒の多様な実態を考慮したインクルーシブな授業づくりを総合的に進めることが難しい一面もある。

　さらに内野（2009）は，「入学選抜試験があるため発達障害生徒の情報が十分に中学校から高校へ伝えられていない」と指摘するが，高校入試は中学校の教科指導に大きく影響を及ぼしていることも想像に難くない。このように，中学校における授業づくりは教科担任制や高校入試といった制度が原因となり，インクルーシブ化が難しいと考えられる。

(3) 中学校の課題――学力をめぐる問題

　以上の先行研究について，特に学力の観点から考察を行いたい。中学校の授業は高校入試制度や教科担任制も一因となり，各教科の専門的知識や技能（高校入試という選抜のための専門的知識・技能）を深める内容となっている。そしてそれは特別支援学級について，「家庭に近い親密性に重きを置くという点で，中学校よりかは小学校に近く，生活共同体的な学級色が強い」と堤が説明するように，小学校で目指されることの多い，生活で生きて働く力とは様相が異なる。中学校の通常学級で行われる授業では，社会で生きて働く力の育成，もっといえば，競争原理主義の中で人的資本として生きるための学力を育てることが学びの中心となりやすい。

　むろん，社会で生きて働く力の育成はすべての学習者にとって重要な学力となり，育成すべきであると考える。しかし，社会で生きて働く力に偏重した授業づくりでは，中学校の授業はインクルーシブにはなりえない。多様な生徒たちの包摂も再包摂も難しいといえよう。なぜなら，従来考えられている社会で生きて働く力は，高校入試を経由する競争社会を生き抜く力であることが多く，こうした考え方は多様性や脆弱性を前提とするインクルーシブ教育とは

相容れないものだからである。社会で生きて働く力の育成を放棄するのではなく，しかし社会で生きて働く力を偏重せず，すべての生徒の多様性や脆弱性に対応する生活で生きて働く力の育成が，授業における包摂と再包摂を生み出すと考える。

　加えて堤は，先行研究をふまえ「日本語教室や特別支援学級といったマージナルな教育の場が通常学級から押し出される生徒たちを引き受ける役割を担うことによって，『一斉共同体主義』に象徴されるような通常学級（＝「日本の学校文化」）の不変性が維持されている」と指摘し，次のように論じる。

　　　　本来，通常学級教育のあり方や通常学級文化の問題でもある学力問題が個人の身体機能や能力の問題に矮小化され，個人の転出が達成されることによって，当の通常学級の不変性が維持される構造にある。（堤, 2015, 40）

　堤が指摘するような学力観が中学校の通常学級で維持されるのであれば，インクルーシブな授業づくりは困難であろう。インクルーシブな授業づくりの具体化は，中学校における従来の学力観の転換が不可欠である。

2. 中学校で求められる学力

(1) 今日の教育現場で目指される学力

　今日の中学校教育をかたちづける 2008 年度版学習指導要領は，OECD が実施する学力調査（PISA 調査）等の影響を受け，OECD が示すキー・コンピテンシーと通底する「生きる力」の育成を掲げている。また，ゆとり教育の反省から基礎的・基本的な知識・技能の定着が目指されるとともに，全国学力・学習状況調査や PISA 調査等の結果から，習得した知識・技能を活用する力の育成も重視されることとなった。さらに習得と活用の重視は，各教科で習得した知識・技能をいかに活用できるようになるかという点から，全教科で「言語活動の充実」が取り入れられることにつながった。自らが学んだ知識・技能を活用

して取り組む報告や討論，レポート作成などといった言語活動が，国語科のみならず数学科や音楽科などで取り組まれるようになったのである。

　こうした学力観は，ただ知識や技能を習得すればよいという考え方から脱却し，身につけた知識・技能をいかに活用するのかという実生活・実社会に応じたものとなった。ただし，この学力観には「何のために活用するのか」という観点が不十分であったように思われる。その結果，何かしら言語活動に発展させればよいといった教科指導になりがちで，活用のための活用となっている側面もあろう。OECD が示す「知識の活用」「他者との協働」「自律的学習」というキー・コンピテンシーを意識した学力観であったにもかかわらず，実際には「知識の活用」のみが目的的に目指され，「他者との協働」「自律的学習」との関連性を図った学力形成は十分に行われてこなかった。この点については文部科学省（2015）も，「社会において自立的に生きるために必要な力として掲げられた『生きる力』を育むという理念にについて，各学校の教育課程の，さらには，各教科等の授業への浸透や具体化が，必ずしも十分でなかった」としている。

　また，「何のために活用するのか」が曖昧な中での学力形成は，先にも指摘したように特に中学校等においては，競争原理主義の中で人的資本として生きるためという方向をとりやすい。受験制度や，教科担任制による専門的知識・技能の深化という制度的制約から中学校では，包摂と再包摂どころか，包摂されていたはずの競争原理主義に嫌気する生徒すら，排除することになりかねない。

(2) これからの時代に求められる新しい学力

　こうした学力観は，次期学習指導要領改訂が迫る中どのような姿となるのだろうか。2015 年 8 月には，次期学習指導要領改訂をにらんで教育課程企画特別部会による「論点整理」が発表された。この「論点整理」を手がかりに，これからの時代に求められる新しい学力観について，インクルーシブ教育の観点から考えてみたい。

　「論点整理」は現行の学習指導要領と同様，OECD のキー・コンピテンシー

や PISA 調査から引き続き大きく影響を受けている。特に現行の学習指導要領に則った各学校の取り組みを評価し，国内外での学力調査の改善傾向をふまえ，「論点整理」は 2008 年度版の成果を引き継ぐという姿勢を見せている。そのうえでこれからは，「将来の予測が困難な複雑で変化の激しい社会の中で求められる力の育成を，各学校の教育課程や各教科等の授業まで浸透させ具体化していくことが，これまで以上に強く求められる」として，「社会に開かれた教育課程」の視点に立つことを明記している。そして次期学習指導要領では，教育課程を通じて子どもたちにどのような力を育むのかを明確にすること，「何を学ぶのか」だけではなく，教育課程全体や各教科の学びを通して「何ができるようになるのか」「どのように学ぶのか」という観点から具体的な学びの姿を考えることを主張している。

　また「論点整理」では，これからの時代に求められる資質・能力として，（ⅰ）「何を知っているか，何ができるか（個別の知識・技能）」，（ⅱ）「知っていること・できることをどう使うか（思考力・判断力・表現力等）」，（ⅲ）「どのように社会・世界と関わり，よりよい人生を送るか（学びに向かう力，人間性等）」の3つの柱を示している。現行の学習指導要領と照らし合わせると，（ⅰ）は基礎的・基本的な知識・技能の習得，（ⅱ）は習得した知識・技能の活用と解釈でき，「論点整理」は（ⅲ）として，（ⅰ）および（ⅱ）を「どのような方向性で働かせていくかを決定付ける重要な要素」と述べ，次のように詳述する。

- ・主体的に学習に取り組む態度も含めた学びに向かう力や，自己の感情や行動を統制する能力，自らの思考のプロセス等を客観的に捉える力など，いわゆる「メタ認知」に関するもの。
- ・多様性を尊重する態度と互いのよさを生かして協働する力，持続可能な社会づくりに向けた態度，リーダーシップやチームワーク，感性，優しさや思いやりなど，人間性等に関するもの。　　　　　　（文部科学省, 2015, 11）

　そして「論点整理」では，「習得」「活用」と並んで「探究」という語が用いられており，「習得・活用・探究という学習プロセスの中で，問題発見・解決を念頭に置いた深い学びの過程が実現できている」ことを重視するという。さ

らには，こうしたこれからの時代に求められる資質・能力を教科間が連携して総合的に育むために，「カリキュラム・マネジメント」と「アクティブ・ラーニング」という考え方も示されている。

(3) 新しい学力の成果と課題

　次期学習指導要領改訂の下敷きとなる「論点整理」では，以上のような学力をめぐる説明がなされていた。現行の学習指導要領への反省からか，次期学習指導要領ではOECDのキー・コンピテンシーもふまえつつ，「何のために活用するのか」という点について，（ⅲ）「どのように社会・世界と関わり，よりよい人生を送るか（学びに向かう力，人間性等）」という形で明らかにしようとしていることがうかがえる。

　また2008年の中教審答申や現行の学習指導要領とは異なり，「論点整理」は子どもたちの現実や生活，多様性等に触れインクルーシブ教育についても次のように取り上げている。

　　子供たち一人一人は，多様な可能性を持った存在であり，多様な教育的ニーズを持っている。成熟社会において新たな価値を創造していくためには，一人一人が互いの異なる背景を尊重し，それぞれが多様な経験を重ねながら，様々な得意分野の能力を伸ばしていくことが，これまで以上に強く求められる。
　　　　　　　　　　　　　　　　　　　　　　　　　　　（文部科学省，2015, 9）

　　障害者の権利に関する条約に掲げられたインクルーシブ教育システムの理念を踏まえ，子供たちの自立と社会参加を一層推進していくため，通常の学級，通級による指導，特別支援学級，特別支援学校といった，連続性のある「多様な学びの場」において，子供たちの十分な学びを確保していく必要があり，一人一人の子供の障害の状態や発達の段階に応じた指導を一層充実させていく必要がある。
　　　　　　　　　　　　　　　　　　　　　　　　　　　（文部科学省，2015, 14）

　こうした側面が次期学習指導要領改訂に反映されるのであれば，新しい学力

はこれまでとは少々異なる様相となるかもしれない。また「論点整理」は，「次期改訂の視点は，子供たちが『何を知っているか』だけではなく，『知っていることを使ってどのように社会・世界と関わり，よりよい人生を送るか』ということ」とも述べている。こうした考え方を重視し，従来のように未来の社会に向けた人的資本としての準備が学びの意味を大きく占めるのではなく，子どもたちのいま・ここでの生活に目を向けた学びも同様に重視されるのであれば，子どもたちの多様性を包摂／再包摂する授業の可能性が見えてくる。

　しかし，一方で「論点整理」には「教育課程全体や各教科等の学びを通じて『何ができるようになるのか』という観点から，育成すべき資質・能力を整理する必要がある」とも記載されている。この点については注意が必要であろう。何を・どのように学ぶのかという議論の前提には，「何ができるようになるのか」，すなわち成果主義が見て取れるからである。これでは，子どもたちに願う「よりよい人生」の前提が成果主義にもなりかねないし，上に挙げた，（ⅲ）のような観点が絵に描いた餅となるのではないだろうか。インクルーシブ教育を進めるうえで必要となる学力観は，多様な「できる」を前提にすること，そしてそれは，成果主義や競争原理主義では一見「できない」ことをも含むことであることが重要であると考える。単純に「何ができるようになるのか」という視点からでは，インクルーシブ教育における多様な「できる」はすくい取れない。

　一方，中学校に焦点化すると，「論点整理」では中学校改訂の具体的方向性について，「小学校の基礎の上に，中学校教育を通じて身に付けるべき資質・能力を，三つの柱に沿って，教育課程全体及び教科等ごとに明確化し，その育成を高等学校教育等のその後の学びに円滑に接続させる」と説明している。今回，「論点整理」では各教科における改訂の方向性等で高等学校を特に取り上げており，アクティブ・ラーニングや「多様化への対応」といった改訂点への舵取りは，高等学校が重点的になされるようである。よって，結果的には中学校教育に関する記述が比較的少ない印象を受ける。こうしたことから，これまでのように中学校では教科担任制によって，高校入試のための専門的知識・技能を深めることが，求められる学力の中心となるかもしれない。高等学校の改善傾向が高校入試によい形で波及すればよいが，本節で見てきたように，「論

点整理」からうかがえるこれからの学力は，生活で生きて働く力よりも高校入試で生きて働く力の育成となるおそれがある。

3．すべての生徒が参加できる授業づくり

（1）多様性を包摂／再包摂する学力

　これまで見てきたように「論点整理」には，特に中学校においては高校入試や教科担任制の影響を受けた学力育成が描かれている。生活で生きて働く力の育成よりも，社会で生きて働く力の育成が中心となりがちで，ともすれば競争原理主義や成果主義に偏り，人的資本として「よりよい人生を送る」ための学力育成が目指されている。こうした学力観に偏向せず，「生徒の多様性に対応し，学習者の包摂や再包摂を目指す柔軟な授業づくり」を可能とするような，多様性を包摂／再包摂する学力を具体的にはどのように描けばよいだろうか。ここで，エンパワメントや「自己」を学力のキーワードとしながら，インクルーシブな授業づくりに論をつなげていきたい。
　住田勝は，「表現力」について次のように説明している。

　　「表現力」とは，次の三つの機能の複合である。一つは表現を通して表現主体を構成していく機能である（自己認識の機能）。いま一つは表現者が対峙する「世界」を，表現を通して構造化する機能である（世界認識の機能）。さらに表現行為は，表現主体の個人的経験を，自身が参加する共同体に向かって開示し，共有していく営みに他ならない（社会認識の機能）。

（住田，2015, 22）

　住田はこうした「表現」をもっとも強力に支える言語について，「私たちの自己認識，世界認識，他者認識を根源的に規定する」と述べる。
　そのうえで住田は，小学校低学年では表現する主体性の強化の必要性を主張し，「世界を捉えている表現者としての自分自身の値打ちを，すべての子ども

に認識させる」と述べている。そして中学年では,「自分自身の体験を対象化し,言語によって捉え直し,構造的に組み立て直す」という「構造的世界記述」に挑戦し,高学年では「自身の言語表現を受け止める読者に対する合理的で説得的な働きかけの慮りを発達させる」という「社会的合意形成」を目指すと論じている。

ここで気をつけたいのは,「社会的合意形成」の「社会」について,住田が「ほかならぬ『わたくし』が対峙する流動的な『世界』」として述べ,「合意形成」については「彼ら彼女らが属する社会のうちに合理的な方法で開示し,社会的承認を得るための身ごなしを鍛えるステージに立つ」と説明している点である。住田のいう「社会」は「わたくし」が基盤となっている。「社会的合意形成」は「社会で生きて働く力」となるであろうが,住田の考えに立てば,それは「社会的承認を得るための身ごなし」なのであり,人的資本という発想とは異なる。住田の考える言語や「表現」は,これまで「思考力・判断力・表現力」等として求められてきたものとは異なり,その内実には「わたくし」が軸をなしている。

今後,子どもたちにつけたい学力を描く際に,「生活で生きて働く力」であっても「社会で生きて働く力」であっても,常に「わたくし」,すなわち自身の感情や価値観を含み込んだ「自己」を軸とすれば,多様性を包摂／再包摂する学力となるのではないだろうか。そして「自己」の値打ちを認識する「自己認識」「自己」が対峙する流動的な世界で体験を構造的にとらえ直し,「自己」の属する社会に合理的な方法で社会承認を得る「世界認識」や「社会認識」の育成は,子どものエンパワメントにつながると考える。なぜなら「自己」の値打ちを認識し,ほかならぬ「自己」が対峙する世界を自らの体験からとらえ,他者との関わりの中で社会承認を目指す一連のプロセスは,「すべての人が持つそれぞれの内的な資源（リソース）にアクセスすること」（森田,1998,17）とも説明されるエンパワメントと通底していると考えるからである。

また,湯浅（2005）はインクルーシブ教育を論じる中で,「『通常』の子どもにとっても,特別な存在の参入によって,これまであたりまえに過ごしてきた学びと生活の場はどのような空間なのか,自分たちにとってニーズとは何か,またそれはどのようにして満たすことができるのかを問い返す機会にならなけ

ればならない」と指摘している。「『境界』の子どもへの発達支援（エンパワメント）の論理・学校改革論は，学習遅滞児のみに求められるのではなく，『通常』の子どもの生活を創造する際の支援にも考慮されるべきものである」という湯浅の主張は，教育実践がすべての子どもにとってエンパワメントとなることの必要性を示唆している。

　こうした湯浅の主張もふまえ，多様性を包摂／再包摂する学力とは，「自らのエンパワメントにつながる生活や社会で生きて働く力」と本節では措定したい。その力には，エンパワメントを前提とするため「何ができるか」だけでなく，「できない」ことをも含む。「できない」自己を認識するプロセスがエンパワメントとなることもあるからである。「できない」ことを自身や他者とともに認識できることを，多様な「できる」ととらえるのである。「できない／できる」といった二項対立のみで学力をとらえず，「できない／できる」にまつわる自身／他者の多様な感情や，価値観を生徒に認識させたい。中学校教育段階では，高校入試や教科担任制という制約を鑑みつつも，感情や価値観を含み込んだ多様な「自己」を学力形成の軸として常に意識することから始めたいと考える。

（2）中学校におけるインクルーシブ授業に向けて

　「自らのエンパワメントにつながる生活／社会で生きて働く力」の育成を目指し，「生徒の多様性に対応し，学習者の包摂や再包摂を目指す柔軟な授業づくり」を中学校で実現するにはどうしたらよいのか。本節では最後に，インクルーシブ授業に向けた具体例を示して論を結びたい。

　これまで筆者は，「テキストや他者とかかわることによって，自分で自分をどのように抑圧しているのか，またそこにどのような社会的背景があるのかを読む力」という「エンパワメントとしての読解力」の育成を主張してきた。また，インクルーシブ授業の具体化として，以下のように述べてきた。

　　　たとえば発達障害の特性から人間関係に苦労している子どもにとっては，教材（テキスト）を友人や教員とともに読むことによって，人間関係

　が難しいという自身の状況を改めて読み取るかもしれません。また，それが発達障害に起因するという社会背景への読解につながるかもしれません。さらに人間関係への難しさは，発達障害とは診断されていない子どもたちにとっても連続した問題，すなわち生活とも言えるでしょう。こうした連続性をすべての学習者がともに読むことによって，「読むこと」の授業は自己理解と他者理解の場となり，一人ひとりのエンパワメントの契機となることが期待できます。　　　　　　　　　　　　　　　　（永田，2015, 90）

　これらの論と，本節で主張してきた中学校における「自らのエンパワメントにつながる生活／社会で生きて働く力」の育成や，「生徒の多様性に対応し，学習者の包摂や再包摂を目指す柔軟な授業づくり」を切り結ぶと，中学校におけるインクルーシブ授業の1つに，「できないこと」と，そこに生まれる感情や価値観に着目した授業づくりや教材開発が考えられる。また，そこでは「できないことができるようになる」ことだけを目指さないことが指摘できる。

　特に国語学力や読解力，「思考力・判断力・表現力」等の活用力や，これから求められるようになるであろう探究力をインクルーシブ授業で育成する際には，「できないこと」を通じた「自己」／他者／世界／社会認識が重要になる。そのためには，「他者の理解しにくい面も含め，他者とどうかかわるかを考えよう」という，絵本『たかこ』[2] を用いた中学校国語科の単元提案（永田，2014）のように，さまざまなメディアを用いた教材開発も必要である。その際には，多様な「自己」という視点からメディアを選定し，教材開発を行うことが欠かせない。通常学級におけるインクルーシブな中学校教育に関わる者にとって，多様性へのまなざしは必要不可欠なのである。

［注］

(1) 2015 年 12 月現在の実践事例におけるその他の内訳は，幼稚園 10 件，小学校 83 件，中等教育学校 0 件，特別支援学校幼稚部 0 件，小学部 12 件，中学部 5 件，高等部 4 件である。また中学校 14 件のうち，通常学級が 5 件（小学校は 10 件），通常学級・通級指導（通常学級に在籍する生徒が，通級指導教室で学ぶ実践事例）が 2 件（小学校は 35 件），特別支援学級が 7 件（小学校は 38 件）となっている。

(2) 清水真裕文・青山友美絵 (2011)『たかこ』. 童心社.「ぼく」のクラスに平安時代の女性「たかこ」が転校生としてやってくる絵本。現代に異質な他者として描かれる「たかこ」が，周囲と衝突しつつも自らの特性から学級になじんでいくという内容である。

[文献]

荒川智 (2013)「インクルーシブ教育の潮流」. 荒川智・越野和之『インクルーシブ教育の本質を探る』. 全障研出版部. 10-51.

別府悦子 (2013)「中学校の特別支援教育における教師の指導困難とコンサルテーション」.『障害者問題研究』第 40 巻第 4 号. 27-33.

原田大介 (2013)「国語科教育におけるインクルージョンの観点の導入——コミュニケーション教育の具体化を通して」.『国語科教育』第 74 集. 46-53.

広瀬信雄 (1997)「特殊学級の教育指導構造にみる新しい課題——通常の学級と特殊学級との関係論の視点から」.『学校教育研究』第 12 号. 148-163.

板倉伸夫 (2009)「中学校における特別支援教育コーディネーターの視点——特別支援教育を浸透させるために」.『特別支援教育コーディネーター研究』第 5 号. 61-66.

小島道生・吉利宗久・石橋由紀子・平賀健太郎・片岡美華・是永かな子・丸山啓史・水内豊和 (2011)「通常学級での特別支援教育に対する小・中学校の担任教師の意識構造とその影響要因」.『特殊教育学研究』第 49 巻第 2 号. 127-134.

文部科学省 (2015)「教育課程企画特別部会 論点整理」. http://www.mext.go.jp/component/b_menu/shingi/toushin/__icsFiles/afieldfile/2015/12/11/1361110.pdf (2017 年 10 月 5 日最終閲覧).

森田ゆり (1998)『エンパワメントと人権——こころの力のみなもとへ』. 解放出版社.

永田麻詠 (2011)「エンパワメントとしての読解力に関する考察——キー・コンピテンシーの概念を手がかりに」.『国語科教育』第 70 集. 60-67.

永田麻詠 (2014)「中学校国語科におけるコミュニケーションの授業——特別支援学校／学級に学ぶ通常学級での取り組み」. 浜本純逸監修, 難波博孝・原田大介編『特別支援教育と国語教育をつなぐ ことばの授業づくりハンドブック』. 渓水社. 177-194.

永田麻詠 (2015)「インクルーシブな国語学力の構想——『読むこと』の授業をめぐって」. インクルーシブ授業研究会編『インクルーシブ授業をつくる——すべての子どもが豊かに学ぶ授業の方法』. ミネルヴァ書房. 83-93.

落合俊郎 (2010)「日本におけるインクルーシブ教育実施の要件に関する一考察——国連『障害のある人の権利条約』批准後の通常の教育への影響について」.『特別支援教育実践センター研究紀要』第 8 号. 47-57.

佐々木全・我妻則明 (2015)「通常学級における特別支援教育の課題について——発達障害を巡る動向と実践上の課題の変遷に注目して」.『岩手大学教育学部附属教育実践総合セン

ター研究紀要』第 14 号．435-439.

住田勝（2015）「表現力」．髙木まさき・寺井正憲・中村敦雄・山元隆春編『国語科重要用語事典』．明治図書．22.

堤英俊（2015）「知的障害特別支援学級への『居場所見出し』の過程――通常学級出身の生徒たちの事例から」．『都留文科大学研究紀要』第 81 集．33-54.

内野智之（2009）「中学校調査からみた発達障害生徒の高校進学の困難・ニーズ」．『障害者問題研究』第 36 巻第 4 号．14-23.

ユネスコ（2005）『インクルージョンのための指針』．http://unesdoc.unesco.org/images/0014/001402/140224e.pdf（2017 年 10 月 15 日最終閲覧）．

渡部紘子・武田篤（2008）「軽度発達障害に関する小・中学校教師の意識調査」．『秋田大学教育文化学部教育実践研究紀要』第 30 号．85-94.

湯浅恭正（2005）「インクルージョン教育の教育方法学的検討」．日本教育方法学会編『教育方法 34　現代の教育課程改革と授業論の探究』．図書文化．110-124.

中学校におけるインクルーシブ授業と教科学習の意義
── 情緒不安定な中学生に対する教科学習の指導から ──

1. はじめに

　中学生になると，配慮を要する生徒の実態は多様になる。筆者がいくつかの中学校を訪問し，配慮を要する生徒の実態を聞き取りしたところ，指導上の困難として，「落ち着きがない」「不登校（登校しぶりを含む）」「低学力」「無気力」「コミュニケーションが苦手（空気が読めないなどを含む）」が多く挙げられた。また，少数ではあるが，日本語が話せない外国籍の子どもや，精神面で配慮が必要な生徒（かん黙・心理的孤立など）も挙げられた。このように，中学校で教師が気になる生徒は，必ずしも発達障害の特性が前面に出ている生徒ばかりではなかった。そして，筆者が訪問した中学校では，配慮が必要な生徒は全生徒のおおよそ10％程度（男子が女子の約2倍）にのぼっていた。

　加えて，配慮を要する生徒の中には，「朝，登校せずにゲームセンターのような場所に立ち寄ってしまうこともあり，ときどき，教師が学校外に捜しに行っている」という生徒もいた。ただし，そうした生徒の中には「家では親に逆らえないらしく，毎朝，学校に登校するが，親が働きに家を出たころを見計らって，家に戻るときもある」というように，家庭で居場所がないと推察できる生徒もいた。一方で，「担任教師と1対1の場面であればそれなりに話すことができるが，授業中にみんなの前で発表したり，話し合いに参加することはほとんどできない」という生徒もおり，心理面に課題があるために学習に参加できない生徒もいた[1]。

　このように，中学校では生徒指導上の課題と学習指導上の課題が一人のケースで混在し，複雑な様相を呈している。つまり，中学校において，配慮を要する生徒に特別な支援を提供する場合には，発達障害の特徴をふまえた方法で済むということはなく，いくつもの困難や課題が複雑に絡み合っている生徒を理

解し，授業（学校や社会・他者）とどのように「つなぐ」のかという点について検討する必要があると考える。

2. 特別な配慮を要する中学生をどのように理解するか？

(1) 特別支援教育的アプローチの限界と教科学習論の検討課題

　そこで本節では，まず，以上のような複雑な困難を抱える中学生をどのように理解したらよいかという点から検討してみたい。

　学習困難を抱えた子どもに対する実態把握と特別支援の手立てについては，これまで特別支援教育の分野が多くの情報を提供してきた。特別支援教育では，子どもの認知特性をとらえ，「苦手な課題」を「わかる」ようにするために，課題をスモールステップにして提示したり，見やすいプリントを用意して課題解決までの見通しをもたせるといった方法が紹介されている。

　近年では，「誰もができる，わかりやすい授業」を標榜し，ユニバーサルデザインの授業づくりが推進される動きもあるが，中学校における授業実践例はそれほど多くない。授業のユニバーサルデザイン研究会では，中学校における取り組みを紹介しているが，その内容は小学校において実践されてきた「視覚化」「動作化」「共有化」をキーワードにした授業づくりを基本にしており，中学校で学習する抽象的かつ非日常的な内容をどのように授業で取り扱うのかといった点については十分に論じられていない（桂・日本授業UD学会, 2016）。

　そもそも，先述したような複雑な課題を抱えた中学生の実態を見ると，教室に生徒がいることや授業中に教師の話に注目するということを前提にした教科指導論では不十分であろう。とりわけ，「親があまり子どもの面倒を見ない」とか，「ときどき，親から暴力をふるわれている」といった虐待の疑いのある生徒は，一見面倒な印象をもつ教科学習には参加することを拒み，思考を停止してその場に「いる」か，教室から抜け出し，別の場に逃避していくことだろう。

　こうした生徒に対して特別支援教育の分野では，ソーシャルスキルや人間関

係を形成する力をつけるためのプログラムを用意しているが⁽²⁾，そうした取り組みと教科学習が一体的に論じられているものはあまりない。これは，特別支援教育の研究や実践の方法論が「行動」や「認知」に偏っていることと関係しているのではないかと筆者は指摘してきたが（新井，2016），中学校で特別な配慮を要する生徒を含めた授業づくりを論じる場合には，中学生の内面をもっと深く理解し，抽象的かつ非日常的な中学校の教科学習が内面の変化にどのような影響を与えるのかという点について検討しなければならないと考える。

(2) 孤絶化され，浮遊する中学生の「自己」

　それでは，特別支援教育的なとらえ方ではなく，困難が複雑に絡み合っている中学生の内面をとらえるにはどのような考え方をとったらよいだろうか。筆者は，思春期の中学生を理解するためには，精神医学や自己と他者との関係を論じた哲学の分野の知見を参考にできるのではないかと考えている。

　たとえば，斎藤は虐待を受けた子どもを取り上げながら，そうした子どもたちの内面を「相互交流の一方的分断が情報処理を麻痺させて，自発的に去る（分離）ことも，接近しつながることもできない，宙吊りの孤絶化」した状態であると表現している（斎藤，2007，273）。また，木村は，「離人症」と呼ばれる人は，「自分が見たり聞いたりしている個々の知覚対象，さらには世界全体に対して，それらが知覚や認識の対象として存在していることは認めながら，それが現実に実在しているという『実感』が失われた」状態であると指摘している（木村，2015，79）。つまり，対象の客観的認知（リアリティ）は損なわれることはないが，自覚的・主観的な「自己感覚（アクチュアリティ）」が失われた状態であると指摘する（木村，2015，81）。

　つまり，小学校のころから学習についていくことができず，親や友人との関係もうまくいかずに中学生となった生徒は，その内面において他者や社会から孤絶化し，中学校で学習する意味（実感）が感じられないでいる状態であると考えられる。この点について，野間は自傷症者などを例にしながら，「彼らの生きる空間性が《拡散と空疎》とでも表現すべき，地に足がつかない底知れぬ不安を伴った，独特の〈浮遊〉感で成り立っている」と表現している（野間，

2011, 88-90）。人の内面をこのようにとらえると，配慮を要する中学生は，その内面において孤絶化し，浮遊する自己感覚をもち，他者や社会とどのように接続したらよいかがわからなくなっている状態であるといえるのではないだろうか。

　ここでいったん立ち止まって検討するならば，はたして上記のような精神状態は配慮を要する中学生に特有のものなのだろうか。すなわち，（思春期と呼ばれる）中学生は，多くの子どもが自己を社会の中にどう位置づけたらよいかわからずに，浮遊する自己に悩む時期であると考えられる。そうした中で，配慮が必要な中学生たちは，時には孤絶しているような感覚に襲われ，不安定な状態となっていると考えられる。

　千葉はドゥルーズの考え方に依拠しながら，人が抱いている風景や世界（すなわち，精神世界）を「切断された，区別された，分離された複数のめちゃくちゃによるコラージュである」と述べている（千葉, 2013, 53）。そして，千葉はこうした状態をドゥルーズの言葉を用いて「無人島」と表現している（千葉, 2013, 53-54）。しかし，こうした無人島は単一で，固定的にこの世の中に存在しているわけではなく，「自分が保有する形式，自分がそれである主体，所有する器官，また自分が果たす機能」があり，その関係は変化していくものであるととらえている（千葉, 2013, 68-69）。

　これは，人は常に「精神的に統合された状態」で生きているわけではなく，無人島同士がさまざまに関係し合ってその時々の安定を生み出しながら自己を形づくっているという意味である。そのため，社会との関係が完全に絶たれた「無変化」の状態のほうがむしろ不安定になりやすいと考えられる。たとえば，自室に引きこもっている人は他者との関係を絶った「無人島」で暮らしていると考えられ，こうした「無人島で暮らし続けると，きっとおかしくなるはず」と指摘する研究者もいる（小泉, 2014, 55）。

　以上のように，人の精神（内面）というものはもともと固定し，安定した精神状態にあるのではなく，断片化された出来事が蓄積し続け，常に変化するコラージュのようなものであるととらえられる。そして，他者や社会と「つながる」気持ちの薄れた状態にある人は，変化のない精神世界に耐えることができずむしろ不安定になっていくのだと考えられる。中学生の内面をとらえる際

に，こうした知見を参考にするならば，中学校の授業に求められることは，バラバラに構成されている断片を「理想的な状態に統一する」ことではなく，授業を通して他者（教師・友だち）や社会（教材・文化）と接続させ，その人なりの，その時々の統一（安定）を見つけ出すきっかけをつくることであると考えられる[3]。

3.「生」と結びつく切迫感のある学習課題を設定する

それでは，どのような授業を展開すれば，孤絶化し，他者や社会と「つながる」ことが難しくなっている中学生が，教科学習を通して自分なりの統一（安定）を見つけ出していくことができるのだろうか。

この点について，東は「つながり（共同・連帯）」のためには，「理性（記号を操る力）」ではなく，「幼児や動物とも共通する中途半端な知的能力」である「想像力」が重要であると指摘している（東，2011, 209-210）。すなわち，「従来は私的領域で処理されていた動物的で身体的な問題こそが公共性の基盤」であり，「私的に無責任に，身体的で感情的な反応をもとに呟く」ことでも共同や連帯は生成できると東は考える（東，2011, 210-211）。

たとえば，少子高齢化した社会の中で増え続ける高齢者を今後は少数の若者が働いて支えていかなければならないということを学ぶ社会科の授業を見学したときの話である。こうした学習課題に対して，多くの生徒は高齢者を支える若者を増やすことが必要であると考え，子どもを産み，育てやすい社会にするために，具体的な施策を話し合い，発表していた。

一方，衝動性が強く，多くの授業に参加できないでいる生徒Aも，この学習課題には関心をもったようで，いろいろな「つぶやき」を繰り返しながら，その生徒なりに参加していた。おそらくこの生徒は，このままでは社会保障が崩壊し，自分も含めて日本という社会が生き延びる（持続する）ことができないかもしれないといった「切迫感」を感じたのだろう。過激にも，「90歳を過ぎた老人は薬を飲んで死んでもらうしかない」と言っていた。

このつぶやきには社会全体をどのように改革していけばよいかといった大局

的な視点で考えることができず，多分に不適切な表現が含まれている。しかし，その一方で，この生徒は自分なりに（あるいは，東の表現を借りれば「理性」的にではなく，私的領域で，中途半端な知的能力で），社会の現状を想像し，考え，つぶやいていたと推察できる。もちろん，生徒自身は感覚的な思いつきをつぶやいたにすぎないかもしれないが，その教科の内容とまったく関係のないつぶやきではなく，むしろ教科の本質（後期高齢者医療制度の課題）をつく「つぶやき」であったとも考えられる。普段は授業にあまり参加しようとしない生徒に，この授業でこうした「つぶやき」が出てきたのは，自分の「生」と結びつけ，「このままでは，この社会は持続できない」という，のっぴきならない切迫感をもった学習課題が提示されたからであると考える。

　この点に関連して，國分は，人は「『考えよう！』という気持ちが高まってものを考えるのではなく，むしろ何かショックを受けて考える」のだと指摘する（國分，2015，338-339）。つまり，「自分の生を導いてくれていた習慣が多かれ少なかれ破壊される過程」で，人はものごとを考え，新しい世界を創造すると國分は考える（國分，2015，340）[4]。先に例示した社会科という教科は特に「生」と結びつく課題を設定しやすい教科であると考えられる。すなわち，このままでは人は生きていないという，それまでの習慣が破壊されるショックを受けるような学習課題の中で，実感の乏しかった中学校の教科学習に意味を見出し，断片化された，浮遊する自己を社会との関係の中に位置づけるようとしかたらこそ，先のような「つぶやき」が配慮を要する生徒から出てきたのではないかと考える。

4.　学問分野の固有の魅力を意識した中学校の教科学習の展開

(1)「生」を揺さぶる学習の根底にある学問的な「面白さ」

　もちろん，こうした授業展開は社会科以外の教科でも可能である。たとえば，筆者が参観した家庭科の授業では，チラシを見比べながら，「店舗販売」と「ネット販売」のどちらで自転車を購入するか，という課題を中学生が考

えていた。そこでは，「店舗販売」と「ネット販売」の両方のメリット・デメリットを整理したうえで，「あなたならどちらで買う？」と問われ，グループで話し合っていた。このように，「家庭科」という教科についても，私たちの「生活（＝生）」と密着した課題が多い。こうした点で家庭科は社会科と似たような特徴があり，特に，「消費生活」にまつわるトラブルは，「自分のこととしての実感（＝アクチュアリティ）」をもちながら学習することができると考えられる。

　一方，数学や理科のような自然科学の基礎を学ぶ教科においてはどうだろうか。中学校の数学や理科の授業は家庭科の消費生活のような直接的に日常と関係のある課題を設定することは難しいかもしれない。しかし，ある中学校では，「関数」を学習する授業で携帯電話の通話時間と料金との関係を考える授業を行っていたり，理科の授業で，「なぞの水溶液Xの正体を探れ！」という問いが立てられ，生徒は探究的に理科の実験に取り組んでいた。

　このように，数学や理科のような自然科学の基礎を学ぶ教科は，計算方法や自然の法則を理解したからといって，個人のレベルでは日常生活に大きな変化は生じないだろう。つまり，リアルな生活に何か重大な変化をもたらす学習をしているのではないという点で，中学生にとって学習する必要性や切迫感に欠ける教科となってしまう。しかし，数学や理科の授業の中で「なぜ？」と問いかけ，それを解決しなければどこかに違和感が残るような課題を設定し，授業を通してその解がわかり，「そういうことだったのか！」と実感できれば，そうした学習は中学生のアクチュアリティのある学びとなるだろう[5]。

　これは，もともと「自然科学」分野の魅力であるといえる。つまり，「生」を揺さぶる学習を展開するためには，その教科固有の魅力（すなわち，その教科が形成されている学問分野の魅力）を授業の中に色濃く出すことができるかどうかが，中学生の学習参加にとって重要であると考える。

（2）抽象的かつ非日常的な教科学習こそ中学生の内面を変化させる

　もう一つ，筆者が参観した英語の授業から，中学校の教科学習の意味を考えてみたい。中学生のリアルな気持ちから考えると，「別に英語が話せなくて

も，留学するわけではないし，そういう仕事に就かなければ何も困らない」というのが本音であろう。そうした中学生に対しては，「これからの世の中はグローバルな時代なのだから……」といった説明をすることが多いだろうが，本節の主旨からすると，そうした「そもそも論」ではではなく，もっと中学生の実感（アクチュアリティ）を大切にした授業展開が必要であると考える。

　たとえば，「現在分詞や過去分詞を使って文章を作る」という英語の授業では，「月（moon）」をキーワードにして，いろいろな単語（現在分詞や過去分詞）を接続させ，文章を作って紹介するという課題が生徒に与えられていた。この授業の中で，ある生徒が「住む（live）」であればつなげられると思いつき，「月に住んでいる人（The man living on the moon）」とつなげた。

　この解答を聞いたクラスメートは，日常ではありえない表現であったため面白いと感じてクスクスと笑い始めた（でも，英語としてはありうる表現でもあり，誤答ではない点も面白さの理由の一つであった）。このあと，先生の援助も受けながら，発表した生徒は「The man living on the moon is her boy friend（月に住んでいる人は彼女のボーイフレンドです）」という文章を完成させ，クラスは大笑いとなった。

　こうした英作文は，空想の面白さ，すなわち，偶然見つけ出した言葉の連関が「意味」となって飛び出してくる（お笑い芸に通じる）面白さがあるといえるだろう。この授業を担当していた英語の教師は，授業の中で何度も「クレイジー・アンサーでも OK だからね」と口にしていたが，英語で文章を作り出す面白さの一つに，こうした想像世界の創出があるといえるのではないだろうか。

　もともと，文字というものは，現実を描写することを可能にするものであるが，文字を連続的に記していく過程で，いつしか現実から切り離され，「想像」の世界が展開されるという特徴をもっている。そして，こうした特徴をもつ文字で描かれる文学作品は，日常的な描写を繰り返しながらも，その内実は日常とは切り離された想像的世界を創り出し，ときに現実よりも本質を言い当てていることがある。

　東は「虚構を虚構だけで完成させようと試みているエンターテイメントの作家」の作品であっても，「虚構としての完成からどうしようもなくずれていっ

てしまい，いつのまにか現実の痕跡を招き入れてしまう」と指摘している（東,
2013, 6）。これは，虚構を描く想像力は，現実と無関係にはいられないという
ことを意味している。こうした指摘をふまえると，英語の授業で偶然創り出し
た非現実的な表現でも，それに想像できるかぎりの具体性があるならば，現実
と関係させながら精神世界を再構成する契機となることもありうると考えられ
る。言い換えると，外国に行って使える言葉を練習するという英語の授業より
も，クレイジー・アンサーを含んだ非日常的な表現を生み出すことを奨励した
英語の学習のほうが，生徒の想像力を広げ，アクティブに学び，自己を変化さ
せる契機になるといえるのではないだろうか。

　筆者は，抽象的かつ非日常的な中学校の「教科学習」の意義がここにあるの
ではないかと考えている。

5.　中学校におけるインクルーシブ授業の方向性

　これまで例示してきた中学校の授業を分析すると，教材（単元）や学習課題
といった「大まかなテーマ」は存在するが，そのテーマの中でどのように参加
し，どのように表現するかについては「決まった形式」があるわけではないと
いうことが見えてくる。むしろ，それまでの自分が思い描いていたこととは異
なる「出来事（矛盾や衝撃的事実）」に偶然直面し，たまたま関心をもった課題
と生徒が接続し，新たな連接（意味世界）を形成することができるように授業
を展開することが重要であったと考える。

　山森はドゥルーズ哲学を研究する中で，「いつ」「どこで」「どれくらい」「ど
のように」「どのような場合に」「誰が」といった「具体的な個別の出来事や
場面」を通して本質（意味）が見えてくるのであり，本質的なものは「～とは
○○である」と抽象的命題を提示して見えてくるものではないと指摘している
（山森, 2013, 184-185）。中学校の教科学習をこうした視点から見つめ直すとした
ら，教科学習の目標から常に授業が展開されるのではなく，子どもの「つぶや
き」や偶然生み出された表現を利用しながら，その教科の面白さ（「本質」）を
味わうことができるような授業が価値をもつ時代であるといえるのではないだ

ろうか。

　ドゥルーズ哲学ではこうした展開を「ドラマ化の方法」と表現している。すなわち，ドラマや映画というものは，映し出された映像を視聴者が客観的に見ているというものではなく，映画を作成する側の意図的な編集（カット）によって自然と誘導されている側面がある。しかし，映像を見ている側は，そうした意図に気づかず，知らないうちにドラマや映画のストーリー（つまり，制作者側の世界）に取り込まれ，想像世界が構成されてしまうことがある。こうした状態を宇野はドゥルーズ哲学を解説する中で，映画的創造（非中枢性と中枢性の両義性の絶えざるドラマ）と表現している（宇野，2001，210）。

　以上の指摘をふまえると，中学校において配慮が必要な生徒に対して毎日展開されている授業を次のように意味づけることができるのではないかと考える。すなわち，配慮が必要な生徒にとっては，はじめから積極的に参加したいと思っていない学習であっても，偶発的に自己に侵入してきた学習課題（映画でいえば，一つのカット）に関心をもち，その課題と向き合うことで内面世界に新たな接続が形成されることがある。このとき，現実から離れた教科学習だからこそ，リアルな世界の事実に縛られることなく，自由な結びつきの中で，リアルな世界との接点を探り，自己変成が生じることを可能にすると考えられるのではないだろうか。

　高橋は，「自分たちがやってきたこと，経験したことを振り返る場面で，自らの身体感覚的な『イメージ』を手さぐりしながら，ある瞬間，これまでのことばを超える『表象』を実感すること」があり，これが「意味生成」であると述べている。そして，こうした意味生成によって，「それまでのフレームが崩れ」，「子どもの世界が拡張される経験」となり，「それまで見えてなかった新たな地平が前面に躍り出てくる」と指摘する（高橋，2014，116）。これは，まさに，「発達の階段を登る」といった「効率的な人間形成システムとは全く異なった」プロセスであり，「様々な他者との出会いや関係の網の目」を形成することであると考える（高橋，2014，118）。

　こうした知見をふまえると，偶然に，身体的に飛び込んでくる断片を楽しい学習集団の中で受け止め，自己の内面が編み直されていく授業こそ，中学生の浮遊する自己感覚を社会と結びつけるきっかけとなると考えられる。特に，多

様で複雑な困難を抱える生徒が授業に参加するためには，こうした社会と結び
つき，自己の編み直しに寄与する実践を糸口にすることが重要であるだろう。
中学校のインクルーシブ授業を単なる「特別な支援の提供」として終わらせる
ことなく，教科指導論として展開するならば，こうした視点で授業をとらえ直
すことが必要であると考える。

［注］

(1)　プライバシー保護のため，この部分の記述はいくつかの中学校で聞き取りした複数の中
　　学生の実態を合わせて架空のケースとしている。
(2)　月森（2012）は『教室でできる特別支援教育のアイデア——中学校・高等学校編』（図
　　書文化社）の中で中学生に対する学習支援の方法（読む・書く・計算）をLD，ADHD，
　　PDDの特徴に沿って解説したうえで，アンガーマネージメントやソーシャルスキルトレー
　　ニングなど，人間関係や生徒指導上の課題に対応できるように小集団指導や個別指導の方
　　法を紹介している。
(3)　メルロ・ポンティを研究している円谷は「人間はこの現世から逃れて絶海の孤島に独我
　　として生きているわけではなく，この世の中の多種多様な他人やもろもろの事物・事態・
　　社会制度・歴史・地域の中にあらかじめすでに取り込まれて生きてゆかざるをえないとい
　　う根源的受動性を身に負っている」と指摘している（円谷，2014，346）。言い換えれば，自
　　然や社会制度に取り囲まれている人間は受動的であり，偶然性の中で自己を変化させるこ
　　としかできないが，そうした「自分の過去・現在・未来に付きまとう偶然性や無意味さに
　　対して有意味性や合理的価値を見出す」ところに，「『人はなぜ生きるのか』という生の根
　　拠や理由」があると考えている（円谷，2014，347）。
(4)　この点についてはドゥルーズ哲学でも同様の指摘がある。すなわち，ドゥルーズ
　　（Deleuze, G.）は「思考において始原的であるもの，それは不法侵入であり，暴力であり，
　　それはまた敵であって，何ものも愛知（フィロソフィー：哲学）を仮定せず，一切は嫌知
　　（ミゾゾフィー）から出発するのだ」と述べる。つまり，「思考する」ということはそもそ
　　も「受苦（パッション：受動）」であり，そうした受苦を受け入れなければならない「絶
　　対的な必然性」を引き起こし，「しっかりと立たせる」ことで人はそれまでの思考や認識
　　を新しくすることができると指摘している（Deleuze, G., 1968＝2007）。
(5)　この点に関連して，國本は中学校の数学科の指導を「スモールステップの原理（困難や
　　内容の細かい段階付けの原理）」や「習熟のために，同種の問題を練習することによる強
　　化の原理」などに代表される「機械論的パラダイムから脱却し，活動的・生命論的パラダ
　　イムを基礎にした数学教育が必要である」としている（國本，2010，27）。

［文献］

新井英靖（2016）『アクションリサーチでつくるインクルーシブ授業』．ミネルヴァ書房．

東浩紀（2011）『一般意志 2.0——ルソー，フロイト，グーグル』．講談社．

東浩紀（2013）『セカイからもっと近くに——現実から切り離された文学の諸問題』．東京創元社．

千葉雅也（2013）『動きすぎてはいけない——ジル・ドゥルーズと生成変化の哲学』．河出書房新社．

Deleuze, G., 1968, *Difference et Repetition*. Presses Universitaires de France.（邦訳：財津理訳（2007）『差異と反復　上』．河出書房新社.）

桂聖・日本授業 UD 学会編（2016）『授業のユニバーサルデザイン』vol.8．東洋館出版社．

木村敏（2015）「臨床の哲学」．木村敏・野家啓一監修『臨床哲学の諸相——臨床哲学とは何か』．河合文化教育研究所．74-94．

小泉義之（2014）『ドゥルーズと狂気』．河出書房新社．

國分功一郎（2015）『暇と退屈の倫理学』（増補新版）．太田出版．

國本景亀（2010）「数学教育の目標」．岩崎秀樹『新しい学びを拓く数学科授業の理論と実践　中学・高等学校編』．ミネルヴァ書房．24-41．

野間俊一（2011）「飛翔と浮遊のはざまで——現代という解離空間を生きる」．木村敏・野家啓一監修『臨床哲学の諸相——空間と時間の病理』．河合文化教育研究所．78-99．

斎藤久美子（2007）「臨床心理学にとってのアタッチメント研究」．数井みゆき・遠藤利彦編著『アタッチメントと臨床領域』．ミネルヴァ書房．263-290．

高橋勝（2014）『流動する生の自己生成——教育人間学の視界』．東信堂．

円谷裕二（2014）『知覚・言語・存在——メルロ・ポンティ哲学との対話』．九州大学出版会．

月森久江（2012）『教室でできる特別支援教育のアイデア——中学校・高等学校編』．図書文化社．

宇野邦一（2001）『ドゥルーズ——流動の哲学』．講談社．

山森祐毅（2013）『ジル・ドゥルーズ——超越論的経験論の生成と構造』．人文書院．

第 4 章

インクルーシブ授業の基盤となる学校づくり・集団づくり

インクルーシブ教育を支える学級づくりの方法

1. はじめに——目の前の子どもに最善を尽くしたい

　筆者は30年あまり，小学校の通常学級担任として，発達障害等，特別な教育的ニーズをもつ子どもたちと向き合ってきた。そして，今は，そうした教育的ニーズを抱える子どもたちの保護者や先生方の教育相談をしている。

　いつの時代にも，通常学級には，いろんな子どもたちが学んでいる。授業に集中できない，すぐに友だちとケンカになる，自分の気持ちが言葉でうまく語れないで泣いたり叩いたりする，授業内容が理解できない，失敗することが恐くて新しいことにチャレンジできない等の子どもたちである。こうした子どもの中には，発達障害をもっていたり，その周辺の子ども（グレーゾーンといわれる子ども）であったり，発達の土台が十分に育っていなくて発達に弱さをもつ子ども，知的な遅れはないが経験不足等から「育ちそびれている」子ども，あるいは，家庭環境に厳しさを抱えている子どもの場合もある。

　筆者は，障害の有無にかかわらず（特別支援学級在籍の有無にもかかわらず），どの子も大切にする教育，どの子の発達も保障し，安心して楽しく学び合える学級をつくりたい，そして，目の前の子どもたちに最善を尽くしたいという思いで，子どもたちと向き合ってきた。このことが，結果的にはインクルーシブ教育を目指す教育実践になっていたように思われる。この節では，長年の教職経験を通して，インクルーシブ教育やインクルーシブ授業を進めていくうえで大切だと考えることを具体的な実践や事例を挙げながら述べていきたい。

2.　インクルーシブ教育を支える学級づくり，授業づくり

（1）誰もが楽しいと思える学級

　どの子どもにとっても「ああ，今日も楽しかった」と思えるような学級でありたいものである。同時に，先生にとっても子どもたちと過ごす時間が楽しいと感じられることが大切である。子どもにとっても先生にとっても楽しいと思えることが，学級集団をつくっていくうえで大切なことだと考える。楽しく居心地のよい学級の中で，どの子も大切にされる教育実践が，インクルーシブ教育をつくるために必要なことである。

　また，楽しい学級は，先生と子どもたちとのやりとりの中で展開される楽しくわかりやすい授業を通してつくられていくものである。つまり，学級づくりと授業づくりは表裏一体のものであるといえる。楽しくほっこりとした学級，ほっとできる居場所，あたたかい雰囲気の学級が，インクルーシブ教育の根幹を支えるのである。具体的な実践をいくつか挙げながら考えていきたい。

①笑いのある学級，共感し合える関係をつくる
〈授業中に笑い合ったり共感し合ったりする中で，友だちと仲よくなっていった幸雄くん〉

　笑いのある楽しい学級，まわりの友だちや先生から非難されることのない学級であることは，誰にとっても安心できて居心地のよいものである。特別な教育的課題をもつ子どもにとっては，なおさらのことである。

　2年生の幸雄くんは，友だちとのコミュニケーションが苦手な子どもだった。国語の時間に，子どもたちの書いた作文を学級のみんなで読み合い，意見や感想を言い合ったりする生活綴り方の授業をずっと続けてくる中で，幸雄くんは作文がたくさん書けるようになってきた。2学期になったある日，彼が書いた作文を筆者が読んでいると，「犬のしみ　うんどうかい」という文言に出くわしたので，目の前にいる幸雄くんに，筆者が「幸雄くん，これ，何？『犬のしみ』って何？」と言うと，いつもは視線が合いにくい彼が，このときには

自分から筆者の顔を見ながら大笑い。彼にはすぐにわかったようだ。彼が少し歪んで書いた「た」の字を，筆者が「犬」と読み違えたことが。彼は，筆者の顔を見てお腹を抱えて笑いながら，「先生，これ，『犬』と違うで，『た』やで。たのしみ　うんどうかい　やで」と。彼の言うのを聞いて筆者も大笑い。2人で涙が出るほど笑い合った。「幸雄くんと2人でこんなに笑ったの，初めてやね」と言いながら，筆者はうれしい気持ちになった。この子たちは，気持ちを交流することが難しいといわれているが，そうではない。こうして共感して笑い合うことができるのだと。こんな場面を学校生活の中でたくさんもちたいと思った。

　同じようなころに，算数のかけ算の学習で，「1あたりの数×いくつ分＝全部の数」という考え方で8の段の授業をしていた。「1あたりの数」のところで，例として「タコ1ぴきあたり足が8本」と筆者が言うと，幸雄くんが「タコといったらやっぱり明石ですよ」と言い，その言葉を受けて，元気者の次郎くんが「たこ焼きといったらやっぱり大阪ですよ」と言った。2人の話を聞いていた学級の子どもたちがみんな大笑い。教室は和やかな雰囲気に包まれた。そのことをきっかけに，幸雄くんは次郎くんとちょっとずつ仲よくなっていって，給食時間の後などに戯れたりするようになった。子ども同士がつながっていくことを感じた瞬間である。

　こうしたほっこりとした学級の雰囲気をつくっていくことが，幸雄くんのように人とのコミュニケーションが苦手で困っている子どもや，失敗してはいけないと不安を抱えている子どもにとって，過ごしやすい居場所としての教室になっていくために大切だと考えるのである。

②文化のある学級，みんなで楽しむ学級行事

　忙しい学校だが，いわゆる机上の学習ばかりではなく，子どもたちにとって楽しい学級行事を用意することは学校に来る楽しみを倍増させることになると考える。それは，友だちとの協力の仕方や，コミュニケーションのとり方，折り合いのつけ方等を学ぶ機会にもなり，さらには自治の力の基礎を養うことにもなる。

　筆者は，お誕生日会や「運動会の成功を祝う会」等とネーミングをした会や

学級オリンピックなどの楽しい会をたくさん行ってきた。計画や準備の時間等を学級会やちょっとした隙間の時間にとって，みんなでわいわい言いながら準備して本番に臨んだ。お誕生日会での子どもたちの出し物は，紙芝居やペープサート，自作のお芝居や漫才，合奏，歌，オリジナルダンス，手品や得意芸の披露，なぞなぞ等，いろいろバラエティーに富んでいた。

　いろいろな取り組みをする中で，お互いが仲よくなり，よく知り合うようになると，やさしい気持ちになれて，うまくできない子がいても，助けてあげたり許せるようになっていったり，また，折り合いをつけられるようになっていく。合奏の曲を決めるときに自分の思いが通らずに怒ったりすねたりしていた子どもが，自分のやりたかった木琴を友だちから譲ってもらうことで，折り合いをつけることができた。お芝居や漫才のストーリーの中では，普段はやってはいけないと思っているようなおふざけや羽目を外すことも，お芝居，漫才という非日常の世界だからこそ，やってみようかなと思えるのである。

　こうした取り組みは，「良いか悪い」「○か×」という二分的な世界で揺れている子どもにとっても，自分の世界の幅を膨らませるいい機会になっていたようである。

〈学級オリンピックの学級行事をみんなで楽しみ，勝ち負けではない価値観に触れた翔太くん〉

　1年生の翔太くんは，入学前に広汎性発達障害と診断されていた。入学当初は，プリント等の学習が，少しでも友だちより遅れることへの不安が強くて，遅れそうになると泣きだしそうになっていた。筆者は，そんな彼に「あわてんでも大丈夫やで。先生がここで待ってるからね」と言って，安心させてあげるようにした。

　学級行事では，お誕生日会や学級オリンピック等に取り組んだ。

　翔太くんは，初めてのことには大きな不安を感じるので，学級オリンピックの競技の中の1つである「二人三脚」は，本番までに体育館で体育の時間に練習した。翔太くんだけでなく，不安を感じたりうまくできなくて躊躇したりする子どもたちは他にもいる。そうした子どもたちが，やり方や走り方のコツがわかるようになるまで何度も練習した。そうして本番に臨んだ。練習していた

ので，相手の子どもと歩調を合わせて走る二人三脚という難しい競技を，翔太くんも他の子どももうまく行うことができた。

同じく，学級オリンピックの競技の「借り物競走」の本番では，翔太くんは，紙に書いてあるものを読んで，たくさん並べてある物を見ながら，「うわぐつ，あらへん」と言って，あわてていた。それを見た特別支援学級の介助員の先生が，彼のそばに行って，彼の持っている紙を見ると，うわぐつではなく，うわぐつ袋だったので，「翔太くん，うわぐつ袋やで」と声をかけてくれた。介助員さんのすばやい援助で，彼は，無事に，自分で，うわぐつ袋を手にしてゴールすることができたのである。

子どもたちがおもしろそう，やってみたいな，でも難しそうだなと考えることも，ゲーム感覚の集団遊びで，練習したり競走したりすることで，相手と歩調を合わせることができるようになったり，少しの援助で，自分で判断して行動できるようになっていくのである。

学級オリンピックの競技は，他にスプーンリレーやパン食い競走，障害物リレーなど，走るのが速い子どもが1位になるわけでもなく，また，どうしても1位にならなければいけないわけでもなく，みんなと一緒にやることがおもしろい競技なのである。入場行進や，うそっこの火を作っての聖火入場なども行い，競技では，勝ち負けだけではないおもしろさ，楽しさが味わえるところに，この学級オリンピックのよさがあると思ってやってきた。勝ち負けとは違う別の世界，勝ち負けではない価値観に触れていくことが，翔太くんのように，「早い─遅い」「できる─できない」「勝つ─負ける」といった二分的な世界の中でしんどい思いをしている子どもたちにとっては，勝ちでも負けでもない曖昧な世界，みんなでやったらおもしろい世界，みんなで練習したらできなかったことができるようになっていって楽しめる世界という，今まで自分が感じてきた世界と少し違う別の価値観のある世界に足を踏み入れることができるようになっていったのだと考える。こうした経験が，やがては，自閉症スペクトラム（広汎性発達障害）の子どもたちの苦手とする中間的な世界の獲得に向かっていくことにつながるのだと考える（後述，本項の（4）参照）。

(2) 安心できる居場所としての学級

　特別な教育的ニーズをもつ子どもにとって安心できる居場所としての学級は，どの子にとってもほっとできるところである。「失敗してもいいよ」と言ってもらえたり，許し合える関係があったりする子ども集団は，居心地がよくてゆったりできる。こうしたときに，先生がうまくできない子どもを追い詰めないことが大事なことである。いろんな子どもたちを受け止めていける先生の大らかさが子どもにも伝わっていって，子どもたちの大らかさや寛容さ，優しさを引き出していくと考える。ある研究会で発表された先生が「こちらのストライクゾーンを大きくもつことが大切なことです。デッドボール以外はみんなストライクボールなんですよ」と言われていたことが印象的だった。

　子どもたちは，教育的な課題をもつ子どもにどう接していくといいのかを，先生をモデルにして学んでいる。だからこそ，先生が，大らかな，包み込むような対応をしていくことが大切である。先生自身が，子どもってかわいいなぁ，愛おしいなと思えるといいなと考える。いろんな子どもが居ていい，居るから楽しいと思える子ども集団であってほしいし，そこでの子ども同士のつながりが子どもに影響を与えて，子どもが自らの力で変わっていくと考える。

①得意なことが認められる喜びと安心感
〈得意なコマ回しでやる気が出てきたやまちゃん〉

　3年生のやまちゃんは，おっとりとした優しい子だが，学校生活でうまく取り組めないことがあって，自信がもてていない様子だった。

　あるとき，お誕生日会の出し物で，「得意なことを見せる」コーナーで，やまちゃんは，好きなコマ回しの技を見せた。手のせや綱渡りなど，まだ，まわりの子どもたちがあまりできない技ができて，みんなから「すごいね」と褒められ，「コマ回し名人」として認められるようになった。そのころ，学級では，学級会や休み時間を中心に，みんなでコマ回しの技を磨き始めていた（このコマ回しの取り組みは，1年間続くことになる）。

　やまちゃんはみんなに求められて，コマの回し方や技を教えてあげることが増え，そこで友だちに頼りにされることが増えていった。みんなから認められ

たり，「まんざらでもない自分」を感じたりする中で，彼はうれしくなり，自信がついてきて，そのことが自分の中にエネルギーとして貯えられていったのだろう。徐々に学習にもやる気を出して取り組むようになっていき，学習の成績も少しずつ上がっていった。

　好きなことや得意なことがまわりの友だちに認められ，自信につながり，学習にも意欲的に取り組めるエネルギーを蓄えていったのである。

②特別な教育的ニーズをもつ子どもの理解を授業の中で

　特別な教育的ニーズをもつ子どもへの必要な取り組み（配慮）と，まわりの子どもたちへの必要な取り組み（配慮）は，さまざまな場面でやっていくことが必要である。そのときに大切なことの1つは，1人の子どものことで学級の子どもたちみんなに我慢を強要するのではなく，その子どもの理解を深めることだと考える。また，逆に，学級集団の力で1人の子どもを追い込まない，集団の力で無理やりさせることのないようにすることも大切なことだと，長年の教職経験から思っている。授業をする中で，学級の子どもたちが，子ども理解（その子理解）を深めることができた実践を紹介する。

　前述の2年生の幸雄くんが，国語の学習をしていたときのことである。『ビーバーの大工事』という教材で，「ビーバーの足はオールみたい」という表現が出てきて，「オールってなに？」ということになった。子どもたちがオールの説明をしてくれて，その話を彼も聞いているはずなのだが，その後すぐに，「サザンオールスターズのオール」と言うので，筆者は，彼に「みんながオールの説明をしてくれているのに，そんなこと言うのはおかしいでしょう」と言うと，彼は「はじめにそう思ったから」と答えてくれたのだった。そのあと，「舵を取る」の話になったときにも，みんなが説明してくれた後に，彼は「家が火事のこと」と言ったのである。

　筆者は，そのときに，そうか，幸雄くんは最初に閃いたことは，口に出して言わないと次の思考に移っていけないんだ，みんなの説明はあまり頭の中に入らなくて，ずっと自分がはじめに思ったことを考えているんだと思った。そこで，この一連の流れを聞いている子どもたちに，今，彼のことを話して理解を深めるチャンスだと思った。「幸雄くんのことだけどね，幸雄くんはときどき

変なことを言うみたいだけどね，今だって，みんながオールの説明をしている
ときにサザンオールスターズって言って，ふざけているみたいだけど，ふざけ
ているのではないねんよ。はじめに思ったことが気になって他のことが頭の中
に入ってこないんやわ。幸雄くんはみんなとちょっと感じ方が違うときがある
から，そこのところはわかってあげてね」といった話をした。それから，「康
夫くんだって，聞き違いして，違うこと言っちゃうことあるよね。ふざけてい
るわけではないよね。みんな，いろんな特徴があるねんよ。稔くんだって，別
に泣かなくていいところで泣くやんか。プリント間違えたりピアニカが吹けな
かったりして，悲しくて涙が出てくるんよね」と話すと，みんなは納得顔。す
ると，優さんや千恵さんが「私もすぐに涙が出てくる」と言ってくれたので，
「そうやね，優ちゃんも千恵ちゃんも感じる心がいっぱいあるからやね。だか
ら，優ちゃんは，作文が上手でしょう。千恵ちゃんは劇がうまいでしょう」と
話した。1つのことをきっかけに，幸雄くんのことや他の子どもたちのことも
話すことで，子どもたちは，学級には，いろんな友だちがいることを知ること
ができたのである。

(3) 子どもたちと一緒につくる学級

①自由度の高い実践
〈青空の下での勉強や遊びが，のりおくんの心の安定を引き出す〉
　いろんな子どものいる学級では，とりわけ先生の実践におけるオリジナリ
ティや子どもへの臨機応変な対応が求められる場面が多いと感じている。
　高学年で担任したのりおくんは，発達的には幼さをもっており，自分の気に
入らないことがあると，友だちを叩いたりすることがあった。
　その学級では，ときどき“合科”的な授業をした。みんなで“あおぞら教
室”と呼んでいたが，運動場の隅っこのすべり台のある築山に，国語や音楽の
教科書，みんなで作ったオリジナルの歌集，リコーダー等を持っていき，みん
なで一緒に，国語の教科書の音読をしたり，みんなで決めた歌を一緒に歌った
り，リコーダーを吹いたりして，その後に，築山やすべり台，ジャングルジム
などを使って鬼ごっこをしたりして遊んだ。

　青空の下で，みんなと一緒に音読したり鬼ごっこをしたりすることで，のりおくんも楽しいし，まわりの子どもたちも彼の様子が少しずつわかってくるので，声をかけてあげたり教えてあげたりすることも増えていった。

　のりおくんは，“あおぞら教室”の取り組みや楽しい学級行事などをみんなで行う中で，少しずつ自分の気持ちをコントロールできるようになってきて，ケンカしたり怒って友だちを叩いたりすることがずいぶんと減っていった。

　のりおくんをはじめ，教室だけでは納まらない子どもたちのエネルギーを，校庭で，みんなで一緒に声を出して歌を歌ったり国語の教科書を音読したり走り回ったりしながら，発散していくことも，角度を変えた取り組みとして，子どもたちの情緒の安定と成長につながっていくのではないかと考えるのである。

②自然，空間，ゆったりした時間

〈心が解放されて穏やかになれたゆうきくんやまさおくん〉

　3年生のゆうきくんやまさおくんも教室だけでは納まらない子どもだった。片時もじっとしていられないで，常に体が動いていた。授業中に集中できないことが多く，友だちとのケンカもあった。

　秋の遠足では，学年みんなで，広々とした自然いっぱいの公園へ行った。そこでは，みんなで思いきり走り回ったり，友だちと鬼ごっこをしたり，アスレチックで遊んだりして，自由に動き回ることができた。2人とも友だちとの接触場面はいっぱいあるのに，一緒に鬼ごっこをしても，一度もケンカにならずに過ごすことができたのである。きっと，教室でじっと座っていなくてよくて，こんな広々とした自然の中でのびのびと走り回って遊ぶことで，心が解き放たれて，友だちにも優しい気持ちになれたのだろう。アスレチックでの順番待ちもできた。

　こうした自然や空間が，ゆうきくんやまさおくんのようにじっとしていることが苦手な子どもにとって必要なのだと考える。昔はこんな空間や空き地がいっぱいあって，子どもたちは放課後にみんなで遊んでいた。いいことは取り戻していかなければならないと考えるのである。

　筆者は，どの学年の子どもたちを受け持っても，春や秋の季節のいい時期に

はときどき，体育の時間のはじめに，みんなで運動場に寝転がって，空を見上げる，風を感じる，ゆっくりした時間を楽しむことを意識的に行ってきた。自由度の高い教育実践が保障されなければ，こうした課題をもつ子どもたちは救われないと心から思っている。

(4) 発達障害，とりわけ自閉症スペクトラムの子どもが苦手な中間的世界がたくさん含まれている取り組み

　前述の翔太くんは，二分的な評価の世界で，こうあらねばならないという思いが強く，自分がしなければいけないと考えることはやってしまわないと次の行動に移ることができなかった。ものごとの順番を崩して行動することができなくてしんどい思いをしていたのである。しかし，前述（本項（1）の②）で書いたように，いろいろな楽しい学級行事を友だちと一緒に行う中で少しずつ，柔軟になってきていた。

　生活科の授業で，毎日，自分の植木鉢のミニトマトに水をやって，早く食べたいなという期待をもちながらお世話をしていくうちに，ミニトマトが，だんだん大きくなり，少しずつ色づいていく様子を観察してノートに描くことを通して，「大きい―小さい」という二分的な世界から，「だんだん大きくなる」「少しずつ色が変わっていく」という中間的な世界を感じられるようになっていった。

　一方で，1学期のころは，給食当番のときにエプロンを着るのが遅くなって泣き出したり怒ったりしていた翔太くんだが，「先生もお友だちも，みんな待っているからね。大丈夫やで」「ゆっくりでいいよ」と声をかける中で安心して用意することができるようになり，2学期には「みやもとせんせい，まってください」と言えるようになってきた。そして，3学期には，エプロンを着ないでうろうろしている翔太くんに，「もう，給食当番，行きますよ」と言うと，彼はエプロンの入った袋を手にしてしばらく考えてから，「今日はもう，このままで行こうかな」と言ったのである。なかなかものごとの順序性が崩せなかった彼が，他の友だちを待たせたらあかん，もう行く時間だと思って，順序性を崩して，エプロンを着ないで行こうと思ったのである。そのときに何が

一番大事なのかを自ら選び取ることができたのである。こだわりを少しだけ崩せることができたのが嬉しくなった筆者は,「じゃあ, 翔太くん, そのままで行こう」と言って, この日は, 彼は, エプロンを着ないで給食当番をした。

　このころから, 彼は, プリントが全部終わっていなくても, 他の友だちと同じように, 休憩時間に遊びに行って, 帰ってきてから残りのプリントを仕上げることができるようになったり, ときどき,「まっ, いいか」とつぶやいたりするようになってきた。

　安心できる人たちの中で, 楽しい学級行事に取り組み, いろんな経験を通してさまざまな価値観があることを知ったり, 植物がだんだん成長していく姿を観察したり, 給食当番活動をすることで大好きな友だちを毎日待たせたら悪いなあと思ったりすることで, 少しずつ, こだわりがゆるやかになってきたのだと考える。安心できる大好きな友だちや先生といろいろな楽しい取り組みや経験をすることで, まわりにも目を向けることができるようになり, 自分から外に視点を移して見ることができるようになってきた結果, 何を優先させたらいいかがわかるようになってきたのだろう。こだわりがゆるくなるというのは, こうした子どもの内面の育ちの結果としての表れなのである。そして, その力が般化していったのだと考える。自分の気持ちでそうしようと思って行動できるようになったことが値打ちのあることだと考えるのである。

3. インクルーシブ教育を支える学級づくり, 授業づくり
――それを支える教師の力量・専門性と職場づくり

(1) 教師の子ども理解――教師が子どもを見る科学的な眼, やさしい眼　(教師の資質)

　インクルーシブ教育を実現していくためには, 教師のまるごとの子ども理解が大切である。子どもの学習面や生活面, 家庭のこと, できることだけでなく, できないことも, そして, 子どもの頑張っている姿や優しいところ, かわいいところ, ちょっとずるいところ等々, 子どものいろんなところをトータル

でとらえる教師の眼が大事である。そして，教師自身にも，「できる―できない」といった二分的評価にとらわれない，子どもをまるごと受け止める姿勢，やさしい眼が大事なのだと考える。

　また，子どもを障害特性という障害の視点だけでとらえるのではなく，発達の土台を豊かにしていくという発達の視点が重要だと考える。

①発達の視点，障害の視点での子ども理解

〈劇遊びを通して発達の土台となる力を太らせていったともやくん〉

　3年生のともやくんは，ひらがなや簡単な漢字は習得していたが，自分の気持ちや状況をわかりやすく話したり，意味がわかるように書いたりすることはできず，発達的に幼さをもった子どもであった。友だちと一緒にできる学級行事を楽しんだり，アンパンマン等の好きな絵や絵日記をかいたりしていた。

　彼は，劇遊びが好きだったので，それをいっぱいしてイメージの世界を膨らませることが，彼の話し言葉の基礎となる力，発達の土台を太らせる力を培うのに最適だと考えた。

　彼は，絵本などを見て図工の先生に王様の冠を作ってもらうと，それを被って王様になりきって教室に帰ってきて，自分の気持ちを王様の言葉で，「王ちゃまは勉強きらいなの，勉強しないの」と表現していた。また，休憩時間には，筆者が彼の背中に風呂敷を使っておもちゃの刀を背負わせて，数人の友だちが折り紙で作ってくれた手裏剣を，友だちに投げてもらって，忍者ごっこを楽しんでいた。家でもごっこ遊びをやっていたようで，学校に来てからも友だちがいろんな役をして，彼のイメージのごっこ遊びを楽しんだ。

　休憩時間が中心の取り組みではあったが，彼は友だちや家族や筆者とお話の世界を楽しみ，劇遊びをしながらイメージの世界を膨らませていった。そして，4年生の3学期には，マラソン大会で頑張ったことなどを絵と作文でかくようになった。さまざまな事情から，彼にとっては必要と考えられた特別支援学級には在籍せず，そこでの取り組みと並行した実践にはならなかったが，通常学級で不十分ながらも，彼の発達の基礎となる力を育てていったのである。

（2）職場のあり方，職場づくり（同僚性）

①互いに支え合える関係性のある職場

　学級経営がうまくいかなかったり，子どもが何か事件を起こしたりしても，担任の先生のせいだけにして追い詰めることのない，支え合える，同僚性のある職場をつくることが，とても大切なことだと思っている。

　そのためにも，常日頃から，先生同士で，子どもの話をしたり，実践を語り合ったり，教材研究をしたりすることが必要である。会議も多く多忙を極める日々の連続だが，後回しになりがちな子どもの姿を語り合い，学級づくりや授業づくりの話，教材研究をすることこそが，時間はかかっても子どもの理解が深まり，職場での子どもの共通理解もできて，一人ひとりの子どもが大切にされる学級づくり，学校づくりにつながっていくと考える。特別な教育的ニーズをもつ子どもたちが排除されることのない，インクルーシブな学校は，先生も子どもも失敗が許される，安心して働ける，やさしい学校なのだと考えるのである。

②いつも子どもの話ができて，学び合える教師の関係性のある職場

　はじめに「○○法」といった指導方法をもってくるのではなく，子どもは，一人ひとり性格も育ってきた環境も違うのだから，子どもの事実から出発して，子どもの姿を出し合って交流し合い，いつも子どもの話ができる職場をつくることが大事だと考える。また，この子たちはどんなことをしたら楽しいと思えるのか，この子たちにとってわかりやすい授業をするには，どんな教材がいるのかといったことを先生たちで考え合い，そのことをベースにしながら，教室では臨機応変に子どもたちに対応できることが必要である。

　たくさんの教育実践や経験，個人研究と共同研究等に裏打ちされた，臨機応変に対応できる先生の勘や教育的センス，匙加減を培うことが求められていると考えるのである。

4. インクルーシブ教育を支える条件整備

(1) 通常学級の定数減等の条件づくり

　インクルーシブ教育を実現していくためには，教育条件の整備も不可欠である。

　通常学級の定数を欧米並みに 15 人前後にすることや，課題を抱えている子どもには専門の知識や教職経験のある支援員がつくこと，校内の特別支援教育のコーディネーターが専任として配置されること（すでに専任として配置されている市もある）等が必要なことである。

(2) 特別支援学級，通級指導教室の充実，他機関との連携

　すべての子どもが通常学級だけで授業や生活ができるわけではない。特別支援学級や通級指導教室が必要な子どもに対して，そこでの学習内容や子ども集団が，その子どもの発達を保障できるような質の高い充実した内容と集団であることも大切なことである。そのうえで，特別支援学級や通級指導教室で培った力が，通常学級に来たときに，そこでの学習や生活の中で生かされ，学び合えるのだと考える。インクルーシブ教育が通常学級の課題であると同時に，特別支援学級や通級指導教室の課題としても追求されねばならない。また，医療機関や児童相談機関等，他機関との連携も不可欠なことである。

(3) インクルーシブな社会の実現

　インクルーシブな教育が，教育の分野のみで実現されるわけはなく，すべての人たちが日本国憲法で謳われている基本的人権や最低限度の健康で文化的な人間らしい幸せな暮らしが，生活面や医療面，福祉面などでも保障されるようなインクルーシブな社会の実現，恒久に平和で安心して生きていける社会の実現と並行して，実現されていくものだと考える。

[付記]

　本節を記載するにあたり，プライバシー保護のため，児童の名前や様子等の重要部分を脚色して，架空のケースにしたところがある。

第2節

「子どもを特別扱いすること」の検討

1. はじめに

　従来，教育の分野では，「特別扱いしない」ことが，なかば常識とされてきた。しかし，現在，障害者差別解消法において，障害者に対しての「合理的な配慮」が求められている。東京都教育委員会は特別支援教育の説明の中で「特別扱いではなく合理的配慮を」と述べているが，何らかの支援をする，ということは，他の子どもとは異なった方法をとるということであり，それは「特別扱い」といえなくもない。

　ここでは，「特別扱いしない」ことを基本に置いてきた学校が，インクルーシブ教育を進めるうえで，「特別扱い」をどう位置づけたらよいのか，という問題意識をもとに，「子どもを特別扱いすること」の検討を行っていくものである。

2. 一般的な「特別扱い」をめぐってのイメージ

　一般的に「特別扱い」といわれると，どのようなイメージをもたれるだろうか。「特別扱いされる」ということはマイナスだけではなく，プラスに思える部分もある。たとえば，ホテルに宿泊するときに，ホテル側から宿泊する部屋のランクを（同じ料金で）上げてもらったなどという「特別扱い」は，何か特別にしてもらった，という「得をした気分」になるだろう。

　「特別扱いにしますね」という響きは，「特別扱い」を提供する側としてはまさに「ひいきする」ということなのであるが（「ひいきする」という言葉は，マイナスに受け取られることが多いように思う），受ける側にとっては「儲かった」というような，ある意味，プラスのイメージもあるともいえると思われる。

3. 学校における「特別扱い」のイメージ

　世間一般では必ずしもマイナスばかりではない「特別扱い」であるが，学校現場ではマイナスの印象しかない，といっても過言ではない。

　「特別扱いしない」「ひいきしない」ということが指導者の中で当たり前のように語られる。子どもたちも「ひいきだ，ひいきだ」「なんであの子だけ特別扱いするんだ」等と主張してくる。そうした状況の中で「特別扱い」は「しないもの」であるということが学校では当然のように語られてきた。

　障害者差別解消法の施行に向けて，「先生は特別扱いしません」ということがこれからはいえない，という論調もあるが，大半の学校において「特別扱いしない」ということが大前提で，「特別扱いする教師」は組織のルールを守らない教師とみなされることが往々にしてある，というのが現在の実情であるといえよう。

4. 配慮としての「特別扱い」
──通常学級における障害のある子の受け入れをめぐって

　では，ここで，配慮として認めうる「特別扱い」とは何か，を考えてみたい。
　これは，通常学級で障害のある子を受け入れるときに必ず出くわす課題でもある。したがって，通常学級における障害のある子の受け入れのケースから，このことを考えてみたい。なお，事例はすべて小学校のケースである。また多分に筆者の一方的な思いが入ってしまうこともあるであろうことを最初にお断りしておきたい。

（1）明らかに障害が重度のケース

　寝たきり，あるいは車いす，身辺処理に介助が必要で，言葉がなく，他者とのコミュニケーションが困難であるというような重度の障害のある子どもの場

合，介助者をつけて通常学級で「過ごす」ということが多いであろう。このようなケースの場合，同じクラスのまわりの子どもは，コミュニケーションがとれないわけなので，特に利害関係も生まれず，同じように授業に参加できなくても「そうだよね」とその場にいることを了承することが多い。またその子についている介助者と関われることが楽しい，と思う子どもも出てくる。

　指導する側も学習を保障しようとはなかなか考えない。「特別支援学校に行かれたらどうですか」「特別支援学校ならばお子さんに合った教育が受けられますよ」といわれるケースである。

　このケースでは運動会のときに，全員リレーで，この子だけ距離を3メートルぐらいにして，先生が介助してそこを歩く，という形で参加をした。競技のはじめのほうの出場で，特に勝敗に影響することもなく，運動会参加ができた。集団演技等は車いすに乗って先生が補助についたり，子どもが補助についたりして参加していた。

　誤解を恐れずにいうが，「車いす」など，明らかに誰が見ても障害があるというケースについては，まわりの理解は寛容である。保護者の中には「なぜ特別支援学校に行かないんだ」という声ももちろんあったが，その子の保護者の「小学校にいる間は，同じ学年の子どもたちの歓声を聞かせてあげたい」という思いは，それなりに説得力があったと思う（この子は中学から特別支援学校へ行った）。

　このケースでは，まわりの寛容さが「特別扱い」を許す，あるいは，言い方を変えれば「特別扱いして当たり前」という合意形成をしやすいともいえる。「障害があるから『特別扱い』は当たり前」といわれてしまうと，なかなか反論もしにくい。

（2）障害は軽度であるが，知的に遅れがあり，学習は難しいダウン症の ケース

　ダウン症の子どものケースは就学前教育から保育園・幼稚園で過ごすことが多く，その流れで通常学級に来るケースが多い。ある程度のコミュニケーションはとれ，集団にもなじみやすい。しかし文字を書いたり，読んだり，計算を

したりといった学習は難しいといったケースである。

　こうした子どもの場合，ケースによってさまざまではあるが，1年生のときまではまわりの子どもが仲間として受け入れてくれることが多い。保育園や幼稚園時代からの人間関係も生きていることが多い（「○○ちゃんと同じ保育園だった」等）。

　まわりの子どもが徐々に，その子が自分たちと同じように学習ができないことに気づいてくると，仲間はずれにしたりいじめの対象になってしまったり，ということもある。学習的には「特別支援学級がよい」といわれるケースである。中学年になると「どうして彼だけ宿題をやらなくてよいのか」「どうして彼だけ発表しないのか」といったまわりの子どもたちの訴えが出てくることもある。

　こうしたケースの場合，「特別扱い」することを同じクラスの子どもに納得させる必要が出てくる。「同じ宿題を出しても本人には難しいから，彼にできる課題にする」とか「みんなと同じように走れないからハンディをつける」などということを子どもたちに納得させたうえで行う必要がある。この「納得させる」ということが低学年段階では比較的容易であるのに対して中学年以降はかなり困難になってくる。それは中学年段階ではすでにクラス内に成績の優劣がはっきり出てきて，そうした学習成績を意識した集団が出来上がっていること，自分の所属する集団が優位になるようにマイナス要因を除外する方向に思考が向かうこと（このことがいじめにも発展しやすい）が要因となっている。また発達段階的には「親や先生」よりも「仲間」のほうを大事にする，いわゆるギャングエイジになるということも要因として挙げられよう。

　このようなケースでは途中から特別支援学級に転学したり，中学進学時に特別支援学級に行ったりすることが多い。通常学級での「特別扱い」は，通常学級の学習は困難なので，それを求めない，ということであろうか。しかしながら担任によっては「他の子と同じように宿題をやってきなさい」というケースや，保護者が「他の子と同じ課題を出してほしい」というケースもあり，いわゆる「特別扱い」を許さない，という文脈で指導されているケースもかなりあると思われる。

(3) 障害は軽度であるが，行動に特異なところがある自閉症児や ADHD の ケース

　障害が軽度でも自閉症や ADHD の場合はなかなか集団行動をとれない。「特別支援学級（場合によっては特別支援学校）がよい」といわれるケースである。知的な遅れもあり，通常の学習が困難である場合，まずは安全面の配慮から「人をつける」ことが多い。とはいってもすぐに人手がつかない場合もあり，その場合は保護者が介助を学校側から頼まれることがけっこうある。

　この子たちの場合，外見上はあまり違いがないので，まわりの子は最初のうちは自分たちと同じだと思っている。しかし行動面でこだわりがひどかったり，くるくる回ったり，ぴょんぴょんはねていたりという場面を見ると，「なんか違うな」という違和感を抱き始める。その違和感からなんとなく関わりを避けようとする傾向になる。

　この子たちにとっては人間関係，集団行動といったことがまずは大きな課題であることが多い。「集団行動をとる」ことが前提となっていると，この子たちはトラブルを起こしやすい。かといって担任が1人この子につきっきりになるわけにもいかない，したがって「人をつける」ことをせざるをえない。

　実は，このときに，「集団行動をできる範囲でとらせるのか」「集団行動をまずはとらなくていい」とするのかで，違ってくるように思う。筆者の経験でいえば，学校はどうしても前者（「集団行動をできる範囲でとらせる」）を求めたがるが，うまくいかないことが多いというのが実感である。「集団行動をまずはとらなくていい」という決断自体が，学校にとってはかなり高いハードルであるが，担任なり管理職が決断することで好転していったケースがある。もちろん「まずは」なので，子どもの状況に応じて少しずつ「集団を意識させ，集団に入れていく」という努力は必要である。このことをきちんと押さえないと，「集団行動に入らなくていい」＝「勝手なことをやっていい」ということになり，学校で過ごす意味がなくなってしまう。介助の先生がついているケースで，こうした集団から離れて勝手なことをやっている，ということをよく見かける（それが途上での出来事なのか，固定的になってしまっているのかの判断が見ただけではつかないので，なかなか外側からあれこれ言うのは難しいのであるが）。

　場合によっては，不適応を起こすケースも出てくる。通常学級ですぐにトラブルを起こす。ある子どもは，自分が気に入らないと腹を立てて給食のワゴンを2階から階段下へ突き落としたという事件を起こしていた。その子は教室にいられずに専科授業等で空き時間の先生が個別について，その子があちこち徘徊するのを安全面にだけ気をつけて見ている，という対応をしていた。この子は，この時点でその学校に対して不適応を起こしていた，と考えてよい。

　のちにこの子は他の学校の特別支援学級に転学したのであるが，同じ区内にその事件のことが知れ渡っていたので，「大変な子が来る」と通常学級の先生たちは戦々恐々としていたらしい。しかし，特別支援学級で自分の求める学習，自分の求める行動が保障されて学習に適応し，伸びていった。このように通常学級で不適応を起こしてしまっている場合，転学や転校といったことも視野に入れて考えてみる必要がある。

（4）知的に遅れがない発達障害のケース

　「知的に遅れがない」子どもの場合は知的障害特別支援学級や知的障害特別支援学校の対象にはならない。必然的に通常学級で学習することになる。

　しかし，じっと座っていられない，ずっとしゃべってばかりいる，すぐに手や足が出てしまう，といった子どもの場合，この子がクラスをひっかきまわし，担任が疲弊してしまったり，場合によっては学級崩壊の引き金を引いてしまったりすることもある。現在，発達障害に対しての支援の必要性が訴えられているが，その対象の多くはこうしたケースである，といってよいだろう。そして，こうしたケースについての適切な支援がまだ不十分なことも事実である。

　まわりの子どもにとっては，「へんな子」「わがままな子」と思われがちで，しかし同じ仲間として認識していることが多いので，勝ち負けがあるゲームなどでその子がずるをすると，そのことがすぐにケンカなどのトラブルに発展しやすい。本人にとっては，勝つことが重要で，そのためにルールを曲げてもよい，あるいはルールとはおかまいなく，すぐにマイルールを適用してしまう（鬼ごっこで，自分が鬼につかまったら，「鬼になるのは2回つかまってから」などと言

表4-2-1　小学校で特別な配慮が必要なケース

障害の状態・程度	介助の人手	学習面での支援	生活面での支援
障害が重度	常に必要	困難	安全管理
軽度・ダウン症等	場合によって	学習内容の変更 学習方法の変更	ほぼ自立
軽度・自閉症等	場合によって	学習内容の変更 学習方法の変更	行動支援が必要
知的に遅れがない 発達障害	場合によって（トラブルが生じたときなど）	学習方法の変更	トラブルがないよう 見守る

う）ことで，まわりの子どもたちとのトラブルになったり，トラブルにならないまでも，一緒に遊ぶ仲間として避けられることが多くなってしまったりする。

　以上，小学校の通常学級での4つの事例を挙げてみた。大きな括りで分類すると，表4-2-1のように整理できる。

　表の下線を引いた「学習方法の変更」が，まだ十分に支援として確立していないといえるのではないか。インクルーシブ教育を進めるにあたり，「特別扱い」という中にこうした「学習方法の変更」が考えられ，そしてそのバリエーションを増やしていくことが求められている。

5.　学校における「特別扱い」をどう考えるか

　学校における「特別扱い」とは，学校（あるいは学級）集団の中における「特別扱い」ということになる。したがって集団の人数にも左右されるだろう。40人1クラスの通常学級と，8人1クラスの特別支援学級と，6人1クラスの特別支援学校とでは集団の大きさが違うことにより配慮の幅が違ってくることは容易に想像がつくだろう。同じように40人の通常学級のクラスと21人の通常学級のクラスでもその人数の違いによって配慮の幅は異なると考えたほうがよい。

　単純に，他の子どもとは違う支援（「特別扱い」）を行う場合に，そのことを

本人も含めて21人に納得させればよいのか，40人を納得させなければならないのかで難度は違ってくる。教師側が，「なぜ特別扱いするのか」について明確な考えをもち，そのことをまわりの子どもたちや保護者，同僚などに説明できなくてはならない。逆に，そのことに明確な考えをもたずにいるので，中途半端な関わりや支援になっているとはいえないだろうか。

　ここで，次の事例を通して「特別扱い」について考えたい。

> 　5年生の博物館での社会科見学。1時間，班（4～6名）ごとの自由行動で，班ごとに行動することが求められている。ある子が「この展示をじっくり見たい」と言うので，班長には，「この子は先生が見るから」と言って，別行動にしてもらった。他の子どもが「班行動しなきゃだめだろう」と言うたびに，「先生が見ているから別行動にしているよ」と説明した。結果，その子は展示をじっくりと見ることができ，満足して帰ってきた。

　この事例は，特に発達障害がある，という子のケースではない。おそらく，今までの学校では，「班行動しなさい」といって注意されるケースであろう。しかしながら，ここで立ち止まって考えてみると，目的は社会科見学で「しっかりと見学する」ことにあるはずである。「班行動をとれること」が第一の目的ではない。したがって，人をつけて別行動をとらせることによって，「しっかりと見学する」という第一の目的を達成できたといえるのではないだろうか。こうした「特別扱い」は今後，肯定的に考えていくべきではないか，と思った事例である。

　こういうと，「みんながみんな特別扱いを要求してきたらどうするのか」「一人ひとりに人手はつけられない」といった反論が聞こえてきそうである。しかし，集団の全員が個人行動をしたいとは思わないのではないだろうか。むしろ集団で動く，友だちと一緒に行動する，仲間とともに行く，といったことに楽しさを感じているからこそ，今まで集団行動や班活動は続いているのではないだろうか。そうすると，意外に「個別行動がしたい」→そのことが学習要求として合致する→個別行動することで目標が達成できる，ということに該当する人は少ないのではないか。つまり，その少ない子たちをどう支援できるか，と

いう発想で考えるべきである。こうした発想をすることなしに，最初から「想定外である」といって切り捨てていることが学校現場では多くはないだろうか。

6.　おわりに

　筆者が特別支援学級の担任をしていたときに，より配慮の必要な子（いわゆる「手のかかる子」）が入ってくると，他の児童の保護者に，「この子はこういう配慮が必要だから行う。しかし，あなたのお子さんが同じように何か配慮が必要になれば行う」と説明してきた。「どの子にも必要な支援を保障する」。そのことはみんな同じことをするということではない。必要な支援は子どもによってさまざまだからである。同じではないが，「どの子にも必要な支援を保障する」というところで誰に対しても平等である，公平である。そうした態度を貫くことが，インクルーシブ教育時代の教師に求められていることではないだろうか。そのことを土台に「特別扱いしてはいけない」という学校から「特別扱いしてもよい」という学校に転換していくことが大切であると考える。

第 3 節

インクルーシブな社会を構築する論理

1. はじめに

　「子どもたちはお互いが何を思い，何に苦悩しているのかを想像し，交流するための手段を奪われた状態に生きている」——これは，京都府生活指導研究協議会（略称，京生研）が著した 2007 年度京生研基調提案（以下，「2007 基調提案」：他年度の基調提案についても同じ）で示唆された，子どもたちが生きる世界への洞察の本質的部分である。この洞察に導かれながら，「2007 基調提案」は「自らの思いや苦悩，願いを言葉で表現することを互いに励まし合い，聞き取り合いながら，苦悩からの解放や願いの実現を支え合ったりする方へと歩んでいく関係」としての「共生関係」を子どもたち一人ひとりに保障していくことを目指そうとしたのであった（京生研, 2007）。

　京生研は主として京都府内の小学校や中学校の教師たちの自主的な参加によって形成されている民間の教育研究協議会であり，全国生活指導研究協議会（略称，全生研）の京都支部として活動している組織である。京生研は「課題を抱えた子どもの側からの集団づくり」をその実践思想として大切にしてきたが，それは「誰もが幸せになっていくよのなかをつくるにはどうすべきか」という問いを追求するためには，学級や学校のみならず，社会や世界，さらには人間そのものを抑圧されている者の側からとらえ直し，その視点から自らの教育実践を批判的に検討していくことが必要であると考えてきたからである[1]。

　このような志向性をもつ京生研の実践と理論は，本節で課題とするインクルーシブな社会を構築する論理を明らかにするうえで，貴重な貢献をなしうると考えられる。そこで本節では，「2007 基調提案」で示された「苦悩からの解放や願いの実現を支え合う」関係がいかにして可能となるのか，そもそもその「支え合う」関係を構築し，維持し，発展させていくための媒介項とは何なの

かといった問いを探究していくことを通して，インクルーシブな社会を構築する論理の解明に迫ってみたい。

2.　京生研基調提案の歴史的発展と「個人指導と集団指導の統一」の到達点

(1)「課題を抱えた子ども」の可能性──「1994 基調提案」から

　京生研にとって初めての基調提案である「1994 基調提案」は，1980 年代の実践レポートを総点検する作業を通して生み出された。この中で，当時の情勢が 3 つの視点から分析されている。第一に，校内暴力への取り組みの負の遺産として管理主義体制が強化され，入試制度が改悪されるといった，差別・選別の体制が確立されることにより，「連帯を基調とした子どもの世界」が「支配と抑圧に貫かれた世界」へと変質してしまっていること。第二に，貧困問題と能力主義の「二重のふるい」にかけられることにより，自己を確立しえない子どもたちが行動を乱していくこと。第三に，「核的な子ども」が自らの集団を批判的に客観視することができなくなってきていて，「核的な子ども」に対する個人指導の有効性が揺らいできているということ，である（京生研，1994）。

　こうした情勢分析をふまえ，「1994 基調提案」は，行動を乱す子どもを「子ども集団によって最も抑圧されてきた」子どもとしてとらえ，その子どもたちの行動の中に「学校状況を無自覚に批判」し，「集団の価値観を揺さぶる芽」を見出していた。それだからこそ，「子ども集団によって最も抑圧されてきた」子どもを「私たちが作り上げたい共同的価値を求めている」子どもとして把握したのであった（京生研，1994）。それゆえに京生研に集う実践家たちは，子ども集団によってもっとも抑圧されている「課題を抱えた子ども」への個人指導を実践の切り口にしていったのである。

　「1994 基調提案」はさらに進んで，「課題を抱えた子ども」への個人指導と集団指導の関係について，「共感的指導」「共闘的指導」「共生的指導」のそれぞれによるヘゲモニーの確立という視点から指導のありようを提起する。

　「1994基調提案」にあっては，「課題を抱えた子ども」は「彼を抑圧してきた対他関係に苦しみながらも，自分を抑圧しつづけてきたものを自分のなかに取りこみ，その内なる支配的他者と争いながら自立を求めあがいているもう一人の自分を無自覚にもっている」存在だと把握した。こうした子どもに対し，教師は「彼の行動の乱れに寄り添い，親密な関係を結びつつ，彼の行動の乱れを通して，否定的な行為のなかにも，見え隠れするもう一人の自分を発見し，それに共感していこうとする」関わりの中で，「共感的指導によるヘゲモニー」を確立していく。この「共感的指導によるヘゲモニー」が確立し始めていくと同時に，「彼の中にあるもう一人の自分をいっそう支え，励ましながらもう一人の自分と共闘関係をつくる指導」が求められる。こうした「共闘的指導によるヘゲモニー」のもとで，「課題を抱えた子ども」は「自己の解体と再編成」を進めていくのであるが，その子どもが自らの「主体性で行動し始めようとする時，それまで共闘的なヘゲモニーで自分を導いた教師に対し，何らかの挑みかかりによって乗り越えようとする」。この挑戦をくぐり抜けることによって，「主体的なもう一人の自分が確立する」とされ，そこに「共生的指導によるヘゲモニー」が生まれると構想されたのである（京生研，1994）。

　京生研はこの後も実践レポートの分析を基盤に据えながら，毎年基調提案を提起し続けてきた。その積み重ねによって京生研が理論的・実践的な深化，発展を経験したのが「2001基調提案」である。

（2）集団指導の力点の転換──「2001基調提案」から

　「2001基調提案」は，1980年代においてはリーダー層や「課題を抱えた子ども」の影響に左右されていた「中間層」の子どもたちが，「問題層へと排除されることの恐怖に囲い込まれながら，偽の安定のなかで適応する」ことを強迫的に求め，「安心して語れる仲間をつくり出せず，自分の苦悩や息苦しさを内面に幽閉し，親密な同性の関係を構築できないまま，思春期をさまよう」子どもたちに変質してきたと指摘し，こうした子どもたちを「適応層」と名づけた。対他関係の構築において大きな苦悩を抱えている「適応層」の子どもたちは，問題行動のほうへと「崩れていくのは個人の弱さ」であるとして，「課題

を抱えた子ども」を排除する思想をもち始めたと分析し，それゆえに，「課題を抱えた子ども」は子ども社会の中でもっとも大きな抑圧を受ける存在であり，「集団における民主化の課題が集約」された子どもたちであると「2001 基調提案」は把握する（京生研，2001）。

　この把握に基づきながら，「2001 基調提案」は「課題を抱えた子ども」の「もう一人の自分」を発見し，励まし続ける指導の筋道に「適応層に埋もれるリーダーを参加させながら，そのリーダーに集団の現実を教え批判的に介入する自覚」を育てることを通して，「適応層」の子どもたちに「両極の子どもたちの読みひらいた事実のなかから，自分たちの侵害行為と向かい合い，自分たちも侵害されつつ侵害している状況を突きつけて」いくという指導を構想する。その指導は彼ら／彼女らの「行為を悪として断罪するのではなく」，彼ら／彼女らの中にもある「発達苦悩を読みとり，平和的な関係性を目指して連帯的追求を仕掛けていく」ために行うものであった（京生研，2001）。

(3)「課題を抱えた子ども」の変質と新たな実践の模索

　京生研の基調提案の歴史の中でも特に重要な位置にある「1994 基調提案」と「2001 基調提案」のいずれにも共通するキーワードの 1 つは，「もう一人の自分」である。しかしながら，その後の基調提案は，子どもたちの中の「もう一人の自分」に異変が起こっていることを示唆している。たとえば「2005 基調提案」は，「課題を抱えた子ども」たちの苦悩を思春期葛藤に由来するものではなく，乳幼児期からの発達疎外が複雑に絡み合った末の苦悩であるとする仮説を提起し，彼ら／彼女らは，自らが何によって苦悩させられているかを明確には意識できないでいるからこそ，余計に苦しんでいるとされる。この分析をふまえて「2005 基調提案」は，「課題を抱えた子ども」たちとの間に「ケアと応答の関係」を構築していくと同時に，彼ら／彼女らが「誰」あるいは「何」と闘うべきなのかを意識化させていく方向で対話を展開していく必要があることを提起した（京生研，2005）。

　また「2007 基調提案」も，もっとも困難な「課題を抱えた子ども」には，その子 1 人では抱えきれない苦悩があり，抵抗することが困難なほどに抑圧の

力が作用していることを示したうえで，その力を乗り越える（＝自立する）ほうへと向かって「共闘的指導」を展開していくことが肝要であることを謳った（京生研，2007）。

「2005 基調提案」と「2007 基調提案」のいずれもが指摘しようとしていることは，「課題を抱えた子ども」たちは，その生きる過程での困難さの中で，「もう一人の自分」を生み出す可能性すら摘み取られてきてしまっているのではないかという仮説である。その仮説の背景には，教師は「私たちが求める共同的価値」を体現してくれるはずの「課題を抱えた子ども」たちの「もう一人の自分」を，「ケアと応答の関係」の構築を通して生み出すことから始めなければならないという情勢にあるという分析があるのである。

先述したように，「もう一人の自分」とは，「私たちが求める共同的価値」を体現してくれるという意味で，京生研の実践構想にとって鍵となる概念である。それが子どもたちの中に生み出されにくくなっているという情勢が，京生研の実践において，個人指導と集団指導との乖離を呼び起こす要因の1つであったかもしれないのである。

2.　個人指導における「もう一人の自分」の位置と意味

(1)「もう一人の自分」の確立のすじみち

京生研の理論と実践に大きな影響を与えたものに，全生研の第27回全国大会（1985 年度）基調提案「生活と公教育の危機に対して，地域と学校をつらぬく生活指導の原則を明らかにしよう」（以下，「第27回大会基調提案」）がある。

「第27回大会基調提案」において「もう一人の自分」の問題は，「対他関係のゆがみと内的葛藤のなかにあって，行動のみだれを見せている子ども」を対象にした個人指導のありようを提起する文脈の中で練り上げられる。教師はこうした子どもと「親密な関係を結び，かれとの信頼関係をつくろうとする」。このとき教師を「自分のなかの支配的他者のシンボルとしてみざるをえない」子どもは，「信頼できそうな教師に出会うと，この教師を試しにかかり，現象

的には行動の乱れがひどくなる」。それでもなお，教師がその子どもを決して切り捨てることなく，粘り強く向かい合っていくことによって，その子どもとの間に指導―被指導の関係が成立していく。その内実について，「第27回大会基調提案」は次のように述べる（全生研常任委員会，2000，74-76）。

　　子どもは教師のなかに，これまで見たこともないような別の教師を発見し，共存的な他者として受け入れていく。そして，かれは教師に自分の生活や対他関係を語りだす。教師もまた，かれの自己表出，自己表現を促していくことのなかで，かれのなかのもう一人の自分（自我）をおこしつつ，かれとともにかれを知っていく。そのなかで，かれがその内面にどのような支配的他者や同調的他者をかかえているのかをつかみ，それらと争いながら，自律と連帯を求めてあがいているかれらのなかのもう一人の自分を発見し，それに共感し，共存できるようになる。

　　しかし，そうなると，子どものなかの支配的他者も反撃に出るから，錯綜した内部葛藤は明確な内部闘争へと昇華してくる。このために子どもは揺れに揺れることがある。そうしたとき，教師は子どものなかのもう一人の自分を信じ，かれの自己の再編，対他関係の再編要求にそうて，かれに明確な要求を持続的に提起しつづける。それによって，彼のなかのもう一人の自分と共闘していくことが必要となる。また親や仲間のなかにもかれと同じく自立と連帯を求めてたたかっているもう一人の自分のいることをかれに認識させ，かれがそうした他人を信じ，支えにして，自分の要求をかかげて集団に参加していくように指導していくことである。そのとき個人指導は，ときとして，集団指導の，核への個別的接近に転化する。

　　このように，個人指導の眼目は，子どもの内部に共存的な他者をつくりだすことのなかで，自己認識，自己指導主体としての自我を自立させ，連帯して生きる社会的自己をきずきだしていくことにある。

内面に受け入れた「共存的他者」を支えにしながら，その「共存的他者」を生み出す源となった具体的な他者である教師に対して「自己の生活や対他関係を語りだす」ことを通して，「もう一人の自分」ははっきりとした姿を見せる

ようになるのである。だが，「もう一人の自分」がなぜ「自立と連帯を求めてあがいている」と意味づけられうるのかについては，「第27回大会基調提案」は必ずしも明示的ではない。この問いに応えるために，「第27回大会基調提案」の理論的基盤の1つであるアンリ・ワロンのパーソナリティ発達の理論について，少し検討してみよう[2]。

(2) ワロンのパーソナリティ発達の理論と個人指導の構想

　ワロンによれば，3歳ごろから始まる自我主張の時期の最初に，反抗のために反抗するかのような自我主張を始める。4歳になるころには，「自分を際立たせ，みえをはり，自分にうっとりできるようになりたい」と思い始める時期（＝自己愛的傾向の時期）を過ごす。その過程を経て5歳ごろには，「実際に大きく優れた自分になりたいという欲求」に基づいて，他者の「模倣によってその人物の長所や才能を取り入れ，わがものとして，その人に取って代わろう」とするようになる（ワロン，1983，31）。こうした一連の自我主張のときに，身のまわりの人たちが確かな存在として応答を返していく中で，子どもは自らの中に「内なる他者」を見出していく。ここでいう「内なる他者」とは「第二の自我」とも「社会的自己」とも称されるものであり，それは「自我の分身であり，自我と共存し，自我と切り離しては考えられないもの」であるが，自我とは「一致しないことのほうがおおい」ものである。ワロンによれば，このような「内なる他者」には複数の他者が含まれていて，「内面世界と周囲の具体的世界をつなぐ媒介者」の役割を果たすとされる。したがってこの「内なる他者」は，「自我のほのかな意志と自我に対する他者の影響とを同時に表している」のである（ワロン，1983，38-39）。

　その後「内なる他者」は，少年期的世界における「秘密基地」遊びに典型であるように，秘密の共有ができるような「腹心の友の役割を担ってくれる誰かを他者のなかに求める」ようになる。「内なる他者」がもつこうした媒介作用に導かれて，自我は他者を求め，「秘密の共有によってその人と緊密に結びつき，同時にその人に依存するようになっていく」。このことを通して子どもは他者とつながり，その中で自我が集団にまで広がっていく感覚と同時に，仲間

であり続けるために一定の抑圧を自らに与えることを経験する。この経験は家族の中で一定の地位に押し込められてきたことと，自分自身であり続けることとの矛盾を克服する原動力として作用するのである（ワロン，1983, 39-42）。

　さらに思春期になると，身体の変化とも相まって，「冒険したい」「日常生活をぬけ出したい」「おなじ感情をもった他者たちと一緒になりたい」「現実の状況から脱出したい」という気持ちがわき上がるが，社会的な価値や倫理的な価値につながる可能性を備えたこうした気持ちを利用して，「子どもたちが現前にあるいろいろな価値のなかから，自分の選択を行ってい」くべきことを，ワロンは指摘する（ワロン，1983, 99）。

　このワロンのパーソナリティ発達の理論をふまえるならば，竹内常一が「第27回大会基調提案」で提起した個人指導の構想は，次のように読み換えられる。その指導は，支配的他者の勢力下にあった彼ら／彼女らの「内なる他者」を複数の共存的な他者で満たしていき，「内なる他者」が共存的な他者の勢力下に置かれるように働きかけていくことを目指しているのである。このことを通して，「内なる他者」と「自我」との内的対話を促しながら，「自立と連帯を求めるもう一人の自分」をその子どもの「自我」として育んでいくという構想である。「自立と連帯を求める」ような「もう一人の自分」がその個人にもともと備わっていると把握するのではなく，そうした価値を大切にしようとする具体的な他者との関わりの中で，同じようにその価値を大切にしようとする「もう一人の自分」を生み出していくという構想なのである。

(3) 人間教育の担い手としての「闘う」教師──現実と，自らと

　竹内は，「第27回大会基調提案」に先立つ4年前の1981年に，「非行・校内暴力克服の視点とすじみち」と題する論文を発表している。そこでは当時の情勢について，非行・校内暴力的状況の中にある子ども，教師，親は「日々，人間的であり得るかどうかという決定的な岐路のまえに立って，内的現実においても，外的現実においても苦悩している」だけでなく，そのことを通して「民主主義かファッシズムか，平和か戦争かという選択を日々行っている」と把握されていた。この情勢分析に基づいて竹内は，「非行・校内暴力状況の克

服に取り組むわたしたちは，日々の大小の事件を介して，子どものなかにある人間性衰退の症候群を問題にし，それに代えて人間性発達の傾向群を子どものなかにつくり出していかなければならない」という方針を提起したのであった（竹内，1981，21）。

　当時の情勢の中で「人間性発達の傾向群を子どもたちのなかにつくり出していく」教育を追求しようとした教師たちに共通する姿勢を，竹内は次のように描く。「非行・校内暴力状況を恐れて，教育体制のなかに逃げこもうとする自分，能力主義，国家主義の教育体制のなかに埋没して，子どもと対立する自分と対自的に向かい合い，それを意志的に拒否して，子どもと現実のほうへ意志的に進み出ようとしている」という姿勢である。それは「自分の人間的尊厳を貫き，教師としての人間的な誇りを守る内面的な格闘をつうじて，子どもの人格形成のたたかいに参加しようとしている」教師の生きざまであった。こうした内的な格闘を継続しながらもなお，「自由と正義に対する情熱を持ちつづけるとき，はじめて，現代の人間の置かれている状況を黙示録的なものとして想像できる」のであって，その想像力によってこそ，自らと同じ状況を「共有し，その状況のなかで，たとえ倒錯したたたかいであれ，たたかっている子どもが教師に見えてくる」と竹内は指摘するのである（竹内，1981，23-24）。

　教師の中にも，「子どもから逃げ出したい」と思わせたり，「子どもを取り締まりの対象とすべきだ」と思わせたりする「声」を発する「内なる他者」が存在する。竹内は，そうした「声」をもたない者，消してしまった者を教師と呼ぼうとしているのではない。そうではなくて，そうした「声」を自覚したうえでそれとは別の自分であろうとする「声」を必死に支えながら，子どもたちに「共存的他者」として受け入れられうる人格（＝「人間としての誇りをもつ者」）でありたいと願い，その実現に向けて外的にも内的にも闘っている者を教師と呼ぼうとするのである。

　このような教師像の把握は，子どもたちの中に「もう一人の自分」を育んでいく指導を展開していくうえで，重大な示唆を与えている。教師は「自由」や「正義」あるいは「自立と連帯」といった価値の絶対的な体現者として子どもたちの前に立つのではない。そうではなくて，教師もまたそうした価値を実現しようと闘っている人間として子どもたちの前に立ち現れることによって初め

て，彼ら／彼女らに「自立と連帯」を求めてあがいている「もう一人の自分」
を育む指導が可能になるというのである。このとき子どもたちは，その教師が
外的および内的な闘いの過程を経る中で形成してきた，その教師自身の「内な
る他者」に出会い，教師の中の「もう一人の自分」を垣間見ることによって，
自立しかつ連帯して生きる生き方を選び取るほうへと歩み始めることができる
のである。

3.　デモクラシーの実現と「内的複数性」

　上述のように考えるならば，個人指導が展開される場とは，外的および内的
な闘いを教師と子どもの相互に要求し続ける場であるということができよう。
換言するならば，個人指導を展開することは，教育的な営みの中で教師と子ど
もとが互いに，自らの中に複数の「声」をもつ存在として出会い直していくこ
とを意味している。

　このような複数の「声」をもつ存在として，すなわち自己を「内的複数性」
をもつ存在として位置づけ，それをデモクラシー実現のための重要な視点の
1つとみなす動向は，近年の政治学の中でも見受けられる。

　デモクラシーを根源的に実現していくための条件の第一として，齋藤純一
は，意見の複数性の擁護を挙げる[3]（齋藤, 2008, 9）。この条件に関して，齋藤
は，「人びとの間の複数性を維持すること」と「自己の内的複数性を維持する
こと」との関連のあり方について問いを立てて考察を進める（齋藤, 2008, 7）。
彼は「内的複数性」の解消，すなわち内面において響くはずの「声」が失わ
れるときに内的対話が喪失し，それによって批判的な思考もまた失われてい
くが，このとき「そのときどきに支配的で『正常』なコードへの抵抗なき順
応，さらには能動的な従順，自己動員へと赴く」ことになると指摘する（齋藤,
2008, 24）。

　他方で，「複数の自己を単一の自己へと統合」しようとする近代的な自己の
とらえ方が，他者および自己への憎悪や攻撃を呼び寄せてきたこともまた，齋
藤は指摘する。アイデンティティ＝自己同一性をもつことが自明視されてきた

中で，自らのアイデンティティを形成するために抑圧した「声」を表現する具体的な他者に出会ったとき，その他者に対して激しい憎悪を抱くとともに，自らのつくり出した秩序を動揺させる脅威としての恐怖を抱く。加えて，到達すべき理想像として規定された特定の自己像にたどり着けない自己への憎悪が，自らへの攻撃を生み出すのである（齋藤，2008，20）。

　以上のような齋藤の議論をふまえるならば，内的な闘いを「一つの声」へと収斂させていくとき，その個人は他者あるいは自分自身を攻撃する芽を自らに宿してしまう。したがってデモクラシーの実現にあたっては，「内的複数性」をもつ存在であり続けること，すなわち，内的な闘いを継続している存在であり続けることが求められているのである。

4.　公共空間と親密圏との間

（1）生活指導論における公共空間の把握の視点

　齋藤によれば，「デモクラシーにとって意見の複数性が『最高の条件』であるのは，一人ひとりの意見が他者には現れない世界の複数の真実をそれぞれ語るから」だという。それぞれの人に固有な意見に接することによって初めて，「共通の世界がいかに多様な相貌をもつかを知りうる」のである（齋藤，2008，31）。

　近年の生活指導論において，「出会い直し」という言葉や子どもの「見え方（view）」という言葉がキーワードとして取り上げられているが，その言葉を「他者理解の進展」という狭い意味で理解するのでは不十分である。それは，他者とともにあるこの世界（学級・学校）を自分はどう見ているのかについて，お互いに気づいていくことである。公共空間において世界に対する見え方を確認し合うからこそ，世界をともにする自分たちにとって共通の課題は何であるのかが把握されていくことになるのである。

　ここで，生活指導論における「公共」概念を検討した山本敏郎の所論に依拠しながら，生活指導論における公共性問題を整理してみたい。

　山本によれば，「公共性」という概念は，「ある事業がもっている人々の共通の利益の実現や権利保障という事業の性格をさす」。このことから，「公共性」を用いる場合には，「共同（communal）」であることが必要不可欠の条件となる。ここでいう「共同」とは，「それを意識するかしないかにかかわらず，一定の範囲の人々の間では共通に関わりのあるという出来事や物事や財がもっている性格」のことである。そして「その問題の重大さ，重要さの認識や感じ方に違いはあっても，一定の範囲の人々の間での共通のことがら」，たとえば，「平和」「貧困」「雇用」「遊び場の確保」「行事」「いじめ」等々は，「共通課題（communal matter）」として位置づけられる（山本，2006，8）。

　ここでいう「共通課題」について山本は，共通であることの認識や考え方の違いから，その課題が潜在的であることは避けられないとする。こうした潜在的な共通課題について，「誰かが個人または個々の家庭の自助努力（self-help）では解決できない問題として発議し，問題提起することで，潜在的な共通課題は公共的な課題（public problem）として顕在化」する。さらに「課題についての認識や取り組み方について相違点が出て来た場合は，公共的な課題は公共的な争点（public issue）に転化」する（山本，2006，8-9）。

　他方で，「公共空間」という概念は一般に，「自立した諸個人による自由な言説の空間」であるという定義がなされるが，公共空間が「公共」を冠する以上，それでは不十分である。山本も指摘するように，特定の個人・グループに利益ないし不利益が生まれる取り決めがなされる空間は「公共空間」にはなりえない。潜在化している共通課題を顕在化させ，公共的争点にまで立ち上げていく場こそが，「公共空間」と名づけるに値するのである。

　したがって，「公共性」概念を使用するにあたっては，何をこそ公共の課題として扱うのか（＝公共性），その課題はどのように顕在化しうるのか（＝公共空間），設定された公共の課題を誰（どの組織）がどのように担うのか（＝組織／活動）という問題領域を区別しつつ関連づけていくことが重要となるのである。

　こうした整理をふまえて山本は，公共の課題を立ち上げていく「公共空間」に関わって，ハーバーマスの議論に依拠しながら，「私的な個人たちが自発的に集い，討論し，実践し，交流しあう空間を多様に形成し，それらをネットワーク化しつつ，学校のありよう，社会のありようを問うていく政治的公共空

間の形成とそれを担う組織づくり」の必要性を主張するのである（山本，2006，11）。

（2）指導構想における親密圏の位置づけ

　他方で，船越勝・木村勝明・藤木祥史らは『共同グループを育てる』の中で，「『居場所』集団が『共同グループ』に発展していく」という指導の見通しを構想している。ここでいう「共同グループ」は，「①内部において親密さに裏打ちされた生活の共同化が成立していること，②外部に対しては，公的に認知され，平和的社会制作を進めるために働きかけ，自治へと参加していること」として規定されている（船越・木村・藤木ほか，2002，118）。「居場所」集団はこうした「共同グループ」に発展する可能性をもつものとして位置づけられている。それは「受容・共感を基本とする集団」であり，そのため閉鎖的になりやすく，同質化を求める傾向にある集団でもあるが，その集団の形成にあたっての子どもの任意性をも併せもつ集団として構想されている（船越・木村・藤木ほか，2002，123-124）。すなわち，「居場所」集団が「共同グループ」に発展していくという指導の構想は，山本の主張では顧みられることのない，親密圏の問題を重視しているのである。

　公共空間と親密圏との関係について，齋藤は，親密圏における「受動性／受容性の経験」は，「生の困難の原因を他者自身の本質的な欠陥や欠落に帰して関係性を断ち切るのでないかぎり，社会の秩序や自己の秩序を現在編成している価値のあり方に対する疑問や問題化へと繋がることもある」と指摘する（齋藤，2008，215）。すなわち，親密圏が公共空間の役割を果たすようになりうることを示唆しているのである。

（3）親密圏の内実

　齋藤は，親密圏を「具体的な他者の生への配慮／関心を媒体とするある程度持続する関係性」として描く。そのうえで，親密圏は対等な者たちによるアソシエーションとは異なり，「自らの必要や意思をはっきりと表現することので

きない他者との関係性を含む場合がある」ほどの，「非対称的な関係性」として特徴づけられる（齋藤，2008，212）。

　さらに，親密圏での「関係性は身体の接触や感情の呼応，相互の発話への応答によってしだいに形成される」のであるから，互いの関係は「容易には解消しがたいもの」となっていく[4]（齋藤，2008，213）。このことは，「一人ひとりの生の物質性」をそれほど重視するわけではないアソシエーションとは対照的である。

　こうした「具体的な他者の生への配慮／関心」に関わって，齋藤は「その他者の生の困難」に曝されることによって，「自らが一方的に制御することのできない他者の感情に曝される」と指摘する。だが，「その感情を少なくとも幾分かは受けとめ，それに反応を返すという呼応が繰り返されるなかではじめて，親密圏は互いの現われをひきだすことのできる空間になっていく」（齋藤，2008，213）。この呼応の関係の中で，「親密圏の他者は社会的な承認とは異なった承認を，社会的な否認に抗しながら，人びとの生に与えることができる」のであり，「無視されていない，排斥されていない，見棄てられていないという基本的な受容の経験」が，「人びとの『間』にあるという感覚や自尊の感情を回復させ，社会が否定するかもしれない生の存続を可能にすることもある」とされるのである（齋藤，2008，206）。

　齋藤による親密圏の把握は，もっとも困難な「課題を抱えた子ども」が公共空間へと「現われ」てくるためにはやはり，その彼／彼女にとって「生への配慮／関心」によってつながっている親密な空間が必要不可欠であることを想起させる。公共空間への「現われ」は個人の努力や能力に還元されるべきものではなく，「生への配慮／関心」によってつながった親密圏を支えにすることで初めて，可能となるのである。そうであるとするならば，あらためて次の問いが未解決の課題として浮かび上がる。すなわち，個人の「生への配慮／関心」といった，きわめて私的な事柄によってつながっている親密圏と，共通の課題を立ち上げていく公共空間とはどのように関係づけられるのかという問題である。

　この問いは，親密圏における受動性／受容性の経験が，「社会の秩序や自己の秩序を現在編成している価値のあり方に対する疑問や問題化へと繋がるこ

ともある」（傍点引用者）のはどんな場合であるのか，その条件は何なのかという，齋藤が控え目に言及した課題についての考察の必要性を浮かび上がらせる。この問いはまた，「一人の問題はみんなの問題である」ことが可能になる場合の条件とその方法への考察とつながるであろう。

5.　実践課題としての「共有課題」の意識化

（1）集団指導の要点としての「共有課題」の意識化

　「生きづらさ」を抱え込まされている子どもたちが，その苦悩をうまく表現できず，そのため他の子どもたちには受け入れ難かったり，理解し難かったりするような行為を行ってしまうことはありふれた日常である。ある行為がその子どもの「弱さ」の証しであるとして，当該の子どもを陰に陽に排除していこうとする状況があるのは，「2001 基調提案」が描いたとおりである。

　こうした子どもたちをも教育の営みから決して排除しないために，学校教育における生活指導実践は，それぞれの子どもたちに居場所を保障しようとして，大きくは2つの視点から実践を展開してきた。1つには，トラブルを繰り返しながらも行動をともにしている子どもの関係があった場合，その子どもたちは発達課題を共有するからこそ行動をともにしているという分析に基づいて，その発達課題を互いに乗り越えていけるように支えながら，他の子どもたちとの関係性をも変えていこうとする視点である。2つには，試行錯誤しながらも，誰よりもまず教師が，侵害したり侵害されたりしないような関わりの見本を示しながら，「学級内クラブ」の取り組み等の活動を組織することを通して，子どもたちの関係性を生み出していこうとする視点である。いうまでもなく，この2つの視点は，実践的には重なり合いながら展開されることになる。

　ここで重要なことは，「課題を抱えた子ども」とその子と関わりたくないと思っていた子どもたちとの間に共通点が存在することを，子どもたちに意識させていくことである。その共通点は，しばしばその子どもたちの「共有課題」でさえあるからである。「私たちは『世界』をはじめ『国家』や『地域』『学

校』など数多くの集団を共有しており，それらの抱える問題もまた共有している」がゆえに，「個々の抱える問題は，表面的には食い違って見えるが，その根源には実は同じ問題が潜んで」いる。だからこそ，その課題に「共同して取り組まなければ，自己実現は達成されないということにも気づかせていかねばならない」のである（船越・木村・藤木ほか，2002，96）。

(2)「もう一人の自分」は「悲しみの経験」とともに語られる

　「共有課題」の意識化という課題は，実践的にはしばしば「もう一人の自分」との関わりの中で取り上げられることになる。このことに関する典型的な実践場面が，高木安夫の実践の中にある。高木に「教師に対してのあの態度はどこからくるんや？　俺に文句あるんか，それともこれまでの経験が影響してるのか，俺か過去か？」と問われた隆信は，小学5年生のときに担任との関係の中で味わうことになった「悲しみの経験」を語り始める。その語りは，自分が徹底的に無視されたこと，その仕打ちに腹を立ててわざと悪いことをしたら，自分ばかり悪者にされ，さらには自分がやっていないことまで親にいいつけられ，親も信じてくれなかったということを涙ながらに語ったという（高木，2013，122）。それは端的にいうならば，「誰からも信じてもらえなかった」という，人間として成長していくためには欠かすことができない「基本的信頼感」の獲得を妨げられたばかりか，踏みにじられさえした彼の「悲しみの経験」であった。そこには，「他者を信じたいし，他者から信じられたい」という彼の願いや，それを可能とするような自分でありたいという，「もう一人の自分」への願いが秘められていた。すなわち隆信は，「もう一人の自分」への願いを「悲しみの経験」とともに語っているのである。
　こうした「悲しみの経験」について，齋藤は「私的な出来事」ではなく，政治性を帯びさえするものだと指摘する（齋藤，2009，116-117）。では，「悲しみの経験」が政治性を帯びるとはどういうことであり，それはどのようなときに可能となるのであろうか。

(3)「悲しみの経験」とその政治性

　齋藤は,「悲しみの感情が,自己を他者にひらき,他者とのこれまでの関係のあり方(そして相互のあり方)を変えていく可能性を導く」ことを指摘する。「他者の感情に反応し,その苦難や必要に曝される受動的な経験は,主体の自己保存にとっては,リスキーな事柄」であることは疑いないが,にもかかわらず,「悲しみの感情」は,自他の関係のあり方を変えていく可能性をもつ。なぜなら,「悲しみの感情」は,「私たちが身体を生きる損なわれやすい存在」であるがゆえに,「何が傷つけられてはならないかについての規範的期待を互いに共有していることを告げ知らせる感情」だからである。それゆえにこそ,「実際に生が傷つけられた状態を不正な状態として描き直すことによって,相互の規範的期待を承認していくとき,悲しみの経験はそれを損なっているものを批判的に問い返す政治性を帯びることになる」というのである(齋藤,2009,116-117)。

　このことを生活指導実践に引きつけて考えるならば,以下のようになろう。すなわち,友だちが「傷つけられた状態」をその子どもの自己責任として切り捨てるのではなく,その「痛み」は彼/彼女にとって不当な結果であり,それは忘れたりごまかしたりしてよいものではなく,きちんと悼むべきものであると「定義」づけると同時に,それは自分にも起こりうることであり,その「痛み」を不当なものとして認識することは「正当である」ことを互いに承認していくとき,彼/彼女の生を傷つける力に抗う営みに共闘していく道がひらかれるのである。では,このような営みが可能となる条件とは何だろうか。

6.「悲しみの経験」と共闘的指導

(1) 感情を読みひらく共同探求としての論議

　齋藤によれば,すべての感情は「程度の差こそあれ,何が重要であり,妥当であるかについての認知的評価(cognitive appraisal)をともなっており」,その

認知的評価は「他者や社会のそれによって媒介されている」。つまり感情は，「人々の間で共有される（暗黙の）規範的期待を指し示している」のである。しかもその規範的期待は私たちの「生の心底の次元に蓄積されるもの」であり，「私たちの知覚や思考，意欲や判断のあり方を左右する気質を形成している」。したがって，「規範的期待が損なわれるときに生じる感情反応は，それを共有する者の間で反響し合い，増幅されることもある」のである（齋藤，2009，115-116）。

　そうであるからこそ，規範的期待が損なわれたという経験が「『不運』として脱政治化されるのではなく，『不正義』として政治化されていくため」には，その経験から導き出される感情が無理からぬものであるという応答が他者からなされることが肝要となる。なぜなら，その感情を自らの言葉だけで解釈することは，問題を私事化したり，感情が生起しないように自らの感性を鈍磨させたりするほうへと向かうからである。したがって，「自己や他者の感情反応がなぜ惹き起こされているのかの理由を共同で探究する過程」として，論議をとらえていくことが重要であると，齋藤は指摘するのである（齋藤，2009，118-119）。このことは，「すべての行為には理由がある」という認識に基づいて，子どもたちの行為やトラブルを読みひらいていく実践として具体化されているともいえよう。

　加えて，先に触れた高木実践における隆信の語りは，以下のようなことを私たちに告げている。すなわち，他者から不当に扱われたり，「ありたい自分」になれない自分に気づかざるをえなかったりするような，その子どもにとっての「悲しみの経験」が彼らの語りの中に隠されているということ，彼ら／彼女らに悲しみを経験させることになった出来事や状況は，他の子どもたちもまた共有することが可能な事柄であるということである。したがって，「共有課題」の意識化とは，論議の中心として位置づけようとする子どもの「悲しみの経験」を引き起こしたものは何なのかを共同で明らかにしながら，そこで明らかとなった「何か」に触れたとき，その論議に参加した者たちがそれぞれにおいてどのような感情を抱くことになるのかを交流していくことを通して可能となると考えられるのである。

（2）「悲しみの経験」から見えてくる「共有課題」

　他方で，ある子どもの「悲しみの経験」は，その子どもが「不正義」の状態に置かれていることにほかならないことを意味している以上，その「不正義」が何に由来するのかを明らかにしていく論議にならざるをえないし，そうしていくべきでもある。この過程は，場合によっては，その子どもに「悲しみの経験」をもたらしてしまったのは，その子どもを取り巻く集団の側に彼／彼女に対して傷を刻みつける力が発生していたことを明らかにする過程ともなろう。この過程こそ，「2001 基調提案」が「両極をつかんで中間をあぶり出す」と象徴的に表現した実践構想の内実にほかならない。

　この構想は，「課題を抱えた子ども」とリーダーとが読みひらいた事実を手がかりに，「適応層」の子どもたちを自分たちもまた侵害されつつ侵害しているという状況に向かい合わせ，このことを通して「適応層」の中心にいる子どもをあぶり出しつつも，その子どもの中にある発達苦悩を読み取りながら，「平和的関係性を目指して，連帯的追求をしかけていく」というものであった。この構想はいまや，「課題を抱えた子ども」の「悲しみの経験」を読みひらきながら，「適応層」の中心にいる子どもの「悲しみの経験」に迫っていき，その両者に「悲しみの経験」を刻印した共通する「不正義」の現実を変えていこうとする実践構想であったと読み深めることができるであろう。

　それは，「課題を抱えた子ども」に「悲しみの経験」を刻印したものは何なのかを明らかにする論議を展開しながら，その何ものかによってもたらされている発達疎外状況を乗り越えるような活動を構想していくと同時に，その子どもに「悲しみの経験」を刻印した「不正義」の現実を「共有課題」として意識化しながら，その現実を変えていく活動を構想していくことが集団の発展をも導き出すということである。

　もちろん，子どもたちに「悲しみの経験」を語らせることが容易ではないことは，多くの実践が示すとおりである。だが，京生研に集う教師たちは，自らもまた傷つきながらも彼ら／彼女らをケアしつつ，彼ら／彼女らの「悲しみの経験」に迫っていこうとしている。それが可能なのは，京生研に集う教師たちが，子どもたちに「悲しみの経験」を刻印している「不正義」の現実と，自分

たちを抑圧してくる「不正義」の現実とが深いところでつながっていることを看取しているからであり，その現実と闘おうとしているからである。

　この闘いに連帯し続けるための研究はまだ緒に就いたばかりである。だがすでに見てきたように，秀逸な生活指導実践には，最新の政治学をさえ凌駕するかのような理論的契機が含まれている。今後も生活指導実践と哲学や政治学の議論との往還を図ることを通して，インクルーシブな社会の構築を導き出す視点と方法を追求していきたい。

［注］

(1) 京都府生活指導研究協議会 HP（http://www.kyoseiken.com/）（2017 年 12 月 8 日最終閲覧）参照。
(2) 浜田寿美男によれば，ここでいうパーソナリティとは，「個体としての子どものもつ性格・特性」ではなく，「周囲の人や物，時と場の中で子ども（あるいは人間）が人としてどう存在しているのか」を表現する概念である（ワロン，1983，107）。
(3) 齋藤はその他の条件として，国家だけを政治の領域とはみなさない「政治的領域の多元性」，「公共的」争点として政治のアリーナにまだ浮上していない問題や争点化そのものを妨げられている問題を発見し，応答する政治的感性，人々の政治的平等（＝人々の意見交換に相互性が成り立つこと）を妨げるような障害を取り除くことを指摘する（齋藤，2008，10-11）。
(4) 齋藤は，親密圏から退出する自由の制度的保障が重要であることにも言及している。

［文献］

船越勝・木村勝明・藤木祥史ほか（2002）『共同グループを育てる——今こそ，集団づくり』．クリエイツかもがわ．
京都府生活指導研究協議会（1994）「1994 年度基調提案『80 年代の子どもと実践をもとに，90 年代の実践研究テーマを明らかにしよう』」．http://www.kyoseiken.com/94kityo.html（2017 年 12 月 8 日最終閲覧）．
京都府生活指導研究協議会（2001）「2001 年度基調提案『集団の課題に抑圧される側からの集団づくり』」．http://www.kyoseiken.com/2001kityo.html（2017 年 12 月 8 日最終閲覧）．
京都府生活指導研究協議会（2005）「2005 年度基調提案『重い発達課題を背負った子どもの指導と職場づくり』」．http://www.kyoseiken.com/2005kityo.html（2017 年 12 月 8 日最終閲覧）．

第4章　インクルーシブ授業の基盤となる学校づくり・集団づくり

京都府生活指導研究協議会（2007）「2007 年度基調提案『共生関係を形成されずにきた子どもたちの集団づくりを問う』」．http://www.kyoseiken.com/2007kityo.html（2017 年 12 月 8 日最終閲覧）．

齋藤純一（2008）『政治と複数性——民主的な公共性にむけて』．岩波書店．

齋藤純一（2009）「感情と規範的期待——もう一つの公私区分の脱構築」．『岩波講座 哲学 10 社会／公共性の哲学』．岩波書店．

高木安夫（2013）「被虐待児の個人指導と集団指導——隆信の自立に向けて」．『「Ｋの世界」を生きる』クリエイツかもがわ．99-144．

竹内常一（1981）「非行・校内暴力克服の視点とすじみち」．『生活指導』第 294 号．明治図書．19-28．

ワロン，H. 著，浜田寿美男訳（1983）『身体・自我・社会』．ミネルヴァ書房．

山本敏郎（2006）「生活指導における〈公共〉概念の再検討」．『金沢大学教育学部教育工学研究・実践研究』第 32 号．1-12．

全生研常任委員会編（2000）『全生研大会基調提案集成』第 3 集（私家版）．61-80．

第Ⅱ部

英国におけるインクルーシブ授業の原理と方法

　第Ⅱ部においては，1990年代後半からインクルーシブ教育の推進を掲げて実践を展開してきた英国の動向を取り上げる。英国では，2000年以降，障害者差別禁止法を制定し，可能なかぎりインクルーシブな場で教育を提供することができるように対応することが求められるようになった。その一方で，学習困難児が通常の学級で効果的に学習できるように，すべての教師が質の高い教授を展開し，指導できるようになることが重要であると強調されている。

　こうした中で，第Ⅱ部では，主として2000年以降の英国インクルーシブ教育実践の動向を概観しながら，学習困難児が通常の学級で効果的に学習するためにどのような教育原理を用いて，どのような教育実践を展開することが求められるのかという点を検討したいと考える。特に，インクルーシブ学校をどのようにつくるか，またインクルーシブな授業を展開するためのカリキュラム開発や特別な支援の提供方法について，英国の学校現場における実際の取り組みをもとに示していきたい。

第 5 章

英国におけるインクルーシブ授業の発展と学力向上の方策

英国の障害者差別禁止法とインクルーシブ教育の発展

1. はじめに

　2006年12月に国連で「障害者権利条約」が採択され，日本政府も翌年，この条約に署名した。この条約では教育・福祉・労働などのあらゆる分野で障害者に対する「合理的配慮」を提供することが求められ，とりわけ，教育分野においてはインクルーシブ教育と関連して議論されてきた。このような流れは，すでに1994年の「サラマンカ声明」から始まっていると考えられてきたが，インクルーシブ教育やそこでの合理的配慮の内実については各国で一様ではないことが指摘されている（渡邉, 2011, 7）。

　英国では，1996年にブレア労働党政権が発足すると，政府の方針として「インクルーシブ教育」の推進が掲げられ，その後10年以上にわたって制度的・実践的に整備・発展してきた。なかでも，英国では1995年に「障害者差別禁止法（DDA）」が制定され，続いて2001年には「特別な教育的ニーズと障害者法（SENDA）」の制定へと続き，1990年代半ばから2000年代はじめにかけて，英国インクルーシブ教育の制度的な枠組みが形成されていった（Tomlinson, S., 2005；真城, 2010など）。

　しかし，これまで英国のインクルーシブ教育において，障害者差別禁止法などの権利擁護的側面の整備と，インクルーシブ教育実践の発展がどのように関連していたのかという点について，詳細に検討されてこなかった。英国のインクルーシブ教育も1994年の「サラマンカ声明」を受けて発展してきたことや，同時期に障害者差別禁止法などの権利擁護的側面が発展していることをふまえると，両者には何らかの関連性があるのではないかと考えた。そこで，本節では英国が差別禁止法を制定した1995年以降，障害者の権利的側面が発展する中で，英国インクルーシブ教育がどのように発展し，障害者等の特別な教

育的ニーズのある子どもが通常の学校でどのような教育を受けるようになったのかを明らかにしたい。

2．英国における障害者差別禁止法の制定と合理的調整

　英国では，1995 年に障害者差別禁止法（DDA, 1995）が制定された。この法律は，雇用や仕事，教育，輸送などの分野でサービスを受ける際に，障害があることにより差別されることを禁止した。具体的には，雇用に関する規定（第6条）の中で「雇用者が調整（arrangements）を図る義務」を課した。そこでは，表5－1－1のようにAからLの項目を例示して，障害のある労働者に対して配慮することが求められた。一方，教育分野に関しては，1993 年教育法第 161 条第5項の後に，「障害者の入学に関する調整（arrangements）」や「障害者が学校にアクセスできるように設備を提供すること」とし，その成果を年次報告することを義務づけた。

　このように，英国の合理的調整は 1995 年の差別禁止法の中で規定された。そ

表5－1－1　英国の雇用に関する合理的調整

A）建物を調整する
B）障害者が行うべきことのいくつかを他の人に割り当てる
C）現在，欠員となっているところに障害者を補充する
D）労働時間を修正する
E）障害者には多様な仕事の場を割り当てる
F）労働時間中にリハビリテーション，アセスメント，治療（トリートメント）を行う場合，欠勤を認める
G）障害者に職業訓練の機会を与えたり，障害者が職業訓練を受けられるよう調整する
H）設備を購入したり，修正したりする
I）指導方法や参照するマニュアルを修正する
J）試験やアセスメントの方法を修正する
K）代読者や通訳者を提供する
L）スーパーヴィジョンができる人を提供する

出典：第6条第3項より。

の主たる内容は雇用に関することであったが，教育分野では，「入学」および「学校へのアクセス」に関して調整する必要があることが規定された（表5-1-1）。

　1995年の障害者差別禁止法を受けて，特別な教育的ニーズと障害者法（SENDA, 2001）が制定された[1]。具体的には，「責任ある組織（教育委員会や学校理事会など——引用者注）が，合理的となるように，次の点を保障しなければならない」と指摘した。

A）学校に生徒が入学する際の調整に関して，他の子どもと比べて著しく不利な立場に置かれることのないようにすること

B）学校で生徒に提供される教育や関連するサービスについて，他の子どもと比べて著しく不利な立場に置かれることのないようにすること

（第13条第1項）

　こうした一般条項を設けたうえで，SENDA（2001）では，「アクセシビリティに関する方法と計画（accessibility strategies and plans）」を各地方教育当局が準備しなければならないと明記された。このとき，「アクセシビリティに関する方法と計画」は文書化されていなければならず，地方教育当局は一定期間が過ぎたらその方法と計画を再検討することが求められ，その実施についても地方教育当局の義務（duty）とされた（第14条）。

　以上のように，教育における合理的配慮＝アクセシビリティの確保が求められ，学校入学や学校在学中の教育および関連サービスにおいて差別的な対応がないように，アクセシビリティを確保する方法を計画しなければならないと明記された。

3.　学校改善の方向性とアクセシビリティ

(1)「インクルージョンの指針」から見るアクセシビリティ

　SENDA（2001）の制定直後，民間の任意団体であるインクルーシブ教育研

究センター（CSIE）は，インクルーシブ教育をさらに推進するために「インクルージョンの指針（Index for Inclusion）」を改定し，学校から排除されることのないように学校改善の方策を具体的に明示した。「インクルージョンの指針」では，「特別な教育的ニーズ」概念に代わるものとして「学習と参加に対するバリア」という表現を使い，そうしたバリアを次のようにとらえている。

　　学習と参加に対するバリアという考えは，あらゆる子どものための教育を改善するために必要なことに直接注意を向ける目的で使用するものである。生徒は学習と参加に対するバリアを経験するとき，困難に直面するのである。バリアは学校のあらゆる側面において見出されるものであり，それはコミュニティの中や地域および国の方針に見られるものと同じである。バリアは，生徒間の相互作用において，または生徒が教育される内容や方法においても生じるものである。また，学習と参加に対するバリアは，学校のアクセスを妨げることやアクセスが妨げられている中で参加が制限されている場合にもありうる。　　　　　　　（Booth, T. and Ainscow, M., 2002, 5）

　こうしたバリアを最小限にするために，「インクルージョンの指針」では，「学校やコミュニティの中の支援資源（resources）を集めること」が重要であると指摘した。これは，「単に資金に関すること」のみならず，「他人の学習を互いに支援し合うことができる」ようにすることや，そうした子ども同士の学び合いを組織するには，「スタッフが子ども同士の発達を支援する能力をもっていること」も重要であるなど，人間関係の調整も必要であると考えられた。そのため，バリアを最小限にするために，学校の「文化，方針，実践を変えること」が必要であると考えられた（Booth, T. and Ainscow, M., 2002, 5）。

　すなわち，「インクルージョンの指針」では，子どもに不足しているものを補おうとする「医療モデル」ではなく，「社会的モデル」を採用することが強調された。すなわち，学習や参加のバリアが「生徒と生徒の置かれている文脈（人，方針，施設，文化生活に影響を与える経済的環境）の相互作用の中で生じる」ととらえ，学校組織や指導方法の改善をする必要性を指摘した（Booth, T. and Ainscow, M., 2002, 6）。そのため，学校に存在する「差別的な態度や行動，制

度的なバリア」を改善することを目指すことが不可欠の対応となり，こうした
点が，排除の減少およびインクルーシブ教育の推進に結びついていくと考えた
（Booth, T. and Ainscow, M., 2002, 7）。

　以上のように，SENDA（2001）を受けて CSIE は「インクルージョンの指針
（Index for Inclusion）」を改定した。そこでは，「学習と参加に対するバリア」を
取り除くことが必要という考え方を持ち出し，学校の「文化，方針，実践を変
えること」を求めた。

（2）バリアを最小限にするアクセシブル・スクールの建設

　同じ時期，英国教育技術省は，「アクセシブル・スクール」という報告書を
出し，学校と地方教育当局に対して下の3点を明確にすることを求めた（表5
－1－2）。

　こうした方向性を確認したうえで，各学校や地方教育当局はアクセスのため
の計画を立てることが求められた。その一例として，次頁のような年次計画が
示された（表5－1－3）。

　以上のように，教育における合理的配慮＝アクセシビリティの確保とは，
「カリキュラム・アクセス」「物理的アクセス」「情報へのアクセス」の3つが
柱となった。このとき，短期的には支援資源を付加して当面のバリアを取り除
くことを検討するが，中・長期的には，カリキュラムや学校施設・設備の改修
なども計画する必要性が示された。

表5－1－2　英国のアクセシブル・スクールの内容

①障害児が学校のカリキュラムにアクセスすることを改善する（これは，放課後クラブに参加したりすることも含めて，広く学校カリキュラムをとらえる）
②学校の物理的環境にアクセスすることを改善する（これは，学校の物理的環境を改善することに加えて，教育にアクセスするための物理的な支援を提供することを含む）
③障害児に対して文書化された情報を伝える点を改善する（この情報は生徒の障害を考慮し，障害児やその親が好むフォーマットで作り，合理的な時間の中で活用できるようにしなければならない）

出典：DfES, 2002, 2 より。

表5－1－3　学校のアクセシビリティを確保するための目標（例）

	目標	方法	結果	達成時期	達成結果
短期	代替フォーマットで文書を利用できるようにする	学校は地方教育当局を通してサービスを利用できることを認識する	必要なときに学校は代替フォーマットで文書を提供できる	2002/03年度3学期	障害児に改良された資料を渡す
中期	視覚障害児に見やすい適切な色の構成をし，窓にブラインドを取り付ける	LEAの感覚支援サービスにアドバイスを求める	いくつかのクラスで視覚障害児がアクセスできるようになる	2003/04年度1学期	物理的な学校のアクセスが増大する
中期	カリキュラムを差別化して教師が指導する	何名かの教師がカリキュラムを多様にすることを考える	カリキュラムのアクセスに関して，障害児のニーズに応えることが今よりもできるようになる	2003/04年度2学期	ナショナル・カリキュラムへのアクセスが増大する
長期	指定されたエリアのアクセスを改善するように学校計画を立てる	小規模な資金を活用する計画を立てる。学校のアクセスを進める資金を得られるようにLEAと相談する	LEAから資金を得て，3年間で学校の入口を改修する	2004/05年度3学期	物理的な学校へのアクセシビリティが増大する

出典：DfES, 2002, 6より。

4．カリキュラム調整の課題

（1）特別な教育的ニーズのある子どもに対するカリキュラム調整

　インクルーシブ教育を進めるために以上のような指針が示されたが，2000年以降，英国では，教育においてどのようなバリアがあったのかについて見ていきたい。

　まず，Ofsted（2004）では，「2001年の障害者差別禁止法は，学校に合理的調整（reasonable adjustment）を求め，障害のある生徒が不利益を被らないようにすること，およびカリキュラムへのアクセスを改善する計画を立てること」が規定されているが，実際には特別な教育的ニーズのある子どもに対して，「訪問した学校でカリキュラムを十分に調整していた学校はほとんどなかった」と報告された。すなわち，「ほとんどすべての学校が，（中略）ナショナ

ル・カリキュラムによる制約を感じており，特別な教育的ニーズのある子どもにはカリキュラムの中のいくつかについては，適用できないもの」と考え，インクルージョンのためにカリキュラムを調整することを「渋っていた」（Ofsted, 2004, 13）。

　こうした状況の中で，Ofsted（2004）は，以下のように，訪問した学校の中でよい実践例をいくつか取り上げて報告している。

　　　ある学校では，社会的不利が深刻な地域であったので，多職種連携が教室で実践されていた。ソーシャルワーカーやセラピストが教師またはアシスタントと一緒に活動し，子どもが学習の中で示す成長を実現することの難しさや，その方法の理解を共有していった。その結果，個々の子どもの発達課題に対してより強く意識を向ける時間配分ができるようになった。教師たちは，言語とコミュニケーションプログラムやセラピストの時間やカウンセリング，アンガーマネージメントのセッションを含めた指導を提供するために，その他の科目の時間を少し減らしていた。（Ofsted, 2004, 13）

　また，大規模な都市部の初等学校において，5歳が終わるころに自分の考えを相手に伝えたり，書いて考えを伝えたりする読み書きスキルを十分に獲得できていない少数の子どもに対して，ドラマを活用し，自分でビデオを作成するなどの活動を行い，その中で子どもの概念理解を高めていくような指導が展開されていた（Ofsted, 2004, 13）。

　ただし，キーステージ3の子どもに対して「訪問した学校の中で，特別な教育的ニーズのある子どもにふさわしいカリキュラム調整やカリキュラムの発展を目にすることはほとんどなかった」ということも報告された（Ofsted, 2004, 13）。当時，英国の中等教育では，特別な教育的ニーズのある子どもに対しては，「読み書き計算を指導する『キャッチアップ』プログラム」を提供することが主流であった。しかし，「教科の教材や学習活動の系統性については，多かれ少なかれ，能力の高い子どもに合わせて作られて」おり，低学力の子どもと能力の高い子どもの違いは活動の進度や難易度を調整する程度であったことが報告された（Ofsted, 2004, 14）。

　同様に，キーステージ4のカリキュラムについても，次のように固定的な面があることが指摘された。

　　いくつかの学校では，厳密な時間割を作り，柔軟ではないスタッフの配置を行い，創意工夫に欠けているために，効果的な発展の障壁になっている。特別な教育的ニーズのある子どもや低学力の子どもに選択的なプログラムが設定されているところでは，その効果が十分にモニターされているわけではない。時にはアセスメントが継続的でなかったり，生徒の結果がいつも明確に出ているわけではない。選択的なプログラムを提供している学校の中には，学業成績が伸びていたり，改善していたりすることはなく，単に不機嫌な生徒をその場にいさせるだけのためにプログラムが利用されている例もある。 (Ofsted, 2004, 14)

　一方，カレッジや職場をベースにして子どものニーズに合致した教育指導が展開されている学校が一部に存在することが報告された。たとえば，ある学校では，手工業中心の会社と良好な関係を築き，学校は会社の敷地内で仕事に関連した学習センターを設けて子どもたちに具体的な経験を積ませていた。そこでは，産業で使う設備を実際に使うことができ，また，成功する機会が得られるので，子どもたちの学習に対する動機は高まっていった。これが，学校の中での学習を改善することにもつながっていると報告された (Ofsted, 2004, 14)。

　また，通常の学校と特殊学校の連携がうまくできている地域では，情緒的・行動的・社会的な問題を起こす子どものための学校が土曜日に学校を開いて実施している，ヘアードレッシングや料理の仕出し，ストリートパフォーマンスなどの認定コースに，地域の学校の特別な教育的ニーズのある子どもが参加できるようにしていた (Ofsted, 2004, 14)。Ofsted (2004) は，こうした課外活動であっても，特別な教育的ニーズのある子どものニーズに合致する教育プログラムを提供できているのであれば，広義のカリキュラム調整というように位置づけている。

　このように，特別な教育的ニーズのある子どもが学校で直面することの多い「カリキュラム」というバリアについては，個々のニーズに応じて柔軟にカ

リキュラムを調整することが求められたが，実際には難しい状況にあった。ただ，いくつかの学校では，中心的に指導すべき内容に傾斜して時間を配分したり，ロールプレイやビデオ作成など能動的な学習活動を用意して，低学力児の概念理解を促進する方法がとられていた。また，職業体験や資格認定コースへの参加等と関連させ，実際的に学ばせるなど，カリキュラムをいろいろな面からアレンジしている学校もあった。

　このように，インクルーシブ教育における合理的調整では，「カリキュラム・アクセス」が求められたが，2004年の時点で十分に実践されているわけではなかった。その一方で，カリキュラム調整を工夫しながら行っている学校では，教師が意図的に重点課題を指導する時間を多く確保したり，地域の教育プログラムと組み合わせてニーズに対応するなど，カリキュラムを広くとらえて調整を行うことが重要であると指摘された。

(2)「効果的な教授・学習」の提供とチーム・アプローチ

　さらに，Ofsted（2004）では，先進的なインクルーシブ学校では，子どものニーズに応じて特別に用意された教材や指導方法が効果的に提供されており，また，他者と一緒に生産的な活動が行えるようなグループが編成されていたと報告された（Ofsted, 2004, 15）。こうした学校の多くではスタッフ全員が，「学校全体の学業水準を上げるという目標」と「その中に低学力の子どもや特別な教育的ニーズのある子どもが含まれるということ」の間に対立はなく，「スタッフはインクルーシブなアプローチがすべての子どもの利益になる」と考えていた（Ofsted, 2004, 15）。

　さらに，教師はバリアを取り除くために，しばしば支援スタッフや他の専門家とともに適した学習環境へと発展させるためにどのような方法があるかについて注意深く計画していた。たとえば，ある学校では，教師はインクルージョンの阻害要因を分析したうえで，特別な教育的ニーズのある子どもを含めた授業を設計する際に次の点を考慮することが重要であると指摘した。こうした学習内容・方法の調整を，英国では「効果的な教授・学習（effective teaching and learning）」と呼び，インクルーシブ教育実践の柱として位置づけられた（表5–

表 5 − 1 − 4　効果的な教授・学習を提供するポイント

●最適な集団編成を考えること

●ICT の活用を支援すること

●授業のさまざまな側面で複数の感覚を利用すること

●個人の目標を学習の目標と統合すること

●計画の中に自律的な学習の機会を設けること

●学習の次のステップを明確に書き記しておくこと

出典：Ofsted, 2004, 15 より。

1 − 4）。

　加えて，「教師とティーチング・アシスタントの間の効果的なチームワーク」が形成されているところでは，「特別な教育的ニーズのある子どもへの指導を含めて，低学力の子どもに対する指導は『よい』ものであった」と指摘された（Ofsted, 2004, 15）。Ofsted（2004）では，「ここ数年，特別な教育的ニーズのある子どもを支援するために，学校のスタッフ配置に関して大きく変化しつつある。それは，専門家の教師とは異なったティーチング・アシスタントや教師以外のスタッフを雇用する方向にあるということである」と指摘されているように，インクルーシブ学校において，特別な教育的ニーズのある子どもに対する合理的調整の一つとして，教師以外の人的資源の配置が挙げられる。

　Ofated（2004）では，ティーチング・アシスタントの配置に関して，次のような成果を示した。

　　しばしば，低学力児はティーチング・アシスタントが配置されているグループに入り，ティーチング・アシスタントには子どもが課題を進められるようにすることが期待されている。ほぼすべての授業で観察されたこととして，ティーチング・アシスタントが低学力児の支援をしていた。そうした授業の中で，教師はティーチング・アシスタントの支援がなければ低学力児はあまり進歩しなかっただろうとコメントしており，低学力児の進歩はティーチング・アシスタントの支援が大きく影響している。

（Ofsted, 2004, 15）

　ただし，ティーチング・アシスタントを配置すれば常に特別な教育的ニーズのある子どもの学習ニーズが満たせるのではなく，Ofsted（2004）では次の2点について，ティーチング・アシスタントの配置に関する問題点を指摘した（Ofsted, 2004, 16）。

●教師が特別な教育的ニーズのある子どもが学習できるように子どもの課題を計画するという機会が少なくなってしまうこと
●子どもが独力で学習する機会がほとんどなくなってしまうこと

　Ofsted（2004）は，見学した授業の半数以上において，「説明や活動は多くの子どものニーズと合致するものであったが，特別な教育的ニーズをもつ子どもに対しては，授業に参加できるようにするためにティーチング・アシスタントが配置され，ティーチング・アシスタントに頼りながら課題を乗り越えていた」と指摘した（Ofsted, 2004, 16）。また，重度の学習上・行動上の困難をもつ子どもが通常の学級のグループではないところで指導される場合には，その指導は「たいていティーチング・アシスタントが行っていた」と報告された。そして，「こうした調整（arrangement）は，1日の多くの時間，学級から子どもを抜き出し，友だちと別にして個別的に行うものであり，広い意味でカリキュラムにアクセスすることを奪ってしまう」ことを意味していると指摘し，次のようなケースを示した。

　　ある初等学校では，重度で重複した学習困難をもつ子どもが毎日，ほとんどの時間をティーチング・アシスタントから指導を受けており，そこには似たようなニーズをもつ子どもは他におらず，通常学級の授業は子どもに合っていなかった。この学校は音楽と芸術の時間に他の友だちと一緒にする機会をいくつか設けていたが，全体的には彼女は毎日，一人ぼっちの経験を積み重ねていた。　　　　　　　　　　　　　（Ofsted, 2004, 17）

　このように，特別な教育的ニーズのある子どもを通常の学校で指導する際には，指導の質を高めることと，ティーチング・アシスタントなどとの協働が重

要であることが示された。しかし，単にそうした特別な支援を付加すればよい
のではなく，あくまでも個々のニーズに応じて教育指導を柔軟に変化させるこ
とが重要であると指摘された。

　これは，「効果的な教授・学習」の提供が重要であるということへと結びつ
く。つまり，集団編成や目標設定，教材などを工夫することにより，低学力児
や特別な教育的ニーズのある子どもが学習を進めていけるようにすることが，
英国のインクルーシブ教育では目指された。こうした「効果的な教授・学習」
の提供は学校全体の学力向上に寄与すると考えられ，そして，ティーチング・
アシスタントが効果的に機能しているところでは多くの子どもの学習によい影
響があった。ただし，ティーチング・アシスタントをただ付加しているだけの
学校では，インクルージョンとなっていないという課題があったことが Ofsted
の報告の中で指摘されていた。

5. 学習上のバリアを取り除くインクルーシブ教育実践の方法

　以上のような実態の中で，2004 年に教育雇用省は「学業成績の向上を阻害
しているバリアを取り除くために（Removing Barriers to Achievement）」という報
告書を作成し，インクルーシブ教育を推進するための方略をまとめた。この報
告書では，子どもの学習上の困難が「個々の子どもの身体的，感覚的，あるい
は認知的な障害」から生じていると考えるとともに，「適切でない子どもの集
団，フレキシブルではない教授スタイル，あるいはカリキュラムや教材がわか
りにくい」などの環境的な要因からも生じると考えた（DfES, 2004c, 28）。こう
した環境要因を含めた学習上の困難を「バリア」としてとらえ，それを取り除
く方策を検討することが学校や地方教育当局の責務であると考えた。

　こうした報告書が出される背景には，「障害者差別禁止法の導入と，そのプ
ランを立てる義務を負った 2001 年の特別な教育的ニーズと障害者法」があ
り，これらの法制化をふまえ，「障害児と特別な教育的ニーズをもつ子どもが
教育にアクセスできるように」することが求められたことが指摘されている
（DfES, 2004c, 28）。このとき，学習上のバリアを取り除き，障害児や特別な教育

表5－1－5　学習上のバリアを取り除くための方策

- 早期教育を提供している団体（教育機関あるいは福祉機関）に対して，1995年障害者差別禁止法に関する研修プログラムを提供する
- 子ども・保護者・学校が協力して（教育に関する）アクセシビリティを見直し，障害児の教育へのアクセスに関する計画とその大規模なアクセスの増大を図るための方法を明らかにする
- 学校が障害児を支援するために，具体的なアイデアや方法，研修教材が詰まった支援資源をストックし，効果的な教育実践を構想するために，また，障害児差別を防ぐために，それらの資源を合理的に調整する

出典：DfES, 2004c, 29 より。

　的ニーズのある子どもが教育にこれまで以上にアクセスできるようにする方策全般を，「インクルージョン—すべての子どもに対する効果的な学習機会を提供すること」と考え，具体的な方策が検討された。

　その具体的方策の主な内容は，上のとおりである（表5-1-5）。

　この報告書には具体例（ケース・スタディ）がいくつか紹介されている。たとえば，ロンドン自治区のヘイヴァリングでは，障害に対する認識や障害児に対するアクセシビリティを改善したいと考え，地区のすべての学校がアクセシビリティの計画を立てた。この計画の中には，地域の学校が合同で，あるいは個々の学校で，「障害者差別禁止法で規定されていることについて理解を深め，その法律のもとで障害児に対してどのような責任があるのかをスタッフが理解できるような研修」を行った。このときの研修は，「各校の校長，SENCO（SEN コーディネーター），理事会を対象にして行われ，それらのスタッフが一緒に参加することが奨励された」ことが挙げられている。その一方で，長期的な戦略としては，「多様化されたカリキュラム」を用意し，すべての子どもがよりカリキュラムにアクセスできるようにすることなども盛り込まれた（DfES, 2004c, 29）。

　別の実践例（ケース・スタディ）では，コミュニケーション・エイド・プロジェクト（Communication Aids Project: CAP）というものを立ち上げた。このプロジェクトは，「コミュニケーションの困難をもつ子どもがカリキュラムにアクセスできるように，また，自立した学習者となり，自尊心を高められるようにICT を活用すること」や「そうした子どもたちが雇用や継続教育／高等教育への移行をしやすくすること」のために進められた（DfES, 2004c, 30）。

表5−1−6 インクルージョン発展計画作成上の留意点

●教師や幼児教育の実践者たちに教授・学習に関する資源を提供する
●学習支援アシスタントを効果的に成長させるための研修用教材や助言を提供する
●効果的な学習づくりの方法に関する指針を提供する
●多職種のチームで協働するためのよい実践のモデルを提供する
●より専門的な助言や支援をどこで入手できるかに関する情報を提供する

出典：DfES, 2004c, 32 より。

　具体的な実践例としては，考えたことや発想を紙に書くことができないためにフラストレーションをためていた生徒に対し，音声識別プログラムとコンピューターを使うことで紙に考えを書くことができるように支援した。すると子どもは，学習に参加できる機会が増え，彼の母親らは「彼の学習は顕著に改善した」とコメントしている（DfES, 2004c, 31）。こうした実践例をふまえて，2004 年の報告書では，インクルージョン発展計画を策定する場合には，次の点に留意することが重要であると指摘されている（表5−1−6）。

　以上のように，英国における障害児や特別な教育的ニーズのある子どもに対する合理的調整について教育分野から見てみると，それは「学習上のバリアを取り除く」ために，「学習への参加（機会）を高める支援」を検討することであった。そのことから，学校や教師がカリキュラムを調整したり，教授方法を工夫したりして，すべての子どもの「効果的な学習」を促進していくことで学習への参加を高めることが重要であり，こうした一連の実践をインクルーシブ教育実践と考えた。特に，学習上のバリアを取り除くために，学校スタッフ（理事会を含む）に対してインクルージョンに関する研修が必要であると考えられた。そのうえで，特別な教育的ニーズのある子どもや障害児に対して，学校やカリキュラムのアクセシビリティの確保のための計画を立て，ICT の利用等を含めた教材や指導方法を調整することが求められた。

6. まとめと考察

　本節では英国が差別禁止法を制定した 1995 年以降，障害者の権利的側面の

発展とともに，英国では障害者等の特別な教育的ニーズのある子どもが通常の学校で教育を受けられるようにするために，どのように発展していったのかについて明らかにすることを目的とした。本節で得られた知見は以下のとおりである。

すなわち，英国では，1995年の障害者差別禁止法が制定されたのち，学校に通うすべての子どもが学校・学習に「アクセス」できるように，アクセシブル・スクールの建設が求められ，学習や参加を阻むバリアを減少させるべく改善が求められた。

具体的には，物理的なバリアを取り除くだけではなく，すべての子どもを受け入れようとする雰囲気や，バリアを取り除くための教材・指導方法・カリキュラムを調整することが求められた。こうした目に見えない「バリア」を含めて，学習参加（アクセス）を促すことができる学校を建設しなければならないと考えられたのが，英国のアクセシブル・スクールの特徴である。そのため，単に特別な教育的ニーズのある子どもに対して人的・物的な支援資源を付加するだけでは不十分であり，スタッフの養成（人的資源の開発・質的向上）や，効果的な教授・学習を展開していくことができる授業方法の開発についても同時に検討することが必要であると考えられた。

以上をまとめると，障害者差別禁止法以降に発展したインクルーシブ教育は，障害児の学習参加を促進するという方向で発展していったと考えられる。しかし，学習参加が十分ではない子どもたちは，障害児に限定されるものではなく，こうした対応はすべての子どもの学力向上を図る取り組みの中でも同様に議論されている可能性がある。それでは，障害児ではない学習困難児はどのようにインクルーシブ教育の中で対応されていったのだろうか。次節において見ていきたい。

［注］

(1) 1995年の障害者差別禁止法が制定されたのち，2001年にSENDAが制定される背景については詳細に検討する必要がある。この間，障害者が学校へアクセスするための方法や計画がどの程度立てられたのか，また，それによって学校からの障害者排除（exclusion）がどの程度改善したのかなどを検討する必要がある。

［文献］

Booth, T., and Ainscow, M., 2002, *Index for Inclusion: Developing Learning and Participation in Schools* (revised 2002). Centre for Studies on Inclusive Education (CSIE).

DfES, 2002, Accessible Schools: Summary Guidance.

DfES, 2004a, Pedagogy and Practice: Teaching and Learning in Secondary Schools. Unit 4: Lesson design for Inclusion.

DfES, 2004b, Pedagogy and Practice: Teaching and Learning in Secondary Schools. Leadership Guide.

DfES, 2004c, Removing Barriers to Achievement: The Government's Strategy for SEN.

Disability Discrimination Act 1995.

Ofsted, 2004, Special Educational Needs and Disability: Towards inclusive schools.

真城知己（2010）「イギリスのインクルーシブ教育」．日本発達障害学会編『発達障害研究』第 32 巻第 2 号．152-158.

Special Educational Needs and Disability Act 2001.

Tomlinson, S., 2005, *Education in a Post Welfare Society*. Open University Press.

渡邉健治（2011）「インクルーシブ教育についての国際比較研究」．日本特別ニーズ教育学会編『SN ジャーナル』第 17 巻．5-7.

学習困難児に対する学力向上の方策と教師の専門性

1. はじめに

　英国では1997年にインクルーシブ教育の推進が提起され，以後，制度面・実践面の両面において教育改革が進められてきた。特に，2000年以降，すべての子どもに「効果的な教授・学習（effective teaching and learning）」を提供できるように，通常学校の指導体制や授業の改善が進められてきた（Watkins, C. et al., 2000: Watkins, C. et al., 2007: Kyriacou, C., 2009）。しかし，学習困難児の特別なニーズに対応しつつ，通常の学級においてどのように教育するかという点については，これまで十分な知見が得られているわけではなく，検討の余地が残されている。

　そこで本節では，2000年以降，英国で発行された初等・中等学校の学力向上に関する教師用指導資料やパンフレットをもとに，通常の学級において学習困難児に対する特別な対応を含めた効果的な学習を提供する方法について検討する。具体的には，（1）初等・中等学校における学力向上の取り組みの中で学習困難児への対応がどのように位置づけられたのか，（2）通常学級のスタッフが学習困難児に特別な対応を提供するためにどのような方策が検討されたのか，（3）インクルーシブ教育実践を展開するために，どのような学校改善を必要としていたのかについて示すこととする。

2. 学力向上のための国家戦略と学習困難児の特別ニーズへの対応

　英国では1998年に読み書き能力（Literacy），1999年に計算能力（Numeracy）の向上を目指して，国家戦略（National Strategy）が打ち出されたが，この国家

戦略の中には，学習困難児への対応も含まれていた。2001年に英国教育技術省は，学習困難児の学業成績を評価する基準を構造的に示し，通常の子どもに適用されるナショナル・カリキュラムとは別に，学習困難児の能力に従ってPスケールと呼ばれる独自の到達目標（P1からP8まで連続的に示されたもの）を設定し，活用することとした（DfES, 2001a, 21）。これによって，学習困難児を指導する教師は，「子どもに『もっとも適した』目標を識別し，目標として設定できるようになった」（DfES, 2001a, 23）。

　加えて，学習困難児の学業成績を向上させる国家戦略として，子どもの発達や学業水準に応じて目標を設定するだけでなく，障害特性にも目を向けて指導課題を設定することを求めた。特に，自閉症スペクトラム障害や読み書き障害と計算障害（dyslexia and dyscalculia），聴覚障害，会話と言語の困難，視覚障害の子どもに対しては，授業において特別な配慮が必要であると考え，英国政府はこうした障害児に対する支援ガイドを作成した。

　たとえば，自閉症スペクトラム障害の子どもの算数指導を例に挙げると，教師は自閉症スペクトラム障害の子どもの三つ組の障害（社会的相互行為〈social interaction〉・社会的コミュニケーション〈social communication〉・想像的思考〈imaginative thought〉）を理解することが必要であると指摘された（DfES, 2001b, 2）。そのうえで，自閉症スペクトラム障害の子どもは「数や数の体系」「計算」「問題解決」「計測・図形・空間」「情報の処理」といった各領域でどのような困難が生じやすいのかを理解し，教師は授業を展開するうえでどのように留意すべきであるのかを理解することが必要であると考えた（DfES, 2001b, 3）。

　具体的には，数や数の体系に関する領域では，自閉症スペクトラム障害をもつ子どもは「学級全体で数を数える活動に参加することが難しいこと」や「1から100まで数えることには熟達していても，途中から数え始めることが難しいこと」「カリキュラムを横断的にとらえ，数概念を指導することが課題となること」が実践上の課題として挙げられた（DfES, 2001b, 3-4）。こうした困難に対し，算数の授業において教師は，「大人と一緒に正確に数え続けることができるような，選択的な機会を与えること」や「数列をつくったり，なじみのあるアイテムを用いて支援を提供すること」など，授業展開を工夫することが重要であると考えた（DfES, 2001b, 3）。

　同様に，読み書き障害と計算障害をもつ子どもに対しても支援のためのガイドラインが示された。ここでは，学習困難児の「能力や弱点のパターン（the pattern of abilities and weaknesses）」が解説され，その困難に対応した支援方針が示された（DfES, 2001c, 2）。たとえば，読み書き障害の子どもの「数や数の体系」に関する領域では，同じものを数えてしまうのは「基本的な『数の感覚』が影響している」ことや，「0.7，0.8，__，__，」といった「系列を操作したり記憶したりすることに困難がある」ことが障害特性として認められるからであると指摘された（DfES, 2001c, 2）。そして，こうした困難に対して，算数の授業では，「具体的な対象物をたくさん数えたり，対象物を動かしたりして（中略）量的に数える」ことが重要であることや，「10個ずつのかたまりを数え，そのうえで1個ずつ数えるというように，構造的に練習する」ことが重要であると指摘された（DfES, 2001c, 2）。

　このように，英国インクルーシブ教育では，学習困難児の障害特性や学習上の困難を克服するためのカリキュラムや指導方法を提案するのではなく，通常の学級の指導方法を学習困難児の特性に応じて調整していくことが必要であると考えられた。

3. 「学習上のバリアを取り除く」ための学習支援と現職教育の　必要性

　こうした支援方法が議論される中で，英国教育技術省は，2004年に「学業成績の向上を阻害しているバリアを取り除くために（Removing Barriers to Achievement）」という報告書を出し，学習困難児に対する学習支援の方策を体系的に示した。

　この冊子では，「学習に対する潜在的なバリアを取り除く」ためには，「すべての子どもに対して効果的な学習機会を提供する」ことや，「カリキュラムを立案し，指導していく」ことが重要であると指摘された。そして，こうした実践を展開するためには，すべての子どもに対して教師が適切な学習課題（learning challenges）を設定し，ふさわしい学習活動を提供することができるよ

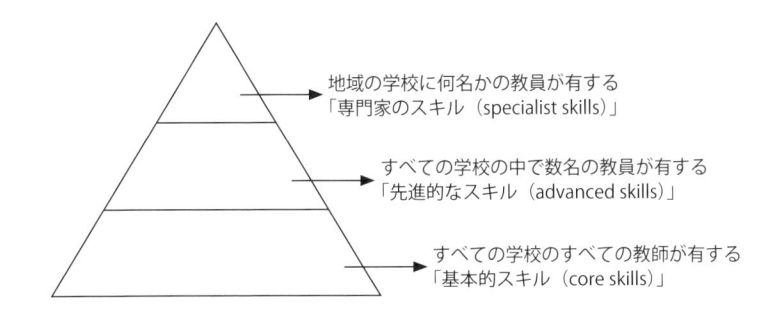

地域の学校に何名かの教員が有する
「専門家のスキル（specialist skills）」

すべての学校の中で数名の教員が有する
「先進的なスキル（advanced skills）」

すべての学校のすべての教師が有する
「基本的スキル（core skills）」

図5－2－1　学校スタッフに対する現職研修の3つのレベル

うにならなければならないと考えた（DfES, 2004b, 65）。

　そして，こうした実践を展開するためには，学校スタッフに対する現職教育を，①地域の学校に何名かの教員が有する「専門家のスキル（specialist skills）」，②すべての学校の中で数名の教員が有する「先進的なスキル（advanced skills）」，③すべての学校のすべての教師が有する「基本的スキル（core skills）」というように，3つのレベルに分けて提供することが必要であると考えられた（DfES, 2004b, 56：図5－2－1）。

　また，英国では，2000年以降，特別な教育的ニーズに関する専門教員を各地に配置し，通常の学校の教師に対してアドバイスをしたり，家庭や親を訪問し，情報を提供するなど支援サービスが広まっていた（DfES, 2004a）。こうした地域の専門家による相談・支援サービスをうまく活用しながら，「教師がクラスの広範囲にわたるニーズに対応する」ために，教員養成の方法も含めて国家戦略を立て，教師支援を提供していくことが必要であると考えた（DfES, 2004b, 52）。

　以上のように，インクルーシブ教育実践を展開するためには，現職教育を重層的に提供することにより，学習困難児の特別なニーズに対応することが必要であると考えられた。

4．授業改善に基づく継続した専門職研修の実施

　一方，2005年に出された読み能力の向上に関する報告書では，目標となっている水準に到達していない子どもの割合が10%程度存在することを指摘したうえで，「英国の子どもが読みの楽しさをあまり感じていないことが示され，（中略）多くの子どもが学業不振のレベルにとどまっている」と指摘された（DfES, 2005, 3）。そのため，2006年には「すべての子どもが高い学業水準を達成できるようにする」ことを意図して，「読み書き計算に関する初等教育の実践計画（Primary Framework for Literacy and Numeracy）」が策定された。

　ここでは，「音声言語を中心とした活動の質を高め，子どもの読み能力を向上させることが重要である」と考え，学習困難児には「早期の読み指導の改善」が必要であると指摘された（DfES, 2006a, 7）。また，「実践者と子どものニーズを充足させるべく，読み書き計算の日々の指導の構造と組織を柔軟なものにする」ことが重要であると指摘された（DfES, 2006a, 8）。

　そして，こうした実践を展開するためには，「学校は教科間の内容を本質的なところで連携させる」ことが重要であると考えた。そこで，2006年に出された英国教育技術省の実践計画では，「異なる文脈の中で学んでいる読み書き計算の関連性を理解し，応用的な学習を行っていく必要がある」ことや（DfES, 2006a, 9），ICTの活用を含めて「学習者のニーズと学習の文脈に即して指導のアプローチや教授方法を選択し，適用していくこと」ができるようにならなければならないと考えた（DfES, 2006a, 11）。

　このとき，学校全体で効果的な教授・学習に関する研修を積み重ね，すべてのスタッフが専門性を高めていかなければならないといった課題も浮上した。そのため，英国教育技術省は，初等学校の校長や学校理事会といった上級管理職チームが子どもの読み書き計算の実践計画を十分に理解し，円滑に実施していくことができるようにリーダーシップを発揮することが重要であると指摘した（DfES, 2006b, 1）。そして，それを実現していくために，以下のような学校のすべてのスタッフに対して継続した専門職研修（Continuing Professional Development：CPD）を実施することが必要であると指摘した（DfES, 2006b, 8：図

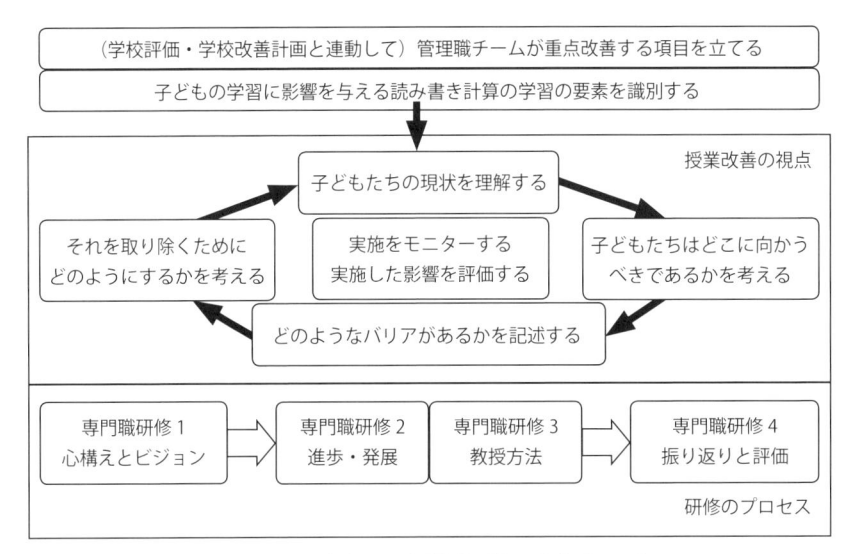

図5-2-2　継続した専門職研修を実施するプロセス

5-2-2)。

　このように，すべての学校スタッフの専門性を向上させるために，英国では「継続した専門職研修（CPD）」を計画的・組織的に実施し，通常の学級内部において特別な教育的ニーズをもつ子どもに対応するべく教授方法の改善が進められた。

5. まとめと考察

　本節から示唆された英国インクルーシブ教育実践の方法と特徴は以下のようにまとめられる。すなわち，インクルーシブ教育では，学習困難児の障害特性や学習上の困難に対して通常の学級の指導方法やカリキュラムの中に特別な対応を埋め込むことが求められた。このとき，子どもの学習困難を抽出し，特別な場において改善・克服するのではなく，関連サービスからの支援を含め，学校全体のカリキュラムや指導方法を変化させて対応しようとした点に英国イン

クルーシブ教育実践の特徴があった。そして，こうした教授方法の改革を進めていくためには，学校管理者のリーダーシップのもと，すべての学校スタッフの専門性を向上させるための現職教育を各学校で組織的・計画的に実施することが不可欠であると考えられた。

　以上のような英国のインクルーシブ教育実践の展開は，2000年以降の教育改革として進められてきたものであり，学習困難児を含めたすべての子どもの学力がどのように向上したのかという点については今後の調査報告を待たなければならない。しかし，本節を通して明らかになった学習困難児に対する対応が学力向上政策と関連しているということと，そのためにすべての教師が質の高い教授技術を身につけるべく専門職研修（CPD）を充実させようと考えていたことは，英国のインクルーシブ教育実践の特徴であると考えられる。

［文献］

Department for Education and Skills (DfES), 2001a, Supporting the Target Setting Process; Guidance for Effective Target Setting for Pupils with Special Educational Needs (Revised March 2001).

Department for Education and Skills (DfES), 2001b, The Daily Mathmatics Lesson: Guiddance to Support Pupils with Autistic Spectrum Disorders (The National Numeracy Strategy).

Department for Education and Skills (DfES), 2001c, The Daily Mathmatics Lesson: Guiddance to Support Pupils with Dyslexia and Dyscalcula (The National Numeracy Strategy).

Department for Education and Skills (DfES), 2004a, Access to Achievement: Specialist Teachers of Children and Young People with Sensory Impairments.

Department for Education and Skills (DfES), 2004b, Removing Barriers to Achievement: The Government's Strategy for SEN.

Department for Education and Skills (DfES), 2005, Raising Standards in Reading: Achieving Children's Targets (Primary Leadership Programme, Intensifying Support Programme, Primary Strategy Learning Networks; Primary National Strategy).

Department for Education and Skills (DfES), 2006a, Primary Framework for Literacy and Mathmatics (Primary National Strategy).

Department for Education and Skills (DfES), 2006b, Primary Framework for Literacy and Mathmatics: Supporting Guidance for Headteachers and Chairs of Governors (Primary National Strategy).

Kyriacou, C., 2009, *Effective Teaching in Schools: Theory and Practice*. Nelson Thornes, Cheltenham.

Watkins, C., Carnell, E., Lodge, C., Wagner, P. and Whalley, C., 2000, *Learning about Learning: Resources for Supporting Effective Learning*. Routledge, Oxon.

Watkins, C., Carnell, E. and Lodge, C., 2007, *Effective Learning in Classrooms*. Paul Chapman Publishing, London.

第 6 章

英国のインクルーシブ授業を支える学習観とカリキュラム開発

学習観の転換と質の高い教師の指導技術の必要性

1. はじめに

　2000 年以降，世界各国でインクルーシブ教育をどのように実践するかについて，さまざまに議論されてきた。特に，インクルーシブ教育の推進を掲げて実践を開発してきた英国では，従来の指導方法や学級文化を転換させる必要があると指摘されてきた。たとえば，ファレルとエインスコー（Farrell, P. and Ainscow, M.）は「特殊教育（special education）をインクルーシブ教育に発展させることはできるが，（中略）それは可能な限り通常教育に措置（general educational provision）する中で効果的で教育的な応答（effective educational response）を提供する試みを通してである」と指摘した。そして，そのためには，「特別ニーズ分野の専門家と専門施設の役割および目的を将来的に再構築しなければならない」と述べている（Farrell, P. and Ainscow, M., 2002, 8）。
　その一方で，ウェアマウス（Wearmouth, J.）は，すべての子どもに平等に対応しようとしたら「同じ課題であっても取り組む方法を多様にするというように，差異化（differentiation）が必要である」と指摘した（Wearmouth, J., 2001, 86）。また，レイド（Reid, G.）は，学習困難や障害を「特別ニーズ」としてとらえるのではなく，学習スタイルの「差異（difference）」ととらえ，「差異」に対応した授業を提供することが重要であると指摘した（Reid, G., 2005, 17）。ノーウィッチ（Norwich, B.）も認知・社会・情緒・言語・家族などの幅広い側面において「支援ニーズを判別すること」は必要であり，そうした判別を通して「学校外のサービスを必要とする長期にわたる深刻な学習ニーズのある子どもがいる」ことを指摘している（Norwich, B., 2008, 54）。このように，特別ニーズのある子どもをどのようにとらえ，どのような教育実践を展開する必要があるのかについては，英国においても議論の途上にある。

　これまで日本で進められてきた研究では，英国ではインクルーシブ教育の推進にあたり，学校全体からアプローチする側面と，分離された場で一時的に抽出指導することは矛盾し対立するものではなく，両立しうるものであると考えられていたことが明らかにされている（窪田，2004；2007など）。そして，こうした矛盾や対立を克服するために，英国インクルーシブ教育実践では「協同的な学習」や「効果的な教授・学習」が推進されていることが明らかにされてきた（今井，2010；新井，2011）。

　しかし，特別ニーズのある子どもを含めたすべて子どもの「差異」をどのようにとらえ，「差異」を包摂（インクルージョン）する教育実践をどのように創出するかといった，インクルーシブ教育を通底する実践原理およびその具体的な教育方法論については，検討の余地が残されている。特に，

①インクルーシブ教育では，特別ニーズのある子どもに対してどのように通常学級内で特別な対応を提供しようと考えていたのか
②インクルーシブ教育実践では，どのような学習理論がベースになっていたのか
③インクルーシブ教育実践は，従来の教育方法をどのように改善し，教師にどのような指導技術が必要であるのか

という点について，2000年以降の英国教育技術省がどのような見解をもっていたのかを検討した研究は少ない。そこで，本節ではこれらの点について明らかにし，2000年以降の英国インクルーシブ教育の実践原理と教育方法に関する動向を示すこととした。

2.「特別な指導」と「質の高い教授」の統一

　インクルーシブ教育では，特別ニーズを子どもの多様性や差異の一つとしてとらえながら，特別な対応を提供することが必要であると考えていた。たとえば，英国教育技術省は「男女の差異」に加えて，「成績の高い子ども」「特別な

教育的ニーズのある子ども」「障害のある子ども」「社会的・文化的な背景（困難）のある子ども」「異なる民族に属する子ども（流浪の民，亡命者，難民や多様な言語背景をもつ子ども）」など，多様な子どもに対して高い注意を払う必要があると考えていた（DfES, 2004a, 49）。

　英国教育技術省がこのように考えたのは，こうした子どもたちの中には学習上のバリアが生じていることがあるので，そうした困難を取り除く工夫や配慮を行う必要があったからであった。特に，障害児に固有の困難がある場合には，たとえば「読みの困難児に対して音声の教材を用意する」ことや，「点字や手話，マカトンの使用」など，障害に対する特別な対応が必要であると指摘された（DfES, 2004a, 17）。

　その一方で，英国教育技術省は，インクルーシブ教育実践の推進は「すべてのクラスにいる幅広い子どもたち――特別な教育的ニーズがあると判別されていない子どもたち――にも，効果的な指導となる」と指摘し，特別な対応と通常の教育・指導は同時に提供しうるものであると考えていた（DfES, 2004a, 17）。このように，インクルーシブ教育実践には，特別ニーズのある子どもへの「特別な教授学」を発展させるという側面と，「良質な指導はすべての子どものためのよい指導となる」という考え方のもとに通常の学校の指導方法を改善していくという2つの側面があり，どちらが主であるかについては「学術的な論争になっている」と指摘されている（DfES, 2004a, 17）。

　2000年代の英国では，こうした実践課題を解決する方法の一つとして，教師の直接的指導を軽減し，子どもたちの能動的な学習を促進していくことが強調された。すなわち，インクルーシブ教育実践では，「①教師が質問を投げかける」→「②子どもが手を挙げる」→「③教師が答えを聞く」→「④教師がその答えを受け入れたり，拒絶したり，あるいは発展させる」→「⑤教師がさらに質問をする」といった従来型の一斉指導を展開するのではなく，「教師が反応する前に考える時間を与える」ことや「ペアで考える時間をとる」といった教師と子どもの応答を大切にすることが必要であると考えられた（DfES, 2004a, 20）。

　具体的には，「なぜそう考えたのか言ってみて」とか「～についてはもう少し話をしてみて」など，教師は子どもが応答できるような働きかけをすること

表6−1−1　多様な教授方法のレパートリー

直接的な指導 （教師の説明）	●教師の説明は速度と長さが重要。上手な説明には明確な構造がある ●質の高い説明をするためには，教科の知識が重要である ●情報を提供する際に多様な方法を用いることが理解を促進する（イラスト，例示，類推，隠喩を使うなど）
ディスカッション	●友だち同士で質問し合い，人に説明する機会を子どもに与えることで，自分の考えを明確にしたり，内容を理解できるようになる ●教師等の指導と子どもの貢献についてバランスをとることができる
双方向のやりとりがある クラス全体の指導	●能動的に傾聴する（active listening） ・会話の合間に今，聞いたことを要約するように子どもに尋ねたり，パートナーとその要約を共有する ・「今，話したことを目で見えるようにして」と尋ねる ・子どもから身体的な反応を引き出す ・上手に聞いていることに注目させ，称賛する ●子どもたちを授業に巻き込む（involving children） ・質問をさせたり，ディスカッションさせたりする ・ペアになって話をさせる ・クラス全体に対して子どもが模範を示す ・自分のホワイトボードに記入するなど，短時間の実際的な学習活動を子どもにさせる
多様な対応と足場かけ	●事前指導……何人かの子どもには事前に質問して準備させる ●異なる質問の準備……個々の子どもに合わせ質問を 2 つか 3 つ用意する ●異なる学習支援……能力の異なる子どもが混ざる話し合いをさせたり，ICT 支援などで理解させる ●異なる学習課題……個別に課題を与えて活動させる

出典：DfES, 2004a, 32-40 を筆者がまとめた。

が重要であると考えられた（DfES, 2004a, 20-21）。そして，クラス全体に向かって，教師が説明するだけの「消極的な学習」から抜け出し，「すべての子どもたちが積極的に関与する」ことができるような指導が重要であると指摘された。さらに，こうした授業を展開するためには，「直接的な指導（教師の説明）」だけではなく，「ディスカッション」や「双方向のやりとりがあるクラス全体の指導（interactive whole-class teaching）」「子どもによって異なる関わり」など，多様な指導方法を駆使することが重要であると指摘された（DfES, 2004a, 31：表6−1−1）。

　このように，英国のインクルーシブ教育実践では，「学習上のバリアの除去」ばかりでなく，通常の学級の指導において「適切な学習課題」を設定することや，子どもに合わせた「指導のスタイル」を選択することなど，総合的な

視点から実践を展開することが必要であると考えられた（DfES, 2004a, 49）。すなわち，インクルーシブ教育実践には，子どもの学習ニーズに応じてこれら3つの側面から従来の指導方法を改善していくことが求められていたと考える。

3. インクルーシブ教育実践を支える学習観

　以上のような教育方法の方針転換は，2000年代に注目された新しい学習理論の影響を受けていると考えられる。すなわち，2004年に英国教育技術省から出された「Excellence and Enjoyment」では，「学習とは，知っていることと学ぶべきことの間で相互に行き来するプロセスである」と考えられた。これは，「新しい経験に適応して，精神モデルを調整することによって，シェマや地図，概念といった認知的な構造が形成される」という考えに基づいており，学習は，「経験や周囲の環境との相互作用」が重要であるという考え方が基盤になっている（DfES, 2004a, 10）。そのため，教師は子どもたちが学習活動を進めていくことができるように「足場かけ（scaffolding）を行っていくこと」が重要であると指摘された（DfES, 2004a, 11：表6-1-2）。

　たとえば，「適切に待つということを伴って質問することが，子どもの概念発達を促進する」「子どもがもっている知識や学校あるいは学習の場」を考慮して，ペア学習を行うか，クラス全体で指導するかを決めるというように，教師の働きかけを工夫することが必要であると指摘された（DfES, 2004a, 9-10）。このように，インクルーシブ教育を実践する教師は，「学習活動の理論や学習に関する社会的文脈」をふまえた対応が求められた（DfES, 2004a, 10）。

　加えて，上記のような学習活動を展開するために，子どもの認知的側面ばかりでなく，「学習における社会的・情緒的側面（social and emotional aspects of learning）」の重要性が指摘された。すなわち，英国では「温かく，保護的で，支え合う人間関係」を維持することが「学校をより楽しいものにし，モチベーションを高く保ち，よりよい学習，より高い成績，より高い出席率を維持するための重要な要素である」と考えられていた（DfES, 2003, 56）。そして，そうした人間関係を形成するのに「能動的で共感的に聞く（active empathic listening）」

表6-1-2　新しい学習観に基づく学習指導の原理

学習は社会的プロセスである	学習者は熟達した人から教えてもらったり，仲間と一緒に活動したりするときに知識を広げていくことができる。効果的な指導とはペア学習やグループワークを奨励し，学習支援となる足場かけ（scaffolding）の重要性を認識しているものである
学習は関連づけられたプロセスである	私たちは特定の文脈や環境の中で学んでいる。学習とは，そうした私たちの環境から意味を創出するために探究することである。こうした構成主義的な学習観が指導の手助けとなる
学習はメタ認知的なプロセスである	まず，学習というものは無意識的なものである（私たちは知っているということがわからない中でも学んでいる）。そして，徐々に，より意識的になる（知っていることと知らないことがわかってくる）。効果的な学習では，リフレクションすることを奨励し，自分たちが用いてきた学習の過程をもっと意識させることが重要である。そうした指導によって，子どもたちの問題解決の方略を発展させ，さまざまな文脈で意識的に応用することができるようになる
学習とは情報処理である	この学習観はコンピューターと類似したものである。効果的な指導では，直接的に指導することと応答的にフィードバックすることが重要である
学習は自己調整（self-regulation）である	効果的な指導は，足場かけを通して自立的に発達し，丁寧に学習経験を構造化していくことを奨励するものである

出典：DfES, 2004a, 11. を筆者がまとめた。

ことが重要であると指摘し，「誰かの話を聞くということを含めて能動的に注意を向けることは，子どもが幅広く学ぶためのもっとも強力な方法の一つである」と指摘した。これは，「子ども自身の自己肯定感やアタッチメントの感覚を促進する最善の方法」であり，「子どもたちの学習を彼ら自身で強固なものにする一助」となると考えた（DfES, 2003, 57）。

　もちろん，英国教育技術省は「個別的に展開される学習活動は，新しい学びに直面する機会が得られ，それまでに学習してきたスキルや知識を実践し，応用する機会を得ることができる」と述べ，個別的に学習する重要性も認識していた。しかし，こうした学習は，「モチベーションや学習活動の中にあるプライドまたは自尊心によって支えられている」ものであり，「高度に構造化された予測しやすい環境づくりなど，それまで以上に足場かけを用意した教師の援助（aids）」が必要であると指摘された（DfES, 2004a, 45）。

　特に，初等教育においては，「探究心，問題解決，創造的思考，推論，評価，自己意識，感情調整，モチベーション，共感，社会的スキル，コミュニケーション」の各側面を育て，自信や情熱をもち，効果的に学ぶことができる

学習者となるよう成長させることが重要であると指摘された（DfES, 2004e, 4）。これらは，「感情知能（Emotional Intelligence）」と呼ばれるものであるが，こうした側面は「網羅されたリスト」をつぶしていくように伸ばすものではなく，「互いに重なり合っているもの」としてとらえ，学習活動を通してトータルに伸ばしていくものであると考えた（DfES, 2004e, 4）。特に，「感情調整，社会的スキル，共感，モチベーション，自己意識」については，子どもたちに自信をもたせ，子どもたちを独立した学習者へと発達させる基盤であると考え，こうした成長が「学習者のコミュニティを効果的に構築することにつながり，豊かな学習を可能にする社会的環境を生み出す」と考えた（DfES, 2004b, 9）。

4.　能動的な学習を提供する教師の専門性

　以上のように，学習において社会的・情緒的側面を重視した学習指導を展開するために，学習者が学習に能動的に参加し，自ら課題を解決しようとする授業を設計することが求められた。このとき英国教育技術省は，学習における「参加」を高める方法として，学習の中に活動を多く取り入れた「アクティブ・ラーニング（active learning）」を推奨し，チームワークが必要な関与型の学習方法を採用することが重要であると考えた。たとえば，仲間同士でメンターとなれるようなシステムや，新しい学年のグループに活動を円滑に進める「導入」を取り入れたり，新入生や特定のニーズをもつ子どもに対する「バディ・システム」，または異学年の子どもから指導を受けることや，パストラル・ケアやスポーツのチームのような学年が混合するグループを活用するなど，多様な場面でいろいろな子どもたちが関わりながら学習を進めていく方法を取り入れることが重要であると考えた（DfES, 2003, 60）。

　そしてこうした学習参加を促進し，能動的に課題を解決しようとする姿勢を子どもたちに育てると，学校に生じていた社会的問題が減少していくことが指摘された。すなわち，「学校はすべての子どもが自立し，自律的に成長していく」役割を担うと，「自然な状況の中で社会的スキル，すなわち，アンガーマネージメントや薬物に対する耐性などがかなり改善する」と指摘された。もち

ろん、「十分に成熟していない子どもや、内向的で不安の強い子どもに対しては、構造的・組織的に対応する割合を高めることが必要である」と考えられた。しかし、クラスの中に「より成熟した自信のある子ども」を育てることで、多くの子どもが「個人で選択したり自律的にものごとを取り扱うことができるようになる」と指摘され、能動的な学習活動の中で自律的に学べる子どもたちを増やすことが学校全体のよい雰囲気づくりにつながると指摘された（DfES, 2003, 60）。

　そして、以上のような成長を促すには、教師は子どもに「教え」、「できたかどうかを評価する」立場ではなくなる。そうではなく、すべての子どもに対して「高い期待」をかけ、「すべての学習者が成功でき、自信をもてるようにする」といった指導姿勢の転換が求められた。すなわち、教師は「クラス全体の指導」「グループ学習またはペア学習」「個別学習」などを組み合わせ、すべての子どもの学習効果が最大限に高まるように授業を展開することが求められた。特に、「学習の文脈」と「子どもの学習ニーズ」をマッチさせることが重要であり、そのために子どもに対する「説明」や「モデリング」「師範」「発問」「議論」「学習活動」「学習の振り返り」を調和的に用いることが学習効果を高めるうえで重要であると指摘された（DfES, 2004a, 30）。

　また、クラスの子どもが包摂（インクルージョン）された授業となるように、多様で異なる「質問」や「学習課題」を用意するなど、教師の指導レパートリーを多様化していくことが必要であると考えられた（DfES, 2004a, 31：表6－1－3）。

　たとえば、教師はクラスのすべての子どもの学習が促進されるように、「視覚・聴覚・運動感覚的にバランスをとって学ぶことが重要であり、そこでは協働学習、独立した学習、教師主導の学習、課題の長さを考慮すること、答えのない課題と答えのある課題のバランスなどを組み合わせること」など、子どもの学びを促すために多様な指導スタイルを用いて授業を展開することが必要であると考えられた（DfES, 2004d, 43）。もちろん、こうした指導スタイルの中には、「事前に学習方法をレクチャーしたり、板書の取り方を選択させたり、実際的な教材を用いたりする」など、特別ニーズを取り除く対応も含まれていた。しかし、こうした特別な対応を含めて、子どもたちの学習ニーズに対応し

表6－1－3　多様な指導レパートリーの例

高い期待をかけ，すべての学習者が成功でき，自信をもてるようにする	・すべての学習者が成功できることを示し，自分が受け入れられ，価値があると感じ，また安全を感じられるようにする ・学習者の向上心が高まり，学習や参加の努力が高まり，適切なところで親や養育者からの能動的な支援が高まるようにする
学習者がすでに知っていることを確かなものにし，知識を構築していく	・明確で適切な学習のゴールを設定し，それを説明する。その際に，すべての学習経験を考慮する ・学習の順序性を守るということを基盤にする
チャレンジしながら，楽しく学習経験を蓄積できる構造と学習速度を保障する	・教材を通して学習させる際に用いる教師の指導方法と学習者の成熟や好み，課題をこなす時間などを合致させる ・ICTを活用しながら，クラスを超えて，幅広い学習経験を創造的に生み出す
教科に対する情熱や学習の興味を引き立てる	・教科を生きたものにする ・学習者のゴールや関心と関係づける
学習の中で個々人を能動的なパートナーに変化させる	・成績を考慮するとともに，学習者の考えと経験を十分に考慮し，教師と学習者が尊敬し合う関係を構築する ・どのように学ぶか，計画と実践の順序を知らせ，学習のアセスメントを活用し，学習者が自分の学習を評価することを助ける
学習スキルを発達させ，個人の質を高める	・システマティックに考えることや情報を管理すること，他者から学び，他者を助けることを学ぶ能力を発達させる ・自信や自律，学習過程の理解を発達させる

出典：DfES, 2004c, 14 を筆者がまとめた。

た「複数のレベルのカリキュラム」を用意しつつ，すべての人に提供されるカリキュラムの中に「追加的介入」を含めていくことが重要であると指摘された（DfES, 2004d, 43）。

　このように，英国のインクルーシブ教育実践では，学校全体で統一した指導方法を採用するというものではなく，子どもの学習ニーズと集団や学習課題とを合致させ，適切な指導方法を選択していくことが教師に求められた。

5．まとめと考察

　本節では，2000年以降の英国教育技術省から出された報告書をもとに，インクルーシブ教育実践の原理およびその具体的な教育方法について検討した。その結果，英国のインクルーシブ教育実践では，特別ニーズに対応することが必要であると考えられていたが，その方法は決して個別化された学習の提供で

はなかった。むしろ，個別に異なる学習ニーズを有するすべての子どもに対応するためには，集団や相互作用を重視した教育実践を展開することが必要であると強調されていた。

　また，こうしたインクルーシブ教育実践が，学習における社会的・情緒的側面の重視といった2000年代に世界的に広まった新しい学習理論の成果をもとにしたものであることも本節の内容から示唆された。特に，教師は子どもの学習ニーズと集団や学習課題とを合致させるべく，複数の指導レパートリーの中から適切な方法を選択できる力量が求められた。

　以上のように，2000年以降の英国インクルーシブ教育実践は，差異を判別・確定し，差異の種類に対応した特別な対応を提供するというものではなく，社会的・情緒的側面を重視しながら集団や相互作用の中で学習参加を高めていくことを基本原理としていた。そして，こうした実践を展開するために，教師は従来の指導方法を改善することが求められ，多様な差異に対応するべく多様な指導技術を駆使しながら授業を展開していくことが必要であった。本節の内容から得られた以上の点をふまえると，2000年以降の英国インクルーシブ教育実践の特徴は，学校全体でユニバーサルな対応を提供しようとするものではなく，教師の指導姿勢を改善し，授業において多様なアプローチを提供できるように改善することにあったと考えられるのではないだろうか。

　本節では，実際の授業過程や特別ニーズのある子どもの事例などからインクルーシブ教育実践の特徴を示すことはできなかった。この点については次節以降に示していきたい。

［文献］

新井英靖（2011）「英国インクルーシブ教育実践の展開と教授方法の改善」．『障害者問題研究』第39巻第1号．44-48.

DfES, 2003, Excellence and Enjoyment: A Strategy for Primary Schools.

DfES, 2004a, Excellence and Enjoyment: Learning and Teaching in the Primary Years. Creating a Learning Culture. Classroom Community, Collaborative and Personalized Learning.

DfES, 2004b, Excellence and Enjoyment: Learning and Teaching in the Primary Years. Conditions for Learning.

DfES, 2004c, Excellence and Enjoyment: Learning and Teaching in the Primary Years. Introductory Guide: Supporting School Improvement.

DfES, 2004d, Excellence and Enjoyment: Learning and Teaching in the Primary Years. Planning and Assessment for Learning. Designing Opportunities for Learning. Professional Development Materials.

DfES, 2004e, Excellence and Enjoyment: Learning and Teaching in the Primary Years. Understanding How Learning Develops. Learning to Learn: Progression in Key Aspects of Learning. Professional Development Materials.

Farrell, P. and Ainscow, M., 2002, *Making Special Education Inclusive*. David Fulton Publishers.

今井理恵（2010）「インクルーシブ教育実践の理論的枠組み――イギリスにおける Inclusive Schools 論に着目して」.『教育方法学研究』第 35 巻. 83-92.

窪田知子（2004）「イギリスにおけるホール・スクール・アプローチの検討」.『教育方法学研究』第 30 巻. 71-82.

窪田知子（2007）「イギリスにおけるディスレクシア児への教育的対応をめぐる動向に関する一考察」.『京都教育大学大学院教育研究科紀要』第 53 巻. 233-245.

Norwich, B., 2008, *Dilemmas of Difference, Inclusion and Disability*. Routledge.

Reid, G., 2005, *Learning Styles and Inclusion*. Paul Chapman Publishing, London.

Wearmouth, J., 2001, *Special Educational Provision in the Context of Inclusion: Policy and Practice in Schools*. David Fulton Publishers.

多様な学習困難児の実態とカリキュラム開発の方法

1. はじめに

　近年，通常の学級に通うすべての子どもが理解できる授業を創出するために「ユニバーサルデザインの授業づくり」に関する議論が盛んに行われている。佐藤・漆澤は，特別支援教育改革のセカンドステージと称して，校内支援体制整備の先に「授業改善」があると指摘し，チームで「教室の中での改革」を進めていくことが重要であると述べている（佐藤・漆澤, 2010）。

　ただし，ユニバーサルデザインの授業づくりの方法論については，多様な議論が行われてきた。たとえば，桂は教材を視覚的に提示したり，事前に教科書を音読する「個別の配慮」をして，理解が難しい子どもでも授業に参加できるようにすることがユニバーサルデザインの授業づくりであるととらえている（桂, 2012, 446）。一方で，長江らはユニバーサルデザインの授業づくりでは，こうした学習上のバリアを取り除くことだけでなく，教材解釈を充実させることで生活や学校の文化と教材を結びつけ，「学習集団において新たな文化を創造しうる授業実践が展開されたかどうか」が重要であると指摘している（長江・細渕, 2007, 183）。

　これまでのインクルーシブ教育実践に関する研究においても，ユニバーサルデザイン論についてはさまざまに評価されてきた。たとえば，湯浅はインクルーシブ教育の実践を「ユニ＝単一の学習に統合する」ととらえるのではなく，「多様な学習機会の選択・アクセス」としてとらえ，「当事者とともに学級の子どもが受け止め，折り合いをつけ」るものであると指摘してきた（湯浅, 2011, 16）。冨永もアメリカの例を参考にしながら，学習におけるユニバーサルデザイン（UDL）とは「多様なニーズのある子どもたちに合わせてカリキュラムや授業内容，目標設定，評価方法を柔軟に変え，多様な設定を行うこと」で

あると指摘している（冨永，2014, 5）。同様に，納富もアメリカの教員養成段階のテキストを分析する中で，「UDLの基礎となる理論」は，「一つのやり方ですべての学習者にぴったりと合うことはない」として，「カリキュラム，学習環境，評価のすべてを賢くデザインする」ものであると指摘している（納富，2014, 36）。

　以上のような先行研究の指摘をふまえると，通常の学級に通うすべての子どもの学習を保障するために授業づくりの方法を検討する際には，単なる「授業中の教師の指導スキル」にとどまるものではなく，広く通常学校のカリキュラムをどのように開発するかという視点や，カリキュラム開発を担う通常学校の教師の力量が問われなければならない。

　世界的にも早い段階からインクルーシブ教育実践を検討してきた英国では，1990年代から同様の議論が展開されている。たとえば，クロー（Clough, P.）は，学習困難のある子どもを含めて，個人が学習していくという考え方を大切にするのであれば，「学習困難を防いだり，最小限にすることができる気の利いた指導やカリキュラム（sensitive teaching and curricula）を創出することが必要である」と述べている（Clough, P., 1998, 10）。また，ミットラー（Mittler, P.）は課題の多様化（differentiation）やアセスメントおよび記録の重要性とともに，「十分に練られたカリキュラムの計画と提供（good curriculum planning and delivery）がすべての子どもにとってのよい実践の品質保証となる」と指摘している（Mittler, P., 1999, 130）。

　このように，英国では1990年代にインクルーシブ教育実践の創出には学校におけるカリキュラムをデザインすることが重要であると指摘されてきた。それでは，こうした議論の中で2000年代に英国で先駆的なインクルーシブ学校として紹介されている学校はどのようなカリキュラム開発を行っていたのだろうか。また，そうしたカリキュラムを開発するために，学校や教師はどのように変化することが求められたのだろうか。

　以上の点を明らかにするために，本節では2000年以降の英国インクルーシブ学校の特徴について明らかにしたいと考える。

2. インクルーシブ教育実践の促進とカリキュラム改革

　まず，フローリアン（Florian, L.）はインテグレーションの特質と課題を分析する中で，インクルーシブ教育との違いを次のように明確化していった。すなわち，インテグレーションの問題点は，「通常の生活から排除されている障害者」を，一般社会の中に受け入れようとすることを前提にしている点であるとフローリアンは指摘した。こうした考え方は，人々の「差異」を同一化することになり，「差異の否定」と結びついてしまうとフローリアンは批判した。フローリアンによれば，「長い間，インテグレーションを進めることによって，ノーマライゼーションの考えは達成できる」と考えられていたが，こうしたノーマライゼーションの考え方自体も「異なる人々の価値を否定する」ことになると指摘している（Florian, L., 1999, 14）。

　一方，フローリアンはインクルーシブ教育を「参加を増大するプロセス」ととらえ，「能動性」と「選択」を基盤にした教育実践を展開することが重要であると指摘した。この点に関して，インテグレーション時代の教育実践は，「利用可能なパターンあるいは状況を消極的に受け止めるもの」と指摘し，インクルーシブ教育とは対照的なものであるととらえた（Florian, L., 1999, 16）。そして，フローリアンはインクルーシブ教育の推進には，特殊教育（special education）といわれた時代に築き上げられた既存のサービスに子どもを適合させるという考え方から脱却し，従来の教育実践を「再検討する」ことが必要であると考えた（Florian, L., 1999, 24）。

　このように，インクルーシブ教育実践は，すべての人を標準化することを目指したノーマライゼーションと異なり，「差異の承認」「参加の機会の促進」を主軸とするものである。そのため，「子どもを変える」のではなく，「学校や授業を変える」という方向で教育改革が検討されていた。

　同じ書籍の中で，ローズ（Rose, R.）の考え方を示している。ローズはインクルージョンを「可能なかぎり多くの時間に，すべての子どもが学習に参加すること」ととらえ，「インクルーシブ教育のアプローチを発展させる」ためには「カリキュラム」が重要であると指摘した。すなわち，「特別な教育的ニーズ

のある子どもを通常の学級に機能的に統合する」ためには，「相当程度のカリキュラムの修正をすることなく，達成できるものではない」と述べ，カリキュラムを創出する「教師」がさまざまな方策を受け入れることが求められると指摘した。ただし，通常学校の教師に求められている「態度の変化というものは容易に達成されるものではない」とも指摘され，「学校がカリキュラムを示し，すべてのスタッフが発展する必要性をつくり出すこと」が必要であると考えた（Rose, R., 1999, 30）。

このとき，ローズは特別な教育的ニーズのある子どもに効果的なカリキュラムを提供するために，「差異化（differentiation）のアプローチや特別な教育的ニーズのある子どもがアクセスできるようにすることが重要」であると指摘した。また，「すべての子どもが授業に完全に参加できるように教材を修正したり，指導アプローチを修正する」という方法を検討してきたが，そうした対応を充実させる中でも，特別な教育的ニーズのある子どもへの「支援の仕組みを構築することからおよそかけ離れている学校や，差別・区別を助長する実践に近い学校もあった」と指摘している（Rose, R., 1999, 34）。

こうした教育実践に陥らないようにするために，ローズはインクルーシブ教育について，「すべての子どもが同じカリキュラムを割り当てられなければならないというものではなく，むしろ学習経験を共有しながら十分に計画された内容を通じて，すべての子どもたちがそれぞれのニーズにふさわしいカリキュラムの中で学べるようにすること」が大切であると考えた。そのため，「よいカリキュラムは，子どものニーズを教師が理解しているだけでなく，また，こうしたニーズと指導方略とを合致させるというだけにとどまらない。そうしたことに加えて，効果的な学級経営のスキルや適切に資源を開発していくこと，すべての子どもが参加できるようにすること，学級内の支援に注意を向けることなども必要である」と指摘した（Rose, R., 1999, 36）。

このように，ローズは子どもに合わせたカリキュラムを創出するために，「教師」の重要性を強調した。そして，学級経営や資源の開発など，学校や学級の側面を改善することで，より多くの子どもを包摂（インクルージョン）することが重要であると考えた。

3．初等・中等学校におけるインクルーシブ教育実践の方法

（1）中等学校におけるインクルーシブ教育実践の方法論

　フローリアンとローズは，以上のような基本スタンスに立ってインクルーシブ教育実践を考えた。これは，「学校づくり」の視点が重要であるということを意味しており，フローリアンとローズは表6-2-1のような指導（実践）を創出できるように学校を改善することが必要であると考えた。

　こうした中で，フローリアンとローズは，英国の中等学校について実態調査を行った（表6-2-1）。この調査では，成果を上げている学校では，インクルージョンに積極的な影響を与えるような子どもの支援がいくつも開発されていたが，その方法には「伝統的な特殊教育のモデルで学習する」形式ではないものが多かった。たとえば，「ある学校では，学習支援のスタッフは昼休みや放課後の『宿題クラブ（homework club）』を通して学習上の課題に対応していた」が，これは当時の英国の中等学校では，宿題をしてこなかったということが「教師と子どもの間のストレス」の原因となっていたからであった（Florian, L. and Rose, R., 2001, 407）。

　また，特別な教育的ニーズの判定書（Statement）をもっている子どもたち

表6-2-1　インクルーシブ教育実践を推進する指導方法の特徴

クラス全体での指導	一つの授業を行っていながらも，課題を選択できるようにしていた。また，個々の子どもを尊重し，子どもに期待をかけていた
教師の知識と実践	教師は学習上，困難のある子どもを他の子どもと一緒に指導するために，特殊教育（special education）の実践方法について知る必要がある。その一方で，「質のよい指導（good teaching）」を提供する方法を知ることもインクルーシブ教育の推進に必要である
個のニーズを充足する方法	個のニーズを充足するためには，専門家の知識を提供してもらえる体制があることは重要である。その一方で，共同で指導する体制をつくることや，カリキュラムを多様化することも重要である。特に，すべての子どもの学習に責任をもつのは教科の教師であり，教科の教師が学習支援の役割や特別な専門性を提供するものであると認識することが重要である

出典：Florian, L. and Rose, R., 2001, 405-406 を筆者がまとめた。

は移動手段を確保しなければ課外活動（たとえば，学校訪問や旅行，コーラス，音楽，ドラマ，スポーツ，ITクラブなど）に参加できないケースも多かった。そのため，「学校と地域を結びつける」ために移動手段を用意する学校もあった（Florian, L. and Rose, R., 2001, 407）。

このように，成果を上げているインクルーシブ学校は，きわめて「実用的な（pragmatic）」対応をとっていた。すなわち，「インクルージョンに対して問題解決的なアプローチをとる」ことができる教師が，「幅広い支援と指導方略を用いる」中で，特別な教育的ニーズのある子どもたちに効果的な支援を提供することができるようになっていると指摘された（Florian, L. and Rose, R., 2001, 409）。

（2）アマデウス初等学校のインクルーシブ教育実践

①アマデウス初等学校の児童の特徴と課題

フローリアンとローズは，インクルーシブ教育実践に関して以上のような方向性を示し，英国内の初等・中等学校の改革を促していった。フローリアンやローズとともに英国でインクルーシブ教育を実践的に研究してきたブラック・ホーキンズ（Black-Hawkins, K.）は，以下の学校の実践を介し，インクルーシブ教育実践を生み出すことを可能にするカリキュラム開発の方法について検討した（Black-Hawkins, K., Florian, L. and Rouse, M., 2007）。

まず，多様な困難を抱える子どもが通っていたアマデウス初等学校の学校づくりとインクルーシブ教育実践の特徴について見ていきたい。アマデウス初等学校の学校概要は表6-2-2のとおりである。

表のような施設・設備が整い，スタッフの専門性も高いアマデウス初等学校では，「身体的な障害をもつ子どもの入学に関しては何のバリアもなかった」と評価されるほど，地域のインクルーシブ学校として存立していた（Black-Hawkins, K. et al., 2007, 73）。たとえば，クラスにアクセスするときに物理的なバリアはなく，外の活動にも容易にアクセスできるようになっていた。また，就学前のクラスは子どもたちがアートを基盤にした作品をつくり，華やかに装飾したり，共同利用エリアや個々のクラスには大きなディスプレイがいくつもあるなど，さまざまな場所で表現活動を展開することが可能であった。さらに，

表6−2−2　アマデウス初等学校の学校概要

対象年齢	3 歳～11 歳
児童	2000 年の開校当時 116 人だった在校生が，2003 年には 368 人に増加し，2005 年までに 400 人を超える学校になった
スタッフ数	2000 年時点で就学前クラスから第 6 学年までのクラスに 11 人の有資格のフルタイム教師が配置（幼児クラスにはこの他に 2 人の教師が加配）されていた。加えて 11 人の教育支援スタッフがいた。児童数の増加に伴い，2003 年にスタッフが 40 人以上に増員された
学校設備等	2000 年に開校した。学校は採光と風通しのよいとても魅力的な建物であった。また，IT 設備や図書館が整備され，各クラスには静かに学習できるスペースと，みんなでさまざまな活動ができるスペース（messy areas）があった。この建物は廊下とドアの間に段差がなく，とても衛生的な設備となっていて，視覚障害の子どもを支援するために壁の低いところに誘導のためのレールが設置されていたり，聴覚障害児のために聴覚ループシステムを導入したりしていた
人種・民族（マイノリティ）	地域は文化的に多様であった。英語が母国語ではない子どもが 57%，学校では合わせて 18 ヶ国語が話されていた
経済状況	経済的には貧困地域であった。多くの子どもは市営住宅に住んでいて，持家の家庭はほとんどなかった。70% 以上の子どもが無償給食の家庭であった（国の平均は 18%，地方当局の平均は 40%）
SEN 児	2001 年の時点では約 32% の子どもが特別な教育的ニーズのある子どもとして学校に登録されていた
その他	2001 年 Ofsted 報告で「よい学校（good school）」と評価された

出典：Black-Hawkins, K., et al., 2007, 72-73 を筆者がまとめた。

学校に新しい子どもを迎え入れる場合には，友だちのメンターや「バディ」を指定し孤立しないように配慮されていた。もちろん，こうしたシステムは，昼食時に孤立して食事をしているような，現在通っている子どもたちにも導入されていた（Black-Hawkins, K. et al., 2007, 73）。このように，アマデウス初等学校では，施設設備面のみならず，指導システムを含めてインクルーシブ教育を推進する方策が用意されていた。

　一方で，校長やクラスの教師は他の子どもたちの学習を阻害するような行動をとる子どもたちについて心配の声をあげていた。いくつかの子どもの家庭は貧困，ドラッグ，暴力，ネグレクトにより荒廃した生活となっているということを述べていた。校長やクラス担任は家庭環境が学校での行動に必然的に影響を与えており，そうした子どもたちの行動を修正する鍵であると考えた（Black-Hawkins, K. et al., 2007, 73）。ただし，

- そうした子どもはクラスの子どもと一緒に学習活動をすることが難しい場合が多い
- 多くの行動上の課題を抱えた子どもを受け入れることは，他の子どもたちにあまりよい影響を与えない

といった理由から，「特別に用意された場がより適切なのではないか」，あるいは「一時的にはそうした場のほうがよい場合もある」と考えている教師も多くいたことは事実である（Black-Hawkins, K. et al., 2007, 73）[1]。すなわち，アマデウス初等学校では，障害児等については施設設備を整え，スタッフが受け入れられるように専門性を高めていたが，子どもの困難の状況によっては通常のクラスの中に包摂することは難しい場合もあるという考えをもっていた。

②アマデウス初等学校のカリキュラムと指導方法

　それでは，さまざまな困難を抱える子どもを含めて，多くの子どもを通常のクラスに包摂して指導することができるのだろうか。アマデウス初等学校には，以下のような学校全体のカリキュラムに関する明確な方針が存在していた。

> 　私たちは芸術分野であれば，すべての子どもがうまく参加できると考えている。芸術を基盤にしたカリキュラム（art based learning）は，子どもの関心や，創造性，思考技術，協働活動，積極的な行動を促進していくことができる。こうしたカリキュラムは，子どもたちの多様な学習スタイルに焦点を当て，特に英語が母国語ではない多くの子どもたちがアクセスできるようなカリキュラムにすることができる。芸術はすべての子どもが貢献でき，多くの子どもが秀でている状態となりうるさまざまなレベルの内容を提供することができる。
> （Black-Hawkins, K. et al., 2007, 75）

　アマデウス初等学校のこうしたアプローチは，「校長が強く関与し，情熱を注いでいる」ものであった。すなわち，「すべての子どもたちは音楽，ダンス，ドラマ，哲学，絵画（painting, drawing），彫刻などを通してカリキュラムに

アクセスできる」といった考えが基盤となっており，授業の中に「表現」活動を多く取り入れていた（Black-Hawkins, K. et al., 2007, 75）。そのため，アマデウス初等学校の校長は「個別の教科を別々の時間割で授業するというよりも，クロス・カリキュラムを組んでプロジェクト的にアプローチする」指導形態を多く取り入れていて，「スタッフが時間割をフレキシブルにする」ことを推奨していた（Black-Hawkins, K. et al., 2007, 76）[(2)]。

　こうした実践を展開しようとするアマデウス初等学校では，ほとんどすべての教授・学習でクラス別に授業が行われていたが，なかには基礎的スキルに関して付加的支援が必要な子どもを個別に抽出したり，小集団編成をして行う指導もあった。また，読み書き，計算については，教師がアセスメントした子どもの能力に従って，たいてい3つから4つのグループが構成されていた。しかし，特別なニーズのある子どもがいつも分離された場や能力別のグループで学習しているのではなく，クラス全体，小集団，ペア学習，個別学習といった多様な指導形態を組み合わせて指導していた（Black-Hawkins, K. et al., 2007, 76）。

③アマデウス初等学校の特別なニーズのある子どもへの指導方法

　以上のように集団の中で学習指導を展開する場合には，多様な場で多様な指導方法が用意されていた。このとき，アマデウス初等学校の教師は，「子どもたちがクラスの中で互いに学習のためのリソースを活用できるようにするために，クラスの中で集団を上手に活用する」ことが重要であると考えられた。たとえば，哲学の授業において，「子どもたちがそれぞれの考えを発展させるためにペアで話し合う」ことを求めたり，読み書きの授業の中で，「上手に書ける人がパートナーの学習を支援する」など，協同的な学習の方法を工夫することが教師に求められていた（Black-Hawkins, K. et al., 2007, 77）。

　また，アマデウス初等学校では，特別な教育的ニーズがある子どもに対して，ティーチング・アシスタント（TA）が配置されている場合もあった。ただし，TAは，特定の子どものために割り当てられていたとしても，その子どもの学習支援とともに，クラス全体に対しても広く支援を提供し，協働的な学習（collaborative learning）を促進するために子どもたちに働きかけることが役割の一つと考えられていた（Black-Hawkins, K. et al., 2007, 78）。たとえば，あるTAは

次のように SNE 児を支援していた。

> （特別な教育的ニーズのある――筆者注）～さんはよく「今日，あなたは必要ないわ」と私に言います。だから私はその子の隣ではなく，広いテーブルに座り，その子の対角線に位置したところにいるようにします。そこは，～さんを見ていることもできるけど，他の子どもたちも支援できるところです。～さんには，私はいつでも手を差し伸べられるところにいるわけではないということを見せます。そうするとその子はとても喜びます。自分の自立を喜んでいるのでしょうね。

　これは，アマデウス初等学校の TA が集団の中で特別なニーズのある子どもを支援していることを示す一例であったと考えられる。

④アマデウス初等学校における「チーム支援」の有効性

　さらに，アマデウス初等学校では，教師と教師ではない職種のスタッフが「チームとして一緒に働く」ことがとても重要であるということをすべての教職員が理解していた[3]。これは，校長が一貫して主張していることでもあり，「芸術を基盤にしたカリキュラムを通して，教授と学習の価値について，すべてのスタッフが『考え方を共有』していた」（Black-Hawkins, K. et al., 2007, 78）。同時に，こうした信念をもつスタッフは，音楽やドラマ，ダンス，アートに関して共通した関心をもっていて，こうした共通の基盤が「同僚性（collegiality）を高める」ことに結びついていたと指摘されている。さらに，比較的経験の少ない教師でも，学校全体の責任を負うような仕事（たとえば，読み書きや音楽などの教科のコーディネート）を与えられているなど，学校内で協働的に仕事を進めることが奨励されていた（Black-Hawkins, K. et al., 2007, 78）。

　一方で，アマデウス初等学校は学校外の専門家から助言を受けられるようになっていて，チーム支援が重層化されていた。たとえば，地方当局のスペシャリスト教師を活用し，特別な教育的ニーズをもつ子どもに関する専門的な支援や助言を受けていた。また，読み書きに困難のある子どものために発話と言語のセラピストを雇用していたり，理学療法士などの特定のカリキュラム領

域で，専門家からの助言を求められるようになっていた（Black-Hawkins, K. et al., 2007, 79）。

　加えて，アマデウス初等学校では，子どもに「算数と英語はどちらからやりましょうか？　今朝は何をしたい気分ですか？　私はどちらでもできます。あなたたちはどのような気持ちですか？　何がしたいですか？」（Black-Hawkins, K. et al., 2007, 80）と尋ねることを大切にしていた。さらに，体育の授業では，身体障害児が仲間と一緒に参加できるようにボールゲームのルールを改変したり，教師が計画する宿題は，放課後，地域のモスクで勉強する子どもたちの要求に適合するように出されていた。そして，こうした毎日の子どものニーズに対する繊細な対応は TA によって行われていた（Black-Hawkins, K. et al., 2007, 80）。

　以上のように，アマデウス初等学校では，特別なニーズのある子どもを通常のクラスに包摂するために，チーム支援の原則を確立することで柔軟な対応を可能にしていた。

(3)　ハーバー・コミュニティスクールのインクルーシブ教育実践

①ハーバー・コミュニティスクールの生徒の特徴と課題

　ハーバー・コミュニティスクールは，11歳から16歳までの生徒を対象とした共学のコンプリヘンシブ・スクールであった。1学年の定員が約240人で，生徒数の合計が約1200人の学校であった。学区には白人の労働者階級が主流で，経済的に困難を抱える家庭が多く，また地域的に社会問題や健康問題（HIV感染等を含む）が深刻な地域であった（表6−2−3）。

　また，ハーバー・コミュニティスクールが1999年に開校した当初から，校長はインクルージョンを「単に特別なニーズのある子どもや障害児の問題とするのではなく，人種，ジェンダー，社会階層の問題」としてとらえ，「社会的・教育学的な側面に働きかける」ことが重要であるといった明確な方針をもっていた（Black-Hawkins, K. et al., 2007, 87）。ハーバー・コミュニティスクールには判定書を有する SEN 児が約50人（5%）いて，そうした子どもたちのためにこの学校では地方当局が用意した特別な指導を提供する施設・資源をもっていた（Black-Hawkins, K. et al., 2007, 87：具体的な人的内資源の配置は表6−2−4参照）。

表6−2−3 ハーバー・コミュニティスクールの11歳生徒の概要（2004年度）

	ハーバー・コミュニティスクール（212人）	ハーバー・コミュニティスクールのある地方当局（3,267人）
特別な教育的ニーズのある子ども	42.4%	18.5%
無償給食対象児	26.4%	39.6%
英語が第一言語ではない子ども	24.5%	57.3%
人種の特徴（5%以上のもの）	英国白人 65.6% アフリカ系黒人 11.8%	英国白人 19.4% インド 15.5% パキスタン 12.2% バングラデシュ 11.8% アフリカ系黒人 9.1% カリブ海系黒人 7.7%
定住率	84.4%	79.9%

出典：Black-Hawkins, K. et al., 2007, 86 を筆者がまとめた。

表6−2−4 ハーバー・コミュニティスクールのスタッフの雇用状況

スタッフ数	教師86人（スタッフ全体で140人）
生徒数	定員約1200人
SEN コーディネーター	2人の副校長のうち1人が兼務する（開校当初は大規模な特別学校で副校長をしていた人がコーディネーターをしていた）
SEN 児への対応	特別ニーズに専門的に対応する教師が3人配置され，カリキュラムの計画を立てていた（このうちの一人はディスレキシアの勉強をして学位を取得した）

出典：Black-Hawkins, K. et al., 2007, 88 を筆者がまとめた。

②ハーバー・コミュニティスクールのカリキュラムと指導方法

　以上のような大規模な中等学校では，生徒の学力差が大きくなることが必然である。ハーバー・コミュニティスクールでも，カリキュラムへのアクセスに関して，以下のようにとらえていた。

　　生徒の4分の1はカリキュラムにアクセスできる。4分の1の生徒は私たちが提供できる補助的な支援（extra help）があればカリキュラムにアクセスすることができる。4分の1の生徒は私たちが必要な補助的支援を提

供することができないので，カリキュラムにアクセスすることができない。最後の4分の1の生徒はカリキュラムが適切ではないためにカリキュラムにアクセスすることができない。　　　　　（Black-Hawkins, K. et al., 2007, 90）

　こうした実態は，生徒のニーズを充足するための適切なカリキュラムを編成する大きな課題が学校にあるということを意味しており，ハーバー・コミュニティスクールでは「適切なカリキュラムとは何か，そして私たちがどのようにすればあらゆる生徒集団がカリキュラムにアクセスできるか」という点を検討していた（Black-Hawkins, K. et al., 2007, 90）。

　こうした状況の中で，ハーバー・コミュニティスクールが考えたインクルーシブ・カリキュラムの重要な鍵となるものとして，「言語」と「コミュニケーション」が挙げられた。すなわち，子どもたちが使用している言語やコミュニケーションの内容と，教科で用いられている言語を SEN コーディネーター（SENCO）などが分析し，カリキュラムレベルでこの2つを「適合させることができるかどうか」を考えることが，多様な子どもをカリキュラムにアクセスさせる方法であると考えた。このとき，「教科を横断するスキル」に着目し，それを「正しく習得させる」ことを通じて，より多くの子どもたちが「知識や内容を正しく習得することができる」と考えた（Black-Hawkins, K. et al., 2007, 90）。

　こうした発想で授業づくりを展開しようとする背景には，「ナショナル・カリキュラムからおりてくるものを拡張しようとするのではなく」，カリキュラムを広くとらえて，学校が「カリキュラムをより多くの子どもたちにアクセスできるようにつくる」ことが重要であるという考えがあった。そのため，ハーバー・コミュニティスクールでは，「カリキュラムのアクセシビリティは（中略），学校が発展する課題である」ととらえていた（Black-Hawkins, K. et al., 2007, 91）。

　たとえば，ある SEN コーディネーターは，「何人かの生徒は支援を受けながらクラスの端のほうに座ってはいるが，カリキュラムにはアクセスできていなかった」ので，「長期的な計画としては同じ場で学習するということに進んでいきたい」と考えながらも，ある一時期に，ある程度分離された場で学習する

必要があると考えた。このように，ハーバー・コミュニティスクールでは，子どもにとって「よりふさわしい柔軟なカリキュラムを立てること」が重要であると考えた（Black-Hawkins, K. et al., 2007, 91）。

ハーバー・コミュニティスクールでは，こうした対応を「すべての子どもの学習ニーズを満たすためのカリキュラム・ベース・アプローチ（curriculum-based approach）」と呼んでいた。すなわち，「カテゴリーごとに概念化されている」インクルーシブ教育では十分な発展は見られず，「カリキュラムや指導ニーズ」によってカリキュラムを検討しなければならないと考えた（Black-Hawkins, K. et al., 2007, 91）。

③スタッフに対する専門研修の提供と外部機関との連携

以上のようなカリキュラムをベースにして，特別なニーズのある子どもへの対応を行うには，SENコーディネーターと通常のクラスの教師の双方に相応の専門性が必要となる。ハーバー・コミュニティスクールでは「効果的な学級経営やクラスを組織するスキル，差異化（differentiation）に関すること」についてはすべてのスタッフが研修を受ける必要があると考えていた（表6-2-5）。

特に，ハーバー・コミュニティスクールは例年，「スタッフの20%が異動す

表6-2-5　ハーバー・コミュニティスクールの専門性向上研修プログラムの概要

スタッフ発展プログラム1	●地域の総合大学の協力を得て，追加的な資格を取れるように支援する ●地方当局が提供している相談教師を活用して，専門家からのアドバイスを受けられるようにする （ただし，校長は手話を使用している子どもや暴力的な行動をとる子どもとのコミュニケーションに関してさらなる相談支援が必要と考えていた）
スタッフ発展プログラム2	特別なニーズのある子どもへの対応を専門的に行うスタッフの研修を用意する（毎週木曜日の放課後；他のスタッフが参加することも歓迎していた）。内容は，以下の2点を中心に行っている ●特別な教育的ニーズの特定の型について専門職研修を受けるとともに，教授学的なことや相談スキル，専門性の共有，同僚とパートナーシップをとりながら働くことについても専門的な研修を受ける ●個別教育計画（IEPs）を機能させながらカリキュラム・ベースのアセスメントをどのように実施していくかという点について研修を行っている

出典：Black-Hawkins, K. et al., 2007, 97 を筆者がまとめた。

る」という現実があり，こうした状況の中で学校は研修に「予算」を付け，「常に継続して行う必要がある」と考えていた（Black-Hawkins, K. et al., 2007, 97）[(4)]。ハーバー・コミュニティスクールでは，上記の研修を具体化するために，以下の2つの専門性向上プログラムを用意していた（表6-2-5参照）。そして，以上のような研修の実施に関して，「あらゆる研修は学校発展計画の中で優先度の高い項目として位置づけられるべきである」と考えられた（Black-Hawkins, K. et al., 2007, 97）[(5)]。

　また，ハーバー・コミュニティスクールでは外部機関との連携の重要性を認識していて，この学校の上級スタッフは「地方当局の学校支援機関がインクルーシブなアプローチ全体の一部であり，もっと協働する必要がある」と考えていた。これは，「初等学校からの進学や通学手段，学校間の専門家の対応を共有する」ためでもあった。たとえば，ハーバー・コミュニティスクールは，地方当局がこうした全体的な支援計画を作成することが重要であり，また，教育機関のサービスとその他の機関のサービスが分離しないように連携することが重要であると考えていた。しかし，地方当局が用意している支援サービスが「依然としてカテゴリー別の対応（発話と言語，社会的・情緒的・行動的な困難など）となっていて，カリキュラムに沿ったものになっていない」という点については課題であると考えていた（Black-Hawkins, K. et al., 2007, 97）。

　以上のように，ハーバー・コミュニティスクールでは，多様なニーズを有する多くの生徒をインクルージョンするために，カリキュラムを改善し生徒のニーズと合致させることが必要であると考えた。そして，そのためには学校スタッフに専門研修を用意するとともに，外部機関からの支援を有機的に連携させることが学校として必要であると考えた。

4．まとめと考察

　本節では，フローリアン，ローズ，ブラック・ホーキンズの論文および研究調査から，2000年代に英国で先駆的なインクルーシブ学校として紹介されている学校がどのようなカリキュラム開発を行っていたのか，そうしたカリキュ

ラム開発を進めるために，学校や教師はどのように変化することが求められたのかについて明らかにした。その結果，次の点が示された。

(1) インクルーシブ教育実践は，子どもをカリキュラムや従来の指導に適合させることではなく，カリキュラムや指導方法を修正することによって子どもが学校や授業への参加の機会を増大させていくことであった。そのため，教師には子どものニーズに応じて多様なカリキュラム，多様な指導方法を創出したり，選択させる力量が求められていた。

(2) フローリアンらが取り上げたインクルーシブ学校（初等学校および中等学校）では，障害児のみならず，社会的・経済的な困難を抱える子どもを含めて多様な子どもを学校に包摂（インクルージョン）するために，カリキュラム改善とともに，スタッフの専門性向上と外部機関との連携の必要性が強調されていた。特に，カリキュラム改善では，芸術（art）や言語による表現を鍵概念として，カリキュラムを横断する側面に注目し，多様な子どもを授業に包摂することが必要であると考えられた。

(3) その一方で，学習支援アシスタントや特別ニーズへの専門的な対応を可能にする教師や外部の専門家の役割も重要であるということが強調された。そして，これらすべてのスタッフがチームとして機能するように連携を図ることがインクルーシブ学校において重要であると指摘された。

　このように，2000年代初頭の英国インクルーシブ学校は，カリキュラム開発をベースとした学校改善に取り組んでいた。このとき，子どもの能力に応じてカリキュラムを細分化する差異化（differentiation）の視点だけでなく，芸術や表現といった側面に注目し，カリキュラムをカバーすることができるようにすることで，子どもたちの授業参加の機会を増大することができると考えた点に英国インクルーシブ教育実践の特徴があるといえるのではないだろうか。

　そして，こうした多様な子どもが参加できるカリキュラム開発には，特別な支援を提供する人的スタッフや専門機関との協働や連携が重要であると考えた点も，インクルーシブ教育実践の特徴の一つである。すなわち，英国のインクルーシブ学校は多様な子どもを排除（exclusion）せず，専門家や専門機関と積

極的にチームを組んで学校全体で包摂（inclusion）する体制を構築することが重要であると認識していた。これは，専門家や専門機関が通常（mainstream）の中に包摂されることを意味するものであり，こうした点が英国インクルーシブ学校の特徴であったと考える。

　ただし，本節で示した内容はカリキュラム開発およびそれを実現するためのスタッフの専門性という点から考察したものであり，学校方針や児童生徒の成績の変化などからの考察は含まれておらず，一つの学校を多角的に検討できていない。インクルーシブ学校の特徴を知るうえで，こうした総合的な考察を行うことはきわめて重要であるので，この点については次節で検討したい。

［注］

(1)　行動上の困難を抱える子どもと関連して，アマデウス初等学校では，出席率の悪さが懸案事項として挙げられていた。アマデウス初等学校では，2003年ごろまで認定欠席（authorised absence）者が6.1％，非認定欠席（unauthorised absence）者が0.9％であり，いずれも国の平均（それぞれ，5.4％，0.5％）よりも高い割合であった。そのため，2003年以降，欠席の記録と監視を強め，新しい方針と実践方法を実行した結果，2005年までに出席の状況は改善の方向に向かっていった（認定欠席者5.1％，非認定欠席者0.8％）。

(2)　ただし，芸術以外の教科では，従来のやり方が踏襲されている点も多くあり，「読み書き，計算，科学，体育」といった教科は，科目ごとに授業が行われていた。授業の方法についても，最初，全体的にデモンストレーションが行われ，ディスカッションし，その後，小グループで座って個別に学習を進めるという「伝統的な構造」のものも多かった（Black-Hawkins, K. et al., 2007, 76）。そのため，すべての授業をコアカリキュラムやプロジェクト学習として行うわけではなく，あくまでもそうした活動中心の授業を増やしていくことを推奨しているというものであった。

(3)　アマデウス初等学校の教師と支援スタッフの良好な関係を示す例として，この学校の教師は，「支援スタッフと教師の間に明確な区別はない。ティーチング・アシスタントはよくクラスに入り，お話の時間を進めてくれている。そして，ティーチング・アシスタントはグループで活動してくれる。私はこんな素晴らしいティーチング・アシスタントを得ることができて幸運だ」というように，別の職種のスタッフに敬意を払っている記述がある（Black-Hawkins, K. et al., 2007, 78）。

(4)　校長は毎年，研修を継続するだけでなく，「教師にとって魅力的な地域となるように戦略を立てる。そうすることで教師の募集が楽になるばかりでなく，教師という仕事にとど

まってくれる」と考えている（Black-Hawkins, K. et al., 2007, 97）。

(5) ハーバー・コミュニティスクールの管理職は，専門職研修を受ける前提として，スタッフに対する期待を高め，生徒が学習に対する熱意を高められるような雰囲気をつくることが大切であると認識していた（Black-Hawkins, K. et al., 2007, 97）。

[文献]

Black-Hawkins, K., Florian, L. and Rouse, M., 2007, *Achievement and Inclusion in Schools*. Routlegde.

Clough, P., 1998, *Managing Inclusive Education: From Policy and Experience*. Paul Chapman Publishing.

Florian, L., 1999, Inclusive Practice: What, Why and How? In Tilstone, C., Florian, L. and Rose, R. (ed.) *Promoting Inclusive Practice*. RoutledgeFalmer. 13-26.

Florian, L. and Rose, R., 2001, Inclusive Practice in English Secondary Schools: Lessons Learned. *Cambridge Journal of Education*, 31(3). 399-412

桂聖（2012）「教科教育と特別支援教育の融合が目指すもの――授業のユニバーサルデザイン研究会の原点から考える」．『LD研究』21(4)．445-447.

Mittler, P., 1999, *Working Towards Inclusive Education: Social Contexts*. David Fulton Publishers.

長江清和・細渕富夫（2007）「ユニバーサルデザインの発想を活かした授業づくり（Ⅱ）――知的障害学級と通常学級（小学校2年生）との国語科の合同授業」．『埼玉大学教育学部附属教育実践総合センター紀要』5．164-184.

納富恵子（2014）「学びのユニバーサルデザイン（UDL）の理論と実践――米国における教員養成段階の教科書の分析と算数科における試行」．『福岡教育大学大学院教職実践専攻年報』4．33-40.

Rose, R., 1999, The Curriculum: A Vehicle for Inclusion or a Lever for Exclusion. In Tilstone, C., Florian, L. and Rose, R. (ed.) *Promoting Inclusive Practice*. RoutledgeFalmer. 27-38.

佐藤慎二・漆澤恭子編著（2010）『通常学級の授業ユニバーサルデザイン――特別ではない支援教育のために』．日本文化科学社.

冨永光昭（2014）「大阪教育大学におけるインクルーシブ教育に対応できる教員養成推進プロジェクトの構想と課題」．平成25年度大阪教育大学重点的教育研究創造推進事業『インクルーシブ教育に対応できる教員養成推進プロジェクト報告書』．1-9.

湯浅恭正（2011）「通常学校の改革と授業づくり」．『障害者問題研究』39(1)．12-19.

第7章

英国におけるインクルーシブ学校の実践展開

初等学校における
特別なニーズのある子どもへの対応と学校方針

1. はじめに

　発達障害等の特別な教育的ニーズのある子どもに対して，通常の学校でどのように特別な対応を提供していくかについては，国内外においてさまざまに研究が進められてきた。これまでの日本の研究では，機能的アセスメントを実施し，子どもの問題行動の原因やきっかけとなる要因を分析したうえで，通常の学級や学校全体から問題行動などの学習上・行動上の困難を取り除いていく指導の方法が多く検討されてきた（関戸・田中, 2010 など）。

　一方，花熊は特別な支援が必要な子どもを通常の学級の中で対応しようとしたら「教師間の共通理解と学校全体での取り組み」が重要であると考え，管理職のリーダーシップのもと，学習環境づくりと視覚的手がかりなどを学校全体で整備することが必要であると指摘している（花熊, 2011）。安部も，通常の学校で特別な配慮が必要な子どもがいた場合に，事例についてみんなで話し合うことで「支援を要する児童についての共通理解が図られ，支援のネットワークが校内に張り巡らされることになる。こうして，子どものために教師が協働して課題に立ち向かう学校へと進化する」と述べ，特別なニーズのある子どもへの対応を発展させるには，教師が協働できる学校をつくることが重要であると指摘している（安部, 2012, 181）。このように，近年，日本では，発達障害等の子どもがわかりやすい授業づくりとすることで，どの子どもにもわかりやすい授業となり，それが学級全体への支援につながり，お互いに支え合う学級づくりにつながるという視点から検討されてきた（国立特別支援教育総合研究所, 2012, 8 など）。

　一方，海外に目を向けてみると，インクルーシブ教育を推進してきた英国で

は，1990年代から学校改善の重要性が指摘され，「学校の文化」「学校の方針」「具体的な実践」の3つの側面から総合的にアプローチすることが必要であると考えられてきた（新井，2011，267）。これは，特別な教育的ニーズのある子どもをインクルージョンできる「学校文化」を育てるとともに，学校がどのような方針をもち，特別な教育的ニーズのある子どもたちにどのように具体的に対応するかという点を総合的に検討することが重要であるということを意味している。このとき，学校方針とそれに基づく特別な対応の提供は，学校の抱える事情やその学校に通う子どもの実態に大きく左右されるため，個別の学校を取り上げ，その学校の実情をふまえた学校づくりがどのように行われているのかを検討することが必要である。しかし，こうした視点からインクルーシブ学校の個別事例を示した研究は少なく，検討の余地が残されている。

　そこで，本節では，1990年代から学校改善の重要性が指摘されてきた英国において，インクルーシブ学校として取り上げられた学校における特別な教育的ニーズのある子どもへの対応方法について検討することとした。具体的には，インクルーシブ学校として取り上げられた学校では，特別な教育的ニーズのある子どもの学習上・行動上の困難に対して，どのような指針を示し，どのような対応を行う必要があると考えていたのかについて明らかにしたいと考えた。

　この点を明らかにする方法として，本節では，2000年代にインクルーシブ学校の調査を行ったブラック・ホーキンズ（Black-Hawkins, K.）らが取り上げた，ロンドン郊外に位置するキングスリー初等学校を取り上げ，この学校の特徴を明らかにする。そのうえで，キングスリー初等学校がどのような指針をもって対応していたのかについて，学校要覧などの資料から明らかにすることとした。

2.　キングスリー初等学校の概要

　キングスリー初等学校は「完全なインクルーシブ学校」であると学校案内に記載されている。校長がこの案内の中で強調していることは，「私たちは誰で

表7−1−1　キングスリー初等学校の学校概要[1]

対象年齢	3歳から11歳
児童／スタッフ数	約650人／31人の教師と18人の支援スタッフ（フルタイム）が勤務
設立形態	幼児学校と小学校が1950年代に別々に設立されたが，1998年にそれらが一つの学校に合併した
人種（マイノリティ）	児童の約3分の2の子どもが人種的マイノリティの家庭背景をもつ（60人が英語を母国語としない子ども）
経済状況	半数以上の児童が無償給食の対象児（国の平均の18％や地方当局の平均の40％を大きく上回る）
SEN児	95人（14.5％）が特別ニーズをもつ／4人（0.6％）が判定書を有する（国の平均（22.7％と1.7％）と地方当局の平均（18.3％と1.5％）を下回る水準）
その他	児童の約70人が難民者の子ども

出典：Black-Hawkins, K., Florian, L. and Rouse, M., 2007, 59 を筆者がまとめた。

　も受け入れる。（中略）現状ではすべての子どもを（物理的に）受け入れているわけではないけれども，私たちはその方法を見つけてきている」ということであった（Black-Hawkins, K. et al., 2007, 60）。

　実際にキングスリー初等学校は，多様な困難を抱える子どもが通う地域に存立していた（表7−1−1）。

　こうした実態の中で，「すべての子どもをメインストリームの学校に通わせるという地方当局の方針には広い意味では合意する」が，資源もなく，スタッフと研修が十分ではない中で重度かつ重複した学習困難のある子どもをインクルージョンすることについてはキングスリー初等学校のスタッフも確信をもてないでいた。たとえば，この学校のスタッフが話をした第1学年の女の子は，重度の聴力損失，いくつかの視覚の困難，話し言葉がない（ただし，英国の手話を4つくらい使用できる）状態の自閉症スペクトラムと判別された子どもであったが，ある学習支援アシスタントは，「もし『この子はここにいるべきか？』と聞かれ，本当のことを言うように言われたら，私の答えは『ノー』だ」と述べていた。また，「その子はその学年についていくことは難しく，その差はどんどん開いていくように思われる」とも述べていた。彼女のクラスの教師も「私たちは専門家ではない。（中略）私たちはできることをしているだけである」と懸念を述べていた（Black-Hawkins, K. et al., 2007, 60-61）。

　スタッフがインクルージョンに関して疑念をもっている子どものグループは他にもあった。それは破壊的な行動をとる子どもたちであった。それは，「破壊的な行動をとる子どもはクラスを混乱させ，他の子どもの学習を危険にさらす」という点を懸念していたからであった。こうした見解は，重度かつ重複した困難をもつ子どもたちに関する表明と対照的であった（Black-Hawkins, K. et al., 2007, 61）。

　こうした懸念がある中でも，インクルージョンを学校方針に掲げているキングスリー初等学校では，「原理的には，すべての子どもたちがすべてのカリキュラムに参加する」ことを目指していた。しかし，上記のような深刻な学習困難を示す子どもたちのために，授業の多くで抽出指導や個別的な学習を行っていた。また，学習支援部門のスタッフと一緒に小集団での指導を行っていた。これは，そうした子どもたちをメインストリームの活動から排除するものではなく，付加的かつ専門的な支援を提供するものであるという位置づけであった（Black-Hawkins, K. et al., 2007, 63）。

　そのため，個別的に学習を支援するスタッフは主としてクラスの中に入り，子どものそばで仕事をするということがこの学校の方針であった。たとえ学習支援アシスタントが特定の子どもについて指導するときにおいても，「他の子どもたちと一緒でなければ，自分がいる意味はない」と学習支援アシスタントは考えていた（Black-Hawkins, K. et al., 2007, 63）。加えて，行動上の困難のある子どもに対しては，自尊心を向上させ，困難場面に対処する方法を指導するための「行動支援（behaviour support）」を小集団の抽出指導で展開していた。こうした抽出指導では，「秀才児」なども含まれており，キングスリー初等学校では，30人くらいの子どもが抽出されて特別な指導を受けていた（Black-Hawkins, K. et al., 2007, 63-64）。

　以上をまとめると，インクルーシブ学校として取り上げられたキングスリー初等学校は，①特別な教育的ニーズのある子どものために学習支援アシスタントなどの付加的な人的資源が配置されていること，②特別なニーズのある子どもに対する学校の対応方針が明確であること，③行動上の困難を抱える子どもへの対応方針が明確であること，の3点に特徴があった。以下，①〜③についてキングスリー初等学校がどのような原則や方針を掲げていたのかについて具

体的に見ていきたい。

3.　キングスリー初等学校における付加的資源の配置の原則

　キングスリー初等学校では，特別な配慮を必要とする子どもには，「無償給食（free school meal）の対象となっている子ども」や「要保護児童（'look after' children）」が多く，こうした子どもたちは成績も低かった（Kingsley Primary School Pupil Premium Funding Policy, p. 1）。

　こうした子どもたちに対して，キングスリー初等学校は「すべての子どもの成長と成績が最大限になること」や「柔軟な対応であること」「インクルーシブな対応であること（inclusivity）」といった点が方針に明記されている。すなわち，こうした子どもたちに対する予算は「追加的な支援が必要な無償給食の対象児の学習ニーズを支援すること」に使用されるのが第一であるが，「その他の『傷つきやすい（vulnerable）』と考えられている子ども」のためにも活用されるという方針をキングスリー初等学校はもっていた（Kingsley Primary School Pupil Premium Funding Policy, p. 1）。

　具体的には，学習のアセスメントをするコーディネーターや学年のリーダーといった学校でリーダーシップを発揮する人たちが，「すべての生徒の成績と進歩をモニターし，どの生徒に付加的な予算を使って追加的に対応するかを決定する」という方法であった。このとき，「インクルージョンに関する調整役のスタッフ（Inclusion Manager）もこの決定プロセスに参加」し，「子どものニーズを充足するのに最善の追加的支援」を検討していた（Kingsley Primary School Pupil Premium Funding Policy, p. 2）。その際に，表7−1−2に示した点を考慮することが方針の中に明記されていた。

　以上のような対応を提供した結果，どのような成果が上がったのかという点について，校長または学校スタッフの代表は学校理事会に報告する義務があった。その場合には，「社会的不利が深刻な子どもが同学年の子どもと比べて差が縮まる進歩を遂げているか」という点や，「発音のアセスメント，綴り，読み，書き，算数の成績データを示す」など，ある程度客観的な指標を示す

表7－1－2　キングスリー初等学校が付加的予算を活用して対応を提供する際の原則

- 子どもが教育にアクセスすることを促進する対応であること
- 子どもが学校のカリキュラムにアクセスすることを促進する対応であること
- クラスの中で対応するための追加的支援であること。たとえば，特殊なプログラム（specific programmes）あるいは目標を定めた介入（targeted intervention）であること
- 学校が申し出たもので追加的に機会を広げたり，補完したりする対応であること。たとえば，放課後のクラブや休日のクラブなど

出典：Kingsley Primary School Pupil Premium Funding Policy, p. 2.

ことが求められていた。加えて，特定の対応を受けた生徒に対しては，その子どもの進歩との関係で「効率よくコストをかけたかどうかを評価すること（evaluation of the cost effectiveness）」が求められ，こうしたデータや報告は学校のウェブサイトとニューズレターに掲載することとなっていた（Kingsley Primary School Pupil Premium Funding Policy, p. 3）。

　このように，キングスリー初等学校では無償給食の対象児など，経済的に困窮している家庭の子どもを中心に，特別な予算を使用し，特別な対応を提供する方針が存在していた。このときの特別な対応は，放課後を含めたカリキュラムへのアクセスを基本原則とするものであったという点がキングスリー初等学校の特徴であったと考える。

4. キングスリー初等学校における 特別な教育的ニーズのある子どもへの対応方針と実際

(1) 特別な教育的ニーズのある子どもへの対応方針

　以上のように，キングスリー初等学校は，経済的に貧しい家庭の子どもを中心に，付加的な支援を優先的に提供する方針があった。こうした点は，特別な教育的ニーズのある子どもに対しても同様であった。

　すなわち，キングスリー初等学校は，「特別な教育的ニーズに対する対応方

針（Special Educational Needs Policy：以下，「SEN ポリシー」）」を策定し，学校全体で特別な教育的ニーズのある子どもに対する対応を提供できるようにしていた。この方針では，特別な教育的ニーズのある子どもを学校全体で対応することが原則とされていた。たとえば，「私たちは受容し励ます雰囲気を醸成し，『特別なニーズ』のある子どもを学校全体で対応する方針を発展させてきた。そこでは，すべての子どもが学校生活の中で貢献できるというように価値あるものとして扱われる」と SEN ポリシーには記載されている。すなわち，「すべての教師が特別なニーズのある子どもの教師である」という点を大原則として，「大切なことは，教師が子どものスキルや能力を理解していることであり，またカリキュラムに適切にアクセスできる方法を知っていることである」と書かれていた（Kingsley Primary School Special Educational Needs Policy, p. 1）。

　このような方針が明記される背景には，キングスリー初等学校が「すべての子どもの機会を平等にすることが重要である」と認識していることがある。これは，「すべての子どもは固有のニーズを有している。そのため，すべての学校は個々の子どもの発達が異なる速度で，異なる様態で進んでいくことを認識しなければならない。そして，学習が遅かったり，学習に困難が生じている子どもや，特異的な能力または才能を有する子どものニーズが，学校全体の対応の中に統合されて充足されなければならない」といった考えが基盤にあり，こうした方針は，キングスリー初等学校のある地方当局が示している方針をもとにして策定したものであったと，キングスリー初等学校の SEN ポリシーには記載されていた（Kingsley Primary School Special Educational Needs Policy, p. 1）。

（2）特別な教育的ニーズのある子どもへの対応の実際

　キングスリー初等学校では以上のような方針に基づき，特別な教育的ニーズのある子どもに対する具体的な対応を提供していた。キングスリー初等学校において，特別な支援を提供する行動を起こすのは「現在の進歩が不十分であるという事実がある」というケースであった。これは，「すべての子どもが同じ速度で進歩するという前提に立たない」と考えるものであり，「子どもの進歩が十分ではないときには，もっと効果的に子どもが学習できるように，何らか

表7－1－3　子どもが適切に進歩しているかどうかの判断の観点

- ●子どもと同級生の間の成績のギャップが縮まる
- ●成績のギャップが広がるのを防いだ
- ●大多数の同級生の成績と比べると低いが，同じ成績の水準からスタートした同級生と同等の成績をおさめている
- ●子どもが以前に進歩した速度と同じか，あるいは速まっている
- ●すべてのカリキュラムにアクセスできるように保障している
- ●自助のスキルや社会的スキル，または人と関わるスキルの改善が認められる
- ●子どもの行動の改善が認められる

出典：Kingsley Primary School Special Educational Needs Policy, p. 4.

の追加的または通常とは異なる行動（additional or different action）を起こすことが必要である」と考えたからであった（Kingsley Primary School Special Educational Needs Policy, p. 4）。

　キングスリー初等学校の SEN ポリシーでは，こうした行動を起こすことで子どもが十分に進歩すると考えたが，「子どもの進歩」は表7－1－3のように多様な観点で評価することが必要であると考えた。

　すなわち，キングスリー初等学校では，他の子どもとの差を少なくし，成績が向上しているという観点で「子どもの進歩」を見ることが考えられていた。それに加えて，カリキュラム・アクセスや社会的スキルなどの側面で改善が認められるかどうかについても評価の観点となっていたことが明らかになった。

　一方で，「子どもの不得意な点を判別し，ターゲットを定めて指導しても進歩があまり見られないか，進歩していない」という場合や，「継続して情緒面あるいは行動面で困難を示している」という場合，または「感覚障害や運動障害のある子どもで，専門的な支援機器を用いても進歩があまり見られないか，まったく見られない」場合，「コミュニケーションの困難または相互行為に関する困難のある子どもで，異なるカリキュラム（differentiated curriculum）を提供しているにもかかわらず，進歩があまり見られないか，まったくない」という場合には，「スクール・アクション（School Action）」[2] や「スクール・アクション・プラス（School Action Plus）」の手続きをとることになっている。こうした場合には，SEN コーディネーターが可能なかぎり情報を提供し，個別

教育計画（IEP）を作成して，「通常の異なるカリキュラム（normal differentiated curriculum）に追加した方策あるいはそれとは異なる方策」を提供する方針であった（Kingsley Primary School Special Educational Needs Policy, p. 4）。

（3）学校内外の専門家を活用した SEN 児への対応

　学校内で学校スタッフによる特別な対応を提供するばかりでなく，「キングスリー初等学校は利用できる機関や支援グループを広く認識」していた。そして，キングスリー初等学校の SEN ポリシーでは，「特定の子どもが発達における特別な時期において最善の利益を得られるときには，そうしたサービスをフル活用する」ことも必要であると記載されていた（Kingsley Primary School Special Educational Needs Policy, p. 8）。

　なかでも，子どもも情緒面や行動面を支援する「児童・精神保健サービス（Child and Mental Health Service）」は親・子ども・教師が活用できるものとして，その有効性が以下のように指摘されていた。

　　　初期の段階から子どもの情緒面，行動面，精神保健面のニーズに取り組むことによって，学習上のバリアを取り除くことができる。加えて，そうした子どもを指導する教師が，子どもの指導で心配になった時に熟達したスタッフがそばにいて，そのスタッフからの支援を受けることができる。
　　（Kingsley Primary School Special Educational Needs Policy, p. 8）

　こうした支援サービスはクロイドン地区（Croydon Council）の教育当局が提供しているものも多かった。特に，「言語療法士（場合によっては学校の中で子どもと一緒に活動し，子どもの学習を支援するための最善の方法をアドバイスする）」や「教育福祉官（EWO）」「教育心理士（Educational Psychologist）」「学校看護師（School Nurse）」などはキングスリー初等学校が頻繁に利用しているサービスであった（Kingsley Primary School Special Educational Needs Policy, p. 8）。

　このように，キングスリー初等学校の SEN ポリシーでは，特別な教育的ニーズのある子どもに対して専門的な対応を提供することを保障するもので

あった。ただし，このときの対応は個々の特別な教育的ニーズのある子どもの困難に対して，カテゴリー別に対応方法を明記するというものではなく，学校内の支援を必要に応じて有機的に連携させるものであった。

5. キングスリー初等学校における行動問題への対応方法

(1) キングスリー初等学校が定める行動指針

　インクルーシブ学校をつくるうえでもっとも困難が大きい点として，子どもの情緒的・行動的な問題への対応が挙げられる。キングスリー初等学校では，英語を母国語としない子どもや無償給食の対象児が多いこともあり，行動上の困難を示す子どもが多かった。そこで，キングスリー初等学校は学校で統一した行動指針（Behaviour Policy）を策定し，学校全体で対応できる体制をつくっていた。

　キングスリー初等学校の行動指針では，まず「私たちは学校全体で安全かつ受容的な行動をとるように保障する責任がある」という原則を掲げている。すなわち，「学校は一つのコミュニティであり，公平に対処すること」が重要であり，そのためには「学校だけでなく，教室においてもルールをつくり，合意する過程に子どもと大人が積極的に参加すること」が重要であるとキングスリー初等学校では考えていた（Kingsley Primary Behaviour Policy, p. 1）。こうした行動指針を掲げた理由として，次の点が指摘された。

　　子ども自身の行動調整は外部からの統制ではなく，内発的に行う必要があると考えている。そのため，私たちは子どもの内発性を引き出す支援をしなければならず，子どもを罰したり，ペナルティを課したりするべきではないと考えている。私たちが子どもたちに学んでほしいことは，他者との関係においてよい判断，よい選択ができるような自律的なスキル，知識，態度である。私たちはこうした力は子どもの将来の生活によい影響を与えると理解している。　　　　　　　　　　（Kingsley Primary Behaviour Policy, p. 1）

　キングスリー初等学校では，この考えに基づき，「不適切な行動に対して何らかの制裁を考えるときでも，子どもの年齢，特別な教育的ニーズあるいは障害，宗教などを考慮し，状況に合ったものとしなければならない」と指摘した（Kingsley Primary Behaviour Policy, p. 1）。

（2）行動指針に基づく学級づくり・学校づくりの重要性

　以上のような行動指針を実践する場合には，学級や学校が肯定的な環境となるように促していく必要があるとキングスリー初等学校では考えた。特に，行動の「自己コントロールや自律」といった点や，「自分の行動に対する説明」「他人の権利の尊重と自分の責任に対する理解」「公平で優しい対応」「協力し合えるクラスや学校の雰囲気」といった点を促進していくために，学校にいるすべての人が表7−1−4のルールに合意していることが重要であるとキングスリー初等学校は考えた（Kingsley Primary Behaviour Policy, p. 2）。

　もちろん，キングスリー初等学校においても，指針を立てただけで，これらがすぐに実現できるとは考えていなかった。そのため，こうした指針を実現するために，「受け入れられない行動を子どもがとったときにどのように対応するかといった計画を立てることが必要」であると考えた。具体的には，「予防的行動（preventive action）：不要な混乱を避けるための行動」「矯正的行

表7−1−4　学校ですべての人が合意すべき権利

対応	宗教・文化・人種・性別・能力にかかわらず，互いが尊重し合い，公平で平等に取り扱われる権利
学習	自分のクラスで学び，他者と協力する権利。この中には，教師が指導する権利や，教師に注意を向けられ援助を受ける生徒の権利も含まれる
安全	学校や学級に脅しがなく，安全と安心が確保され，適切に保護される権利
移籍	やむをえないときに，ある程度の手続きを踏んで学級や学校を移籍する権利
コミュニケーション	考えを共有し，質問をしながら，自分自身を表現する権利
問題解決	問題に関して合理的な解決を予測し，話し合いをする中で自分の立場から解決のストーリーを語る権利

出典：Kingsley Primary Behaviour Policy, p. 2.

動（corrective action）：生じている問題を正す行動」「支援的行動（supportive action）：支援を与える手順とプロセスを示す行動」の３つの側面を考慮して注意深く対応の計画を立てることが重要であると考えられた（Kingsley Primary Behaviour Policy, p. 2）。

　このように，キングスリー初等学校では子どもの問題行動に対して多角的に対応していた。ただし，上記に示したいずれの行動についても，キングスリー初等学校の行動指針に従って受容的態度を示すことが重要であると考えられた。たとえば，予防的行動において「よい行動に対して肯定的な強化（positive reinforcement）を与えること」や「多様な対応を許容したり，個別のニーズに対する計画を受け入れられるような学級環境」をつくることなどが挙げられている（Kingsley Primary Behaviour Policy, p. 3）。また，子どもの行動を正す場面である「矯正的行動」においても表７−１−５のような対応を大切にすることがキングスリー初等学校の行動指針に明記されていた。

　具体的に見ていくと，支援的行動とは「学校というコミュニティに所属するすべてのメンバーから謝意（rewards）を受ける」ことであると考えられた。すなわち，プライベートな場面でも公の場面でも，他の先生や親の前で称賛されたり，笑顔を見せて非言語的に称賛されたりすることが重要であるとキングスリー初等学校の行動指針には記載されていた（Kingsley Primary Behaviour Policy, p. 9）。

　加えて，キングスリー初等学校では，子どもに学習活動やその他の行動で特

表７−１−５　子どもの行動を正す際の教師の対応の原則

●アイコンタクトを維持する（文化的な違いを忘れずに）
●困惑させたり，敵意を示したり，恥をかかせたりすることを最小限にする
●生じていることについて話し合う準備をするために教師と生徒の間にスペースをつくる
●説得ではなく，選択肢を与えることで，自分の行動に生徒自身が責任をもつようにする
●適切な対応とフォローを継続する
●同僚や親からの支援を有効活用する
●可能な場合にはどこでもユーモアの感覚を維持できるように試みる
●応用できるときには葛藤解決技術を用いる

出典：Kingsley Primary Behaviour Policy, p. 4.

別な努力が認められた場合には，「家に手紙を書く（letter home）」ことになっている。このときには，封筒に「グッドニュースです」と記すことを忘れないというのが行動指針の中に記載されていた。さらに，クラスを褒めることにつながる「チーム・ポイント（team point）」制度を設けたり，「今週の輝いた人（Star of the Week）」「校長賞（特別な場合に出す：Headteacher rewards）」など，個別の称賛ばかりではなく，学級や学校全体で子どもを称賛していく工夫をすることが重要であると，キングスリー初等学校の行動指針には記載されていた（Kingsley Primary Behaviour Policy, p. 9）。

　このように，キングスリー初等学校における行動上の困難を抱える子どもに対する対応は，基本的には困難を理解し受け止めるというものであった[(3)]。そして，このときの対応は困難を軽減するメソッドを羅列するものではなく，学校内外の支援サービスを連携させ，子どもをクラスや学校全体で肯定的に受け止められるようにすることが原則とされていた。

6.　まとめと考察

　本節では，英国のキングスリー初等学校を取り上げ，特別な教育的ニーズのある子どもが有する学習上の困難に対して，学校としてどのような指針を示し，どのような対応を行う必要があると考えていたのかについて明らかにした。その結果，キングスリー初等学校では，予算措置，SEN ポリシー，行動指針といった3つの側面から特別な教育的ニーズのある子どもへの対応を整備していたことが明らかになった。ただし，どのような子どもでもすべて通常の学級内で教師が対応するというのではなく，インクルージョンを原則としながらも，「専門家の支援サービス」を活用することや，場合によっては「分離的な措置」をとることもあるということが示された。

　以上のように，キングスリー初等学校が示す学校の方針には，特別な教育的ニーズのある子どもの「差異」を判別し，確定するといったアセスメントの視点や，そうした結果に基づき「差異」を補償するための特別な対応の提供といった，従来の特殊教育（special education）の特徴が残されている面も多かっ

た。しかし，キングスリー初等学校が示していた学校方針は，子どもをクラスや学校全体で肯定的に受け止められるようにすることが重要であると考えていたという点において共通し，一貫していたと考えられる。すなわち，外部の専門家を個別の学校が活用しながら，時には特別な場に抽出し，特別な対応を提供することもありうることを前提として特別な教育的ニーズのある子どもには対応するが，そうした対応はすべて，最終的には学校の中に「包括（inclusion）」することを実現しようとするためのプロセスの一部であると考えられていた。こうした点をふまえると，差異に対して多様な対応を提供しながらも，それを他の子どもとの「差異」を強調する対応としない学校の方針を確立することが，インクルーシブ学校の実践を発展させるうえで重要であると考える。

［注］

(1) Ofsted の最新の報告（2013 年版）においても同様の傾向が続いている。2013 年度の時点で児童数は 856 名であり，ブラック・ホーキンズらが調査したときよりも増加しているが，そのうち無償給食の対象児が 41.1%（全国平均 26.7%）と高い割合で存在している。その一方で，スクール・アクション・プラスを実施している子どもと SEN 判定書を有する子どもの合計は，2013 年度は 6.4%（全国平均 7.7%）であり，平均を少し下回る割合であった（Ofsted, 2013）。

(2) キングスリー初等学校の SEN ポリシーでは，就学前段階／第1学年 2〜3 学期／第1学年 3 学期〜第2学年 1 学期／第2学年 3 学期〜第3学年 1 学期／第3学年 3 学期以上というように時期ごとに基準が定められている。キングスリー初等学校がスクール・アクションを実施する基準は表 7−1−6 のとおりである（就学前段階／第1学年 2〜3 学期のみ抜粋）。なお，P スケールとはナショナル・カリキュラムに記載されている就学前の幼児の到達基準を示したものである。

(3) ただし，こうした対応をしても，子どもの行動が改善されず，クラスの学習と指導に深刻な影響を与える行動をとり続ける子どもには，一時的な分離や排除（exclusion）という措置もとる可能性があると，キングスリー初等学校の行動指針には明記されていた。これは，「クラスから分離させる（exclusion from class）」ことや「クラスの内部で隔離する（internal seclusion）」ことであり，表 7−1−7 のような段階を踏んで厳しくなっていくことが明記されている（Kingsley Primary Behaviour Policy, p. 8）。

表7－1－6　スクール・アクションを実施して追加支援を行う基準

	就学前段階	第1学年　2〜3学期	
コミュニケーション・言語・読み書き	就学前の学習で目標となっている項目に関して，他の子どもと比べて進歩がかなり限定的であるか，あるいは進歩が見られない	●音を聞いて概念化する知識が10以下 ●読み：サルフォード読み検査で5歳3ヶ月以下 ●書き：Pスケールで6段階以下 ●発話・表現：Pスケールで6段階以下 ●聞く・理解：Pスケールで6段階以下	
算数の発達／算数		●数：Pスケールで6段階以下	
人間関係・社会的・情緒的発達	他者との相互作用や他者との協同	Pスケール6段階以下	カリキュラムにアクセスすることを阻む行動が毎日見られる
	自立と秩序を保つスキル	Pスケール6段階以下	
	注意	Pスケール7段階以下	

出典：Kingsley Primary School Special Educational Needs Policy, p. 4.

表7－1－7　キングスリー初等学校の行動指針に明記されている分離的措置の段階

- ●分離されている期間はクラス担任の教師が子どもに学習課題を提供する
- ●個別的支援（pastoral support）の計画を立てる
- ●外部の専門機関に送る
- ●転校の調整をする
- ●期間を定めて学校から排除する（fixed term exclusion）
- ●永久に学校から排除する（permanent term exclusion）

出典：Kingsley Primary Behaviour Policy, p. 8.

［文献］

安部博志（2012）「今望まれる『学校力』──教師が協働して授業改善にあたる学校づくり」．『LD研究』第21巻第2号．178-186．

新井英靖（2011）『英国の学習困難児に対する教育的アプローチに関する研究』．風間書房．

Black-Hawkins, K., Florian, L. and Rouse, M., 2007, *Achievement and Inclusion in Schools*. Routlegde.

花熊暁（2011）『ユニバーサルデザインの授業づくり・学級づくり』明治図書．

Kingsley Primary Behaviour Policy. http://www.kingsley.croydon.sch.uk/（2014年5月20日最終閲覧）．

Kingsley Primary School Pupil Premium Funding Policy. http://www.kingsley.croydon.sch.uk/（2014年5月20日最終閲覧）．

Kingsley Primary School Special Educational Needs Policy. http://www.kingsley.croydon.sch.uk/ （2014 年 5 月 20 日最終閲覧）.

国立特別支援教育総合研究所（2012）「発達障害のある子どもへの学校教育における支援の在り方に関する実際的研究——幼児教育から後期中等教育への支援の連続性」．専門研究 B（重点推進研究：平成 22 年度〜 23 年度）研究成果報告書.

Ofsted, 2013, Kingsley Primary School (School Data Dashboard): URN; 131925, DfE No.: 3062110.

関戸英紀・田中基（2010）「通常学級に在籍する問題行動を示す児童に対する PBS（積極的行動支援）に基づいた支援——クラスワイドな支援から個別支援へ」．『特殊教育学研究』第 48 巻第 2 号．135-146.

初等学校におけるインクルーシブ教育実践

1. はじめに

　「共生社会の形成に向けたインクルーシブ教育システム構築のための特別支援教育の推進（報告）」（初等中等教育分科会特別支援教育の在り方に関する特別委員会）において，日本においてもインクルーシブ教育システム構築の方向性が示された。すでに特別支援教育の本格的な実施以来，授業のユニバーサルデザインの実践および研究，臨床心理学系の論文に見られる子どもの授業参加行動の改善に向けた学級単位の取り組みをはじめとして，特別な教育的ニーズのある子どもが通常学級においてともに学ぶことができる授業改革の具体が模索されている。筆者は2014年にロンドンにある初等学校を訪問する機会を得た。本節では，特別な教育的ニーズのある子どもへの支援が学校内でどのように試みられているのか，それを具体的に把握し，日本への示唆点を考える。

2. 初等学校の概要

(1) 児童数と教職員

　全児童数は630名であり，就学前期教育であるナーサリー，レセプションも設置されていた。クラス編制は1学年3クラスで，正規教員は1クラス1名，TLA（teaching and learning assistant）はホームページで確認すると33名であった。TLAはナーサリー，レセプションにおいて重点的に配置されていた。レセプションでは，幼児90名に対し，正規教員3名，TLA5名が配置されており，すべての時間においてTLAと子どもの比が1対15になるように調整され

写真 7 − 2 − 1　ユニセフカラーの
ツリー

写真 7 − 2 − 2　教師および児童の
ルーツが記された手作りの世界地図

ているとのことであった。

　地方当局による必要な資源の割り当てを伴い，その内容の実行に強制力を伴う判定書（statement）を保持する児童は 13 名，学校内において特別な教育的ニーズが必要と認定されているスクール・アクション（school action）の児童は 15 〜 16 名とのことであった。

　SENCO（Special Educational Needs Coordinators：特別な教育的ニーズ・コーディネーター＝ SEN コーディネーター）は当該校におけるコーディネーター歴が 12 年になるベテランの教師であった。この初等学校で SENCO になることを熱望していたのだと聞かせていただいた。

　学校の玄関を入った正面のスペースに，天井まで届くユニセフカラーで作られた大きなツリーの作品が飾られていた（写真 7 − 2 − 1）。このツリーに象徴されるように，学校のいたる所で子どもの権利を意識しながら，それを活動に取り入れ，実現しようとする試みが感じられた。

（2）地域の特性

　学校周辺はイスラム教徒が多く住む地域であり，児童の送迎では民族衣装を身に着けた保護者が多く見受けられた。

　さらに，学校には，多様な国と地域にルーツをもつ教職員および児童がおり，そのルーツを示したのが，写真7−2−2とのことであった。SENCO によれば，このように多様なルーツをもつ児童を教え，児童が学ぶために，小グループで，感情を共有しながら，表現しながら聞き，学べる環境を整備することを大切にしているとのことであった。

3.　教職員の協働を生み出す仕組み

（1）学年団による打合会

　週1回，午前または午後いっぱいを使って実施されていた。見学させていただいた打合会は，学年の3名の教師と教育実習生1名の計4名で実施されていた。学年団による打合会を実施する時間を確保するため，芸術，音楽など担任以外が担当する授業などを割り当てることで打合会の時間を確保するよう時間割が調整されていた。他の教師によれば，SENCO が時間割の調整を担当しており，ミーティング時間を確保することが上手なのだと話していた。

（2）TLA の研修会

　4年前から，毎週1回の頻度で，朝1時間，TLA 全員を対象とした研修を開催していた。

　正規教員とよりよく協働するために，TLA 同士で方法を共有したり，外部の専門家を招いて話を聞くこともあるという。いずれにせよ，TLA らが支援方法や考えについて意見を交換することを大切にしているとのことであった。

　訪問した日の研修会のテーマは，①子どもを数学的な思考に従事させる方

法，②子どもに自分の考えを話させる方法についてであった。研修会の中で，TLA から「グループのねらいと個人のねらいが違う場合があるが，どのように統一させればよいのか」という質問が投げかけられ，研修会を担当する教師からは，「教師から提示される課題は1つで，ただねらいは個々に異なるのではないか」という考えが示された後，「大切な内容なので，翌週の会でみんなで考えよう」と提案されていた。

4.　ニーズに応じた少人数指導

　判定書の有無にかかわらず，読み書き等の基礎学力の習得を目指すレッスンが実施されていた。ここでは，Numbers count（数の数え方），Phonics（読み方）のクラスを紹介する。

(1) Numbers count（写真7-2-3）

　この学校 では，2年生のみで実施されているとのことであった。学習内容を習得した児童は，このレッスンを終了し，通常の授業に戻ることになる。訪問した時点では，2名が参加していた。

　レッスンが行われる小さな教室を訪れて驚いたのは，教室の壁面，床にいたるまで，色とりどりの数字，四角や三角の図形などがあり，カラフルで刺激に溢れていたことである。SENCO に尋ねると，「よく学ぶための刺激」であるとのことであった。

　学習活動としては，教師が絵本を読み聞かせながら，サイズの大小，値段，動物の数え方，お金の数え方について，児童の理解を確認するために問いかけていた。絵本の最終ページでは，さまざまな動物がランダムに描かれた絵を見て，「動物は何匹いる？」と問いかけ，2人の児童が回答した。教師は2人の子どもの回答をホワイトボードに書いたうえで，動物一匹一匹にポストイットを貼ることで見落としがないような数え方を教え，子どもと確認していた。

　「-（マイナス）」の勉強では，「-」を示す言い表し方には，sake away, minus,

写真7－2－3 Numbers count の
レッスンの様子

写真7－2－4 フォニックスのレッ
スンの様子

submit など，複数あることが確認されていた。買い物を想定した引き算を問
いかけ，教師は正しい引き算の立式をしたうえで答えを出しているかどうかを
確認していた。

（2）フォニックス（写真7－2－4）

　この授業は TLA が担当しており，TLA1 名がレセプションの幼児5名を教
えていた。児童の必要性が高ければ継続して受講可能であるが，内容が習得で
きれば，通常クラスに戻り授業を受けるようになるとのことであった。
　このレッスンのねらいは発音の規則を習得することであった。教師が示す
[ng] [nk] などのカードに従って，児童たちが発音していく。その後，絵と単語
カードをマッチングさせるゲームを子どもたちが協力して行っていた。

5. ニーズに応じた指導や仕組み

(1) ニーズに応じた個別指導（Reading recovery）

　教師と子どもが1対1での授業であり，集中度が高く，専門性も高いレッスンであるとのことであった。教師は SLT（speech and language therapist）であった。

　生徒が自分で選んだ絵本を音読し，教師の促しにより " "（カッコ）の意味について確認していた。また，音読の間違いを教師がチェックし，音読の後に教師とともに確認をしていた。また，大文字と小文字のマグネットを教材として，同じ文字の組み合わせをつくった後で，マグネットを用いて単語（Market）を構成する活動が行われていた。

(2) 情緒面で課題がある児童のための教室

　情緒面で課題がある児童のために，1つの教室が用意されていた。この教室は，感情のコントロールが難しい児童，社会的スキルに課題がある児童等を対象としており，対象の児童が「安心する場」として機能を果たしているようであった。炊事が可能な調理機器，大きな食卓が配置されており，教室というよりキッチンといった趣であった。

　担当の正規教師は1名いるが，この教室の日常的な運営は，専門的な研修を受けた TLA が2名で行っているとのことであった。対象児は，①教師からの紹介，②学校での観察を経てアセスメントを評価し，③教師の見解も含めて決定しているとのことであった。

　家庭的な雰囲気を児童に感じてもらうために，対象児童は担当の教師とともに，ランチをこの教室で食べるという。児童が安心感を抱くことができるようにするとともに，教師は児童が何か心配や不安を抱えていないかを観察し，課題があると感じれば専門家を紹介するという。

表7-2-1　Pupil passport の記入例

以下に書かれたねらいは，私，担任教師，両親・ケアラーによって同意されている。 ねらい1：課題にすぐにとりかかり，10分は集中すること ねらい2：ゲームの勝ち負けの際の適切な振る舞い方のスキルについて学習すること ねらい3：基礎的な足し算，引き算の練習をし，これらを単純な問題に適用すること 私がねらいを達成するためのアイデア。 ・○○教師と友人2名とのソーシャルスキルグループを受ける ・落ち着いたり，休憩をとったり，課題を始めるために，必要に応じてタイマーを使用する	保護者・ケアラーは以下のことを支援します。 ・一緒に本を読み，読んだことについて話し合うこと ・○○が日課，ケアのアレンジ等について理解することを支援するために，見てわかりやすいタイムテーブル，カレンダー，ダイアリーを用いること ・ネガティブな発言は言い換えること 担任教師は以下のことを支援します。 ・ねらいの達成について，○○を勇気づけること ・毎日のスケジュール提示とクラス目標 ・○○が落ち着いてインクルードされ，学習環境に焦点が当てられることを保障すること 私は， ・体育やスイミングも含めて，すべての活動に参加します

注：書式については，読みやすさを考慮し，原文のゴシック，太字，枠線を取るなど，一部変更した。

（3）Pupil passport

　この学校では，IEP に代えて「Pupil passport」を作成しているという（表7-2-1参照）。Pupil passport という名称に込められた意図は，児童自身がパスポートを取得し，それを携えて必要な支援を得ていくというイメージを表現したものであった。

　作成された Pupil passport は児童に手渡されており，児童自身が目標や手立てを意識して取り組むことが重要かつ有効であるということであった。また，保護者との面談の際には，児童の希望を先に聞き取ったうえで保護者との面談を実施し，保護者と児童との希望が異なる際には，できるかぎり児童の希望に沿うように保護者との話をするということであった。Pupil passport は A4 判を半分に折り，表紙，裏表紙も含めて4ページとして作成していた。見ていただきたいのは，項目の主語があくまで児童自身になっているということである。

（4）毎週の振り返りとそのサポート

すべての児童に毎週末に週の生活や学習について振り返りをする機会が設定されていた。その振り返りは，クラス担任，学年担当教師以外の教師が各学年を担当している。児童の振り返りをもとに，すべての児童には月に1度は学年を担当する教師と面談が実施され，さらに重点を置く子どもは毎週面談が行われているという。

6.　一斉指導の様子（宗教の時間）

5年生のクラスの宗教の授業を参観した。それまでのイスラム教についての学習を終え，キリスト教について，学習しているとのことであった。

教師1名，TLA1名，児童およそ30名で授業が実施されていた。児童は5〜6名程度が1グループで着席していた。イエス・キリストの描かれた絵を題材にして，教師からの「イエスについて知っていることは？」との問いかけに応じて児童が発表していた。その中で，教師は児童の発言に応答する形で「宗教が違うからといっていじめることは，人としていいことなのか？」と問いかけている場面が印象的であった。その後，グループ活動に入り，各グループに1枚配布されていたイエスの描かれた絵をもとに，気づいたことを話し合い，マインドマップに書き込んでいた。

その授業に，判定書を有する児童が1名参加していた。児童には知的障害と場面かん黙があるとのことであった。その児童には，授業に参加するための，以下のような配慮や支援が提供されていた。

第一はグループメンバーの配慮である。その児童は，大人数の中での活動は難しいが，慣れ親しんだ小グループの活動には参加できるとのことであった。

第二は，TLAの配置である。ただし，児童自身がTLAに側で支援されることを好まないため，TLAは学級全体を見渡しながら，必要に応じてグループで支援を行っていた。

第三は，児童に応じた参加方法の保障である。児童は，グループメンバーと

写真7－2－5　一斉指導の様子　　　**写真7－2－6　掲示されていたポスター**

して着席しながらも，3つの単語が書かれた紙をはさみで切り，並べ替えて文を構成するという作業を行っていた。この単語をつなぎ合わせると「イエスは○○である」という文が構成される。この参加方法は，発言することが苦手な児童が授業に参加するために，文を構成するという活動を，この児童が自己選択したとのことであった。

　さらに，その教室には，児童らが制作したポスターが掲示されていた。テーマは「子どもの権利」であり，「子どもが大人に叩かれる場面」「子どもが他者に金銭を要求される場面」「子どもが空腹のため食べ物を要求しなければならない場面」という子どもの権利が侵害された場面，「大人も子どもも win-win の関係になった場面」を子どもたちが身体で表現したものを写真で写し，それらの写真がレイアウトされていた。

7．まとめ

　初等学校におけるインクルーシブ教育実践から，以下の示唆が得られた。

　第一は，教師の協働性とそれを実現する仕組みである。教師の協働はインクルーシブ教育実現のための基盤であるといえる。初等学校では教師の協働が重視され，それが実現されるような仕組みがつくられていた。たとえば，TLAの研修会では，TLA 相互の指導や考え方の交流が重視されており，それを実

現するために，週1度のTLA全員を対象とした研修会が実施されていた。

　第二は，学習に向かう主体としての児童というとらえ方である。Pupil passportでは，あくまで主語は児童自身であり，「私のねらい」「私がねらいを達成するために，保護者や教師がすること」「私がすること」が整理されており，児童自身が自分の目標を意識して達成することを教師や保護者が支援するというスタンスであった。

　第三は，ニーズのある児童が学ぶために，学習面のみならず，情緒面においても支援する方策がきわめて具体的に講じられていたことである。具体的には，毎週の振り返りにおいて，学年を担当する教師と話す機会が設定されたり，ランチの教室を確保し，ランチを教師とともにすることとされていた。子どもと教師が情緒的な交流をもつ中で，教師が児童を観察し，児童自身も成長する仕組みが講じられていた。

　第四は，一斉指導における児童の参加方法の確保である。具体的には，全体としてグループの児童とともに活動的に学ぶ中で，グループ学習によりよく参加するために，グループメンバーの配慮が行われ，TLAが配置されていた。TLAの支援はあえて控えられており，学習活動への参加はグループメンバーの配慮，参加方法の工夫（切って文をつなぎ合わせる活動）といった手立てを講じることにより実現するよう工夫されていた。また，参加方法の工夫では，参加方法は他の児童と異なるものが設定されていたが，グループ学習における課題との関連性において設定されていた。

[付記]
　訪問時に調査の主旨を説明し，許可を得て写真を撮影し掲載した。

第Ⅲ部

ドイツにおけるインクルーシブ授業の原理と方法

第Ⅲ部においては，ドイツのインテグレーション教育からインクルーシブ教育への発展動向，およびドイツのインクルーシブ教育の推進状況を，理論研究とともに調査研究から析出する。ドイツでは，インテグレーション論をめぐる議論において，特別ニーズの対象・教育課程の差異と共同など，インクルーシブ授業を検討する際の重要な論点を示していた。日本でもすでに紹介されているフォイザー（Feuser, G.）の教授学理論などは今日のインクルーシブ教育に連続している。

ドイツでは，2009 年 3 月の障害者権利条約の批准以降，各州の文教政策にインクルーシブ教育が位置づけられ，本格化した。第Ⅲ部では，教授学の視点を中心に，指導論，インクルーシブ授業論，主体形成論，共同論に焦点を当てて検討する。また，ドイツでは州の文化高権により，教育は各州が管轄している。そのため，インクルーシブ教育の推進状況にも違いが見られる。それゆえ，インクルーシブ教育の先進的なブレーメン州とそれほど積極的でないザクセン州の 2 州を中心に現地調査を行った。こうしたドイツのインクルーシブ教育の研究動向から理論的・実践的な課題も取り上げて論究する。

第 8 章

ドイツにおけるインクルーシブ教育の発展過程と政策動向

ドイツのインクルーシブ教育をめぐる日本の研究動向

1. インテグレーション論をめぐって

　本節ではドイツにおけるインクルーシブ授業方法を検討する前提として同国のインクルーシブ教育についての日本の研究動向を整理する。以下では主に教育学研究の中でも教育方法学的な視点からの動向に限定する。

　インクルージョン論に至る前のインテグレーション論については，窪島（1996）の整理がある。窪島はザールランド州を中心にしながら，当時のドイツ全体のインテグレーションの実態を紹介している。そして，ザンダー（Sander, A.）に依拠して，インテグレーションの教育の原則として 5 点を挙げている。つまり，エコロジー的方法，定期的な集団検診，自由意思の原則，多様性の原則，目的の多様化によるインテグレーションの可能性である。こうした特徴の中で，他の研究者の議論にも立ち入って，特別学校教育の必要性論を含めて，障害の診断，分離と統合の関係，段階的なインテグレーション論の特徴を整理している。また教育課程論を進級や成績証明論の観点から考察している。また到達目標を等しくするインテグレーションと到達目標を異にするそれとの関連が問われていることも指摘している。保護者との関係への言及，そして学習遅滞児学校（Schule für Lernbehinderte）を促進学校（Förderschule）にという提案，また教育相談・促進支援センター（Sonderpädagogische Beratungs und Förderzenter）論も提起されるなど，今日につながる政策的動向にも触れられている。

　このようなインテグレーション論をめぐる議論は，特別ニーズの対象・教育課程としての差異と共同など，インクルーシブ授業を検討する際の重要な論点を示していたといえよう。

2.　インクルーシブ教育の理論的検討

　ドイツにおけるインクルーシブ教育をめぐる研究動向は，国連での「障害者権利条約」の採択以降の調査が主なものとなっている。荒川（2007）は，その当時の状況を整理しつつ，各州の状況を紹介している。本章の後半で考察するブレーメンについても，伝統的な三分岐型学校から，上級学校（Oberschule）への転換がすでに紹介している。

　荒川は，特にベルリンの「特別教育的促進と共同学習」論を取り上げているが，その中で共同学習については，同一目標ないし異目標による授業がインクルーシブ教育の教育方法として指摘している。相応の特別教育的促進が前提になってのインクルーシブ教育論である。授業論については，多様化論が軸になり，「すべての生徒に開かれた多様な促進配慮」論が特徴づけられている。それがインテグレーションとの違いとして指摘されている。そして，共同学習の実態としては，生徒の数が10〜15人という日本とは異なる状況もこれからの日本の研究課題として指摘されている。

　同じく荒川（2013）は，特にドイツの中でも保守的といわれたバイエルン州を取り上げて，その挑戦と苦悩を検討している。そこでは，学校制度・インクルーシブ教育の規定・就学システムが取り上げられている。そして，法改正とともに共同学習が紹介されている。共同学習の内実は明確ではないが，「授業形態と学校生活並びに学習と訓育は特別な教育的ニーズのある生徒とない生徒の多様性に適したものでなくてはならない」「一般学校教師と促進学校教師による共同授業において教授されるクラスを形成する」等，多様性の確保（個別性）と，そのための教師の連携論が軸になっている。

　バイエルン州については，さらに，「知的障害学校に設置された通常学級」という制度が紹介されている。そこではそれぞれの教育課程とともに，朝の自由作業での共同，共同授業が展開されているとして，通常の生徒には弱者との関わり，特別なニーズのある子にとっては，通常の生徒が会話などの手本となることが指摘されている。インクルーシブ教育の授業の1つの場面として注目されるが，こうした実践は，日本でも交流教育の時代から，探究されてきた

ものである。インクルーシブ教育と授業の枠組みとして新たに何が問われるのか，その提起が望まれよう。

　荒川は「生徒の多様性を重視しつつも，知的障害と学習困難な生徒は異目標，それ以外は同一目標という機械的な区分がインクルーシブ教育を進めていく上での障壁」とし，さらに「インクルーシブな授業づくり」の観点が内的な分化・個別化にとどまることへの批判を述べている。障害に対応した学習形態の次元でインクルーシブ授業を論ずる限界を指摘したものであり，教育内容や目標の次元でインクルーシブ授業論を深めていくことが求められよう。荒川は先に挙げた論考（2007）においても，ザンダー論に依拠して授業方法の多様な形態の組み合わせがドイツにおけるインクルーシブ教育の議論だとしている。

　なおビスマルク学校でのオンライン授業が「非均一性」「障害生徒と健康生徒の統一体としてのクラス」を備えた論として紹介されているが，オンラインによる多様な参加論が，どう共同＝統一体の形成に結びつくのかが問われよう。さらに，暴力防止プロジェクトをめぐっての共同など，研究と実践の対象を広く据えたインクルーシブ教育の論点も指摘されているが，この点は障害に特化した日本の特別支援教育との対比で，これからの日本のインクルーシブ教育論にどうつながるのかという点でも興味深い。なお，ドイツについての研究動向には，フォイザー論を検討した冨永による議論もあるが，この点は次節以降において取り上げている。

　ドイツにおける統合教育論については，窪島による探究があるが，最近の特別ニーズ教育とインクルーシブ教育の論点に関して窪島（2014）は，特別ニーズの概念と授業論について指摘している。そこでは，ハンブルクにおける「学習」「言語」「情緒的社会的発達」というカテゴリーによる特別ニーズ理解論，また特別ニーズをめぐる個人的存在と社会的存在の関係が論点として指摘されるなど，インクルーシブ教育の基礎概念を考える視角として示唆深い。インクルーシブ授業については，「学習目標の多様化」が論点であり，重度の障害のある子どもに対するモディフィケーションなど，多様化を抜きにしたインクルーシブ授業は不可能であることを指摘している。ここでの論点をふまえつつ，多様化が排除に結びつくのではなく，共同の論理としてどう意味をもつのか，ドイツでのインクルーシブ授業論の展開が問われている。

3. インクルーシブ教育の調査研究から

　インクルージョンの実践事例の調査を行った最近の安井ら（2015）のものでは，ニーダーザクセン州の事例が検討されている。障害のある生徒の25 ～ 30％がインクルーシブ教育──通常の学校──を受けていることが紹介されている。こうした状況に対して，従来の特別学校と通常学校との連携の実態が調査されている。

　双方の教員の共同という点では，内的分化と外的分化に対応するという視点での共同論が紹介されている。ここでも学習形態の次元での考察が中心になっている。成績評価の実態も紹介されているが，評価の低い生徒に個別指導で対応するという論点が基本になっている。授業の実態については，低学年のドイツ語の授業が紹介されている。そこでは特別なニーズに応じた個別指導が中心の事例が取り上げられている。4学年の読み書きの授業では，聴覚障害と情緒障害の子どもの事例が取り上げられ，前者では補聴器の使用による支援の意義，後者では次第に教室にいられるようになったことが紹介されている。また「前半を一斉で，後半はグループで」という形態も指摘されている。「将来の夢を話し合う」というテーマでも，話し合い──小さなグループの意義が強調され，そこに支援の教員が支援するという事例が紹介されている。グループ学習が，「障害のある子も含めて子ども同士の助け合いの場面が設定しやすい」「小さな集団なので障害のある子が特別な支援を受けているという雰囲気にならない」ことも指摘されている。

　そして，伝統的な教師中心の教科学習の見直しと個別化した形態・分化した教科学習──ワークショップ・ステーション型の活動など，子どもの興味や関心に合わせた指導形態が意義をもつとされている。さらにインクルーシブ授業論の論点としての個別対応論，小集団論，分化した教科指導論などが示されている。しかし，それがインクルーシブ教育という枠組みに関して，どのような論理的な意義をもつのかについては鮮明ではない。これに先立って，ドイツのインクルーシブ教育実践に関する安井らの研究（2002; 2008）はいくつか見られるが，上述した調査での議論とほぼ同様の視点と論理での探究である。

第8章　ドイツにおけるインクルーシブ教育の発展過程と政策動向

　文部科学省関係の調査報告では，下山ら（2011）のものがある。インクルーシブ教育への移行に向けた取り組みとして，ブレーメン市が紹介されている。基礎学校と支援センターが調査されて，支援センターでは，共同学習——体育や音楽の授業が多い——が紹介されている。朝の会で共同している状況も語られている。健康な食べ物というテーマでの学習が紹介されているが，インクルーシブ授業方法に関しての検討はなされていない。また一部の子どもの取り出し授業も指摘されている。基礎学校については4年生のドイツ語の授業が紹介され，障害児が質問して健常な子が答えるという場面が指摘されている程度である。プリントの字の大きさについての配慮なども指摘されている。さらに別の「学習困難のある子ども」が在籍している学校も調査対象にされて，そこでは職業教育が充実していることが特徴として挙げられている。ただ，職業教育と進路形成をめぐる教育実践の内実については，9年生の作業的学習——衣類の仕立て・木工等が紹介されて，マイスターによる指導が指摘されている程度で，教育実践の内実に触れられてはいないし，インクルーシブ教育との関連も明確ではない。総じて，インクルーシブ教育に関する法制度とクラスサイズ，促進学校のセンター的機能論といった視点の調査である。インクルーシブ教育への移行には教師の専門性の向上が指摘されていた。

　なおインクルーシブ教育の調査研究としては，窪島・久保田（2013）が，主に障害者権利条約の批准以降の動向を整理している。インテグレーション教育の時代から今日までの動向を整理しつつ，ベルリンにおける学校制度改革の中でインクルーシブ教育がどう位置づけられてきているのか，ゲマインシャフト学校の実態と教育方法——個別学習の過程など——のあり方，またインクルーシブ授業における教員配置の実態等について，調査によって紹介している。総じて，インクルーシブ教育の歴史的・制度的・理念的次元での調査を通して，今日のドイツのインクルーシブ教育の現状が紹介されている。

　（なお，ドイツにおけるインテグレーションを含めた議論を体系的に探究してきた窪島や藤井の研究については，次節以降でいくつか触れているので，本節では省略している。）

［文献］

荒川智（2007）「インクルーシブ教育における参加と多様性の原理」．『障害者問題研究』Vol. 32. No. 2.　11-19.

荒川智（2013）「ドイツにおけるインクルーシブ教育の挑戦と苦悩」．『茨城大学教育実践研究』32 号 .97-109.

窪島務（1996）「ザールランドにおける障害児と健常児のインテグレーションの展開——構想とその実現過程」．『SNE ジャーナル』第 1 巻．文理閣．5-33.

窪島務（2014）「特別ニーズ教育の今日的課題と『インクルーシブ』教育論の方法論的検討」．『SNE ジャーナル』20．文理閣．75-88.

窪島務・久保田璨子（2013）「最近のドイツのインクルーシブ教育事情——ベルリンとブランデンブルク州の現地調査報告（その1）」．『滋賀大学教育実践センター紀要』第 21 巻．45-50.

下山直人・川口貴大・山田泰造・海津亜希子（2011）「ドイツにおける障害のある子どもの教育について——インクルーシブ教育への対応状況を中心に」．国立特別支援教育総合研究所『世界の特別支援教育』25．21-27.

安井友康・千賀愛（2008）「ドイツ・ベルリン市州の移民・貧困地域におけるインクルーシブ校の実践」．『北海道教育大学紀要，教育科学編』第 59 巻第 1 号．163-177.

安井友康・千賀愛（2015）「ドイツ・ニーダーザクセン州における特別支援学校のセンター的機能の拡大——インクルージョンの実践事例から」．『北海道教育大学紀要，教育科学編』65(2)．55-71.

安井友康・千賀愛・山本理人（2002）『障害舎の余暇・スポーツ——ドイツの実践に学ぶインクルーシブ教育と地域形成』．明石書店.

ドイツにおけるインクルーシブ教育をめぐる論点

1. はじめに

　周知のとおり，ドイツにおいては 2009 年 3 月に国連の障害者権利条約を批准して以降，特別教育的促進ニーズ（sonderpädagogischer Förderbedarf）の有無にかかわらず子どもたちが一緒に授業を受け，ともに学ぶほうへと舵を切った。インクルーシブ教育の拡大や展開に従って，その成果とともに課題も明確になりつつあるようである（Klemm, K., 2013）。

　そこで本節では，ドイツの 2011/12 の学校年度におけるインクルーシブな学校システムの到達状況と，インクルーシブな学校への方途を明確化するための問題領域を明らかにすることを目的として書かれた，クレムの『ドイツにおけるインクルージョン──教育統計学的分析』（Klemm Klaus : *Inklusion in Deuschland: Eine Bildungsstatistische Analyse*. Bertelsmann Stiftung, 2013）に依拠しながら，ドイツにおけるインクルーシブ教育をめぐる論点を浮かび上がらせてみたい。

2. 特別教育的促進ニーズの「決定」に関する論点

　2011/12 の学校年度での，特別教育的促進ニーズのある子どもたちはドイツ全体で 487,718 人であったが，それは学齢期の子どもたち全体の 6.4％にあたり，2000/01 年度におけるその割合である 5.3％よりも 1.1％上昇していることになる。ここで表 8 - 2 - 1 を見てほしい。

　ドイツ全体としても各州でも Exklusionsqouten は停滞傾向にあり，Inklusionsqouten は上昇傾向にある[1]。これらの事実に基づいてクレムは，特別教育的促進ニーズのある子どもたちは促進学校で学ぶほうへと回帰している

表８－２－１

	2000/01	2009/10	2011/12		2000/01	2009/10	2011/12
Deutschland				Niedersachsen			
Förderqouten	5.3	6.2	6.4	Förderqouten	4.2	4.8	4.9
Exklusionsqouten	4.6	5.0	4.8	Exklusionsqouten	4.1	4.4	4.3
Inklusionsqouten	0.7	1.2	1.6	Inklusionsqouten	0.1	0.3	0.5
Inklusionsanteile	13.2	20.1	25.0	Inklusionsanteile	2.4	7.2	11.1
Bremen				Sachsen			
Förderqouten	6.7	7.4	6.3	Förderqouten	5.7	8.2	8.4
Exklusionsqouten	4.1	4.7	2.8	Exklusionsqouten	5.4	6.8	6.4
Inklusionsqouten	2.6	2.7	3.5	Inklusionsqouten	0.2	1.5	2.0
Inklusionsanteile	38.8	36.9	55.5	Inklusionsanteile	3.5	17.9	23.7

出典：Klemm, K., 2013, 32-33 掲載の表に基づき筆者作成。

注：Förderqouten：子どもたち全体に対する，特別教育的促進ニーズのある子どもたちの割合

　Exklusionsqouten：子どもたち全体に対する，促進学校で学ぶ特別教育的促進ニーズのある子どもたちの割合 [2]

　Inklusionsqouten：子どもたち全体に対する，一般の学校で学ぶ特別教育的促進ニーズのある子どもたちの割合

　Inklusionsanteile：特別教育的促進ニーズのある子どもたちのうち，一般の学校で学ぶ子どもたちの割合

わけではないとする（Klemm, K., 2013, 8-15）。

　他方で，各州のそれぞれの項目の数値には「著しい差異」があり，この点について　クレムは「特別教育的促進ニーズの診断基準の差異に由来する」としている（Klemm, K., 2013, 10）。また障害種別への対応についても，どのような特別教育的促進ニーズに重点を置いてインクルージョンを図り，拡張していくかについて，それぞれの州において異なるやり方があると指摘する（Klemm, K., 2013, 13）。

　こうした状況からは，インクルーシブな学校システムの構築には特定の統一的な道はなく，各州とも試行錯誤しながらそれを展開している姿が浮かび上がってこよう。このことは裏を返せば，特別教育的促進ニーズとは何か，それに対してどのような仕組みや実践が必要なのかを決定するのは当事者ではないという現状にあることも示している。すなわち，ドイツにおけるインクルーシブな学校システムの構築に際しては，特別教育的促進ニーズの「決定」とそれに対応する方法の選択に関わる論点を指摘することができよう。

3. 学校段階の移行に関する論点

　インクルーシブに授業を受け，学ぶことの実現は，学校段階が上昇すれ

ばするほど難しくなってくる。2011/12 の学校年度におけるドイツ全体の Inklusionsanteile について，就学前の子どもたちが通う保育施設では 67.1％であったものが，基礎学校では 39.2％となり，中等教育段階においては 21.9％となる（Klemm, K., 2013, 20）。これもまた州ごとにそれぞれの数値に差異が見られるが，共通して見られるのは，ギムナジウムでインクルーシブに授業を受け，学ぶ割合の低さであり，それはドイツ全体で 5.5％にすぎない（Klemm, K., 2013, 35）[3]。ここからは，特別教育的促進ニーズのある子どもたちが学び続けていくことを可能にする仕組みも，学校文化も，教師の力量形成も道半ばであることが浮かび上がってこよう。

　こうした状況に対し，クレムは興味深い指摘を行っている。すなわち，特別教育的促進ニーズのある子どもたちの多くは，就学前においてそれが「ない」とされる同年輩の子どもたちとともに世話をされ，学ぶ経験を積んでくるが，学校に入学した際に自分が多数派には属していないのだということに気づかされ，学校段階が上がるたびに同じことに繰り返し気づかされるのだ，と。それは，生育史上の挫折（biografische Brüche）なのだ，と（Klemm, K., 2013, 21）。

　特別教育的促進ニーズのある子どもたちに刻み込まれているであろう傷への想像力を発揮し，その傷とともにあるであろう彼ら／彼女らの願いにどのように応答していけばよいのかということもまた重要な論点であることを，クレムは告げているのである。

4.　卒業資格に関する論点

　促進学校で学ぶ子どもたちの 74.5％が，基幹学校の卒業資格をもたないまま卒業したり退学したりしている現状も指摘されている。基幹学校の下位に位置づけられた，促進学校の卒業資格の付与も始まっているが，その資格ではさらなる学びや職業選択の機会に接近することにはほとんどつながらないことをクレムも指摘している（Klemm, K., 2013, 22-23）。

　このことは，インクルーシブに授業を受け，学ぶことを子どもたちに保障すればインクルーシブ教育は成しえていると考えてはならないことを私たちに伝

えている。特別教育的促進ニーズの有無にかかわらず，すべての子どもたちがよりよく生き，暮らしていくことをどのように保障していくかが，論点の1つとして浮かび上がっているのである。

5.　おわりに

　クレムの報告は特別教育的促進ニーズを障害の問題に限定しており，インクルーシブに授業を受け，学ぶことを障害のある子どもとない子どもとが一緒に学ぶことに限定して論述している。だがこうした限定的な報告でさえ，上述してきたような課題が浮かび上がってくるのがドイツの現状である[4]。

　クレムの報告に寄せられた序文の中で，「インクルージョンはドイツの学校システム全体に関する国家的な挑戦である」と述べられている（Klemm, K., 2013, 5）。本節での考察を通して浮かび上がってきた論点をふまえるならば，この「挑戦」は特別教育的促進ニーズのある子どもたちにどのように対応していけばよいのかという問いにとどまるのではなく，インクルーシブな社会を誰が，どのように創造していくのかを問うて初めて，意味のある「挑戦」となるであろう。この問いを見失うならば，インクルージョンはサービスとして与えられるものとして矮小化されることとなり，インクルーシブな社会とはほど遠い状況が生み出されていくことは想像に難くない。

　多様性を鍵概念とした社会の在り様に種々の立場から取り組まれている今日において，誰が誰のために，どのような社会をどのように形成していくのか，その重要な着眼点をドイツのインクルーシブ教育をめぐる動向は私たちに伝えようとしてくれているのである。

[注]

（1）ブレーメン州における Exklusionsqouten の大きな減少は，インクルーシブ教育に対する取り組みの1つの結果であろう。この点については，本書第10章第3節を参照のこと。

（2）Exklusionsqouten についてクレムの定義を直訳するならば，「子どもたち全体に対する，促進学校に分離されて（separiert）授業を受けている，特別な教育的ニーズのある子ども

たちの割合」となる。特別な教育的ニーズのある子どもたちが「促進学校に分離されて授業を受ける」ことに対して Exklusion という言葉を用いることには一考の余地があろう。

(3) 中等教育段階では総合制学校においてインクルーシブに授業を受け，学ぶ割合が高い。ドイツ全体では 2011/12 年度において 24.5％となっているが，ハンブルグでは 87.9％，ブレーメンでは 73.2％である（Klemm, K., 2013, 35）。総合制学校とインクルーシブ教育との関係についてクレムは言及していないが，その動向には注目しておく必要があろう。

(4) KMK（Kultusministerkonferenz：文部大臣会議）の統計には，一般の学校において分離された学級で学んでいる子どもたち——日本での特別支援学級で学ぶ子どもたち——の存在に関わる課題についての言及がなされていないと，クレムは指摘する（Klemm, K., 2013, 9）。これは，一般の学校に通うことがインクルーシブな教育であるとみなしていることを暗に示してもいよう。すべての子どもたちに対してインクルーシブに授業を受け，学ぶことを保障するための教育課程の編成や授業のあり方そのものに対する議論は，これから始まってくるものと思われる。

[文献]

Klemm, Klaus, 2013, *Inklusion in Deuschland: Eine Bildungsstatistische Analyse*. Bertelsmann Stiftung.

インクルーシブ学校の実現に向けた政策動向

── ニーダーザクセン州を手がかりに ──

1. はじめに

　本節の目的は，ニーダーザクセン州教育省のホームページ，官報等を手がか
りにしてニーダーザクセン州のインクルーシブ教育の政策動向を整理すること
である。その際，インクルーシブ学校における授業を中心に考察したい。

　ニーダーザクセン州のインクルーシブ教育についてはこれまでも日本にお
いて言及されてきた。たとえば，「教育と余暇・スポーツ支援の相互の関連
性」を観点に注目した研究がまとめられた（安井・千賀，2015：安井・千賀・山
本，2012 など）。そこでは，今日のニーダーザクセン州のインクルーシブ教育の
動向について，州の教育省の情報を手がかりに次のように整理されている。
「2013 - 2014 年度には 1 年生と 5 年生の段階で保護者は一般学校か特別支援学
校を選択することができるようになり，障害のある生徒の 25％～30％はイン
クルーシブ教育を受けている。例外として学習困難のある子どもの場合には 1
-4 年生に特別支援学校を選択できるが，それ以外の障害については支援を必
要とする場合でも原則として基礎学校に入学することになった」（安井・千賀，
2015, 55-56：なお，ここでの「特別支援学校」は，本節の「促進学校（Förderschule）」
である）。こうして 2013/2014 年度からインクルーシブ教育が本格化したのであ
る。

　ニーダーザクセン州では，2012 年 3 月 20 日にインクルーシブ学校の導入に
関する法律が州会議で可決された。これ以降，障害のある生徒とない生徒が，
それぞれのニーズに応じて共同で授業を受けることになった。ニーダーザク
セン州の特別教育的促進（sonderpädagogische Förderung）は，2009 年の国連の障
害者権利条約の批准の前に，すでにインクルーシブ学校へ向けて条件整備を
行ってきた。今日，ニーダーザクセン州の特別教育的促進は次の 3 つに分け

られる。それは，「障害のある生徒とない生徒を伴った共同授業（gemeinsamer Unterricht）」「促進学校または促進センターの訪問」「協議システムと支援システムの導入」である。特に，共同授業において，障害のある生徒とない生徒は，長年，ともに教育を受けてきた。授業は，インテグレーション学級と協同学級において，特別教育の基本的な保障のもと行われてきた。インクルーシブ学校は，2013/2014年度以降，開校されることになった（Niedersächsisches Kultusministerium, 2015）。

　本節では，ニーダーザクセン州のインクルーシブ教育の政策動向を整理するため，ニーダーザクセン州の『学校経営ジャーナル（Schulverwaltungsblatt）』（略称 SVBl）に着目する。『学校経営ジャーナル』は，学校経営のためのニーダーザクセン州教育省発行の官報である。特に，新しい法律，規則，法令，方針，採用情報を読者に提供している。本節の第2項では，『学校経営ジャーナル』の2013年7月号の「ニーダーザクセン州におけるインクルーシブ学校の実現へ向けて」という論文を授業に着目して整理する。第3項では，2013年11月号の「教育学的観点からの不利の補償（Nachteilsausgleich）」を概観し，その理念を確認する。

2.　ニーダーザクセン州におけるインクルーシブ学校と授業

　ニーダーザクセン州教育省のマリーエ・クリスティーナ・ヴァイエ（Waje, M.-C.）とペーター・ヴァヒテル（Wachtel, P.）は，ニーダーザクセン州におけるインクルーシブ学校の実現へ向けて，一般学校での特別教育の支援（Unterstützung）の課題と形態について述べている。2012年3月にインクルーシブ学校導入の法律が可決され，補充された規則とともに特別教育の支援ニーズの確定に関する法令が2013年2月7日に発効した。とりわけ，学級づくり（Klassenbildung）や教師の時間配分，また授業支援員（Unterrichtsbegleitender）や治療上の機能における教育協力者（Pädagogische Mitarbeiter）の配置，学校形態に横断的な専門的助言やすべての学校形態についての基本法令が新たに加わったのである（Waje, M.-C./ Wachtel, P., 2013, 277）。

なお，「ニーダーザクセン州におけるインクルーシブ学校の実現へ向けて」の構成は以下のとおりである。

I　インクルーシブ学校（ニーダーザクセン州の学校法第 4 条）

　インクルーシブ学校と特別教育の支援／特別教育の支援／特別教育の支援の目標／早期発見と予防／促進プラン／特別教育の支援ニーズ／特別教育の支援の組織／治療上の措置／インクルーシブ授業／達成，成績評価（Zensuren）と成績証明書（Zeugnisse），修了証（Abschlüsse）／達成の評価（Leistungsbeurteilung）／不利の補償／教授学的な原則と組織的な原則／教授学的な原則／組織的な原則／親権者との共同作業／基礎学校の特別教育の基本的な保障／巡回支援（Mobile Dienste）／インクルーシブ学校における一般学校と促進学校の教師たちの共同作業のための原理

II　促進学校と促進教育の促進センター

　一般学校に附属した促進学校の協同学級／別の設備とのネットワーク／展望：特別教育的促進システムの発展の継続

本論文においてインクルーシブ学校は，次の 3 つの前提条件を介してすべての生徒たちに教育の参加を保障するとしている。それは，「学習の場である学校でのバリアフリー化や同等の権利へのアプローチ」「すべての学校の設備の有用性」「社会生活を含めたあり方」である。そのために，学校と授業では，学校の設備と授業への参加のためのバリアフリーを形成する。ただし，同じ目標の授業を受ける場合には，次のような発達上の障害や困難の促進に重点化した「促進重点」の特別教育の支援ニーズのある生徒たちを対象にしている。それは，感情的・社会的発達，聴覚，身体的・運動的発達，視覚，言語に促進重点のある生徒たちである。知的な発達，また知的な学習に関する促進重点の特別教育の支援ニーズまたは優先的なニーズのある生徒は，分化した目標での授業を受ける（Waje, M.-C./ Wachtel, P., 2013, 277）。

　こうしたインクルーシブ学校における特別教育は，第一に，特別教育の個別の支援ニーズのみ重視するのではなく，ニーズのない生徒たちにも支援を構想

する。第二に，すべての学校において特別教育の支援ニーズが確定した子ども
には支援をする。第三に，特別教育の支援ニーズのある子どもたちや青年たち
の権利を彼らの個別のニーズに応じた教育のうえで保障する。第四に，生徒た
ちの知的・感情的・身体的・社会的能力，才能と素質を発揮させる際に，個別
の援助を介して生徒たちに伴走する。第五に，授業中や教育するときに一般学
校の教師たちを支援する。第六に，目標，内容，形態とやり方を介して一般的
な促進を広げる。以上のように，特別教育の支援はすでにニーズが確定された
生徒を中心に構想されている（Waje, M.-C./ Wachtel, P., 2013, 277-278）。

　このようなことを背景に，インクルーシブ授業では，特別教育の支援ニーズ
のある子どもは，別の生徒たちとの共同授業において，同じ目標または分化し
た目標での達成要求（Leistungsanforderung）の場合，認知的・感情的な学習を超
えて拡張した社会的な学習経験を獲得しなければならない。また，特別教育の
支援ニーズのある子どもたちには，学級担任以外に教育協力者が配置される。
また，子どもたちは，ニーズに応じた個別の促進プランに基づいて，促進され
る。特別教育の支援ニーズのある生徒たちは，異なる目標設定を伴った共同授
業において，個別の学習目標を達成しなければならない。その際，前提条件と
して必要不可欠なのが，人的・物的・環境的な大枠の条件が整備されているこ
と，生徒たちの特別教育の支援ニーズ，教育の権利，生活の展望に適切に対応
されていること，である。共同授業は，学習グループにおいての内的分化と個
別化を用いて優先的に行われる。なお，達成に即した外的分化という不変の形
態は，インクルーシブ学校の基本理解と相容れない（Waje, M.-C./ Wachtel, P., 2013,
279）。

3.　教育における「不利の補償」の理念と方法

　ここでは，『学校経営ジャーナル』2013 年 11 月号に収録されているニナ・
フォン・ツィマーマン（Zimmermann, N. v.）とペーター・ヴァヒテルの論文「教
育学的観点からの不利の補償」に基づいてニーダーザクセン州における「不利
の補償」の基本的な考え方を明らかにしたい。

（1）教育学の原則としての「不利の補償」

　「不利の補償」は教育学固有の概念ではなく，労働権や社会権に由来するものであり，それが学校領域や障害をもつ子どもたちの権利に対して用いられる根拠となるのは，1994 年基本法に追加された「誰も障害によって差別されてはならない」という条項である（Zimmermann, N. v./ Wachtel, P., 2013, 449）。これによって「不利の補償」が普通学校での配慮義務という形でなされることとなった（Zimmermann, N. v./ Wachtel, P., 2013, 449）。

（2）「不利の補償」のために提案されている方策

　具体的な「不利の補償」の手立てとして，一般的な対応と個別的な対応と大別して 2 つが想定されている。すなわち，原則的な授業づくりの理論を突き詰めたもので，「不利の補償」としても機能しうるもの（一般的な対応）と，個別のニーズに応じて個別に働きかけるもの（個別的な対応）である。

　前者は，「明確で理解可能な言葉，書くことに関する課題の明確な定式化，授業内容の具体的な説明，教室での子どもたちに対する教師の適切な位置，騒音を減らすこと，適切な光の具合など」（Zimmermann, N. v./ Wachtel, P., 2013, 450）が挙げられている。とりわけ後者が注目されており，提案されている手立てのカタログも多数ある。すなわち，「授業組織に関わる変化，活動場所の組織／テキストの適合化や拡大されたグラフィック（たとえば，視覚障害のある子どもたちのために）／空間的な変化（音響，光）／個人的な支援（たとえば，コミュニケーションの支援）／技術的な手段の投入，たとえば，特殊な鉛筆，コンパス，定規，計算機，触覚に訴えるカード，点字表／課題のテキストの最適化／個別の状況における個人的な達成の確認／課題に取り組む時間の追加や，休憩時間の追加／課題提示のオルタナティブ／結果提示のオルタナティブ／理解のための補助や，説明の追加（たとえば，聴覚的支援が必要な子どもに言葉の説明をするなど）／達成証明のオルタナティブ／精密さへの寛容」（Zimmermann, N. v./ Wachtel, P., 2013, 451）である。

　ここで挙げられている手立てが，実際には個々のケースに応じて取り入れら

れることを想定していることはいうまでもない。

(3)「外的条件」の整備としての「不利の補償」の方策

　「不利の補償」においては，「原則的に，要求を変えるのではなくて，要求状況の『外的な条件』を補償することの可能性に焦点が当てられる」(Zimmermann, N. v./ Wachtel, P., 2013, 450)。すなわち，要求水準や目標の軽減を意図しない。要求を変えるという形での「不利の補償」は，ある意味で他者の不利に転化すると考えられているからである (Zimmermann, N. v./ Wachtel, P., 2013, 450)。

　「不利の補償は，学習習得（Lernerwerb）を容易にすることや，達成の提供を可能にすることには向けられるが，達成評価（Leistungsbewertung）には，そして達成要求を軽減することには方向づけられない」ということと並んで学校の達成証明機能の高まりが強調されている (Zimmermann, N. v./ Wachtel, P., 2013, 451)。すなわち，当然のことながら，到達すべき目標に到達していない子どもに対して，障害がなければ到達しているはずだとみなして成績を証明する，ということはしない。学校の証明機能が損なわれるからである。ここで意図されている「不利の補償」は，目標の軽減ではなくて，あくまで目標到達までの外的条件の整備である。

4．おわりに

　本節では，ニーダーザクセン州のインクルーシブ学校の実現へ向けた政策動向を整理することで，次の3つが明らかになった。第一に，ニーダーザクセン州ではインクルーシブ教育が始まる以前に条件整備が独自に行われてきた。その1つが「不利の補償」である。こうしたことを背景にインクルーシブ教育の導入が試みられている。第二に，特別教育の支援ニーズは，個別のニーズばかり重視するのではなく，すべての子どもを対象に支援している点である。ニーズの有無にかかわらず，「個別的な対応」だけではなく，全体に対しても「一般的な対応」として構想されていた。第三に，授業では目標を達成すべく，条

件整備が行われていた。その際，異なる目標の場合は，個別のニーズに応じた条件整備を行い，同じ目標の場合でも目標が達成されるよう，条件整備を徹底していた。

[文献]

Homepage des Niedersächsisches Kultusministerium. http://www.nibis.de/nibis.php? menid=3107（2015 年 11 月 25 日最終閲覧）.

Waje, M.-C. / Wachtel, P., 2013, Zur Realisierung der inklusiven Schule in Niedersachsen, SVBl 7/2013. 277-285.

安井友康・千賀愛（2015）「ドイツ・ニーダーザクセン州における特別支援学校のセンター的機能の拡大 ──インクルージョンの実践事例から」.『北海道教育大学紀要（教育科学編）』65(2). 55-71.

安井友康・千賀愛・山本理人（2012）『障害児者の教育と余暇・スポーツ──ドイツの実践に学ぶインクルージョンと地域形成』. 明石書店.

Zimmermann, N. v./ Wachtel, P., 2013, Nachteilsausgleich aus pädagogischer Perspektive, SVBl 11/2013. 449-452.

第 9 章

ドイツにおけるインクルーシブ授業の方法論

── ドイツ教授学と「共同的な学び」の創出 ──

ドイツのインクルーシブ教育における教授学の構造

—— ゲオルグ・フォイザー (Georg Feuser) 論の検討を中心に ——

1. はじめに

　本節の研究目的は，現代ドイツにおいてインテグレーションからインクルージョンへの発展に見られる，インクルーシブ教育における教授学の構造を，元ブレーメン大学教授のフォイザー (Feuser, G.) の理論の検討を通して明らかにすることである。

　ドイツのインテグレーションについては，日本においても，1973年に発表された西ドイツ教育審議会による『障害児および障害の恐れのある児童と生徒の教育的促進について』が紹介され[1]，それ以降もインテグレーション教育の展開動向について研究がなされている（野口，1987；冨永，1991；藤井，1993；窪島，1998 など）。

　インテグレーションからインクルージョンへの流れの中で，1994年の「ドイツ連邦共和国の学校における特別教育的促進に関する勧告（Empfehlungen zur sonderpädagogischen Förderung in den Schulen in der Bundesrepublik Deutschland）」以降，特別教育的促進（sonderpädagogische Förderung）に関する法制の整備がなされた。その結果，「特別ニーズ教育」のドイツ語訳である「特別教育的促進」の概念が広がった。2009年の障害者権利条約の批准後，インテグレーションの考え方が定着しているドイツでは，インクルージョンが本格化することになる。けれども，現実には依然として，障害あるいは特別な教育的ニーズをもつ子どもの約8割が促進学校（Förderschule）に在籍し，そうした子どもが一般学校に通うのは2割にとどまっているのである。というのも，インテグレーションのもつ欠点である「障害が診断されてからの支援」のため，支援場所への措置に終わっていることや，特別教育の専門性を一般学校に取り入れても「特定の子を対象とした『特殊な支援』という性格」は変わらず，また，一般学校に

障害児だけではなく支援を要する子も多いため，割合が停滞しているのである（荒川，2013，97-98）。

　このように，ドイツのインテグレーションからインクルージョンへの発展は，理念的なレベルでは確かにインクルージョンへと変わりつつあるが，現実的には，インテグレーションの域を出ているわけではない。これは，ドイツに限った問題ではない[2]。

　ドイツを対象としたインクルーシブ教育に関する先行研究の多くは，制度研究が中心である（藤井，2009; 2010；荒川，2010; 2011; 2013）。また，近年では，学校訪問などによる現地調査も見られる（窪島・久保田，2013；久保田・窪島，2013）。これらの研究は，詳細なデータや政策を比較分析し，州ごとの制度を整理している。こうした研究以外にも余暇・スポーツ（安井・千賀・山本，2012）などについての研究も見られる。

　教授学・授業論の研究動向では，とりわけ，ヨーロッパの中で遅く始まったドイツのインテグレーションにおける障害児と健常児の共同授業（gemeinsamer Unterricht）が，日本において1990年代の終わりに評価されていた（窪島，1998，2）。けれども，日本の研究動向は，近年の特別教育的促進に関する制度や各州の動向を整理した研究において，共同授業（他の邦訳語として「共同学習」「共同教授」「共習授業」）が散見される程度で（藤井，2009; 2010；荒川，2010; 2011；安井・千賀・山本，2012；窪島，2014など），実践を紹介している研究はきわめて少ない[3]。また，インテグレーション教育における教授学の文脈では2000年代以降，ミュンヘン大学教授のハイムリッヒ（Heimlich, U.）の授業モデル（湯浅，2009）や，ヒルデスハイム大学教授のグラウマン（Graumann, O.）のオープン授業（吉田，2008）について紹介がなされている。

　このように，日本ではドイツの障害児と健常児の共同授業やインテグレーション教育における教授学についての言及にとどまり，インクルーシブ教育における教授学については未解明のままである。またインテグレーション教育における教授学の検討については，フォイザーの理論を対象とした研究以降なされていない（冨永，1991；窪島，1998）。

　こうしたインテグレーションからインクルージョンへの流れの中で，教授学・授業論を問うことは重要な課題である。1994年の「特別なニーズ教育に

関するサラマンカ声明と行動大綱」においてインクルーシブ教育と「特別ニーズ教育」という概念が打ち出された。なお，特別ニーズ教育では，障害のある子どもを教育の対象としていた障害児教育から，教育対象をとらえ直す機会をつくり出し，特別な教育的ニーズに対する教育とともに，対象を限定せず，すべての子どもの教育の可能性を保障する視点が問われている（真城，2007，7-8）。すべての子どもの教育の可能性を保障する特別な教育的ニーズは，子どもたちが一人ひとり多様な教育的ニーズを有した存在であるという認識に立ち，その一人ひとりのニーズに応える教育として議論されている。こうした議論は，1970年代のドイツにも見られる。それは，子どもたちの個人差に応じた授業づくりを目指した「個別化」の問題である。当時の西ドイツでは，総合制学校やインテグレーションの導入に伴い，個別化が議論されていた。こうした個別化が今日再び注目されている。それは，学校制度を見直し，インクルーシブ学校へ向けての議論と関係する[4]。また，移民の子どもたちの議論などに見られる異質な学習グループ（heterogene Lerngruppen）の問題や，「PISAショック」以降の移民の子どもの学力向上政策とも関係する[5]。

　このような背景のもと，本節では，ドイツのインクルーシブ教育における教授学の構造に関して，まず，1970年代の個別化について論じ，今日でも注目されるクラフキ（Klafki, W.）とシュテッカー（Stöcker, H.）（以下，クラフキら）の内的分化（innere Diffrenzierung）とフォイザーのインテグレーション教育論における教授学とのつながりを整理し，インクルーシブ教育においてフォイザーの論がどのような構造になったのか，またその課題とは何かを検討する。フォイザーの論の課題については，パーダーボルン大学教授のザイツ（Seitz, S.）のインクルーシブ教授学の理論に焦点を当て，考察する。そうすることで，ドイツにおけるインテグレーションからインクルージョンへの発展に見られるインクルーシブ教育における教授学の理論的な継承・発展において，特徴とされる構造を明らかにしたい。

2. フォイザーのインテグレーション教育論における教授学

　フォイザーのインテグレーション教育論における教授学の理論を支えているのが，フォイザーの主張する発達論的教授学（entwicklungslogische Didaktik）の「内的分化」[6]と「共通の対象（gemeinsamer Gegenstand）」の概念である。ここでは，フォイザーの理論的背景を整理したうえで，この2つの概念について考察する。

(1) インテグレーション教育におけるフォイザーの理論的背景

　ドイツでは，1970年代以降，インテグレーション教育の議論が盛んになる。フォイザーは，当時の総合制学校の議論と同様に，「垂直的に編成され，選抜や排除を基礎とする伝統的な教育システムの下では，障害児はインテグレーション学級から排除される」（冨永，1991，17）点を指摘している。その中で，フォイザーは，「教育的インテグレーションの中心である教育実践レベルでの授業論（学習方法論）を軸に『完全なインテグレーション』」（窪島，1998，243）を主張する。それは，「障害児と非障害児のインテグレーションを進めるにあたり，彼らの単なる空間的インテグレーションを批判し，実質的インテグレーションを支える教育学の質的転換とそれに基づく授業の質を問うている」（冨永，1991，17）のである。すなわち，フォイザーは理想とする完全なインテグレーションを目指して，教育学のあり方自体を問うているのである。

　ただし，フォイザーの主張は，「インテグレーションが，直接的には障害児のインテグレーションでありながら，その本質が障害児を通常の学校に統合させることにあるのではなく，それを手がかりに教育を根本的に変革することであり，インテグレーション教育学をあらたな『普通』教育学であるとする論理」（窪島，1998，246）を訴えているのである。

　このように，フォイザーのインテグレーション教育論における主張には，単なる障害と非障害の統合ではなく，通常学校の教育を問う，今日のインクルーシブ教育の視点が含まれていたのではないだろうか。

（2）インテグレーションから見た「内的分化」

インテグレーションの授業レベルでの具体的な形態として，障害児と健常児の共同授業が展開されている。これまで，学校制度の複線化や学力別の学級編成による学習グループの均質化を図る個別化といった外的分化（äußere Differenzierung）と，学級内での多様な個別化を目指す内的分化が議論されてきた。内的分化については，1970年代のクラフキらの論（Klafki, W./ Stöcker, H., 1976）について，日本でも個別化の問題から，高久清吉や小野擴男などが紹介している（高久，1986；小野，1988）。また，障害児教育学の文脈で論じているフォイザーの内的分化（Feuser, G, 1995）を冨永光昭や窪島務が紹介している（冨永，1991；窪島，1998）。フォイザーは，すべての子ども（一人ひとりの子ども）のために個別化や総合制学校で議論されていたクラフキらの内的分化論に注目する。ここでは，そうしたクラフキらの論とフォイザーの論とのつながりについて言及しているグラウマンの論考を手がかりに整理したい。

まず，クラフキらの内的分化には，2つの形態が根底にある。1つは，「方法と媒体の分化」，もう1つは「学習目標と学習内容の領域における分化」である（Graumann, O., 2002, 178）。グラウマンはクラフキらの内的分化を次のように述べている。「クラフキらは，すべての学習目標と学習内容が学級や学習グループのすべての生徒に対して，同一の仕方で義務的に課すことはできない，という原則に基づいている。クラフキらは，目標や内容の全複合体が，教科またはカリキュラム全体にとって，少なくとも二重に分類されなければならないという結論を導き出す。すなわち，その学級や学習グループにおけるすべての生徒にとって義務づけられるベース，つまり<u>基礎的なもの</u>（Fundamentum）と，他方，追加的な目標及び内容，つまり<u>付加的なもの</u>（Additum）である」（Graumann, O., 2002, 178：なお，下線部は原文斜体である）。すなわち，すべての学習目標と学習内容を教える場合は，同一の仕方では困難である。それゆえ，すべての学習目標と学習内容を教える場合は，教科やカリキュラムの一定の領域を「基礎的なもの」として学級と学習グループの子どもたちに義務づけ，「基礎的なもの」の追加的な領域として「付加的なもの」が存在するのである。

しかしながら，「基礎的なもの」と「付加的なもの」との教材上の分類は，

危険性を伴っている。グラウマンは，外的分化ではなく，内的分化を用いた場合でも，学習共同体（Lerngemeinschaft）をバラバラにする危険性や学習共同体内に達成別グループができる危険性，また，生徒たちにある一定の達成水準の責任を課す危険性があることを指摘している（Graumann, O., 2002, 178）。こうしたことから，グラウマンは，一方でクラフキらが，シークエンスごと，または単元ごとに区分することは，内的分化の原則において重要であると評価している。けれども，他方でクラフキらの内的分化に見られる危険性から，あらゆる子どもたちに開かれたモデルではないことを指摘している（Graumann, O., 2002, 179）。

(3) フォイザーの「共通の対象」の意義

　内的分化を補完する意味でフォイザーの「共通の対象」がグラウマンによって評価されている。グラウマンは，フォイザーの「木のモデル」[7]が，「異質なグループにおける学習」に有効な考え方であると評価している（Graumann, O., 2002, 179）。フォイザーの「木のモデル」とは，1本の木を例にして，インテグレーション教育学の教授学的構造を示したものである。それは，根・幹・枝などが1本の木を形成する。この「木のモデル」が示すことは，授業の中で同一の目標を与えるのではなく，あらゆる子どもが「共通の対象」を通って分化した作業を通して個別の学習目標を達成することである。その際，「共通の対象」とは，木の幹を意味する。枝の先端には個別の学習目標が設定されている。木の根から吸い上げられたものが，木の幹を通って個別の目標である枝に分化していく。なお，ここでの幹とはすべての子どもたちに同じ内容が必ず学習される対象を意味する（Graumann, O., 2002, 179）。それは，クラフキらのように子どもたちは同じ学習目標を目指すのではなく，枝の先端の個別の学習目標を目指すのである。換言すれば，単に個別に学ぶのではなく，各枝の個別の目標へ向けて幹という「共通の対象」を通ることで共通に学ぶ機会が存在するのである。

　内的分化とは，学級内の分化的措置である。個人の促進を図るために，学級を単に個別・パートナー・グループなどの形態に分化させるだけではなく，

この「木のモデル」のように，「共通の対象」を学級の仲間とともに通ることで，同じ学習目標ではなく個別の目標に向けて学習するとしても，ともに学んだ仲間（集団）を意識しながら学ぶことができるのではないだろうか。グラウマンも，「木のモデル」に応じた内的分化を1つのプロジェクト学習と関連づけることで，子どもたちの学習共同体をバラバラにすることを防ぎ，同時に社会的学習や民主的学習を促進することを提起している（Graumann, O., 2002, 179）。このように，内的分化の成立には，「共通の対象」が重要な役割を果たしているのである。

3. インクルーシブ教育におけるフォイザーの教授学

(1) インクルーシブ教育時代のフォイザーの問題意識

　2010年代に入り，フォイザーは，発達論的教授学からインクルーシブ教育との関係を問うようになる。インテグレーション運動において教育システム（Erziehungssystem），陶冶システム（Bildungssystem），授業システム（Unterrichtssystem）に関して「教授学の節制（didaktische Abstinenz）」が行われることで，1970年代以降，インテグレーションは空間的な「統合」の意味しかもつことができなかった。具体的には，障害児と非障害児とに分類し，障害児の中には，インテグレーション学級に入ることができず，特別学校のカリキュラムに応じて学ぶ子どもも存在した。学習に困難が目立つ子どもは，インテグレーション学級から「排除（exkludiert）」され，特別学校に「包含（inkludiert）」されるのに対し，空間的に付随（begleiterer）する学校の試みは，特定の障害種の子どもを一般学校に受け容れるようなインテグレーション実践でしかなかった（Feuser, G., 2011, 86-87）。

　このように「特別教育的促進ニーズ」があると子どもが判断されるかどうかでインテグレーション教育やインクルーシブ教育に特徴づけられた授業形態を用いて子どもたちは促進されるのである。そこには，精神科学的教育学の陶冶理論の考え方が取り上げられてこなかったことに原因があった。こうした背景

に一般教授学的思考の喪失があることも明らかになった。一般教授学的思考の喪失により，教科固有のカリキュラムや教材・学習材を主張する教科教授学に対する一般教授学的思考からの批判が衰勢に向かい，国際学力調査（TIMSS，PISA，IGLUなど）の結果から，文教政策をめぐるアウトプット志向の達成スタンダード（Leistungsstandard）の構築によって，教科教授学に関する教師の責務がさらに強化された。その結果として，人間の人格発達と学習との関係を切り離したまま，授業とは，ただ，学校の制度的な組織形態としてしか理解されなくなってしまったのである（Feuser, G., 2011, 87）。

　このようにフォイザーの問題意識は，一般教授学的思考の喪失によって生み出される教育システム，陶冶システム，授業システムにあった。

(2) インクルーシブ教育における一般教育学の意義

　インテグレーション教育は，あらゆる子どもの陶冶への制限のない参加を目標設定に掲げていた。フォイザーにおける一般教育学の意義は，すべての子どもが，それぞれの発達水準のもと，相互の協同（Kooperation）の中で，「発達の最近接領域」に応じて，「共通の対象」に沿って，もしくは「共通の対象」で，遊ぶ，学ぶ，作業することである（Feuser, G., 2011, 89）。

　フォイザーが問題視しているのは，今日まで階層的に区別されてきた教育システム，陶冶システム，授業システムである。このようなシステムでは，達成の基準（Leistungskriterien）に応じた子どもたちの選抜により「特別教育的促進ニーズ」が確認された場合に，通常の学習領域からの排除や特別制度における分離が導かれる。その際，子どもたちには，診断や達成によって相当する同質グループに分けられることで，特別学校の制度と同様，一般学校の制度においても学校形態の階層化が生じている。こうした制限し，分離した陶冶の提供がもたらすものは，外的分化，授業実践に不平等と障害の生産と再生産の循環をつくり出すことをはじめとする教育学的制限主義である。そうしたシステムに見られる制限をつくり出す要素を用いたインテグレーション教育の努力では，「インテグレーション」から「インクルージョン」へとラベルを変えたとしても，システムにおいて教育学的制限主義の要素が隠蔽されたままなので誤った

表9-1-1　インテグレーションを可能にするような「反論」

今日の教育学 （通常教育学と特別教育学）	一般教育学 （インクルージョン）
人間像： 欠陥関連や逸脱関連の障害があるとみなされた人間のアトム化	人間像： 生物的・心理的・社会的なシステムや現実の統合的統一体としての人間
社会的形態： 可能なかぎり大きな同質性	社会的形態： 可能なかぎり大きな異質性
教授学的な基礎的なもの： 達成の基準に応じた選抜	教授学的な基礎的なもの： あらゆる子どもの相互の協同
制限され，細分化された陶冶内容 （教育学的制限主義）	共通の対象 （プロジェクト，企画，開かれた学習形態など）
外的分化を介した分離 （特別制度においても同様）	内的分化 （異文化，学年段階を超えた）
個別カリキュラム （障害と非障害にとって，学校のタイプ／特別学校のタイプ，学校段階／年齢段階など）	発達水準の関連，生育歴の個別化を介した （共通の対象の意義において）

出典：Feuser, G., 2011, 90, なお，下線部は原文太字である。

方向への発展となる（Feuser, G., 2011, 89-90）。

　そうした中，一般教育学の意義は，再生産的・分離的なシステムの機能的な循環に合致するような要素に向けて，「対抗要素」を置くことである。すなわち，インテグレーションを可能にするような「反勢力」を伸ばすことである（Feuser, G., 2011, 90）。

　表9-1-1では，今日の教育学（通常教育学と特別教育学）に対する一般教育学（インクルージョン）の反勢力がそれぞれ記載されている。たとえば，「教授学的な基礎的なもの」に関する要素は，達成の基準に応じた選抜や陶冶システム全体の教育学的制限に対して，協同という反勢力が述べられている。また，発達水準の関連や生育歴に即した個別化を介した内的分化は，外的分化を介した分離や学校形態，特別学校のタイプ，学校段階と年齢段階に関連した個別カリキュラムに対する反勢力である。このように発達論的教授学の基礎として一般教育学の教授学的な基礎的なものを構成するのが，「共通の対象に即した協同」と「発達水準の関連や生育歴の個別化」である。その際，発達論的教授学は，協同，共通の対象，内的分化，個別化という4つの要素のつながりを表す（Feuser, G., 2011, 91）。

（3）インクルーシブ教育におけるフォイザーの教授学の構造

　フォイザーは通常教育学と特別教育学といった「今日の教育学」に対して，インクルージョン教育の考え方を取り入れた「一般教育学」からの反論を述べている。こうした反論の中でも「共通の対象に即した協同」と「発達水準の関連や生育歴の個別化」は「木のモデル」において重要である。

　「木のモデル」において，根は一人ひとりの認識の状況を表し，また，「共通の対象」を意味する幹は，外面的なテーマの構造を表す。さらに，枝はさまざまな発達水準上の世界の主観的な認識の可能性を表す。したがって，それぞれの枝は，伝統的な授業科目に相当するのではない。そうではなくて，授業組織上，プロジェクトで表現された行為可能性の多様さに相当する。この幹から枝先にかけて，つまり，枝の始まりである「共通の対象」の側では，学習や行為は感覚的，具体的になり，枝の先端に至る過程で，抽象的，論理的に象徴された内面の再現，たとえば，すべての生徒たちの知覚水準，思考水準，行為水準にふさわしい彼らのための言語，文字の形式や理論になるのである（Feuser, G., 2011, 95）。

　その際，フォイザーの発達論的教授学の発展において重要なポイントである発達の最近接領域についての指摘が挙げられる。フォイザーは発達論的教授学にとって，あらゆる子どものための発達の可能性を発達の最近接領域として生じさせるために，「発達の（知覚，思考，行為の）水準に即して志向された授業の内的分化を必要とする『共通の対象に即した協同』が中心である」（Feuser, G., 2011, 96）としている。

4．ザイツのインクルーシブ教授学から見たフォイザー理論の課題

　インクルーシブ教育が展開する中で，教授学，とりわけインクルーシブ教授学について研究を進めている1人としてザイツが挙げられる。ザイツは，学校制度における異質性（Heterogenität）をめぐるアクチュアルな議論において，インテグレーション研究やインクルージョン研究の知見が取り上げられてい

ないことを問題視している。それらの研究においては，授業に関するわずか
な文献，それもたいていの場合，教授行為（レクチャーの仕方など）や学習行為
（発表の仕方，プレゼンテーション，ディベートなど）の行為形態や，個別・パート
ナー・グループといった社会的形態（Sozialformen）に焦点化され，内容に関係
する諸問題（inhaltsbezogene Frage）はほとんど取り扱われない。それゆえザイ
ツは，授業の内容的な次元について，教授学的な考察を加えている（Seitz, S.,
2008, 175）。ザイツのこうした問題意識は，内的分化によって学級や学習グルー
プから個別・パートナー・グループなどの形態に分かれることへの措置や内容
的な次元から見た「共通の対象」についての問題提起と考えられる。以下で
は，ザイツの論考を手がかりに，インクルーシブ教授学を検討する。

（1）子どもたちの中に見る相似性の原則

　インクルーシブ教授学が成立するために，ザイツは，共通性（Gemeinsamkeit）
と差異性（Verschiedenheit）のバランスがきわめて重要であると述べている。そ
の際，指標として，「異質性」と「同質性」をキーワードとして使用するので
はなく，「共通性」と「差異性」が使われているのが特徴的である。ザイツに
よると，異質性は，子どもたちを集めて組織した学習グループにおいて，測る
ことができない。むしろ，異質性とは，その学習グループのメンバーによって
生み出され，比較検討していく中でそれを示す指標が生じるのである（Seitz, S.,
2008, 175）。

　こうした異質性に対して，ザイツは次のように差異性について述べる。子
どもたちが経験した内容や社会でつくられた内容は，個人の成育歴レベルで
考えると，比べるものがない。けれども，差異性には，人と人の間の相似性
（Ähnlichkeit）が貫かれていると考えられる。というのも，相似性は，人類学的
にヒトとして区別され，そしてそれとともに，人間として共通に基本的な経験
をしているからである（Seitz, S., 2008, 175-176）。

　続けてザイツは，「子どもたちの学習の中で生じる異質性と同質性に基づい
て結果として生じたダイナミックな構造は，フラクタルな（自己相似性をもつ）
モデルを手がかりに容易に説明される」（Seitz, S., 2008, 176）と述べている。こ

れは，「フラクタル」という言葉が示すように，基本モデルは小さな相似のコ
ピーから形がなっており，フラクタルに組み立てられた図形の中に，また基本
モデルが見出される。このフラクタルの考え方からザイツは，子どもたちの中
に存在する相似性に着目する必要性を述べる。すなわち，子どもたちの中にも
相似性があるならば，学習困難な子どもの学習内容を単に「わかりやすい」内
容に前もって構造化することに意味はない。そうではなくて，子どもたちの個
別の学習の出発点を相似性から導き出すことが適切である（Seitz, S., 2008, 176）。

　こうしてザイツは，学習の出発点を相似性からつくり出し，学習困難な子ど
もたちのために学習内容を単にわかりやすくするのではなく，子どもたちの相
似性に着目し，そこから学習の出発点を構想することを提起している。

（2）内容的な次元におけるフォイザー理論の課題

　フラクタルの視点から子どもたちの相似性に着目し，学習の出発点を考える
際，ザイツは，フォイザーの「共通の対象」について言及を加える。ザイツ
は，もし，学習の出発点と結びついている観点が注目されるのなら，どの子
どもにもフォイザーの「共通の対象」をよりどころにして個人の学習が設定さ
れると考えている。けれども，ザイツは，フォイザーの発達論的教授学とは異
なって，学習の出発点と結びついている要因と関係する子どもの視点を明確に
することが重要であると述べている。こうした学習の出発点と結びついている
要因とは，特定の経験に基づいた，また動機づけを含んだ子どもたちの組み合
わせによってつくり出される成果である（Seitz, S., 2008, 176）。「共通の対象」と
違い，子どもたちの組み合わせの中から相似性となる学習の出発点が導かれ
る。

　さらにザイツは，発達論的教授学の課題を指摘している。それは，教師が子
どもたちの発達に応じて，意図的に教授学的な判断を下すのではなく，子ども
同士，お互いの学習経路において内容に関係する意見交換や，子どもから子
どもへのコミュニケーションをつくり出すことである（Seitz, S., 2008, 177）。す
なわち，フォイザーの「木のモデル」において，一人ひとりの発達の状況を教
師が判断したうえで，それに適切な「共通の対象」や個別化された学習目標が

設定されることで，学習経路間の交流は生じにくい。けれども，ザイツの論では，子どもが自らの発達によって制限されず，子ども自ら行為することができるように，お互いの学習経路が異なっても内容に関係する意見交換やコミュニケーションをつくり出すことを重視している。

　このように，ザイツはフォイザーの発達論的教授学に見られる発達に応じて教授学的な行為を意図的に仕組むのではなく，子どもの視点を考えているところが特徴的であった。それは，教師が発達を判断して構想する「共通の対象」とは異なり，子どもの視点による子ども同士の相似性から学習の出発点を導くことに関係する。

5.　おわりに

　本節では，ドイツにおけるインテグレーションからインクルージョンへの発展に見られる教授学の構造を，1970 年代の個別化の議論から今日までどのように継承・発展されてきたのかに焦点を当てて検討した。インテグレーション教育における教授学において日本でも注目されていたフォイザーの論では，「内的分化」と「共通の対象」の概念が中心であった。1970 年代の「個別化」の中で注目された内的分化は，個人の促進を図るものであるが，障害児と健常児との学習目標が同じでは困難も生じる。そこで，フォイザーの「木のモデル」に見られる「共通の対象」を通ることで個別の学習目標へ向かうことは，単なる個別化ではなく，ともにいる仲間（集団）を意識しながら学ぶことにつながる。

　なお，インクルーシブ教育におけるフォイザーの論はインテグレーション教育の時代と主張が大きく変わっていない。むしろ，フォイザーのインテグレーション教育のとらえ方は，インクルーシブ教育を先取りしたものではなかったのだろうか。というのも，障害と非障害という枠組みではなく，「木のモデル」にあるように，すべての子どもを対象とすることで，一人ひとりのニーズに応えようとしていた。インクルーシブ教育は，単に特定の子どもへの対応を主張するものではない。そうではなくて，「すべての子ども」の学びへの参加

の視点から授業を問い直すものである。

　このことは，フォイザーの指摘にもあったように，単なる個別カリキュラムを主張しているわけではない。そこでは，フォイザーの教授学の構造にとって「共通の対象に即した協同」による共同性と協同における「発達の最近接領域」がポイントになるのである。

　ただし，こうしたフォイザーの論は，発達論的教授学を背景に，発達状況を教師が判断して「共通の対象」を構想するため，学習の出発点の要因に関係する子どもの視点を考えることが欠落してしまう。それゆえ，ザイツは，子どもたちの組み合わせによって生じる相似性から学習の出発点を導き出すことで，一人ひとりの学習経路にも別の子どもとの意見交換をつくり出すことを提起していた。また，その意見交換は内容に関係するものであり，子どもから子どもへのコミュニケーションをつくり出すことも述べられていた。

[注]

(1) 日本においても，井谷善則によって紹介されている（西ドイツ教育審議会, 1980）。

(2) 日本でも障害特性に向き合うことが注目され，「通常」の子どもであれば教育するが，医学的問題のある子どもへは医学的根拠に基づいた個別の対応といった「学校の誤った医療化への転身」という指摘がある（田中, 2008, 258-261）。

(3) 荒川は，バイエルン州の知的障害児学校の中に設置された基礎学校の分教室での共同授業を紹介している（荒川, 2012, 40-42）。

(4) インクルーシブ学校の組織などの学校のあり方が求められている（Heimlich, U./ Kahlert, J., 2012）。なお，2014 年 9 月のザクセン州ライプツィヒ市内の基礎学校でのインタビューからもインクルーシブ教育への移行に見られる問題や，インクルーシブ学校をめぐり，促進学校を残す議論があることをうかがった（第 10 章第 1 節が詳しい）。

(5) ドイツの移民の子どもについての研究は，中山あおいがまとめている（中山, 2013）。また，異質な学習グループや異質性については，吉田茂孝・髙木啓や田中紀子がその動向を整理している（吉田・髙木, 2010；田中, 2012）。なお，2014 年 3 月にオルデンブルク大学教授のキーパー（Kiper, H.）氏へのインタビューから，個別化の議論があることや異質性は教育的によい機会になることをあらためて確認することができた。キーパーの論については，異質性の視点から整理した吉田・髙木の論考が挙げられる（吉田・髙木, 2010）。また，キーパーの授業論については，吉田成章が言及している（吉田, 2014）。

(6) 内的分化については，インクルーシブ教育おいても継続して検討されているテーマであ

る。たとえば，2003 年にザールラント大学の教育科学専攻で開催された「障害のある生徒たちのインテグレーション（IBS）」のプロジェクトグループのメンバー 33 名の寄稿論文をまとめた『インクルーシブ教育学』においてクラフキらの論やフォイザーの論が検討されている（Markowetz, R., 2004）。

(7) なお，「木のモデル」については，冨永，窪島，吉田茂孝が言及している（冨永，1991；窪島，1998；吉田，2013）。

［文献］

荒川智（2010）「ドイツの特別支援教育的促進とインクルーシブ教育」．日本発達障害学会編『発達障害研究』32(2)．146-151.

荒川智（2011）「ドイツにおけるインクルーシブ教育の動向」．全国障害者問題研究会編『障害者問題研究』39(1)．37-43.

荒川智（2012）「インクルーシブ教育の本質を探る──【第5回】ドイツのある知的障害学校での試み」．全国障害者問題研究会編『みんなのねがい』549.40-42.

荒川智（2013）「ドイツにおけるインクルーシブ教育の挑戦と苦悩」．茨城大学教育学部附属教育実践総合センター編『茨城大学教育実践研究』32．97-109.

Deutscher Bildungsrat, Empfehlungen der Bildungskommission (Hrsg.). [2]1976, 1973, *Zur pädagogischen Förderung behinderter und von Behinderung bedrohter Kinder und Jungendlicher*. Ernst Klett Verlag. Stuttgart.（邦訳：西ドイツ教育審議会著，井谷善則訳（1980）『西ドイツの障害児教育』．明治図書。）

Feuser, G., [2]2005, 1995, *Behinderte Kinder und Jugendliche: Zwischen Integration und Aussonderung*. Wissenschaftliche Buchgesellschaft Verlag, Darmstadt.

Feuser, G., 2011, Entwicklungslogische Didaktik. In: Kaiser, A./ Schmetz, D./ Peter W./ Werner, B. (Hrsg.): *Didaktik und Unterricht*. W. Kohlhammer Verlag. Stuttgart. 86-91.

藤井聰尚（1993）『「特殊学校就学義務」政策の研究──ドイツ連邦共和国における問題構造とその性格』．多賀出版.

藤井聰尚（2009）「ドイツ連邦共和国における『特別の教育的促進』の取り組み──その1　施行 10 年の歩み」．中部大学現代教育学部編『現代教育学部紀要』1．21-32.

藤井聰尚（2010）「ドイツにおける『特別の教育的促進』の取り組み──『特別の教育相談・促進センター』を中心に」．中部大学現代教育学部編『現代教育学部紀要』2．21-34.

Graumann, O., 2002, *Gemeinsamer Unterricht in heterogenen Gruppen. Von lernbehindert bis hochbegabt*. Julius Klinkhardt Verlag. Bad Heilbrunn.

Heimlich, U./ Kahlert, J. (Hrsg.), 2012, *Inklusion in Schule und Unterricht: Wege Zur Bildung für alle*. Kohlhammer Verlag. Stuttgart.

Klafki, W./ Stöcker, H., 1976, Innere Differenzierung des Unterrichs. In: Z. f. *Pädagogik*, 22. Jhg. 1976. Nr. 4. 497-523.

窪島務（1998）『ドイツにおける障害児の統合教育の展開』．文理閣．

窪島務（2014）「特別ニーズ教育の今日的課題と『インクルーシブ』教育論の方法論的検討」．日本特別ニーズ教育学会編『SNE ジャーナル』20(1)．75-88.

窪島務・久保田璨子（2013）「最近のドイツのインクルーシブ教育事情——ベルリンとブランデンブルク州の現地調査報告（その1）」．滋賀大学教育学部附属教育実践総合センター編『パイデイア：滋賀大学教育学部附属教育実践総合センター紀要』21. 45-50.

久保田璨子・窪島務（2013）「最近のドイツのインクルーシブ教育事情——ベルリンとブランデンブルク州ポツダムの現地調査報告（その2）」．滋賀大学教育学部附属教育実践総合センター編『パイデイア：滋賀大学教育学部附属教育実践総合センター紀要』21. 51-58.

Markowetz, R., 2004, Alle Kinder alles lehren! Aber wie ? - Maßnahmen der Inneren Differenzierung und Individualisierung als Aufgabe für Sonderpädagogik und Allgemeine (Integrations-) Pädagogik auf dem Weg zu einer inklusive Didaktik. In: Schnell, I./ Sander, A. (Hrsg.): *Inklusive Pädagogik*. Julius Klinkhard Verlag. Bad Heilbrunn. 167-186.

中山あおい（2013）「PISA 以降のドイツの移民と学力向上政策」．久田敏彦監修・ドイツ教授学研究会編『PISA 後の教育をどうとらえるか——ドイツをとおしてみる』．八千代出版．181-200.

野口明子（1987）「西ドイツの統合教育の現状」．明治学院大学編『明治學院論叢』410. 23-48.

小野擴男（1988）「W. クラフキーの批判的・構成的教授学について」．日本教育方法学会編『教育方法学研究』13. 1-10.

真城知己（2007）「特別な教育的ニーズとは何か」．日本特別ニーズ教育学会編『テキスト特別ニーズ教育』．ミネルヴァ書房．7-13.

Seitz, S., 2008, Zum Umgang mit Heterogenität: inklusive Didaktik. In: Ramseger, J./Wagener, M. (Hrsg.): *Chancenungleichheit in der Grundschule.–Ursachen und Wege aus der Krise*. Schneider Verlag. Hohengehren. 175-178.

高久清吉（1986）「一斉授業の中の個別化——とくに西ドイツの個別化論を参照して」．学校教育研究所編『学校教育研究年報』30. 3-13.

田中紀子（2012）「『異質性（Heterogenität）』をめぐる教授学論議の動向と課題」．広島大学大学院教育研究科編『広島大学大学院教育学研究科紀要　第三部（教育人間科学関連領域）』61. 113-120.

田中康雄（2008）『軽度発達障害——繋がりあって生きる』．金剛出版．

冨永光昭（1991）「西ドイツにおける障害児のインテグレーションの動向——ブレーメンの

学校実験とフォイザーのインテグレーション理論を中心に」．広島大学教育学部編『広島大学教育学部紀要』1(39)．11-21.

安井友康・千賀愛・山本理人（2012）『障害児者の教育と余暇・スポーツ──ドイツの実践に学ぶインクルージョンと地域形成』．明石書店．

吉田成章（2014）「授業の計画可能性に関する一考察──教授学モデルと H. キーパーの授業論を手がかりに」．広島大学大学院教育学研究科編『広島大学大学院教育学研究科紀要第三部（教育人間科学関連領域）』63．31-38.

吉田茂孝（2008）「グラウマン（Olga Graumann）におけるインテグレーションの教授学──オープン授業を中心にして」．高松大学編『高松大学紀要』49．97-111.

吉田茂孝（2013）「インクルーシブ教育からみたスタンダード化の課題」．久田敏彦監修・ドイツ教授学研究会編『PISA 後の教育をどうとらえるか──ドイツをとおしてみる』．八千代出版．167-168.

吉田茂孝・髙木啓（2010）「『異質性』をめぐるドイツ教育学の動向──『個別化』との関係性から」．高松大学編『研究紀要』52・53．201-217.

湯浅恭正（2009）「特別支援教育における授業づくり研究の枠組み」．大阪市立大学大学院文学研究科教育学専修編『教育学論集』35．1-11.

ドイツのインクルーシブ授業を支える子ども観・指導観

1. インクルーシブ授業と子どもの主体性

　第 1 節の教授学的な枠組みからインクルーシブ授業を考察することに続いて，本節では，ドイツにおいてインクルーシブ授業をめぐってどのように子ども観や指導観が問い直されようしているのかを特論的に検討する。

　まず，授業において障害のある子どもを主体な存在として理解し，指導者はどのようなスタンスでこうした子どもとの関係に立つのか，主体論を問い直す。学校・教室でのインクルージョンは，狭義には子ども相互の関係性を問うてきたが，広義には教育的関係における主体論についての考察を必要としている。もちろん，教育的関係一般とインクルーシブ教育が主に対象にしている特別なニーズのある子どもをめぐる主体論とをまったく同一の次元で議論することはできない。しかし，インクルーシブ教育における指導観・子ども観を考察するうえで，あらためて主体論を問い直すことが必要だと考える。

　この問い直しに際して，ここではドイツの動向のすべてに触れることはできない。以下では，現象学を基盤に障害児教育論を探究してきているシュティンケス（Stinkes, U.）──ルートヴィッヒスブルク教育大学・障害児教育学部（ロイトリンゲン）──の所論（Entzug im Bezug oder: Das Verschütten der Asymmerrie der Bildung – eine erste Skizze, In: *Sonderpädagogische Förderung heute*, 3/2012, Ss. 290-304）を手がかりにして検討する。以下，シュティンケスの提起を述べて，それが子ども主体のとらえ方に示唆するものを考察する（▷以下で示した）。

（1）機能主義的主体理解の克服

　まずシュティンケスは，主体の概念を自己決定・自立・強さ・コンピテン

シーと考える傾向に対して，教育は状況に関係なく自己形成やコンピテンシーの形成，生活への適応を考えることはできないとして，主体形成論を論議するための基盤を問いかける。

　▷シュティンケスが示したこの枠組みは，機能主義的に主体論を理解することへの批判である。多様な生活における関係性の中で生きている子どもの状況を視野に入れて主体論を議論することが求められる。

（2）インクルーシブ教育の枠組みをめぐる論点

　シュティンケスは，障害児教育が議論してきた「教育・陶冶」の概念をめぐって，インテグレーション論の時代には，子どもに「一般的なものの習得を目指す」フォイザー（Feuser, G.）らによる基礎的な教育論の構想があり，それが今日のインクルーシブ教育に連続するとする。他方では「現実近接の学校論」としてのヒラー（Hiller, G. G.）らの議論があると指摘している。

　▷ここには，インクルーシブ教育を，基礎的・一般的な教育内容の習得という枠組みで議論するのか，それとも，異質さを前提として，現実の生活に接近する教育内容の習得という枠組みで議論するのかという理論的争点が示されている。それは，異質さを強調するヒラーによる後者の立場はインクルーシブ教育とは相容れないのかという課題を示している。

　そしてシュティンケスは，インクルーシブ教育を議論する枠組みとして，教育的働きかけの位置をも検討している。そこでは，障害児に対して教育不可能論と教育可能論という2つの立場を挙げて，後者は，伝統的なヒューマニズムに立つものであり，また教育することに過剰な要求をする議論になる，さらには障害のある子どもに補償をするという教育論になると指摘する。これに対して，1980年代からは「近さ」「関係」概念による教育的働きかけへのアプローチもなされてきたとする。そしてまた別の議論では，教育の非対称性について，それが教育概念を無造作にコンピテンシー形成に置き換えることになっ

たとし，その文脈によって (1) で指摘した自己決定・自立・強さなどの概念が「つくり上げられるもの」として理解されるようになったとする。

> ▷障害児に対して教育の可能性を軽視したり，教育不可能という議論が転換され，この転換が教育への過剰な力に期待するこのシュティンケスの指摘は，フォイザーらのインクルーシブ教育論の土台にある。インクルーシブ教育は，補償論を枠組みとするのか，また教育的働きかけを子どもとの非対称と考えるのか，それとも主体と主体との対称関係として考えるのかが問われる。

(3) 現実近接の学校構想とインクルーシブ教育

　ヒラーの学校構想について，シュティンケスは，その特徴を次のように整理している。ヒラーは，不利な立場にいる子どもたちのための教育の構想を進めてきた。学校は知識・能力の伝達だけではなく，感情の形成をしつつ学校の活動への参加を促すものとして構想すべきだ。教師は子どもの生活世界に関心を寄せ，子どもへの批判的な同伴者として自らを位置づけるべきだし，大人になっても日常的なパートナーとして継続してコンタクトをもつべきだ。

　ヒラーの批判は，学習困難児が学校を忘れたりするような理念的・人文主義的な教育に向けられる。そこでは，奇妙に減じられた，曖昧な一般陶冶の形式が問われる。つまり，教師にとっての学びの履歴に方向づけられて，子ども・青年に対するリアリティが欠けている。特に非民主的な行動に走る子どもたちの生活スタイルの可能性が理解されず，肯定的に価値づけられていない。

　さらに，普遍的に妥当な要求である教育・陶冶の構想が，社会的に通用するものかどうかも問われるべきだ。いかにして，学校は子どもたちの多様な生活現実に対応できるか。現実の生活では多様な言語だけではなく，多様な文化層が生活しているにもかかわらず，学校は一定の生活様式を要求している。自主性・知性という一定の形式，市民的文化に方向づけられた生活スタイルは，文化帝国主義である。

　こうしたヒラーの論理に対するシュティンケスの評価は，教育の目的として

の自己決定や自己発見の尊重が，ヒューマニスティックな前提になってはならないということ，またブルデュー論，ペスタロッチやフレイレ論が背景にあること，「一般的なもの」「共同」は必要にされないということを特徴づけつつ，生活への適応論の提案が，一定の秩序に入ることに向かうものであることに言及している。つまり，誇りをもって生活への適応を可能にする教育構想という評価になっている。さらに，ヒラーの構想が，教育の非対称性を失うものかどうかについての議論を展開している。つまり，生活現実への近接論は，ユートピア的な理念は失われていくのかという議論である。

　▷シュティンケスによるヒラー論の評価には，インクルーシブ教育が，一般陶冶論に組み込む論理になることへの批判の視点が浮き彫りにされている。そして，自主性等の概念それ自体が悪しき意味でのインクルーシブ教育にすり替えられる可能性をもつことを提起している点も重要である。同時に，ヒラー論が生活への適応をいう以上，共同体への参加は見通していること，そこにおいて不利な立場にいる子どもたちの「誇り」の形成が軸になる点を指摘していることは，共同体への参加とそこにおける当事者性の尊重を示唆するものだといえる。そして，教育は多様性を視野に入れつつ，子どもとの関係では非対称が失われるというものではなく，教育的指導の意義が確認できる。ただ，シュティンケスは，ヒラー論について，生活現実への近接によって，逆に，教育は「意のままにできる」という楽観主義に陥る危険性も指摘し，「存在」論を土台にした教育概念を提起している。インクルーシブ教育の基盤には，多様な生活背景をもつ子どもたちの存在論があり，同時に普遍的な一般陶冶に同化するのではないリアリティのある学びと当事者性に立つ学びが問われていることが示唆される。2人の議論の検討からは，では，こうした学びを軸にしたインクルーシブな共同をどう成立させるのか，あらためて共同論が問われていると考える。

(4)　インクルーシブ教育を推奨する立場への評価

　インクルーシブ教育を推奨するヒンツ（Hinz, A.）の所論については，シュ

ティンケスは，ヒンツが，インテグレーションの枠組みが教育実践の組織形態や特別なニーズに対する付加的な対応に終始していたことを指摘し，インクルージョンは楽観的なインテグレーションになるべきだと指摘していることを紹介している。ここでいう楽観的とは，インクルージョンの教育が，障害児などを限定的に組み込むという発想ではなく，教育科学を横断するものとして，すべての教育の形態を構造的に組織するものであり，分離を否定してトータルで限定されない一貫したインテグレーションの意味をもつというものである。それはサラマンカ声明を土台にしたものでもある。そして，シュティンケスによれば，インクルージョンは，障害児を顧客ではなく，市民として位置づけることだというのがヒンツ論である。社会的ヒューマニズムや参加の理念がインクルージョンには位置づけられる。こうした議論から，インクルーシブな学校は，社会的不平等な社会の中で展開される実践を問題視する。

　▷以上のシュティンケスによるヒンツ論の評価からは，インクルージョンが，すべての教育の形態において対応するものであること，いわゆるホール・スクールア・プローチの視点が前提になることが示唆される。子ども像としての市民形成という点も，単に支援・サービスの対象（顧客）としての障害児ではなく，参加の権利をもつ存在として位置づける意義が確認できる。

　しかし，シュティンケスは，さらに異質性とインクルージョンについても論を展開し，インクルーシブな社会がもつべきビジョンとは，生活しているリアルな関係性を背負うかどうかにあるという。インクルーシブ授業として，多くの子どもが取り残されている授業の問題を指摘したザイツ（Seitz, S.）論を紹介して，異質さや多様性に対応する視点がインクルーシブ教育に正当に位置づけられているかを問いかけている。特に重度の障害児について，インクルーシブ・共同の授業において，こうした子どもたちに必要な「基層」の教育という考え方が取り違えられて，ほとんどが実際的な教育内容になり，個人の生活の意義という視野を欠落させた対応になることへの危惧を指摘している。それは，重度の障害のある子どもの教育論が大切にしてきた蓄積，つまり教育とい

う概念を広げて，「基層」の経験を学校教育の中に橋渡ししていくことが欠落することへの懸念・危惧である。シュティンケスは，こうした子どもとともに，リスクを背負う生活にいる子ども・青年についても言及して，インクルーシブな学校のあり方を問いかけている。つまり，インクルーシブ教育は，改革教育学の視点が社会的関連を問題にはしたが，「何をすべきか」は解明してこなかったことを挙げて，こうしたリスクのある生活にいる子ども・青年に何が必要かを議論すべきだと指摘する。先に指摘されたヒンツによる教育における楽観主義は，こうした子ども・青年とのリアルな関係に立てるのか，インクルーシブ教育の構想は，理念的な人間主義的な構想になる危険性はないのかと警告している。シュティンケスは，「生活に適応する」という構想の対極にあるものにインクルーシブ教育は集中していて，支援が必要な子ども・青年とのリアルな関係に立てるのかを問いかけている。そして，インクルーシブ教育は，教育の非対称性を見落とす危険性があるとまで述べている。

▷「異質性」のある存在の事例として重度の子どもたちやリスクのある生活にいる子ども・青年に注目して，彼らのリアルなニーズに応える教育の構想をインクルーシブ教育はもちうるかを問いかけたシュティンケスの議論は，社会的関係や仲間関係に視点を置きがちな議論を超えて，生活をつくり，生活を送っていくために必要な教育の構想をどう視野に入れるのかを追究するよう要求したものである。形態論の次元だけではなく，異質性の視点から，インクルーシブ授業における必要な支援のあり方を問いかけることが求められる。それは，生活への適応論を否定して，人間主義的な理念にとどめる構想ではなく，生きるリアルな世界をともに探究する教育構想だといえる。それは対称関係に見えるが，そうではなく，ともに生活をつくるための教育内容・方法を構想することのできる教育的関係——非対称——の視点を指導する側にいっそう求めることになる。その意味で非対称関係が基本となる。非対称関係を基本にした相互主体的関係の提起だともいえよう。

(5) 過程としてのインクルーシブ教育

　以上の議論をふまえてシュティンケスは，これまで指摘してきた2つの典型的な議論に言及する。つまり，教育が社会的な不平等を再生産するという視点から，子どものコンピテンツを生活に方向づけられたものに広げていくという「現実近接の教育」である。この点は先に触れた。他方では，教育をヒューマニズムによって，子どもと社会・平等の意味においてふさわしい道徳的なものに導いていくという「インクルーシブ教育」である。さらに双方を特徴づけて，前者は，知識やコンピテンシー・質の機能に注目した教育，つまりは「現実近接の教育」，後者は，ヒューマニスティックな像を基本とした自立した人間と社会との関係を考える教育，つまり，「一般的なものに方向づけられた教育」である。

　シュティンケスが問いかけてきた「対称関係」については，双方は正反対になるという。しかし，立場の相違はあっても，教育の非対称関係は双方に埋め込まれているという。

　▷ここでの議論から，2つの立場は異なっているように見えても，力点は指導する側の意図と構想に置かれていることが明らかになる。特にインクルーシブ教育の場合には，異質性を徹底して検証することによって，どのような社会で生きていくのか，その力の形成を基盤に据えた教育を構想しようとするからである。

　シュティンケスは，さらに個人と社会との関係についての枠組みにも触れて，「現実近接の教育論」には，個々人があることや，共同—共通への着目は薄いという。他方のインクルーシブ教育は，一般的なものを所有している自己決定ができる自立した個人が想定されているという。子どもは社会化される存在であり，同時に自己を発達させていくという基本を指摘しつつ，現象学的立場から，シュティンケスは，一般的なものといっても身体をもって生きている主体としての子どもの存在は無視できないし，一般的なものといってもそれは自然なヒューマニスティックな前提から生まれるものではなく，教育と力と

を編み上げていくところに意義があると指摘する。結語としてシュティンケス
は，インクルーシブ教育・教授学は，はじめからあるのではなく，子どもが生
きているリアルな関係に注目し，かつ，一般的なものという水準を批判的に省
察することが必要だと述べている。

　▷2つの立場の比較を通しつつ，とりわけインクルーシブ教育については，
　　はじめから目指すべき一般的な方向が決定されているというのではなく，
　　何を目指してのインクルーシブ教育なのかを省察する過程に意義があるこ
　　とが強調されている。過程としてのインクルージョン論はこの間，インク
　　ルーシブ教育論で提起されてきた原則であり，この原則をあらためて確認
　　することができる。

2.　インクルーシブ教育とスタンダード論

　ドイツ内外を問わず，教育の標準化・スタンダード化は今日の教育論を席捲
する課題になっている。インクルーシブ授業の目指す学校のあり方を考えるう
えで，教育のスタンダード化をどうとらえるかは，重要な課題となる。以下で
も，上述のシュティンケスによる所論（›Gute Bildung‹ in ›guten Schulen‹? Kritische
Reflexionen zu »Standards der sonderpädagogischen Förderung« In: *Sonderpädagogische
Förderung heute.* 3/2008, Ss. 257-276）を手がかりにして，スタンダード化の動向か
らインクルーシブ授業の基盤である指導観・子ども観に示唆する論点を検討す
る（▷以下で示した）。

(1)　スタンダード化の背景にあるもの

　まずシュティンケスはスタンダード化の背景にある論議を展開する。そこで
は，コンピテンシーの形成を志向する教育モデルがいう「より高い教育の質を
保障する，そして子どもたちに自由を保障する」という枠組みについて，それ
が「よい学校」のモデルにされているとする。そこには，企業経済の論理・費

用対効果の論理が根付いていると指摘する。そして，こうした企業経済の理念がかくも教育の間に展開するのはなぜか，教育における一般陶冶の考え方が計測可能なコンピテンシーに押しつぶされるのかという問いかけを展開している。

> ▷スタンダード化の背景として日本でも指摘されている問いかけがなされ，そもそも陶冶―教育の論理とは何かについてあらためて問い返すスタンスが求められている。

シュティンケスは，ドイツの教育政策へのクラフキー（Klafki, W.）による批判に依拠して，「効果のある学校」論を問題視し，学校は子どもたちに何を創造するかを問わず，基礎的なスキル形成に傾斜する学校への批判を展開する。こうした「効果のある学校」論が登場する背景としては，公的保護，社会福祉の低下，生涯にわたる学習，自助，国家の後退ではなく，統制の拡大，啓蒙やサービスの対象としての市民といった基本的な施策が位置づけられていると指摘する。そして，エンパワメント論が，その本来の意味の「解放」ではなく，利害関係に絡め取られているとし，「自立・参加・自己決定」といった視点が，今日の「効果のある学校」へのアンチテーゼとはならず，学校教育に組み込まれ，子どもの将来を準備する視点として活用されるとする。

> ▷子どもの人格的自立を支援する立場の概念としての参加や自己決定が一定のバイアスをもつのであり，エンパワメントの論理さえも一定の文脈で解釈される。子ども観の前提の議論として注視すべき論点だといえる。

以上の論点から，シュティンケスは，「力の論理」が支配する世界では，個性を尊重するといっても，それが歪曲された管理の実践に利用され，人間とシステムは「企画」の中でとらえられることになるとする。そして，子どもを観察し所見を出すことと，子ども観とが取り違えられて，子どもたちの要求・願い・夢といったことが調査され，所見として示される。そこでは，子どもの資源と特性が役立てられ，弱さを明るみに出して，目指すべき方向に向かって，

その弱さを克服することが求められていくという。そして，教師の間においても，互いに観察し，評価し，報告し合うようになる。そこでは，開かれた民主的コミュニケーションといいつつ，それは専門的な義務感に変質すると警告する。学校全体が評価の文化に染まっていくからである。

　▷子どもを資源・人材ととらえ，子ども観を確立するのではなく，子どもは調査の対象・使用すべき目的に従属する対象にされてしまう。この思考形式では，特別なニーズのある子どもを排除するか，適宜利用するに値する価値として値踏みされることになろう。そして，教師の互いの成長と子どもの見方の変化を確かめ合うといった学校文化ではなく，評価のための学校に陥ると指摘している点は，日本の特別ニーズ教育においても共通する論点として重要である。

(2)　インクルーシブ教育と陶冶論

　シュティンケスは，以上の背景から，さらに能力・スタンダード・陶冶を同列で設定することの問題点に切り込む。そこでは，PISA やグローバリズム論などの一連の改革の動向は，障害児教育の視点からすると，学校教育が総じて卒業後の生活の準備に向けられる。そして，コンピテンツ形成と教育・陶冶との関係に踏み込み，グルーシュカ（Gruschka, A.）論に依拠して，教育・陶冶はコンピテンツの形成と同一視してはならないと指摘する。

　シュティンケスは，スタンダード論に関わって，それがある種の知の「聖列化」であり，学習は中心点に向かって動かされ，主体形成は，主体の意味の深化ではなく，主体が変化したかどうか，機能的に動けるかどうかで判断されるという。真の意味での自己決定は存在しないという。

　それでは，教育・陶冶をどう位置づけるのか。現象学的立場からシュティンケスは，学習を教師と子どもとの共同の構成によって達成していく営みだとし，知識の要素やコンピテンツを統合していくという個人の中に生ずる直線的な過程ではないとする。そして，コンピテンシーといっても，それは常に他者との関係を必要としているという。にもかかわらず，障害児の教育でも，個人

のコンピテンシーの有用性は，交換価値への使用価値で判断される傾向にあった。

　　▷スタンダード化論に立つコンピテンシー形成が，主体の意味の変化という人格的発達と不可分の学びではなく，主体の変化にのみ注目しているというシュティンケスの指摘は，学習の共同化を省察する鍵となる。むろん，コンピテンシー形成論も，集団の意義は説いているが，そこでの他者の位置づけとスティンクス論が示唆する他者とは質が異なっている。特に障害のある子どもにとっての他者の位置づけをあらためて問い直すことが必要である。

　シュティンケスは，さらにコンピテンシー，スタンダード，教育を同列に扱う問題を障害の課題に即して展開する。つまり，知的障害者の教育不可能論と，一般陶冶に連続するという2つの議論の間に，こうした3つの論はあるからだという。

　　▷この点は，先にインクルーシブ教育の論点として指摘したものと重なる。

(3) 子どもの存在からインクルーシブ授業を問い直す

　以上の論点から，まとめとして，シュティンケスは，あらためて教育を市場化することの問題点を指摘し，今日の教育政策が，教育の概念を経済・機能主義的に解釈することに向かっていることを批判する。そこでは，個人の存在と，あるべき理念とが固定化してとらえられ，それぞれが断片的に理解される。その視点から成長や成熟としての発達・自己決定や自己形成としての成長・発達が意味づけられるという。目に見えるかぎりでの個人や理念という視点に立った障害者への対応では，依存や信頼・他者・応答性・相互主体性等の視点は重視されない。教育概念は，依存・信頼・応答性と結びつくことがポイントになるとする。そして，和解・調和的なアイデンティティに導かれた教育・陶冶がよりいっそう特徴づけられるべきだとする。今日の教育では，豊か

さを機能的に追い求めることに終始し，それが人間主義的な伝統への接近だと
理解されているが，そのことを前提にして子どもたちに未来の問題解決に資す
る教育を進める立場が教育の議論を混乱させていることに気づいてはいないと
する。

　▷インクルーシブ教育の方向として，シュティンケスが批判する教育概念の
　　ように，市場原理に囚われた方向に誘う立場からではなく，子どもたちの
　　存在を他者・応答論の中で議論する視点が鮮明に示されている。そこには
　　シュティンケスの理論的立場が反映されているが，こうした視点が，一般
　　陶冶という名のもとに特別なニーズのある子どもをあるべき理念に向かわ
　　せるという意味でのインクルーシブ教育への対抗軸になるという点で示唆
　　的である。教育への批評を身体論的・現象学的に再生することを志向する
　　シュティンケスによれば，依存しないこと・能力・能動性・強さ・独立と
　　いう点が生活における主要な役割ではなく，破れていること・傷を負って
　　いること・信頼されていることが中心になるべきだ。

　フーコーやブルデュー論を基盤にした力概念の批評も展開するシュティンケ
ス論が，ヒラーらの現実接近の教育論を視野に入れたインクルーシブ教育にど
う結びついていくのか，教育実践論としては，当然，能力形成等は不可欠の要
素だけに，スタンダード批判の視点としての現象学からの接近のもつ有効性を
どう引き取るかが問われている。
　以上，主にシュティンケスの議論に依拠して，インクルーシブ授業に関す
る子ども観・指導観に求められる軸を考察してきた。障害に特化するのではな
く，広く貧困とインクルーシブ教育の関連を問うているのが今日のドイツの
動向でもある。シュティンケスと同じ大学に所属するヴァイス（Weiß, H.）も，
市民的・中産階層に視点を置いた教育の構想に対して，複雑化している日常を
生きる生活問題に対応できる教育の構想の意義を強調している（Kinder in Armt
− eine herausförderung inklusiver Bildung und Erziehung. In: *Sonderpädagogishe Förderung
heute*. 01/2010, Ss. 7-27）。そこでもヒラー論を土台にして，またハイムレッヒ
（Heimlich, U.）の「貧困の学校」構想にも言及してこれからのインクルーシブ教

育の方向が展望されている。インクルーシブ授業を支える学校構想についての
ドイツの理論の検討が待たれる。

3. インクルーシブ授業と共同の論理

　インクルーシブ教育とその授業論は，共同論の探究を重要な課題にして
いる。ここではドイツにおける研究動向の 1 つとしてプレンゲル（Prengel,
A.: Humane entwicklungs-und leistungsförderliche Strukturen im inklusiven Unterricht. In:
Moser, V.（Hrsg.）: *Die inklusive Schule, Kohlhammer.* 2012, Ss. 175-183）による所
論を取り上げて，共同論を考察する論点を検討していく。プレンゲルは，現代
のドイツの教育学において差異論を積極的に探究している代表的な論者の 1 人
である。

　プレンゲルは，統合教育とインクルーシブ教育の関連から説き起こして，次
のように指摘している（Prengel, 175-176）。

　20 世紀の教育の課題として統合教育の学校論の探究はあった。そこでは，
異質な集団での共同授業を通して子どもの人格的・社会的・認識的発達の支援
のあり方が問われた。それに対してインクルーシブ授業の出発点は，すべての
子どもの出席を確保することであった。そこでは，制度的な次元で学校の共同
の過程は求められたが，インクルーシブ授業のための十分な条件は揃ってはい
なかった。1970 年代には，どんな場合でも統合のクラスで共同が実現できた
のではなく，統合教育学の構想に反して，分離が進み，それが批判の的となっ
た。この誤ったスタンスを克服するために，インクルージョンという概念が議
論され出したのである。

　このように，プレンゲルは統合論が分離を内包していることを批判し，イン
クルーシブ教育は，こうした思考形式を克服する論理を示していると指摘す
る。同化と分離の関係がインクルーシブ教育の基軸となる論点である。このこ
とを土台にして，プレンゲルは，異質な集団における共同授業のための 7 つの
テーゼを提起している。

（1）責任を果たす応答的な教師—子ども関係
（2）相互に尊敬するピア的関係
（3）分化した教授学—スタンダード化と子どものニーズ
（4）分化が可能な教材
（5）学習についての自己評価とピア評価
（6）多視点的な達成概念
（7）多様な専門チームによる共同

　ただし，プレンゲルによれば，このテーゼはパラドキシカルであり，現代社会の教育システムが抱える問題，そして教育的スタンダード論との矛盾を抱えており，教育の質保障と選別との関連が問われている。また，このテーゼは学校の現実の実際を描ききるというものではない。そのためにこのテーゼは，方向づけとなる最大公約数的なものとして見るべきである。
　以下では，各テーゼに沿ってインクルーシブ授業と共同論に示唆するものを検討する（▷以下で示した）。

（1）責任を果たす応答的な教師——子ども関係 (Prengel, 176)

　第一のテーゼは，「インクルーシブ授業は，責任を果たす応答的な教師—子ども関係に基礎づけられる」というものである。プレンゲルは以下のようにいう（Prengel, 176-177）。

　人間的な関係は，あらゆる子どもの年齢の社会的な活動の基礎であり，それによって学校の学習は構成されていく。多くの研究が明らかにしているように，教育的関係の質は，子どもの多方面の発達に作用する。それを基礎づけるものには発達心理学等の関連科学がある。いろいろな年齢の活動において，教師と生徒との関係は存在論的な作用をするのだし，また学習を可能にし，保護もする。この関係は，信頼に満ちた責任ある関係をもたらす。教師のすぐれた専門的な行為は，応答性によって特徴づけられる。つまり，他者性を体験し，聴き取り，認識し，理解することである。

　インクルーシブ授業が成功するのは，教師たちが異質な学習集団のすべての構成員との良好な関係を集中的に築くときだ。それによって子どもへの認識と理解が確かなものになるし，子どもを否定的に見てしまう誤りがなくなっていく。しかし，こうした良好な関係への要求は，個々の子どもが教師をイライラさせるときにはうまくはいかない。というのは，個々の子どもは教師に共感しないし，妨げたりするからだ。こうした行動は，情緒的・社会的な発達に課題をもつ子どもには珍しくはない。そこには家庭的な課題を抱えた子どもも少なくはないし，トラウマ的な教育体験をしている子どももいる。福祉的な関係での専門的な施設での対応も示唆される。

　教師にとって，学校での共同構成者としての関係をつくることが，インクルーシブな学校の構想を発展させるためにも求められる。教師は，儀礼を大切にしつつ，友好的に「こんにちは」「さようなら」といった挨拶をする関係，そしてまた別れをするといった関係を継続的に示さなくてはならない。応答的な関係がなかなかつくれないときには，専門的な共同や助言が必要とされる。

　大切なことは，よい専門的な関係は，大げさに子どもたちを受け入れるということではない。関係における信頼は，教育者が，子ども・青年に期待し，そして他者として交わりを結ぶことである。

　▷ここでのプレンゲルの論点は，授業づくりの基盤として，福祉的な関係も視野に入れて応答性・他者性という課題をもとに子どもとの関係をどう築くかにある。存在論の次元からインクルーシブ授業を把握する論点は，日本の論点と共通するものとして注目される。

(2) 相互に尊敬するピア的関係 (Prengel, 177)

　第二のテーゼは，「インクルーシブ授業は，相互に尊敬するピア的関係を育む」というものである。プレンゲルは以下のようにいう。

　ピア的関係の意義については，すでに学齢期の早い段階での授業において示されてきた。盛んに議論されてきたのは，学校で子どもたちの間の分離が支配

するということは，同じ年齢の子どもとの本質的な体験や学習の可能性を不可能にするということだ。インクルーシブ授業は，ピア的集団の形成を課題にしている。

インクルーシブ授業の大切な要素は，教師がクラスにおいて継続的に自己肯定感と他者の承認とを育てていくことである。それは，クラスのルールや儀式をめぐって葛藤の場面で円卓の対話をもったりすることを通してである。それとともに，共同的な遊びの活動が大切になる。言葉や身体による攻撃的な態度は，無視できない。第一のテーゼにある交わりの形成が大切となる。困難な場合には罰もあるが，不利益や，スティグマを押すことにならない視点が必要である。

▷ここでのプレンゲルの提起は，特に学齢期のはじめの段階において求められる課題である。遊び活動などの少年期的課題の意義，さらに葛藤場面を通した対話など，学級づくりで重視してきた論点が基本として提起され，インクルーシブ授業の基盤になろう。

（3）分化した教授学――スタンダード化と子どものニーズ
　　　（Prengel, 177-178）

第三のテーゼは，「インクルーシブ授業は，分化を意識した教授学を含んでいる。それは，個人に適した発達の段階に方向づけられたスタンダードや子ども・青年が抱くテーマに開かれたものと結びついている」というものである。プレンゲルは以下のようにいう。

インクルーシブ授業の教授学的な構造には，2つの基本に方向づけられた原理がある。いわば2つの立脚点である。つまり，大人が示した教育スタンダードへの方向づけと，子ども・青年の関心やテーマへの方向づけという2つである。拘束力のある教育的スタンダードである一方で，それはいろいろな時代に応じて達成すべき目標に関係するものである。他方では，子ども・青年の抱くテーマや関心に応ずるような自由な空間を授業は切り開いていくことでもあ

る。

　異質な学習集団による教授学は，目標が分化した学習を可能にするが，それは自由活動を通してである。この自由活動は，週や日々の計画，病院での計画も含んでいる。そこでは，教科を超えた，そしてまた教科に関連したプロジェクトが計画される。こうした開かれた教授学は，子どもが個人的な，そしてまた集団的なテーマや関心を設定して教材を探究する。そこでは教師は支援を行う。

　こうした教授学が提供する自由活動に関して，特別なニーズのある子どもは，基本的な知識・技能の習得の機会を与えられている。その際，異質な学習集団での教授学は，よくある一元的な教育スタンダードをミニマムなそれとして要求するものではない。個人に適した教育的スタンダードは，インクルーシブ授業にとっては領域に特化した段階モデルに依拠している。たとえば，書く力，数学的な学習である。こうした段階モデルでは，確かに子どもは身につけてこなかった習得過程のために十分な達成を得ることは難しい。しかし，それだけに，教師には，個人に適した教育内容を提供できるし，確保することができるのだ。それは，いわゆる子どもの「最近接領域」に沿って行われる。段階モデルは，分化した学習に適しているとはいえ，同一の学習という教授学をも提供してくれるという構造をもつのだ。つまり同じ教科の系列にあっても，段階的に区別された学習目標を立てていくという構造だ。読み・書き・計算が結びついているというように。個々の生徒は，多様な能力の段階にあり，個人にとって近い段階を目指すべきであり，また学習のテンポもそのようになされるべきである。教師は，中心的な知識・技能の獲得に向けて，生徒個人にとって可能性のある達成を目指す。こうしたことが，個人に適した教育的スタンダードであり，段階モデルの構造である。

　インクルーシブ授業を始めようとする教師，そして同じ教育課程のあらゆる構造を確かなものにしようとする教師は，内的な分化の構造に依拠しなくてはならない。

　▷ここでは，スタンダードやミニマムな教育内容の視点と，子どものニーズとの関係が問われている。しかし，プレンゲルの重点は，あくまでも個々

の子どものニーズ論を軸に展開されている。教科を超えた自由な活動形態をとりつつも，ニーズに即した学習の成果を段階的に指導するという構想である。ここでいう自由な，教科を超えたという意味がインクルーシブ授業の手段の次元なのかどうか，段階的な学習指導というニーズ論が共同論とどう関連するのかどうかは曖昧にされている。

（4）分化が可能な教材 (Prengel, 179)

　第四のテーゼは，「インクルーシブ授業においては，分化することが可能になるような教材が提供される」というものである。ブレンゲルは以下のようにいう。

　異質な学習集団という分化した教授学は，教材についてもリアルなものでなくてはならない。子どもが個人として活動できるようにするためである。多面的なそして十分な学習の開始を提供することは，内的な分化にとっての条件となる。異質な能力をもつ子どもは一斉の教授活動での同じ学習活動は困難になる。そこで，授業の側面を個人・パートナー・集団というように区分しなくてはならないのだ。

　教材の提供は，第三のテーゼで説明した原理に方向づけられる。特に学習の中心的な領域である「書き言葉の習得」や「数学」の学習においては，教材を体系的に選択することが求められる。一方で，子どもと青年たちの抱くテーマや関心については，創造的な学習過程を必要とするため，それを支える広い教材や媒介となるものの設定が不可欠になる。

　子どもにとって広い環境や周囲との関係を構成することは授業にとって意義深い。というのは，子どもを支配しようとする学習活動では，機械的な学習に陥る危険性があるからだ。インクルーシブ授業を多面的に構成するためには，音楽の媒介，コンピューター，劇場的なそして自然科学の実験といった空間の構成，生物・遊びや運動の道具，遠足やプロジェクトといった教育の空間をどう創造するかが課題である。

▷プレンゲルのこの論点は，系統的な学習においては内的な分化論，そして子どもの関心に沿った学習は創造的にという二元的な理解が示されている。第三のテーゼとも関わって，ドイツにおけるインクルーシブ授業論が抱える基本的な思考形式の課題だといえよう。

(5) 学習についての自己評価とピア評価（Prengel, 179-180）

第五のテーゼは，「インクルーシブ授業は，教育的な診断を実行することである。それは学習についての自己評価やピア評価と結びつく」というものである。プレンゲルは以下のようにいう。

インクルーシブ授業の教授学は，継続的な教育的診断に依拠している。個々人の学習にとってふさわしい教育内容を提供することを現実のものにしなくてはならないからだ。そして，教師は子どもの学習の出発点についての情報をもたなくてはならないからだ。教育的診断においては，同年齢の生徒との学習の結果の比較ということが課題ではなく，むしろ大切なのは，教授学的診断である。そのためには，日常の教師の活動を最大限に高めていくために子どもの学習を形成的に分析することと評価することが課題となる。そのことによって，今教師はどのようなことに努力しなくてはならないのか，その目標が教師にも子どもにも精緻に明らかになるからだ。その際に，学習過程の段階モデルが助けとなる。子どもにとっての発達の最近接領域が明確になるからだ。この視点は，統合教育においても当初から指摘されてきたものである。つまり，「すべての子どもはその発達の段階において力を発揮できるのだ」という認識である。この視点は，あらゆる子どもに必要だが，障害のある子どもにとってはなおさら必要である。こうした方向を意識することは，異質な学習集団においてすべての子ども・青年を理解するとともに，達成できる力を適切に分析することに貢献する。それに対して，欠陥に特に視点を置いた診断では，発達の最近接領域に関する視点は欠けていく。形成的な評価の要素として大切なのは，自己評価とピア評価である。子どもは学習過程を振り返り，仲間との作用によって自分の目標を立ていくことになる。

▷このプレンゲルの論点からは，個々人の達成の診断―評価論が軸になって
インクルーシブ授業を展開する意義が示唆される。「欠陥に視点を置いた
診断」が克服されようとしている点は評価できるが，最近接の領域の段階
を子どもが自己評価する力をどう形成していくのか，つまりピア評価の力
の形成をどうしていくのか，その指導論の検討が求められよう。

(6) 多視点的な達成概念 (Prengel, 180-181)

　第六のテーゼは，「インクルーシブ授業は，多視点的な達成概念を用いる」
というものである。プレンゲルは以下のようにいう。

　子どもの達成を評価する形式は，関係規範的理論においてなされるべきもの
である。インクルーシブ教育学が注目するのは，まず個人の関係規範だ。つま
り個人の中での学習の前後を比較することである。インクルーシブ授業におい
ては，その際，達成の解釈で他の関係規範を無視することはできない。基準的
な関係規範では，領域に固有な段階モデルに従った達成の事実が取り上げられ
ることになる。その際，達成のよいところと弱いところを教師と子どもは意識
し，それがインクルーシブ授業におけるコミュニケーションの文化になる。つ
まり，尊敬していくのか，それとも境界づけ，排除していくのかだ。この意味
で，インクルーシブ教育学は，社会・比較的な関係規範からは解放されはしな
いのだ。というのは，統合教育は，生徒をその達成如何に関係なく，しばしば
弱い存在とみなしがちだからだ。この立場がインクルーシブ教育学には異論の
あるところなのだ。ただ，それでも合意できるのは，統合教育においても絶対
的な要求を掲げることや達成の原理を破壊するような立場とは対立していると
いう点である。
　多視点的な達成の概念は，達成のヒエラルキーをなくすことなく，子どもた
ちを理解しようとする点に特徴がある。つまり，次のような達成解釈の視野を
もつのだ。インクルーシブ授業において，達成を判断する際の基礎は，子ども
たちの背景となるものを詮索するということではない。というのも，こうした
子どもたちは，落第や他の学校への転校によって分離されてはならないから

だ。だから，個人の，また基準による関係規範に注目することによって，個々の子どもの達成や達成の発達を理解することができるのだ。もしこうしたことを基礎にして社会—比較的な関係規範が主題となれば，学校において，子どもたちは，達成のヒエラルキーが消え去るなどということを体験することはない。

　　▷子どもの達成について，多視点とヒエラルキーを前提にしているのがプレンゲルの論理である。しかし，それが排除にならずにインクルーシブな世界に展開するという論理を立てているが，その根拠となっているのが関係規範という視点である。ここでの「関係規範」がどのような政治性をもつのか，そこに共同と差異の関係を解明する論点がある。

（7）多様な専門チームによる共同 (Prengel, 181)

　第七のテーゼは，「インクルーシブ授業においては，多視点的な専門的チームによる共同が必要である」というものである。プレンゲルは以下のようにいう。

　ここでいう共同とは，学校教育学・教科教授学・特別ニーズ教育学・社会教育学の共同である。異質な学習集団に対する責任の事例を示そう。多くの教材がチームによって構想され，また活用される。学級での個々の子どもや集団の状況が共同で省察されることになる。個人にふさわしい授業においても，日々の観察という課題，また教育的診断や学習の支援の課題がより多くの関係者によって判断される。特別ニーズ教育学で蓄積された個別の力は，障害に固有なノウハウを豊かにし，チームにおいて広められていく。
　すべての人の関与においては，合理的なチームでの会話や助言等が，共同の教育的行為のための前提である。こうした行為が，危機・混乱・葛藤を避けていくために寄与する。視野が広がり，新しい行為を構想するための立場に開かれていくからだ。チームによる共同は，インクルーシブ授業のための本質的な資源である。しかし，共同のためのパートナーになるためには葛藤がつきも

のであり，自身で危機を乗り越えることが求められる。そのための助言という
テーマも見逃すことはできない。

　こうして指摘してきたインクルーシブ授業の要素は，インクルーシブ教育を
促進する学校の発展・資源の確保・教育政策に組み込まれなくてはならない。
挙げてきたテーゼは，実験として理解すべきものである。つまり，個人への方
向づけと，達成への方向づけの間にある分裂を克服するという実験である。そ
れは人間的としての発達支援と達成を支援する授業を支え，そのための構造を
浮き彫りにしていくための実験である。

> ▷プレンゲルは，第七の視点を提起し，関係者・専門家の共同を強調し，し
> かも，そこにおける葛藤とそれへの支援など，共同論の軸を端的に示して
> いる。最後に総括してプレンゲルは，個人のニーズへの方向と達成という
> 方向の関係を問いかけているが，そこに共同―関係規範がどう組み込まれ
> ていくのかの検討が求められていると考える。

　なおドイツにおけるインクルーシブ教育と共同論は多岐にわたり，本節で
すべてを検討することはできない。その中で，たとえばライプニッツ大学に
おける研究の成果（Werning, R./ Arndt, A-K.（Hrsg.）: *Inklusion: Kooperation und
Unterrichtentwickeln.* Klinkhardt, 2013）でも共同論が提起されている。アビッ
チ－ヴェルニンク（Avci-Werning, M.）・ランプフェン（Lanphen, J.）による提起
（Inklusion und kooperative Lernen, Ss. 150-175）は，インクルーシブ学校と共同の枠
組みを示したものである。そこでは，インクルーシブ教育の5つの要素が示さ
れ，○インクルーシブ教育は共同を通して肯定的な異存関係を創造すること，
○しかし，個人の責任も問いかけることが課題となること，○相互援助などの
コミュニケーションがとれるような空間の配慮がなされること，○社会的な能
力の訓練が課題となること，○集団における省察ができること，という内容と
なっている。

　個人の立ち位置を鮮明にしつつ，合理的配慮論や肯定的な関係性の構築な
ど，インクルーシブ教育の基本的観点が示されているといえる。集団における
省察論は，生活と学習の中で子どもたちが自分たちの集団の状況をどのように

省察し，総括するかという自治の視点につながる論点として注目される。インクルーシブ教育の目標については，○動機の形成，○集団による学習内容のあり方，○社会的学習の促進，・他者との出会いが掲げられているが，これはごく一般的な指摘にとどまっている。集団論の提起もされてはいるものの，たとえば「接触によって偏見を除去する」といったごく一般的な議論が展開されているにすぎない。

　その中で特筆すべきは，教師論に注目し，「相互作用のマネージャーとしての教師の力量」が提起されていることである。インクルーシブ学校においては，学級という枠を超えて，促進教育に貢献する教師の力が必要であるという指摘がなされている。コーエン（Cohen, E. G.）論にも依拠しつつ，知識を伝達する教師から，子ども間の「相互作用のマネージャー」としての教師の役割が提起され，対話の力や相互の応答を引き出す力が重要視されている。

　「学級を超えて」という指摘のように，インクルーシブ学校が，同一集団への同化に傾斜するのではなく，多様な集団を構想しつつ，子ども同士が相互作用を展開しうるような場をどう創造するのか，そこに必要な対話の力量が強調されている。この点は，日本のインクルーシブ学校における共同論に示唆される視点として注目したい。

第 10 章

ドイツにおけるインクルーシブ学校の実践展開

第 1 節

ザクセン州におけるインクルーシブ教育に向けた実践の展開

1. はじめに

2014 年 9 月 15 日にザクセン州の教育省（聞き取りを行ったのは，アンケ・カーン氏：ライプツィヒのすべての公立学校，公立以外の教育機関の担当，クライシュミット氏：小学校と促進学校（Förderschule）の責任者〈以前は，促進学校の校長代理〉）および Carl-von-Linné-Schule - Grundschule der Stadt Leipzig（以下，Carl-von-Linné-Schule：なお聞き取りを行ったのは，学校長のヘンデル〈Schulleiterin Frau Händel〉氏）で行った聞き取りから，（1）ザクセン州におけるインクルーシブ教育の現状，インテグレーションとインクルージョン，学力保障の問題（ザクセン州の教育省での聞き取りから），（2）ザクセン州の学校におけるインクルーシブ教育推進の現状（Carl-von-Linné-Schule での聞き取りから），（3）教育省と学校の実践を通して見えてくる，ザクセン州におけるインクルーシブ教育の到達点と課題について報告したい。

2. ザクセン州におけるインクルーシブ教育の現状

ザクセン州の学校数は，基礎学校 166 校，促進学校 34 校，私立学校 23 校であり，その他の上級学校，ギムナジウム，職業訓練学校を含むすべての学校（公立 304 校）を教育省が専門的にサポートしている。なお，ザクセン州のライプツィヒ市内の促進学校には，校区ごとに 13 名の担当者が配置されている。

こうした現状の中，ザクセン州ではインクルージョンがどのくらい進んでいるのであろうか。そもそも，ドイツでは，2009 年の障害者権利条約批准後，インクルーシブ教育は教育政策に位置づけられ，各州に任されている。ザクセ

ン州では，学校法第4条第20項において「インクルージョンの方策」を遵守する方向性で進めている。ザクセン州の特徴は，促進学校の存続という方針をとったことである。促進学校をなくしていく州もある中，州として促進学校の存続という方針をとったことにより，批判も生じている。たとえば，障害者権利条約の定める「1つの学校がすべての子どもにとって有効である」こととの矛盾などが指摘されることが挙げられる。また，基礎学校（1〜4年生）はすべての子どもが一緒に学ぶことができるようになっており（＝インクルージョンのプログラム），基礎学校の中にサポートプログラムを取り入れている。基礎学校4年生までのインクルージョンのプログラム終了後には促進学校に行かなくてはならないという問題が，今日の議論の対象となっている。なお，促進学校は，基礎学校または上級学校のカリキュラムに従った学習プランを採用しているが，学習サポートを特に重視している。

　このようにして促進学校を存続させる一方で，学習障害や知的障害の子どもが一緒に上級学校に行けるようにする試みを始めている（68.Schule - Oberschule der Stadt Leipzig，それ以外にザクセン州では2校ある。なお，68.Schule - Oberschule der Stadt Leipzig については，本章第2節において報告している）。本節で取り上げる Carl-von-Linné-Schule は 2012 年以来，学校改革を進めている。

3.　インテグレーションとインクルージョン

　世界的な動向として，「インクルージョン」という言葉が普及し，主流となっているが，ザクセン州では，「インテグレーション」が使われている。学問的なレベルではインテグレーションとインクルージョンの定義には違いが見られるが，ザクセン州の実践現場ではインクルージョンという言葉はあまり使われていないとのことであった。この理由として，インクルージョンという目的に到達していないという認識や，モデルとなるプロジェクトを行っている学校でも，まだインクルージョンには到達していないという自覚があるからではないかと考えられている。というのも，特別な促進を必要とするすべての子どもが統合される（できる）という条件が整って初めてインクルージョンといえ

るものだと考えられているからである。

　実際，インクルージョンへ向けて実践される中で，たとえば「どの科目を一緒に学ぶのか」など難しい決断を迫られることが挙げられる。ザクセン州では，上級学校の教師も促進学校の教師も，インクルージョンを経験していないため，どのような学習プランを立てればよいのかわからない。基礎学校では比較的うまくいったと考えられているようだが，学習科目の増える上級学校ではどうすればよいか。たとえば，「科目ごとに教師を変えたほうがよいのか」，準備期間中に「どのような科目で，1週間にどのくらい，インクルージョンのコースですればよいか」といった議論を行った。その結果，まず，すべての教科でインクルージョンを行うという結論に至った。ここでのインクルージョンは，すべての子どもが，まったく同じことをずっとやっているという意味ではない。グループワークを取り入れる，一人ひとりの子どもに教師がつくなどの工夫を行うということである。また，2つの教室に挟まれる形でインクルージョンルーム（共同ルーム）を設置していた。

　ただし，ザクセン州のインクルージョンの推進の中には，課題も指摘されている。たとえば，将来，ギムナジウムに進学する子どもたちと職業学校に進学する子どもたちが一緒に学ぶこと，つまり，進路をめぐって子どもたちには葛藤が存在するのである。たとえば，支援を受ける子どもたちがインクルージョン学校を卒業した場合，基幹学校（Hauptschule）の卒業資格を習得することにはならない。これに対して，言語支援の促進学校を卒業した場合は，たいてい，基幹学校の卒業資格を取得することができる。他にも，「なぜ，このような行動上の問題（障害）のある子どもが自分の子どもと同じ学級で学んでいるのか」「自分の子どもは，そのために学習しにくくなった」「なぜ，促進学校に行かせないのか」など，保護者同士の葛藤も存在するのである。

　このようにザクセン州では，インテグレーションからインクルージョンへ向けた改革において，促進学校を存続させる方針である。確かに促進学校を存続させる意義は，1994年の「特別なニーズ教育に関するサラマンカ声明と行動大綱」で確認されているが，ザクセン州以外の州では多くの場合，促進学校をなくしていく傾向にある。そのため，ザクセン州の促進学校へ通学させるためにザクセン州へ引っ越してくる家族の存在も確認されている。

4.　学力保障の問題

　インクルージョンを推進する中で注目しなければならないのが，学力保障の問題である。ザクセン州では，どのように学力を保障しようとしているのか。当然，学力保障はとても難しい問題であり，聞き取り当時では，上級学校での状況についてデータを集めている段階であった。基礎学校では 15 名の子どもと 7 ～ 8 名の促進学校の子どもが一緒に学んでいる。この 15 名のうち，11 名はギムナジウムへの進学が推薦される学力を身につけていることから，すべての子どもが自分たちの能力に沿ったサポートを受けることによって，能力に応じた進学先を選ぶことができていると考えられていった。このように，インクルージョンは一人ひとりの能力に応じた指導を考えることが特徴的であった。

　また，特別なニーズのある子どもの学力保障について，最低水準として考えられる基幹学校の卒業資格まで取得させる政策との関係も重要である[1]。聞き取り当時，大学の研究者によって調査が行われているところであった。たとえば，68.Schule - Oberschule der Stadt Leipzig で学ぶ 9 名の子どもは，卒業後は，実科学校（Realschule）の卒業資格を得ることになる。その際，9 年間の義務教育を終えて卒業するか，もしくはあと 3 年間学ぶことが選択できる。7 年生になってからは，集中的な職業アドバイスの時間が取り入れられている。その目的は，障害者用の就業施設以外の道があるかどうかを探ることと，部分的にでもいわゆる普通の職業に就く可能性を探ることである。

5.　ザクセン州の学校におけるインクルーシブ教育推進の現状

（1）学校の状況

　Carl-von-Linné-Schule では，基礎学校（6 ～ 10 歳：4 学年 Carl-von-Linné-Schule – Grundschule）と知的障害のある子ども（18 歳まで）の促進学校（Förderschule für geistig Behinderte „Lindenhofschule“）の 2 つの学校が一緒になって，インテグレー

ションを行っている。これまで，学園祭，舞台劇，ハイキングを行ってきた。Carl-von-Linné-Schule は，市によって 1997 年に設置された。聞き取り当時，156 名の子どもが通学していた。ザクセン州では，多くの場合，促進学校と通常学校を分けることが根強い。そのため，Carl-von-Linné-Schule は，ザクセン州において先駆的に学校改革を進めている学校の 1 つである。

　Carl-von-Linné-Schule では，全学的にインテグレーション・インクルージョンを行っているわけではない。聞き取り当時，促進学校から子どもたちを何名か呼んで通常学校の子どもたちと一緒に授業を行っていた（当時，14 名の促進学校の子どもを呼んで授業をしていた〈1 学級 1 ～ 4 名〉）。なお，2012 年以降 ERINA プロジェクト（Schulversuch ERINA）が行われている。具体的には，「モデル地域での特別教育的促進ニーズのある子どもへの教育のためのインクルーシブアプローチの試み „Erprobung von inklusiven Ansätzen zur Beschulung von Schülern mit sonderpädagogischem Förderbedarf in Modellregionen"」が行われている（Carl-von-Linné-Schule もその対象である）。

　こうしたインテグレーション・インクルージョンを行う場合，促進学校の子どもと通常学校の子どもとの学びは，図画工作を行うことが多く実践されている。促進学校と通常学校の先生（2 名）がティーム・ティーチングを行う。子どもたちが一緒にできそうな場面では一緒に行い，また分かれて別々の作業が必要なときには別々にする。なお，テストは子どもたちが全員同じことをするのではない。子どものレベルに応じてそれぞれ行う。

　ただし，こうしたインテグレーション・インクルージョンを始めるにあたって，通常学校の教師にも促進学校の教師にも特別な研修があったわけではない。教師たちにとっては，これまで（インテグレーションやインクルージョンの始まる前）と違った作業になる。特に，通常学校の小学校の教師にとっては初めての試みになる。授業実施 1 週間前にすべてのプログラムについて教師たちは話し合う。この話し合いが重要になる。この学校では 1 人の教師が中心になって，2000 年度からは教師チームをつくってインテグレーションを進めている。

(2) インテグレーションとインクルージョン

　Carl-von-Linné-Schule では，聞き取り当時，インテグレーションとインクルージョンを厳密に使い分けてはいない。それは，インテグレーションとインクルージョンの違いがわかっているわけではなく，インクルージョンという言葉を使うのは，障害者権利条約においてインクルージョンの文言があるためである。2つの使い分けについて聞いてみると，Carl-von-Linné-Schule では，インクルージョンに対するインテグレーションが最初のステップであって，Carl-von-Linné-Schule はインクルージョンにまだ達していないということである。その際，ヘンデル氏は，「たとえば，アカデミックの世界だと，インテグレーションは，通常学校の子どもと促進学校の子どもが一緒に勉強することが制度的に可能になる。インクルージョンは，結果として，2つの異なった背景をもつ子どもがわかり合って一緒にグループとして融合できる，といった結果を含めた状態のことをいう」と独自の見解を述べた。すなわち，まず，インテグレーションの段階があって，インテグレーションを行った結果としてインクルージョンになっていくことを述べている。だからこそ，まずインテグレーションを行っているのである。

　ただし，ヘンデル氏からは，「たとえば，インテグレーションは，ドイツに住んでいる外国人や移民の背景のある子どもに使われる言葉で，今回，学校にも使われるようになったと思う」と述べていた。障害者権利条約だけではなく，ザクセン州への移民の増加が，インテグレーションとインクルージョンを考える契機になっているのである。聞き取り当時，この学校にはそうした子どもが約30名通学していた。ベルリンなどの大都市よりは少ないが，ライプツィヒでは多いほうであるとのことであった。ライプツィヒの北部では，子どもの半分がベトナム人の地域もある。ベトナム人の2世の子どもも増えている。新しい傾向として，スペインの経済危機によって，スペイン人の子どもが増えている。

　こうしたインテグレーションとインクルージョンを推進していくうえで共同授業（gemeinsamer Unterricht）が注目されていた。共同授業は，障害児と健常児がお互いのことを理解し，ともに生活していくうえで重要な授業であると評価

されている。こうした共同授業を通じて，健常児は障害児を理解することができ，また障害の有無に関係なく，すべての子どもは学習することによって何かを得ることを学ぶ。さらに，障害が目に見える，見えないに関係なく，障害や特別なニーズのあることを実感することも大切である。さまざまな制限がある障害児も，身近に健常児がいることで目標が明確になることも考えられる。促進学校の子どもたちは，通常学校の子どもと関わることでモチベーションが高まり，創造力が高まるなどの意義も認められている。

（3）学力保障とサポートプラン

　特別な教育的ニーズのある子どもたちが授業へ参加することで，問題になっているのが学力保障である。Carl-von-Linné-Schule では，学力の低い生徒のための促進戦略（Förderstrategie für leistungsschwächere Schülerinnen und Schüler）から，基礎学校に入学したが，一度，促進学校へ移った子どもたちが，再び通常学校に戻ってくることになったケースもあった。

　学力保障を進める場合，重要な役割を果たしているのがサポートプラン（Förderplan）の作成である。このサポートプランは，教師が作成するものである。このサポートプランを作成する場合は，保護者もしくは親権者と話し合って決める。たとえば，この学校では行動に問題のある子どものサポートプランもすでに作成したことがある。他には成績が悪かった場合や言語に障害があった場合も作成したことがある。そういった子どもたちの多くは，専門家からのサポートも受ける。しかし，このサポートを受けるには，保護者がまずサポートプランを申請することが求められる。それゆえ，すべての保護者がサポートプランを申請するわけではない。サポートプランの中に保護者との話し合いがある。この話し合いによって，保護者が専門家を手配したりなど，保護者のタスクを決めることになる。その他にも，このサポートプランを受ける場合，保護者が子どもに対して読み聞かせや計算練習もしなければならないことを教師が伝える。そういったことがサポートプランに記載されているのである。教師もそのようなサポートプランにある見通しをもつことで，なぜうまくいったのか，なぜ遅れているのかなどを判断することができる。ただし，これも教師の

負担となっている。その理由として，「学校がすべてやるべきだ」と言う保護者がいるからである。成績が悪く，「学力の低い生徒」には，社会的にも弱い立場にある家庭の子どもが多い。これは社会的問題である。たとえば，社会的弱者の家庭に対して経済的援助を保護者自身が申請しないといけない。

　こうした中，学力調査においてドイツ国内ではザクセン州が高い学力であると評価されているが，障害のある子どもと関わることで保護者や子どもたちから，抵抗があるのではないのだろうか。Carl-von-Linné-Schule では，抵抗が少ないようである。その理由の1つに，幼稚園からインテグレーションが行われていることが挙げられる。幼稚園の時点で，保護者も子どももその状況に慣れていて，そういった状況を望む保護者や子どもも多いからである。確かに，教師たちが，「学力の高い生徒」をサポートしていくことも事実である。すべての学年において，週に2時間，促進学級（Förderungklasse）がある。促進学級は，促進学校の子どもだけではなく，通常学校の子どもたちにも受ける権利がある。この促進学級には予算が出ているが，たいていの場合は，「問題のある生徒」「学力の低い生徒」のためのサポートに回される。けれども，同時に「学力の高い生徒」をさらにサポートしていくことも必要だと考えられている。

6.　ザクセン州におけるインクルーシブ教育の到達点と課題

　以上のように教育省と Carl-von-Linné-Schule の聞き取りから，ザクセン州では，インクルージョンを目指して，実践レベルでは，まずインテグレーションを試みている。その背景には，これまで障害児をはじめ特別な教育的ニーズのある子どもを含む集団に対する実践が行われてこなかったことが挙げられる。それゆえ，初めての試みとして，まずは通常学校の子どもと促進学校の子どもとがともに学ぶインテグレーションから始められているのである。すなわち，ザクセン州のインクルージョンへ向けての学校改革は，通常学校と特別な学校とを統合していく中で，通常学級の子どもたちと，特に障害のある子どもたちとがともに学ぶ試みである。こうしたザクセン州の学校改革には，次の3点の課題があると考えられる。

　第一に，ザクセン州ではインテグレーションを実践レベルで行う際，十分な研修が行われていないことが問題視されていた。インテグレーション・インクルージョンが開始されるにあたって教師は手探りの状況下で実践しなければならない。こうした学校改革の動向に対して，教員養成のあり方や継続教育（研修）のあり方が今後課題として取り上げられるのではないか。教員養成や継続教育（研修）のあり方を問い直すことで，インテグレーションとインクルージョンの理念や実践レベルでの違いが明確になると考える。

　第二に，学力保障の問題である。特別なニーズのある子どもには，制度的にはサポートプランが存在する。問題は，実際にサポートプランを受けるのであれば，保護者がサポートプランを申請しなければならないことである。保護者がサポートプランを申請するかどうかは保護者の判断に委ねられている。社会的要因でドイツ語を第一言語としない子どもたちは，ドイツ語を思うように話したり，書いたりできない家庭の場合が多い。その点で，保護者がサポートプランを申請するためには教師のサポートが必要である。

　第三に，促進学校を存続させる意義の共有が求められる。ドイツの学校では，促進学校を閉鎖する方針の州も存在する。促進学校を残すことについて，聞き取り当時では，障害者権利条約と矛盾するのではないかという発言が見られたが，「サラマンカ声明と行動大綱」においては，特別なニーズのある子どもたちは，教育機関に包摂されるといったインクルーシブ学校の構想と同時に，特別学校やインクルーシブ学校内に特別な学級を設置することが明記されている（茂木，2007, 127-128）。多様な子どもたちが学ぶインクルーシブ学校が誕生したとしても，特別なニーズのある子どもにとって必要と考えられる特別な学校や学級の存在も重要である。

　これらの課題に関連することは，ザクセン州のインクルージョンが，障害児と健常児の統合のあり方，すなわち，インテグレーションの域にとどまってはならないことである。移民の子どもや貧困層の子どもなど障害以外の特別なニーズのある子どもやその保護者をも射程に入れながらインクルージョンのあり方を検討することが求められる。

[注]

(1) これは各州文部大臣会議（KMK）が2010年に決議して各州に勧告した「学力の低い生徒のための促進戦略」である（Förderstrategie für leistungsschwächere Schülerinnen und Schüler. Beschluss der Kultusministerkonferenz vom 04.03.2010）。なお，この勧告については，中山あおいや久田敏彦が紹介している（中山, 2013；久田, 2014）。

[文献]

久田敏彦（2014）「ドイツにとってのPISA」.『人間と教育』84. 旬報社. 30-37.

茂木俊彦（2007）『障害児教育を考える』. 岩波書店.

中山あおい（2013）「PISA以降のドイツの移民と学力向上政策」. 久田敏彦監修，ドイツ教授学研究会編『PISA後の教育をどうとらえるか──ドイツをとおしてみる』. 八千代出版. 181-200.

第2節

コミュニティーとしての学校の創造とインクルーシブ教育

── 68.Schule - Oberschule der Stadt Leipzig の実践から ──

1. はじめに

　2014 年 9 月 15 日 に，68.Schule - Oberschule der Stadt Leipzig [1]（以下，68.Oberschule）を訪問する機会を得た。68.Oberschule は，旧東ドイツに位置するザクセン州のライプツィヒ市内において第 5 学年から第 10 学年の子どもた

ちが通う，前期中等教育段階の学校である。2012 年 12 月にインクルーシブ教育を推進するモデル校としての指定を受け，わずか 8 ヶ月の準備期間を経て，2013/14 年度よりインクルーシブ教育を展開している。

　本節では，2014 年 9 月 15 日に行った校長へのインタビュー調査と第 6 学年のドイツ語の授業への参与観察をもとにして，(1) 68.Oberschule の現状，(2) 第 6 学年のドイツ語の授業の概要，(3) 68.Oberschule の到達点と課題について，簡潔に報告したい [2]。

写真 10 − 2 − 1　68.Oberschule の中庭から

2. 68.Oberschule の現状

　68.Oberschule におけるインクルーシブ教育のプロジェクトは，2013/14 年度

364

の第 5 学年から始められた。具体的には，健常児 15 名のクラスに近隣の促進学校（Förderschule）から 9 人の女子が合流して一緒に授業を受けるという形をとっている。この 9 人の女子たちは，午前中から昼食までを 68.Oberschule で過ごし，午後からは促進学校に戻って授業に参加するというスケジュールで動いているという。

　健常児のうちの何人かは，ギムナジウムに進学する力が十分にあったにもかかわらず，インクルーシブ教育を目指そうとしている 68.Oberschule の理念に保護者も子どもたち自身も共鳴し，この学校を選んだとのことである。

　当初は異質な存在を前にして怖くて泣いてしまう子どももいたと校長は証言している。だが，現在ではそのような「問題」は 1 つもなくなったとのことである。残念ながら今なお 2 人ほどの女子は異質な存在を嫌がってはいるが，その子たちのお世話をすることは好きなようであり，68.Oberschule を 1 つのコミュニティーとして形成しようとする教師側の願いは，少しずつ子どもたちの間にも浸透しつつあるという。

　授業においては，基本的に 68.Oberschule の教師と促進学校の教師とが，ティーム・ティーチングで行っている。教師たちは協同して（kooperativ）授業を計画・実行し，評価を行っている。またこの蓄積があるからこそ，教科や学習内容によってどの子どもを「取り出し指導」するのかを細かく決めることができているとのことである。つまり，常に特定の子どもが「取り出し指導」をされているわけではないということである。

　こうした取り組みを通して，子どもたちの中に，校長がいうところの社会的コンピテンシー（sozial Kompetenz）が形成されつつあるということである。

　しかしながら，校長曰く，経験的な実感としてインクルーシブ教育を豊かに展開していくうえでは，ニーズのある子どもと定型発達の子どもとの比率が 3：21 ないし 4：20 ほどが適正であり，現状の 9：15 という状況はあまりにも負担が大きいとのことであった。このことは費用の問題とも相まって，ライプツィヒにおいても難しい問題であることを校長は指摘していた。

　こうした状況にありながらも，インクルーシブ授業を模索している第 6 学年のドイツ語の授業の概要について，項を改めて検討してみよう。

3.　第6学年のドイツ語の授業概要

　観察した授業は 9 時 25 分ごろ〜 10 時 10 分ごろまでのおよそ 45 分間の授業であった。図 10−2−1 に示したように，机 2 つを組み合わせた列が 3 列あり，各列に 8 〜 10 人が正面の黒板に向かって座っているという，日本でもよく見かける教室の風景である。この時点では，SEN の子どもも同じ教室空間において着席している。

　授業の大まかな流れは以下のとおりである。

　T1 が「D」「K」「S」「D」「S」「L」のカードを黒板に貼り，それが意図する内容を子どもたちに考えさせつつ，T2 により既習事項としての朗読のポイント（テンポやアクセント等）を振り返らせようとする。この振り返りの時間にT2 が机間指導を行ったうえで，T1 により本時の課題として「この学級は素晴らしい読み手を探索する」（Die Klasse sucht den Superleser）が提起され，ワークシートが配布された。

　この後（9 時 40 分ごろ），教室右後方にある扉を通って 3 人の女の子（本時における SEN）が隣の教室に移動する。この隣室は全体指導を行っていた教室の3 分の 2 ほどの広さであり，そのうちの半分が長机を置いた学習スペースとし

黒板
(T1)

J	M		J	M		M	J
M	M		<u>M</u>	J		欠	M
欠	M		M	M		<u>M</u>	欠
欠	M		M	M		M	M
T2	T3		欠	J			

T1 〜 T3：教師
J：Junge（男子）
M：Mädchen（女子）
<u>M</u>：本時における SEN
欠：欠席

図 10 − 2 − 1　座席図

写真 10 − 2 − 2　問題提起の場面

写真 10－2－3　隣室への「扉」　　写真 10－2－4　隣室での学習の様子

て利用され，残りの半分にはソファ等が置かれたリラックススペースが準備されていた。

　隣室では，T3 によって指導が行われていた。黒板には，「Tipps zum guten Vorlesen」（よき読み手へのヒント）と板書され，ヒントが視覚化されたカードを黒板に貼りながら，子どもたちにポイントを押さえさせていくような指導が行われていた。

　隣室での「取り出し指導」が行われている間，主教室においては子どもたちがワークシートに記入する作業が続けられ，T1 と T2 はその作業を援助してまわっていた。

　10 時 05 分ごろ，本時における SEN の子どもたちが再度，全体指導が行われる教室に戻ってきたところで，授業のまとめとして，縦 2 列を 1 組とした 3 列対抗の「よき読み手」に関するクイズに取り組んだ。その際，本時における SEN の子どものうちの 1 人が黒板の前に立ち，集計係としてそのクイズに

写真 10－2－5　隣室後方のリラックススペース

367

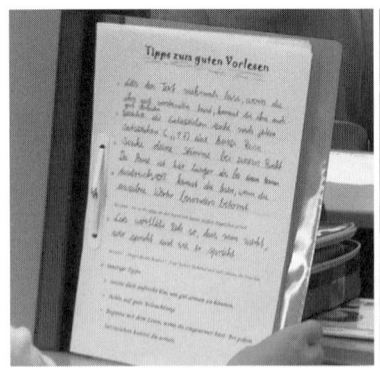 

写真 10－2－6　ワークシート　　　写真 10－2－7　クイズの場面

　参加する役割が与えられ，その子どもは笑顔で自らの仕事に取り組んでいた。クラスメートたちも，彼女の集計に対して何らの不満ももっていなかったように思われる。

　1 年間，このメンバーでともに学んできた成果か，途中で隣室に複数名の子どもが移動しても（隣室から帰ってきたときも）つられて立ち歩くような姿を見せる子どもはおらず，そのことが「当たり前の日常」として互いに承認されているようであったことは印象的であった。また，インクルーシブ授業を実現するにあたって，原則として同じ時間と空間を共有するだけではなく，学習内容と活動内容を同一なものに設定したうえで，達成目標をよりやさしいものに設定した者をその授業における SEN のある子どもとみなして特別な指導を行うという方針で実践を行っているようであった。この点は，1 つの授業を 3 人の教師が協同して行っているからこそ可能なのであろうが，インクルーシブ授業の 1 つの可能性を指し示してもいよう。

4.　68.Oberschule の到達点と課題

　68.Oberschule の到達点について，保護者の支持，教師の協同，学校および教室環境の観点から整理しておきたい。

　まず 68.Oberschule の教育理念に共鳴するだけでなく，その学校をあえて選択する保護者や子ども（むろん，定型発達の子どもも含む）が少なからず存在しているという事実は，インクルーシブ教育を進めていくうえでの思想的土壌を耕すという点からも重要な意味をもっているであろう。インクルーシブ教育や授業を実現させようとする方針に対し，合意を調達しやすいという社会的条件の有無は，ある意味で決定的な重みをもつと思われる。

　さらには，68.Oberschule 内だけではなく，促進学校との，すなわち学校種を超えた教師の協同が実現されつつあることも，重要な視点として押さえておきたい。ここでの協同は，インクルーシブ授業を実現するための指導計画や日々の授業実践ならびに評価を協同で行っていることだけを意味するのではない。それだけではなく，ある 1 つの授業では誰が SEN のある子どもとして取り上げるべきであり，誰が取り上げる必要のない子どもであるのかといった，子ども理解ないしは子ども分析を協同で行っているということも見逃せないであろう。インクルーシブ授業を実現するうえでの協同の 2 つの観点として，こうした授業構想と子ども理解の問題を押さえておきたい。

　また，学校環境の問題について本節では詳しく触れることができていないが，基本的にバリアフリーな施設になっており，トイレやシャワールームについても，障害のある子どもたちができるだけ使いやすいように設置されていることは，ある意味で当然のことながら押さえておきたい。そのうえで，上述したように，授業中に「取り出し指導」を行う場が隣室に用意されており，しかもその隣室へは教室の外にいったん出ることなく，教室同士をつなぐ「扉」で行き来できるという構造になっていることは特筆に値しよう。すなわち，「取り出し指導」が行われる空間はあくまでも「隣室」なのであり，決して「別室」ではないのである。それゆえにこそ，子どもたちが自分たちのクラスを 1 つのコミュニティーとして認識する可能性を高めてきたと思われるのである。

　他方で，課題もより明確に示されてもいよう。校長が指摘していたように，協同を実現するための教師の負担は尋常なものではないと思われる。この負担を軽減したり，その労働に見合う対価をいかにして保障したりするのかという課題は，制度的かつ政策的な課題でもあろうが，ないがしろにしてはならない課題の 1 つであろう。

　また，協同的に展開されている子ども理解は，少なくとも 68.Oberschule の場合，個人の能力に還元されたものであることは否めない。インクルーシブ授業を実現するうえでの子ども理解とは，はたして能力の質と量を見つめるものだけでよいのか，それとも別の観点が重要になるのかについては，今後の重要な研究課題の１つとなろう。

　このことに関わって，参与観察した授業の最後で行われたクイズの場面において，集計係に任命されていた SEN のある子どもは，明らかに記録する存在として参加していただけであり，考える存在として参加していたわけではなかった。それでも同じ時間と空間を共有し，同じ活動をともに行っていたと評価するべきなのか否か。インクルーシブ授業における子どもの参加の内実をどのように考えるかもまた，あらためて重要な問題として浮かび上がってくるであろう。

［注］

（1）http://cms.sn.schule.de/ms68l/68-oberschule/（2017 年 12 月 8 日最終閲覧）参照。

（2）本報告は，同じ日に一緒にインタビュー調査および授業の参与観察を行った渡邉眞依子氏による報告（「PISA 後のドイツにおける教育改革の動向──ザクセン州 68.Oberschule 訪問記」．『生涯発達研究』第 7 号．2015 年．69-71）に少なからぬ示唆を得ている。

第3節

ブレーメン州におけるインクルーシブ教育に向けた実践の展開

1. はじめに

　2015 年 5 月 4 日にブレーメン市の教育省（聞き取りを行ったのは，ブレーメン教育省・インクルーシブ教育課長で元基礎学校長のヘアマン〈Herrmann, A.〉氏）および，2015 年 5 月 7 日にブレーメン市のフィンドルフ上級学校（Oberschule Findorff：なお，聞き取りを行ったのは，支援教育センター（ZuP）長のヨハンナ・ボームガーデン〈Boomgaarden, J.〉氏）で行った聞き取りから，(1) ブレーメン州におけるインクルーシブ教育の現状（ブレーメン教育省での聞き取りおよび後日いただいた資料(1) から），(2) ブレーメン州の学校におけるインクルーシブ教育推進の現状（フィンドルフ上級学校での聞き取りから），(3) 教育省と学校の実践を通して見えてくる，ブレーメン州におけるインクルーシブ教育の到達点について報告したい。

　なお，本書では，節や項などのタイトルを「ブレーメン州」としているが，ブレーメン州（正式名称は，自由ハンザ都市ブレーメン〈Freie Hansestadt Bremen〉）は，ブレーメン市とブレーマーハーフェン市の 2 市からなる。本書では，ブレーメン市を中心とした調査から論考をまとめている。

2. ブレーメン州におけるインクルーシブ教育の現状

　ブレーメン市は，1970 年代からインテグレーションへの取り組みが始まる。しかし，1980 年代に入り，金銭的な問題から，一時期インテグレーションの取り組みを中断してしまう。その後，1990 年代に入りインテグレーションの機運は高まり，再始動することとなる。1992 年には特別学校（Sonderschule）

の 1〜4 年生が廃止され，障害のある子どもたちは一般の基礎学校に通学するようになる。さらに，1994 年には重い障害の子どもたちも一般の基礎学校に通学するようになる。こうした 1970 年代から 1990 年代にかけての蓄積が今日のブレーメン市のインクルージョンにつながっているのである。なお，今日，ブレーメン市には特別な課題がある。それは，社会的な問題から経済格差が広がっていることであり，特に移民の背景のある子どもたちの存在が教育に課題を投げかけている。こうした課題がインクルージョンを推進する理由にもなっていると考えられる。

　インクルージョンへ向けてブレーメン市では，交流（Kooperation）→インテグレーション（Integration）→インクルージョン（Inklusion）の順に展開していった。まず，交流とは，障害児と健常児に分けたうえで，テーマによってはときどき一緒になって作業することである。次に，インテグレーションとは，子どもたちは 1 つの学級にはいるが，学ぶテーマが異なる（課題が異なる）。つまり，子どもたち一人ひとりに応じたさまざまな教育の過程がある。その結果，子どもたち一人ひとりにそれぞれの教育計画が求められることになる。最後に，インクルージョンとは，学校全体で 1 つのテーマを設定する。特定の期間そのテーマについて学ぶ。テーマに対して，子どもたち一人ひとりがそれぞれのテンポで学んでいく。ただし，子どもたち一人ひとりは，そのテーマの中で成果を出していかなければならない。それゆえ，どのようにそれぞれの教育計画に対応していくかが難しい。また進級するにつれてテーマの扱い方が複雑になり，障害の程度に応じても考慮しなければならない。こうした全体の計画は教師チームが決めるが，個人のテンポについてはそれぞれの子どもが決める。

　それでは具体的にインテグレーションからインクルージョンへと変わったとき，どのように授業は変わったのであろうか。インテグレーションのときは，学級の中で一部の子どもを別のところへ連れて行って授業をしていた。インクルージョンでは，それぞれの子どもたちがそれぞれのレベルで学んでいる。それでも，一部の子どもたちを取り出したり，その子たちに別の支援が求められたりする。子どもたちの学ぶテーマは同じだが，最終的にそれぞれの子どもが「貢献した」と思っていることが大切である。

　なお，ブレーメン市のインクルージョンには ZuP（Zentren für unterstützende

Pädagogik：支援教育センター）と ReBUZ（Regionales Beratungs- und Unterstützungszentrum：地区の教育相談・支援センター）という2つの組織があるのが特徴的である。ZuP は，各学校内，または複数の学校が提携して設定している支援教育センターである。具体的には，各学校内での支援を行う。その際，各学校でワーキンググループを組織する。ま

写真10－3－1　教育省内でのインタビューの様子

た，ReBUZ は，ブレーメン市の各地区にある教育相談・支援センターである。ブレーメン市の東部・西部・南部・北部に拠点があり，各学校の促進教育の相談に乗っている。

　このようにブレーメン市では，インクルージョンを実現していくための組織的な取り組みが制度化されている。他にも，学校内での取り組みとして，教師のチームが組織されている。まず各学年でチームをつくることが大切である。さまざまな職業の人が役割分担している。たとえば，アシスタント，介護士，言語学関係者，教育者，幼稚園の資格取得者，作業療法士というように，さまざまな職種で教育の計画を立てているのである。

3.　ブレーメン州の学校におけるインクルーシブ教育推進の現状

　フィンドルフ上級学校は，聞き取り当時，第5〜10学年の6学年で1000人の子どもたちが在籍していた。その中には，学習，言語，行動などといった促進領域の子どももいた。

　そうした子どもたちを含めて，インクルージョンを行っていく場合，同じテーマでそれぞれの子どもにふさわしい課題を学ばせることについて心がけ，実践されていた。その際，大切にしていたのが，社会的な共同作業である。す

なわち，グループ作業で大切なことは，いろいろな能力のある子どもが 1 つのグループに集まって，お互いにできることを探して作業することである。それが社会的共存をつくり出すのである。子どもたちがバラバラに作業していても共同する場面が生じてくる。障害のある子どもはもちろん，そうでない子どもの作業も結果的によい成果に結びついていくのである。

　もちろん，こうした実践の成果は，すべての教師に共有されているわけではない。教師たちは，子どもたちの差異を前提に学習を計画している。とはいえ，この学級で何がどうできるか，また子どもたち一人ひとりを学級の一員としているか。時間をかけて関わっていく必要がある。けれども，同僚の中には，別の意見をもつ教師もいる。たとえば，知的障害のある子どもに対して，根本的な能力が必要だから訓練を求める教師もいる。それは，どこに重きをおくのか，たとえば，「学級全体」で作業するのか，「グループ」で作業するのかという点でも意見が分かれる。特別なニーズのある子どもの中には，グループ作業が困難な子どももいる。けれども，実生活の中で必要なことはともに暮らすことである。ともに生活するためには，どのような能力が必要なのか。ポイントは実生活の中で必要なことを身につけることである。

　またインクルージョンと職業との接続の問題がある。11 学年，12 学年の特別なニーズのある子どもは，職業学校へ行き，特に知的障害のある子どもは，知的障害者職業工房に行くことになる。つまり，知的障害の子どもたちは，他のみんなと同じ一般就職するのではないため，この学校が最後のインクルージョンの場になってしまう。学習の促進領域の子どもは，工房学校（職業学校）へ進学し，場合によっては企業へ就職することができる。そうした子どもは，知的障害の子どもと異なる進路・キャリアを歩むことになる。

　もちろん，インクルージョンにおいて障害児同士の共存関係は存在するが，同時に葛藤も存在する。同様に，障害児と健常児の間にも葛藤がある。こうした葛藤は，人生や生活の中でも絶えず生じるため，学んでおく必要がある。特に，行動障害（Verhaltensschwierigkeit）の子どもは，葛藤をつくり出すだけではなく，騒いだり，他の子どもを挑発したりする。そうした行動障害の子どもたちはオープンなスペースで学ぶことが苦手である。知的障害の子どもには教師が 1 人つくが，行動障害の子どもには教師はつかない。現在，行動障害の子ど

もへの支援が一番問題となっている。

4. ブレーメン州におけるインクルーシブ教育の到達点

　ブレーメン市は，ドイツの中でもインクルージョンの取り組みが進んでいる地域である。そこには，1970年代から障害のある子どもを対象に構想されたインテグレーションによる蓄積がある。また今日では，移民の子どもをはじめ特別なニーズのある子どもが多く学校に在籍していることも関係している。こうした背景もあり，インテグレーションではなく，インクルージョンへの取り組みが進んでいるのである。

　インクルージョンの実践的な方法として，学ぶテーマは同じでも，個人の作業の仕方やテンポが異なる学習がなされていることが特徴的である。こうした取り組みは，第9章第1節のゲオルグ・フォイザー（Feuser, G.）の理論にも見られる。それは，すべての子どもが共通のテーマを介して，一人ひとりの個別の学習目標を達成する方法である。ともに学ぶことと個人に応じた学習を保障しようとする実践のあり方は今後も追求していく必要がある。

　こうしたインクルージョンの実践を支えているのが，ZuPとReBUZである。今回の聞き取りでは研究対象としていなかったため，ZuPとReBUZの内容までは詳しく調査をしていない。フィンドルフ上級学校のZuP長であるヨハンナ・ボームガーデン氏の聞き取りから，日本の特別支援教育コーディネーターに近い存在であると考えられるが，ZuP長は他のZuPのメンバーと連携して，インクルーシブ教育を支援していることがわかった。また，ReBUZについては，類似したものと考えられるヘッセン州の「特別の教育相談・促進センター（sonderpädagogische Beratungs- und Förderzentrum）」に関する言及も日本の先行研究において見られた（藤井, 2010）。

　このように，インクルージョンの先駆的な州であるブレーメン市について，今後は，インクルーシブ教育を支えているZuPとReBUZに関しても，文献とともに現地調査が求められると考えられる。

第 10 章　ドイツにおけるインクルーシブ学校の実践展開

[注]

（1）後日いただいた資料「ブレーメンの学校のインクルージョンの過程」（2013 年 5 月 9 日）
　　も参考にした（Andrea Herrmann: Der Prozess der Inklusion an Bremer Schule. 09.05.2013）。

[文献]

藤井聰尚（2010）「ドイツにおける『特別の教育的促進』の取り組み――『特別の教育相談・
　　促進センター』を中心に」. 中部大学現代教育学部編『現代教育学部紀要』Vol. 2.　21-34.

生活者を育てる学校への挑戦

―― Roland zu Bremen Oberschule の実践から ――

1. はじめに

　2015 年 5 月 5 日に，Roland zu Bremen Oberschule[1]（以下，Roland Oberschule）を訪問する機会を得た。Roland Oberschule はブレーメン市内において第 5 学年から第 10 学年の子どもたちおよそ 500 人が通う，前期中等教育段階の学校である。

　学校長のファイゲ（Feige, E.）氏によれば[2]，Roland Oberschule の校区はブレーメン市でも「問題」が多いとされている地域であり，失業率は 10.4％，種々の社会保障の受給率は 17.2％，移民背景のある市民は 27.8％ にのぼるという。また，500 人の子どもたちのうち 63％ に移民背景があり，もともとは促進学校（Földerschule）に在籍していたような，学習障害ないしは言語や行動に課題を抱えている特別なニーズのある子どもも 92 人在籍している。このことは，2008 年に 25 校あった促進学校が 4 校に減り，残りが総合制学校（Gesamtschule）に変更された結果に起因するものである。

　ブレーメン市のスタンダードでは，1 学級あたりの子どもの数は 22 人，そのうち促進学校に在籍していた子どもの数は 5 人までと規定されているものの，Roland Oberschule では 1 学級あたり 25 人，そのうち促進学校に在籍していた子どもは 7 人を上限に実践をしているとのことであった。

写真 10 － 4 － 1　Roland Oberschule 外観

　地域の社会情勢の観点からも，子どもたちの個々のニーズの観点からもきわめて困難な状況にあるにもかかわらず，いやむしろそうであるからこそ，Roland Oberschule はインクルーシブな学校や社会の創出に向けて積極的な実践的提起を行ってきている。本節においては，Roland Oberschule の実践の一端を記述することで，その実践的提起の意味を読みひらいてみることにしよう。

2.　Roland Oberschule における教師の協同

　Roland Oberschule では，教育学を学んで教職に就き，担任として働いている教師の他に，以下のような種々の立場の人々が子どもたちの教育に携わっている。すなわち，促進教育を学んで促進学校で働いていた教師に加えて，言葉の指導に関する教師，読み書き計算を専門に教える教師，移民背景のある子どもの増加に伴って配置されているドイツ語の教授を専門とする教師，さらにはソーシャルワーカーや子どもたちの世話をするアシスタントと呼ばれる人がこの学校に集って，子どもたちの教育にあたっているのである。

　コーポレーションパートナーとファイゲ氏が呼ぶこうした人々には，パートナーとして働くうえでの原則があるという。すなわち，カウンセリングマインドを有し，かつ社会的な問題を抱えた保護者とネットワークをつくったり，路上生活をしている人とつながることができたりすることが求められているのであり，社会保障ないしは社会福祉的な活動ができることが重視されているのである[3]。教育と福祉を結合するような働き方をさも当然のことでもあるかのように語るファイゲ氏の主張は，インクルーシブ教育や授業を創造していくうえで何をこそ大切にすべきなのかを私たちに教えてくれているともいえよう。

　また Roland Oberschule では，教師同士は学年ごとに 4 つのグループを形成し，それぞれのグループに教育学を学んだ教師と促進教育を学んだ教師が配属されるように工夫しているとのことであった。かつてはこの地域においても「障害児の教育は障害児教育を学んだ教師が行うもの」という観念があったが，インクルーシブ教育は子どもたちに関わるみんなで責任をもとうとするの

だというファイゲ氏の主張はとりわけ印象的であった。このことを具体的に実現するために，Roland Oberschule では，促進教育の教師も最低でも1つの教科を教えることができるようにしており，子どもたちが「自分たちには担任の先生が2人いる」と思うことができるように働きかけているとのことであった。

　しかしながら，こうした理想を追求する途上にあって，促進教育を学んだ教師の数が少なく，各学校で「取り合い」になっている現状があり，なおかつ理想の追求の過程で病休に入る教師たちも増加傾向にあって，理想の実現は今なお道半ばであることもファイゲ氏が率直に語っていたことは，ここに書き記しておく値うちのあることでもあろう。

3．Roland Oberschule における授業づくりと評価の観点

　上述したような協同を追求しつつある Roland Oberschule の教師およびスタッフたちは，日々の授業においてもまさに協同的に取り組もうとしている。

　その際，協同するための問題意識の共有が重要となることはいうまでもないが，ファイゲ氏はそれを授業における格差への認識と子どもたちがともに（gemeinsam）いることの意味に求めようとしていた。Roland Oberschule に通う子どもたちには厳然とした格差があり，彼ら／彼女らが置かれた状況もさまざまであることから，ブレーメン州の教育計画を視野に入れながらも，「ゆっくり進む」「助けがあればなんとかできる」「助けがなくてもできる」という3つのレベルを各学年に設定したうえでそれぞれのレベルに応じた教育課程を策定し，かつ教科書も3つ用意して授業に取り組んでいるという[4]。そのうえで Roland Oberschule では，すべての子どもたちがそれぞれに支援を受けることができることを前提にしつつ，格差がありながらも同じ学級で学ぶことを重要視している。なぜならともに学ぶ中で互いに模範を示し合ったり，仲間に教えることでよりいっそうの内容理解が進んだりすることがあるはずであるという思想に基づいた実践を展開しようと考えているからである[5]。

　具体的な授業運営においては，上述した学年内でつくられたグループごと

写真 10 − 4 − 2　英語の授業の 1 コマ

に 1 週間に 1 度，ミーティングを実施し，教材や教具は子どもたちにとってふさわしいものであったか否か，こちらで意図した内容が子どもたちにどのように伝わっているのかを総括しつつ，次の 1 週間に向けた準備が整っているか否かを確認し合いながら授業に取り組んでいるという。しかもこうした総括と方針をめぐるミーティングを重ねながら，なおかつ一人ひとりの子どもたちの重点課題を机に貼り付けておいて，それを常に念頭に置きながら授業を進めているとのことである。

　このような思想と方法において取り組まれている授業であるからこそ，その評価は得点で示されるようなものではないという。評価はプリントにして 6 頁にわたるものが準備され，そこには当該の子どもは何ができるようになったのかを中心に記述されているという。ともに学ぶ場を保障しつつ，一人ひとりの育ちに目を向けるという，インクルーシブな学校の本来あるべき姿を Roland Oberschule は追求しようとしているといえるのではないだろうか。

4.　学校における子どもたちの生活を保障する自治と学びの仕組み

　Roland Oberschule では，上述したような授業の前提となる子どもたちの生活を保障しようとするだけでなく，子どもたちが自らの生活をつくり出していくことができるような教育活動も展開されている。

　先述したようにこの地域は多くの困難を抱えているために，学校で 7 時 15 分から 7 時 45 分までの間，貧困家庭の子どもたちのために無料で朝食が提供されている。またその後 8 時 30 分までは「開かれた開始（Offener Beginn）」と呼ばれる，持参した朝食を食べたり，宿題をしたり，教師に話しかけたりする

ような時間が設定されている。それは，日本の教育学の古典的なキーワードを用いて表現するならば，ランドセルいっぱいに詰め込んできた生活の重荷を少しずつ取り出して，学校で学ぶ身体の準備を整えているかのようである。

　この「開かれた開始」において，子どもたちはソーシャルワーカーとゲームをして遊んだり，後見人（Paten）と呼ばれる上級生たちが新入生（第5学年）たちの面倒を見たり，さらには学校衛生士と呼ばれる任務に就いた上級生たち[6]が，怪我をした子どもたちの世話をしたりする時間としても活用されているという。ファイゲ氏は明言しなかったと記憶しているが，この地域の子どもたちの家庭では失われがちな安全や安心が，学校において自治的に生み出させようとする仕組みがここにはあるのである。その中で子どもたちは，安全や安心を実感しながら自らの基本的信頼感を回復しつつ，自らもまた安全や安心を創出する担い手として育ち合っていこうとしているのである[7]。

　このような志向性は，「社会的な学び（Soziales Lernen）」と名づけられた側面からも，学校設立当初から追求されている。その学びとは，貧困や多国籍であるがゆえの文化的な価値観の違いから互いに傷つけ合わずにはいられなかった子どもたちに対し，彼ら／彼女らがこの地域でともに生きていくための共通の価値規範を生み出すべく，この地域の小学校が全会一致で決定したとされる，LEO's Welt と呼ばれる学びのプロジェクトである。このプロジェクトは，第1学年から第5学年までの子どもたちに対し，お互いの違いを認め，敬意を払い，いかに友情をつくり出していくのかをテーマにして週に1回行われる学びである。この学びを Roland Oberschule でも継承し，Lion's Quest と呼ばれるプロジェクトをやはり週に1回行っているという。それは，自分たちのまわりにどんな問題があるのか，それは誰が起こすのか，どうして起きるのかについて考え合いながら，ともに生きる大人になっていくことを目指した学びである。

　この学びの中で子どもたちは，自分たちがともに生きるために必要な事柄を規則として確認しながら[8]，コンフリクトを自分たち自身で解決しようとしてきたのであり，それをファイゲ氏は「わが校の伝統である」と誇らしげに語っていた。その伝統は，子どもたちが家庭から学校にさまざまな問題を持ち込んでくるからこそ，学校に在籍しているソーシャルワーカーとともに彼ら／彼女らの相談を受け，コンフリクトを学校で解決し，家庭や地域に問題を持ち帰ら

せないようにするという実践思想に基づいて積み重ねられてきた成果でもあるのである。ここには，日本の生活指導の実践と理論に相通じるものが具体的に展開されていると考えることができよう。

5.　地域で生きる生活者を育てる教育課程編成の視点

　Roland Oberschule では，上述した「社会的な学び」とは別の側面からの学びも重視されている。それは「仕事をしながら生きる」ことへ誘う学びであり，ファイゲ氏が「わが校の重点課題の 1 つ」として主張するものである。

　この学びは，大きく 2 つの取り組みから形成されている。その 1 つは職業へのオリエンテーションともいうべきものであり，日本でいうところの技術・家庭科の学びを重視しつつ，さらに進んで手工業（Handwerk）や布地の加工，さらにはコンピューター等の基礎的な知識や技能の習得に力を入れているという。この学びでは第 8 学年で実施されるインターンをも視野に入れながら，適性テストを行ったり，履歴書等の書き方を指導したり，資格取得のための授業も開いたりして，「仕事をしながら生きる」ための下地を育てていっているのである。

　もう 1 つは，第 9 学年後半から第 10 学年の前半にかけて，その学年の子どもたちすべてが参加して実施される「生徒起業」の取り組みである。それは，「商品」の生産から販売までの一連の流れを経験する取り組みであり，木製のブロック等を製作して小学校に教材として販売するような活動である。子どもたちは自分たちのグループの「商品」について小学校に手紙を送り，「地域のことをよく知っている子ども」「製品のことをよく知っている子ども」「話がうまい子ども」が 3 人 1 組になってプレゼンテーションを行い，「仕事」を取ってくるという活動である。その活動では実際に「商品」の売買が行われ，かなりの収益を上げて大喜びしている子どもたちもいるという。筆者らが訪問した時点では 5 つのグループが起業していて，そのうちの 4 つが製品の生産，1 つが保育所や介護施設でのお手伝いを内容とするサービス業を立ち上げて活動をしているとのことであった。市場の論理に振り回されるような子どもを育てる

ことにつながるといった危惧もあろうが，生産者の立場に当事者として立ちながら，仕事をすることやお金を稼ぐことを具体的に経験していくことは，「仕事をしながら生きる」生活を奪われかねないこの地域の子どもたちにとって，きわめて重要な意義をもっていると考えることができよう。

　Roland Oberschule は，かつてこの国においても大切な課題として議論された「実生活と教育の結合」というテーゼを，インクルーシブな教育や学校を実現するための重要な観点として再検討すべきであると，私たちに呼びかけているのである。

6. おわりに

　Roland Oberschule が立つ地域には，裕福な家庭が住む地区もあるそうである。以前はそうした家庭の子どもたちは当然のようにギムナジウムに進学していたとのことであるが，ここ数年は裕福な家庭の子どもたちもまた，Roland Oberschule に進学してくるケースが増えているという。それは「できる子ども」もそうではない子どもも，一人ひとりのニーズに応答しつつ，分け隔てなく大切にしようとする教育実践の成果が，地域の人々の支持を得はじめた証拠でもあると，ファイゲ氏は語っていた。

　加えてファイゲ氏は，Roland Oberschule の教育実践のキーワードとして「量の差異」(Quantität)，「質の差異」(Qualität)，「異なる学びの道筋」(Unterschiedliche Lernwese)，「協同学習」(Kooperative Lernen) の4つを挙げながら，活動の中で自分の能力を自覚し，課題も同時に自覚しつつ，協同的に活動していくことで互いを承認することができるのであり，そのうえ成果が伴う場合には互いの存在をさらに承認し合うことができるようになるのだと強く主張していた。この観点は，インクルーシブな教育や学校を創造していくうえで重要なものとして肝に銘じておく必要があろう。他方でファイゲ氏は，開校後最初の4年は志と思い入れのある教師がたくさん集まってきていたため，「とてもうまくいっていた」が，ここ2年ほどは教師の数が50人を超えていることもあって，ずいぶんと難しくなってきていることも正直に吐露しておられた。インクルーシブ

教育を実現する教師の協同をいかに生み出していくのかもまた，重要な研究課題であろう。

　Roland Oberschule は 2014/2015 の年度において，第 1 期生を卒業させることになる。この学校が挑戦してきた実践の成果が，今後さらに明確になってくると考えられる。引き続き，Roland Oberschule が生み出す実践と理論に注目しながら研究を進めていくことを決意して，簡単なまとめであるが，本節を閉じたい。

［注］

(1)　http://www.roland-oberschule.de（2017 年 12 月 8 日最終閲覧）参照。

(2)　以下に示す報告は，2015 年 5 月 5 日の Roland Oberschule 訪問の際，いくつかの授業参観と施設見学の後に催されたファイゲ氏との懇談会で語られた内容のまとめである。

(3)　警察とも連携がなされているとのことだが，それは子どもたちを取り締まるためのものではなく，こうした地域だからこそソーシャルワーク的な働きをなす存在としての警察と手を結んでいるのだというファイゲ氏の主張は印象的であった。

(4)　教科書会社も 3 つのレベルを念頭に置いて教科書を作成しているとのことだが，ファイゲ氏によれば，本気でやるならば学校ごとに教科書を作成する必要があるのだということを強く主張していた。インクルーシブ教育を実現するためには，教育課程編成を誰がどのように行えばよいのかを追求することを避けては通ることができないことを彼は主張しているのである。

(5)　このような困難な営みを追求する教師の仕事を，ファイゲ氏は芸術に比すべきものと表現していた。

(6)　こうした任務に就く者は，立候補した者の中から選ばれるとのことであるが，最近は立候補者数がとても多くなり，選ぶことが大変になっているとのことであった。「誰かのちからになることができる仕事」というものは本来，人としての誇りと責任を実感させるものであるというべきであろうか。

(7)　他方で，午後からの時間にはあえて教科の授業を入れずに，特別な支援をしたり，地域の人々の協力を得て設定された 40 ほどの選択肢のある活動を選択できるようにしたりすることで，学ぶことを通して成長する経験を後押しするような仕組みをつくり出してもいるとのことである。この活動のうちのいくつかは放課後においても引き続き開講され，その活動への参加者リストが翌朝には担任の教師のもとに届けられるような仕組みにもしているという。それは，多様な視点から子どもたちの育ちを保障しようとする営みを，まさに協同的に行うための工夫であるということができるであろうが，子どもたちの放課後の

生活を学校が一元的に管理していく仕組みであるとも考えることができそうである。この取り組みの意義をめぐっては，今日の日本の子どもたちの放課後の生活をめぐる問題状況とも重ね合わせながら引き続き検討していく必要があろう。それは，教育と生活，教育と福祉の結びつきを考えるうえでの重要な論点を提出することにつながるであろう。

(8) はじめに掲げられている規則は「人を殴ってはいけない」とのことである。このことは，子どもたちはそれすらも家庭では教えてもらってはこなかったことを意味している。

ブレーメン大学におけるインタビュー調査から見る
インクルーシブ教育実践の課題

1. ブレーメンにおけるインクルーシブ教育の展開過程

　ブレーメン大学での聞き取りは，2015 年 5 月 7 日に実施した。同大学の特別教育・インクルージョン教育関係の研究者との懇談という形で実施した。

　まず，メルツァー（Melzer, C.）氏から，ドイツ全体とブレーメン市におけるインクルーシブ教育政策の展開過程が述べられた。それによると，国連の動向を背景にして，ドイツでは，人権研究所の調査が進められ，ハンブルクとブレーメンでも行われた。さらに，2008 年から総合学校から上級学校への展開など，インクルーシブ教育の流れになってきた。

　他方で課題も多く，ドイツ全体に教師に専門家が少ない状況がある。また各養成段階において養成の方針がバラバラになっており，教師教育の必要性が増してきている。ドイツでは，たとえばベルリンなどでは，インクルーシブ教育に特別な専門性は必要ないという議論も出ているなど，専門性をめぐっての課題が残されている。

　また，インクルーシブ学校のために必要な一般的な教師養成は進んでいるが，現職の教師への再養成が課題になっている。ノルトラインヴェストファーレン州では，生徒の調査・教師の調査・再養成の教師の調査が進められている。障害をめぐっては，知的障害については支援があるが，学習遅滞については支援がないというインクルーシブ教育が課題になっている。

　メルツァー氏の提起からは，第一にドイツにおいても国際的なインクルーシブ教育の動向を背景にして学校再編の動きが見られだしたことが明らかになった。第二には，インクルーシブ教育を担う教師の養成と，とりわけ教師の再養成が緊急の課題になっていることが示唆された。第三には，学習遅滞児の対応に課題を残していることが明らかになった。特に，学習遅滞児の課題は，いわ

ゆる狭い意味での障害のカテゴリーではなく，スタンダートな学力論とも関わって，その処遇が問われ，それは日本の学習に困難さのある子どもの対応をめぐる課題とも共通するものである。

　以上のようにインクルーシブ教育を担う教師の専門性のあり方と，その資質・能力の形成が重要な課題になっている。そのための多職種の協働など，これからのインクルーシブ教育と授業を進めるための研修制度の充実が課題として浮き彫りにされた。また，学習遅滞のある子どもへの支援のあり方が単に学習の側面だけではなく，行動の側面や人格形成の面で問われるとの指摘は，認知的側面とともに，感情や対人関係などの人格的側面に配慮した指導論の解明が問われることを示している。

2.　インクルーシブ教育の理論的枠組み

　ハース（Haas, B.）氏から，ブレーメン大学での研究者が構想しているインクルーシブ教育全体の枠組みについて問題提起がなされた。「インクルーシブ教育の豊かさとは何か」を探究するという課題で，その柱は表 10 − 5 − 1 に示した点である。

　この提起を受けて，以下の点が強調された。PISA については，単に学力の結果だけではなく，その社会的なコンテクストに目を向ける必要がある。その意味では，教育を再政治化することが必要である。また，インクルーシブ教育は，すべての子どもの可能性を広げていくアプローチである。学校を変え，発展させる可能性としてインクルーシブ教育を理解したい。学校は小さな工事現場である。制度的には，ブレーメンの改革を親や組合が支援していることが重要である。インクルーシブ教育の取り組みでは，社会的・情緒的な課題をもつ子の問題がテーマとなっている。さらに教師の養成と再養成も課題となっている。

表 10 − 5 − 1　インクルーシブ教育の柱となるもの

①異質性と差異を承認すること

・障害のみならず不利の次元を多様に

・烙印押しの排除

②差異を中心にして授業で獲得するものは何か

・どんなコンピテンシーを子どもに形成するのか

・どんな視野で授業を構想するのか

③教師にとって充実した職業になること

・教師にとって過重な負担ではなく，自発的に学校づくりに参加することを保障する

・インクルーシブ教育を，付加的な仕事ではなく，新たにチャレンジする仕事として位置づけていくこと

④子ども個々人がふさわしい適性をもつように指導すること

・いわゆる教育のスタンダード化と個人のニーズとの関係をどうとらえてインクルーシブ教育を構想するのかが問われている

⑤インクルーシブ教育と民主的な学校文化の創造

・三角形のモデルで，インクルーシブ文化を土台に，斜辺にインクルーシブ教育の構造を位置づけること・インクルーシブ教育の実践を展開することを置き，これらを再構成するプロセスがインクルーシブ教育である。学校の構成員がこれを受け止めることが重要であり，また障害が縮小していくことが目指されるべきである

⑥開かれた授業──教育方法を多様に展開すること

・一斉指導，プロジェクト授業，工房の授業といった多様な形態での指導を展開することが求められている

⑦共同の活動について専門的な理解を進めること

・通常学校の教師は森を見，特別学校の教師は木を見る，これらの専門性を問い直すことが必要である

・ドイツの教師のヒエラルキーについて，特別教育の教師はアバンギャルドであり，通常学校の教師に対して専門性がない者が何を言うのかといった意識もある。またサービスとしての教育のとらえ方の問題もあり，教師の指導がサービスでいいのかという議論が必要である

⑧共同─共通とは人をより強くするものである

・共通とは何かを学ぶことを通して，そこに参加する人々が強くなる

⑨機会の平等性への寄与を促すこと

⑩期待に開かれる──可能性の教授学を求めていくことが大切になる

3. まとめと考察

　以上，ハース氏の提起からは，メルツァー氏と同様に，教師の専門性のあり方が課題になっていることが強調されている。また，インクルーシブ教育を障害のある子どもだけではなく広く不利な状況にある子どもにまで対象を広げてとらえる意義も示唆される。さらにインクルーシブ教授学の論点として，多様な指導方法の構想とともに，それを支える学校文化のあり方の探究が課題であるとする指摘も，これからのインクルーシブ教育・授業を考えるための基盤となろう。

　なお，ブレーメン大学においては，インクルーシブ教育に関わる多職種の協働を推進する立場のジーマー氏（Siemer, M.）から，これからのインクルーシブ教育の課題として関係者の協働論を探究する意義が指摘された。この点も日本の展開において，多職種の協働がどう学校のカリキュラム改革や授業改革に寄与するかの追究を示唆するものとして重要である。

［付記］

　本書では，国際比較研究の調査対象の1つであるドイツについて，2つの地域を中心に調査した。1つは，インクルーシブ教育にそれほど積極的できない1つの地域としてザクセン州に注目し，関係機関・学校を訪問し調査した。調査期間は，2014年9月12日〜19日である。なお，上述した調査内容については，ライプツィヒ大学教授バーバラ・ドリンク（Barbara Drinck）氏の協力を得ており，報告内容も了解を得ているものである。もう1つは，インクルーシブ教育を先進的に取り組んでいるブレーメン市に注目し，関係機関・学校を訪問し調査した。調査期間は，2015年5月2日〜9日である。なお，上述した調査内容については，ブレーメン教育省・インクルーシブ教育課長アンドレア・ヘアマン（Andrea Herrmann）氏とブレーメン大学の関係者の協力を得ており，報告内容も了解を得ているものである。

［謝辞］

　東亜大学教授・清永修全先生のお力なしには本書のような成果を得ることはできませんでした。先生にはドイツ調査にご同行いただき，翻訳を引き受けていただきました。帰国後の

メールのやりとりでも大変お世話になりました。また，ブレーメン公立学校教諭シャーノウ千恵先生には，2015 年 3 月 28 日，29 日の日本での研究会へのご出席いただき，ブレーメンのインクルーシブ教育の状況を事前に教えていただきました。同年 5 月 2 日から 8 日の期間われわれの調査のコーディネートもしてくださいました。さらに，ドイツの調査では，ブレーメン教育省インクルーシブ教育課長アンドレア・ヘアマン先生，ライプツィヒ大学教授バーバラ・ドリンク先生の協力なしには調査できませんでした。お世話になった方の名前をすべて挙げることはできませんが，ここにあらためて感謝の意を表し，心よりお礼申し上げます。

Ohne die großzügige Unterstützung der Abteilungsleiterin für inklusive Erziehung Frau Andrea Herrmann bei der Senatorin für Kinder und Bildung in Bremen, der Grundschullehrerin Frau Chie Scharnow aus Bremen sowie von Frau Prof. Dr. Barbara Drinck an der Universität Leipzig wäre unsere Untersuchung in Deutschland hinsichtlich der inklusiven Erziehung nicht möglich gewesen. Daher möchten wir uns an dieser Stelle noch einmal bei unseren Kooperationspartnerinnen herzlich bedanken.

インクルーシブ教育課長ヘアマン氏（左列奥）と最後の振り返りの会（2015 年 5 月 8 日，ブレーメン市内のカフェにて撮影）

終　章

インクルーシブ授業研究の到達点と今後の課題

1．インクルーシブ授業研究の到達点──本書で明らかにしたこと

　本書は日本・英国・ドイツのインクルーシブ授業の原理と実践課題について，「実践原理（法的枠組みを含む）」「（特別ニーズのある子どもを含めた）カリキュラム開発」「実際の授業実践（学校づくり・学級づくりを含む）」の３つの側面から分析・検討した。終章として，解明された原理・枠組みの論点をあらためて指摘し，これからの実践課題を述べる。

（1）日本におけるインクルーシブ教育実践の特質と課題

　本書では，日本におけるインクルーシブ教育をめぐる研究動向を整理・検討する作業をふまえて，インクルーシブ教育の理想と日本の通常学級文化の交差に関する問題を整理した。そもそもインクルーシブ教育は，学習への参加の保障と差異・異質性の尊重を掲げて取り組まれるべき分野である。しかし，日本の通常学級に支配的な文化は，形式的平等主義と強い同調圧力によって同質化と差異の一元化を進めるものであり，そこからはみ出すものに対しては個別的な援助や外部への押し出しによって対応するという特徴を有することが明らかになった。こうした通常学級の文化を存続させるための下支えとなるようなシステムが周到に整えられていた。こうした課題を克服するためにインクルーシブな授業づくりが喫緊に求められていることがあらためて浮き彫りにされた。

　さらに国際的なインクルーシブ教育の動向に照らして，日本の特別支援教育がどのように評価できるのかもインクルーシブ教育の検討課題である。特別支援教育は障害児教育という枠組みを超えていない点を浮き彫りにし，特別支援教育がインクルーシブ教育の実現に寄与するためには，不登校や外国籍児童など「障害」に限らず多様な教育的ニーズをもつ子どもを対象として中・長期的に教育実践を発展させ，通常学校教育のあり方そのものを根本から問い直す視点が必要となる。

（2）インクルーシブ授業における授業論と教科教育論の関連性

　インクルーシブ授業をつくり出す授業論の課題は，授業における正解主義の克服や支配的な学力観からの解放，さらに特別なニーズのある子どもの学習における困難さに寄り添い，ともに考え合うことのできる応答的なリーダーシップ＝応答性を発揮する教師の力量，カリキュラムづくりへの参加を権利として保障することを探究することである。

　このようなインクルーシブ授業理論の探究には教科教育論の知見が不可欠である。本書では，国語科教育を中心に考察し，インクルーシブ授業理論の構築に必要な知見として，権力関係，授業への参加，関係性への参加，自己理解，他者理解，学習者研究等の概念を抽出できた。

　こうした教科教育論の土台にはカリキュラム論が必須であり，本書では，インクルーシブ授業に求められるカリキュラムの要件を整理したうえで，戦後日本における通常の教育と障害児教育の教育課程の変遷を検討した。そして，カリキュラム構想の要点として，子どもの実態に合わせたカリキュラム編成を教師が行うことのできる権利を保障することを指摘した。さらに適応主義的教育を克服することなど，教師がインクルーシブな社会への「変革」を目指す広い射程をもつことの意義を明らかにした。

（3）学校段階に応じたインクルーシブ授業論構築の必要性

　インクルーシブ授業は初等・中等といった学校段階に応じた構想の検討を必要としている。本書では，小学校の授業づくりの困難さとその解決の方向性を探究した。ここでも国語科に焦点を当てて，小学校の教室で規範化されている言語と日常生活の言語との差異の問題から，学習に困難を抱える子どもにとっての言語習得を重視し，「五感からの刺激」を生かした文字理解の意義等を解明した。また小学校においては，読みの充実こそが子どもの心に入り込み，子どもたちをつないでいくことが明らかになった。

　インクルーシブ教育に関する研究成果は小学校を対象にしたものが多く，中学校を取り上げた研究は不十分である。本書では，中学校でインクルーシブ教

育が進んでいない原因を検討し，中学校では高校入試や教科担任制の影響を受けた学力の育成が土台にあること，生活で生きて働く力の育成よりも社会で生きて働く力の育成が中心となりがちで，競争原理主義や成果主義に偏っていること等を解明できた。そして，中学校におけるインクルーシブな授業づくりを考える際には，生徒の「多様なわたくし」を学力形成の軸として常に意識することや，「自らのエンパワメントにつながる生活や社会で生きて働く力」の育成を目指す教育実践の意義が明確になった。

(4) インクルーシブ授業を支える学級づくりと生活指導論からの検討

　本書では，具体的な実践事例に即して，どの子の発達も保障し，みんなと楽しく学べるインクルーシブ教育にとっての学級集団づくりの意義を確認し，さらに授業場面でしばしば議論されるニーズに即した指導が「特別扱いなのか」という問題を取り上げて，その議論に含まれるインクルーシブ授業のポリティックスを解明した。さらに，学級づくりの枠組みとしてインクルーシブな社会を構築する論理を探究し，本書では，「個人指導と集団指導の統一」という指導論を分析し，その可能性と課題を検討した。ここでも，個人指導と集団指導に関わる学級集団のポリティックスの内実と，指導の展開に必要な実践指針を明らかにした。

(5) 英国におけるインクルーシブ授業の特徴

　本書では，英国のインクルーシブ教育が単に障害者のバリアを取り除くことにとどまらず，学習観の転換とカリキュラム開発によって進展してきた過程を解明した。具体的には，1990年代後半からインクルーシブ教育の推進を掲げて実践を展開してきた英国の動向を取り上げた。2000年以降，障害者差別禁止法を制定し，可能なかぎりインクルーシブな場で教育を提供することができるように対応することが求められるようになった。また，2000年以降の英国では，集団や相互作用の中で学ぶ学習観を基盤にして，能動的に学習する方法や，そのための教師の教授技術や指導のレパートリーが示された。こうした教

育改革の中で，インクルーシブ教育に先駆的に取り組んでいる初等・中等学校では，学習困難のある子どもたちのカリキュラムを調整し，学習参加を促していた。このように，英国のインクルーシブ教育では，授業づくりの過程に学習困難児の支援や特別な指導を組み込むことによって，「すべての子ども」の学習参加を可能にしていた。

なお，2014年にロンドン市内の初等学校におけるインクルーシブ教育に関する視察から，インクルーシブ教育を校内で進めていくうえで，次の4つの示唆点が明らかになった。第一は，教師の協働性とそれを実現する仕組みである。TLAの研修会では，TLA相互の指導や考え方の交流が重視されるなど，教師の協働が重視され，それが実現されるような仕組みがつくられていた。第二は，学習に向かう主体としての子どもというとらえ方である。子ども自身が自分の目標を意識し，必要な支援を得ながら成長することを教師や保護者が支援するというスタンスであった。第三は，子どもと教師が情緒的な交流をもつ中で，教師が子どもを観察し，子ども自身も成長する仕組みが講じられていた。第四は，一斉指導における子どもの参加方法の確保である。全体としてグループの子どもとともに活動的に学ぶ中で，グループ学習によりよく参加するために，グループメンバーの配慮が行われ，TLAが配置されていた。ただ，TLAの支援はあえて控えられており，学習活動への参加ではグループメンバーの配慮などの参加方法の工夫が行われていた。また，参加方法の工夫では，参加の方法は他の子どもと異なるものが設定されていたが，グループ学習における課題との関連性において設定されていた。

(6) ドイツにおけるインクルーシブ授業の特徴

ドイツのインクルーシブ授業について，インテグレーション教育からインクルーシブ教育への発展動向，およびインクルーシブ教育の推進状況に焦点を当て，理論研究とともに調査研究を行った。ドイツでは，インテグレーション論をめぐる議論において，特別ニーズの対象・教育課程の差異と共同など，インクルーシブ授業を検討するための重要な論点が明らかになった。2009年3月の障害者権利条約の批准以降，ドイツでは，各州の文教政策にインクルーシブ

教育が位置づけられ，本格化した。そうした中，教授学の視点を中心に検討することで，授業指導論，統一と分化の原理（内的分化を中心に），主体形成論，共同論といったインクルーシブ授業で重視されている視点を析出した。また，ドイツでは州の文化高権により，教育は各州が管轄している。そこで，インクルーシブ教育にそれほど積極的でないザクセン州（2014 年 9 月）とインクルーシブ教育の先進的なブレーメン州（2015 年 5 月）の 2 州を中心に現地調査を行うことで，インクルーシブ教育の実践のあり方やインクルーシブ教育を推進する学校内と学校外の協働システム等の違いが明らかになった。

2.　日本のインクルーシブ授業への示唆と今後の課題

（1）日本のインクルーシブ授業の今後の方向性
　　　──日・英・独の比較研究を通して

　2007 年の特別支援教育制度の開始から 10 年が経過した。この間，統合教育からインクルーシブ教育の概念が登場し，障害のある子どもへの学校の支援体制などの制度論的検討が進められてきた。それと同時に，学校教育の中心的課題ともいえる授業論をめぐっては，本書で示したように多様な立場からの探究が進められてきた。しかし，日本で戦後から精力的に進められてきた授業研究の理論的・実践的成果の蓄積に対して，インクルーシブ授業論の探究は，緒に就いたばかりである。

　本書は，戦後の日本における授業研究とそれにつながる学級づくり・生活指導の研究を主題とする教育方法学の見地と教科教育学の見地から，その理論的・実践的枠組みをふまえて，これからのインクルーシブ授業の行方を展望したものである。この 10 年近くを振り返ると，発達障害のある子どもへの支援論を軸にした授業論が主流であったが，最近では，カリキュラム論や教科教育の論理，そして授業の基盤である学級論に立ち返って，インクルーシブ授業を構想する動向が顕著である。私たちは，その一端を本書に先立って『インクルーシブ授業をつくる──すべての子どもが豊かに学ぶ授業の方法』（インク

ルーシブ授業研究会，ミネルヴァ書房，2015）として問いかけた。それは，インクルーシブ授業をつくるとは，障害等の専門的知見をふまえつつ，教育実践の主体である教師と，学習と発達の主体である子どもたちとで共同で探究する営みであることを確かめようとしたからであった。

　本書は，以上の課題意識のもとにインクルーシブ授業に求められる実践知のあり方を示した。このことはひとり日本の動向ではなく，英国とドイツの理論研究と調査研究を通しても示唆される点である。

　その第一は，インクルーシブ授業を支えるカリキュラム（教育課程）論をめぐる実践知が示唆された。特に「差異と共同」の論理をふまえて学習への参加論を構想するためには，カリキュラムづくりが不可欠に要請されることが明確にされた。カリキュラムの調整・構築の知が求められるのは，特別なニーズのある子どもの学習参加を付加的に促す次元でのインクルーシブ授業の枠組みを超えようとするからである。第二には，発達障害などのある子どもの生活の基盤を射程に入れた学習主体形成のあり方の探究が共通した論点として浮き彫りにされた。日・英・独ともに多様な背景をもつ子ども集団を土台にして展開する学校の授業の現状からインクルーシブ授業を構想しようとするからである。第三には，学習する集団論について，統一と分化・グループ学習といった指導形態の構想が共通して意識されていることが示された。それは単に指導の形態という意味を超えて，子ども相互の関係性を構築する視点をもつことによって，認知特性論に偏りがちな指導論を超えるインクルーシブ授業を展望しようとするからであった。第四には，国際比較の研究を通して，差異論や共同論について日本の学校文化の特質も鮮明にされ，インクルーシブ教育を担う学校と教師の立ち位置を脱構築する意義も示唆された。そして第五には，インクルーシブ授業を進めるための教師間の協働や学校外の資源との協働の必要性もいくらか示唆された。

(2) 今後の研究課題

　こうした成果をもとにしたインクルーシブ授業論の展開が今後課題だが，そこで留意すべき点の1つは，インクルーシブ授業が，子どもたちの生きている

時代とどう応答するのかをあらためて問いかけることである。学校の授業の基盤である子ども集団がかつてのそれとは比べられないほど変容している。格差（貧困）の広がり等，子どもたちの生活背景が急激に変化している今日の時代にあって，単に障害等に対応する支援論を啓蒙的に議論するだけでは，インクルーシブ授業の今後を展望することはできないと考える。この点に関わって，いわゆる発達障害のみならず，多様な困難さのある子どもたちで展開されているのが今日の学級の授業である。こうした子どもたちの個別のニーズに沿いつつ，どうインクルーシブな授業は展開できるのか，この点の探究が待たれる。

　2つには，学校教育のスタンダード化が進む今日において，多様な子どもたちに開かれた学びと授業をどう構想するのかが問われている。そのためには，本書がいくらか抽出してきたカリキュラム構想と結合したインクルーシブ授業論の展開が必要になる。初等教育段階と中等教育段階においてこれまでのスタンダードなカリキュラム論を超えて，当事者のニーズと学校の教育的要求とをすり合わせつつ，教科の位置づけや学習集団編制のあり方など，インクルーシブ・カリキュラム論の展開とそれを推進する授業論の構築が課題となろう。日本の動向とともに，さらに国際比較を通したグローバルな視点からの探究が待たれる。

　3つには，インクルーシブ授業を推進するための多職種の協働が問われている。従来の特別支援教育の体制整備でも，多職種の連携は盛んに議論されてきた。しかし，これからは，多職種にある人々が連携を超えて協働する場をどうつくるのかが問われている。多職種の専門性は固定化されたものではない。各専門職の専門性それ自体を問い返すことによって，これまでの授業を転換する視点を開こうとするからである。本書が解明してきたように，インクルーシブ授業は，教育と生活・福祉の結合を不可欠に要請する。多職種の協働を通して，学校が困難な課題をもつ子どもたちにとっての存在要求に応える生活の場になる論理を解明することが問われている。この作業を通して，困難な課題のある子のみならず，すべての子どもたちにとって学校のもつ役割と機能を再発見し，その役割と機能が発揮できる授業づくりの論理を探究することが課題となる。

索　引

初出一覧

第Ⅰ部

第1章第1節
本節は，既発表論文（「通常学校・学級の改革と授業づくり」『障害者問題研究』Vol. 39. No.1. 2011.「インクルーシブ授業としての学習集団」『学習集団研究の現在』Vol. 1. 渓水社. 2016）の論旨と一部重なっている。また関西教育学会第66回大会でのシンポジウムでの発表（2014・11・16，滋賀大学）・同学会年報通巻第39号（2015）において提起した内容を軸に執筆している。

第2章第3節
・田中紀子（2015）「インクルーシブ授業における教育課程編成の課題」. 中国四国教育学会編『教育学研究紀要（CD-ROM版）』第61巻. 620-625.
を加筆修正して掲載した。

第3章第2節
本節は，
・永田麻詠（2011）「エンパワメントとしての読解力に関する考察——キー・コンピテンシーの概念を手がかりに」.『国語科教育』第70集. 60-67.
・永田麻詠（2014）「中学校国語科におけるコミュニケーションの授業——特別支援学校／学級に学ぶ通常学級での取り組み」. 浜本純逸監修，難波博孝・原田大介編『特別支援教育と国語教育をつなぐことばの授業づくりハンドブック』. 渓水社. 177-194.
を参考に執筆している。

第4章第1節
・宮本郷子（2003）「"育ちそびれている子どもたち"に発達の土台を豊かに」. 清水貞夫・青木道忠・品川文雄編『通常学校の障害児教育』. クリエイツかもがわ. 89-104.
・宮本郷子（2007）「通常学級でていねいなかかわりを求めている子どもたち」. 青木道忠・越野和之・大阪教育文化センター編『発達障害と向きあう』. クリエイツかもがわ. 10-64.
・宮本郷子（2008）「一人ひとりの子どもたちとていねいに向きあう」. 荒川智編著『インクルーシブ教育入門』. クリエイツかもがわ. 28-53.
・宮本郷子（2008）「小学校の生活支援と学級経営の実際①②③④」. 湯浅恭正編『よくわかる特別支援教育』. ミネルヴァ書房. 94-109.
に掲載された事例をもとにして，本書の主旨に沿って大幅に加筆修正し，再構成した。

第Ⅱ部

第5章第1節
・新井英靖（2013）「英国の障害者差別禁止法とインクルーシブ教育の発展過程に関する検討」.『茨城大学教育学部紀要（教育科学)』. 第62号. 301-312.
を加筆修正して掲載した。

第5章第2節
・新井英靖（2011）「英国インクルーシブ教育実践の展開と教授方法の改善」.『障害者問題研究』第39巻第1号. 44-48.
を加筆修正して掲載した。

第6章第1節
・新井英靖（2015）「2000年代の英国インクルーシブ教育に関する実践原理と教育方法」.『茨城大学教育学部紀要（教育科学)』第64号. 185-193.
を加筆修正して掲載した。

第6章第2節
・新井英靖（2014）「英国インクルーシブ教育におけるカリキュラム開発の方法──2000年代のインクルーシブ学校の実践から」.『茨城大学教育学部紀要（教育総合)』増刊号. 293-306.
を加筆修正して掲載した。

第7章第1節
・新井英靖（2016）「英国におけるインクルーシブ学校の学校方針に関する検討──キングスリー初等学校の事例から」.『茨城大学教育実践研究』第35巻. 205-217.

第Ⅲ部

第9章第1節
・吉田茂孝（2015）「ドイツにおけるインクルーシブ教授学の展開」. 大阪教育大学大学院学校教育専攻教育学コース『教育学研究論集』第12巻. 1-7.
を加筆修正して掲載した。

執筆者一覧

［編著者］
湯浅恭正　中部大学現代教育学部教授
　　担当：はじめに，第1章第1節，第8章第1節，第9章第2節，第10章第5節，終章
新井英靖　茨城大学教育学部准教授
　　担当：序章，第3章第3節，第5章，第6章，第7章第1節

［著者］
石橋由紀子　兵庫教育大学大学院学校教育研究科准教授　　担当：第7章第2節
今井理恵　日本福祉大学子ども発達学部准教授　担当：第2章第1節
稲田八穂　筑紫女学園大学人間科学部教授　担当：第3章第1節
高橋浩平　東京都杉並区立杉並第四小学校校長　担当：第4章第2節
田中紀子　岐阜経済大学経営学部講師　担当：第2章第3節
堤　英俊　都留文科大学文学部講師　担当：第1章第3節
窪田知子　滋賀大学教育学部准教授　担当：第1章第2節，第10章第1節
永田麻詠　四天王寺大学教育学部講師　担当：第3章第2節
原田大介　関西学院大学教育学部准教授　担当：第2章第2節
樋口裕介　福岡教育大学教育学部准教授　担当：第8章第3節
福田敦志　大阪教育大学教育学部准教授　担当：第4章第3節，第8章第2節，
　　　　　　　　　　　　　　　　　　　　　　第10章第2節，第10章第4節
宮本郷子　龍谷大学社会学部非常勤講師　担当：第4章第1節
吉田茂孝　大阪教育大学教育学部准教授　担当：第8章第3節，第9章第1節，
　　　　　　　　　　　　　　　　　　　　　　第10章第1節，第10章第3節

【謝辞】

本書は科学研究費補助金を受けて行われた「インクルーシブ授業方法の国際比較研究」において調査した内容を再構成したものです。本書のもととなる科学研究費補助金を受けて行われた研究を進めるなかで，日本・英国・ドイツの各国においてさまざまな形で学校を訪問させていただき，多くの学校スタッフの方から実態や実践について聞き取り調査をさせていただきました。特に，ドイツの調査では，ブレーメン教育省インクルーシブ教育課長アンドレア・ヘアマン (Andrea Herrmann) 先生，ライプツィヒ大学教授バーバラ・ドリンク（Barbara Drinck）先生の協力なしには調査できませんでした。この場を借りて，研究にご協力いただきました日本・英国・ドイツのすべての方に感謝申し上げます。

【付記】

本書は科学研究費補助金を受けて行われた研究「インクルーシブ授業方法の国際比較研究」（基盤研究（B）：研究代表者・湯浅恭正，研究課題番号 25285215，平成 25 年度〜平成 27 年度）の研究成果の一部であり，研究終了時に提出した研究成果報告書を加筆修正したものである。

インクルーシブ授業の国際比較研究

2018 年 2 月 20 日　初版第 1 刷発行

編著者	湯　浅　恭　正
	新　井　英　靖
発行者	宮　下　基　幸
発行所	福村出版株式会社

〒 113-0034　東京都文京区湯島 2-14-11
電　話　03（5812）9702
ＦＡＸ　03（5812）9705
https://www.fukumura.co.jp

| 印　刷 | 株式会社文化カラー印刷 |
| 製　本 | 本間製本株式会社 |

© Takamasa Yuasa, Hideyasu Arai 2018
Printed in Japan
ISBN978-4-571-12132-6 C3037
落丁・乱丁本はお取替えいたします
定価はカバーに表示してあります

福村出版◆好評図書

障害児の教授学研究会 編集／新井英靖・小川英彦・櫻井貴大・高橋浩平・廣瀬信雄・湯浅恭正・吉田茂孝 編著 **エピソードから読み解く特別支援教育の実践** ●子ども理解と授業づくりのエッセンス ◎2,300円　ISBN978-4-571-12130-2　C3037	現役教師が体験をもとに書き下ろした21のエピソードと研究者の解説を通して学ぶ「授業づくり」の実践ガイド。
小川英彦 編 ポケット判 **保育士・幼稚園教諭のための障害児保育キーワード100** ◎2,000円　ISBN978-4-571-12131-9　C3037	法律・制度から日々の実践まで，障害児保育に必要な情報100項目を収録し，平易に解説したガイドブック。
茨城大学教育学部・茨城大学教育学部附属幼稚園 編 **楽しく遊んで、子どもを伸ばす** ●子育て・保育の悩みに教育研究者が答えるQ&A ◎1,500円　ISBN978-4-571-11039-9　C0037	数多ある子育て情報に翻弄される保護者の悩みに，教育学の専門家24人がその解決方法をわかりやすく回答。
R. バーク・J. ダンカン 著／七木田 敦・中坪史典 監訳 飯野祐樹・大野 歩・田中沙織・島津礼子・松井剛太 訳 **文化を映し出す子どもの身体** ●文化人類学からみた日本とニュージーランドの幼児教育 ◎3,200円　ISBN978-4-571-11041-2　C3037	日本とニュージーランドでのフィールド調査とフーコーらの身体論を基に，幼児教育が含む文化的前提を解明。
石井正子 著 **障害のある子どものインクルージョンと保育システム** ◎4,000円　ISBN978-4-571-12120-3　C3037	「障害のある子ども」のいる保育の場面で求められる専門性とは何か。「かかわり」という視点からの問題提起。
小山 望・太田俊己・加藤和成・河合高鋭 編著 **インクルーシブ保育っていいね** ●一人ひとりが大切にされる保育をめざして ◎2,200円　ISBN978-4-571-12121-0　C3037	障がいのある・なしに関係なく，すべての子どものニーズに応えるインクルーシブ保育の考え方と実践を述べる。
橋本創一 他 編著 **知的・発達障害のある子のための「インクルーシブ保育」実践プログラム** ●遊び活動から就学移行・療育支援まで ◎2,400円　ISBN978-4-571-12119-7　C3037	すぐに活用できる知的・発達障害児の保育事例集。集団保育から小学校の入学準備，療育支援まで扱っている。

◎価格は本体価格です。